머리말

　현대사회가 복잡해짐에 따라 경제현상을 설명하는 회계학의 영역과 그 중요성은 더욱 커져가고 있다. 회계학은 인류의 경제생활과 더불어 꾸준히 발전해 왔으며, 과거의 수작업에 의존하던 회계처리과정이 컴퓨터의 도움으로 처리속도와 정확도면에서 눈부신 발전을 해온 것이 사실이다.
　이에 발맞추어 전산과 회계를 접목시킨 많은 자격증제도가 만들어 졌으며, 이를 취득하려는 수요가 폭팔적으로 증가하는 실정이다. 전산회계는 그 특징상 회계이론과 전산실무능력을 동시에 갖추어야 한다. 따라서 수험생들은 이론과 실무를 병행하여 학습하여야 한다. 그러나 기존의 교재는 이론과 실무를 병행하여 학습하는데 충분하지 못하여 수험생들에게 어려운 점이 있었다. 이에 본 저자는 수험생들의 고충을 조금이나마 덜어주기 위하여 본서를 출간하게 되었다.

　본서의 특징은 다음과 같다.

1. 최적화된 이론정리
　현장에서 강의하는 강사로서 가장 크게 느끼는 점은 시험이 갈수록 이론적 체계 없이는 합격할 수 없다는 것이다. 과거의 암기식, 요약식의 시험대비는 시간을 절약할 수 있을지는 몰라도 합격을 보장받을 수 없다. 오히려 시험기간을 오래 걸리게 하는 요인이 된다.
　따라서 시간을 절약하면서 이론을 체계적으로 정립할 수 있는 교재가 필요하게 되었으며 이러한 시대적 부흥에 맞추어 본서는 집필되었다.

2. 출제경향에 맞춘 문제개발

　기존의 교재는 유형별로 기출문제를 배열하고 반복함으로써 시험에 대비하도록 구성되어 있으나, 이러한 방법은 새로운 유형의 문제나 응용된 문제를 푸는데 한계점을 가지고 있다. 이러한 문제점을 해결하기 위해 본서는 수미일관된 문제(빈출유형정복하기)를 개발하여 수험생이 전체적인 흐름을 파악할 수 있게 하였다.

3. 국가직무능력표준(NCS) 반영

　국가직무능력표준(NCS)의 회계 3, 4수준에 맞는 능력단위와 능력단위요소 및 수행준거에서 제시하는 직무수행을 할 수 있도록 능력단위별 표준평가내용과 학생별 훈련과정 종합평가문제를 부록편에 제공하였다.

　본 교재를 통하여 전산회계 자격증을 취득하고자 하는 많은 분들에게 합격의 영광이 있기를 기대하며, 교재의 부족한 부분은 계속 노력하여 채워나갈 것을 독자여러분에게 약속드립니다.

2025년 1월
저자씀

CONTENTS

이론편

CHAPTER 01 | 회계의 개념과 순환과정 ···· 9
- 01. 회계의 의의와 목적 ···· 9
- 02. 회계의 분류 ···· 9
- 03. 부기와 회계 ···· 10
- 04. 재무제표 ···· 11
- 05. 기업의 손익계산 ···· 20
- 06. 회계의 순환과정 ···· 21

CHAPTER 02 | 당좌자산 ···· 46
- 01. 유동자산의 종류 ···· 46
- 02. 당좌자산 ···· 46

CHAPTER 03 | 재 고 자 산 ···· 67
- 01. 재고자산의 의의와 종류 ···· 67
- 02. 재고자산의 취득원가 ···· 67
- 03. 재고자산의 기록방법 ···· 68
- 04. 재고자산의 감모손실과 평가손실 ···· 72

CHAPTER 04 | 유 형 자 산 ···· 79
- 01. 비유동자산의 종류 ···· 79
- 02. 유형자산의 의의와 종류 ···· 79
- 03. 유형자산의 의의와 종류 ···· 80
- 04. 유형자산의 취득원가결정 ···· 80
- 05. 감가상각 ···· 81
- 06. 유형자산의 처분 ···· 83

CHAPTER 05 | 투자자산·무형자산·기타비유동자산 ···· 91
- 01. 투자자산 ···· 91
- 02. 무형자산 ···· 92
- 03. 기타비유동자산 ···· 96

CHAPTER 06 | 부 채 ···· 100
- 01. 부채의 의의 ···· 100
- 02. 유동부채 ···· 100
- 03. 비유동부채 ···· 103

CHAPTER 07 | 자 본 ···· 110
- 01. 자본의 의의 ···· 110
- 02. 주식회사의 자본 ···· 110
- 03. 개인기업의 자본 ···· 111

CHAPTER 08 | 수익과 비용 ···· 116
- 01. 수익의 정의 ···· 116
- 02. 수익의 인식기준 ···· 117
- 03. 비용의 정의 ···· 118
- 04. 비용의 측정과 인식 ···· 118
- 05. 비용의 인식방법 ···· 118
- 06. 손익계산서 ···· 120

실기편

PART 1 | 전산세무회계프로그램 시작 ·········· 129
   전산세무회계프로그램 시작 ·················· 131

PART 2 | 기초정보관리 ························ 137
   회사등록 ···································· 139
   거래처등록 ·································· 144
   계정과목 및 적요등록 ························ 152
   환경등록 ···································· 157
   초기이월작업 ································ 159

PART 3 | 거래자료의 입력 ···················· 171
   일반전표 입력 ······························ 173

PART 4 | 결산 ·································· 191
   결산자료입력 ································ 193

PART 5 | 입력자료조회 ························ 209
   장부 조회 ···································· 211

PART 6 | 기출문제 ···························· 225

해답편

이론문제
기출문제

CLASS 전산회계2급
이 론 편

이론편

CHAPTER 01 회계의 개념과 순환과정
CHAPTER 02 당좌자산
CHAPTER 03 재고자산
CHAPTER 04 유형자산
CHAPTER 05 투자자산 · 무형자산 · 기타비유동산
CHAPTER 06 부 채
CHAPTER 07 자 본
CHAPTER 08 수익과 비용

CLASS 전산회계2급
이 론 편

01 회계의 개념과 순환과정

01..회계의 의의와 목적

구 분	내 용
회계의 의의	회계란 회계정보이용자가 합리적인 의사결정을 할 수 있도록 경제적 정보를 식별하고 측정하여 전달하는 과정을 말한다. *회계정보이용자 : 주주, 채권자, 경영자, 정부, 거래처 등
회계의 목적	회계의 목적은 회계정보이용자에게 경제적 의사결정을 하는데 유용한 정보를 제공하는 것이다.

02..회계의 분류

회계는 정보이용자에 따라 재무회계, 관리회계, 세무회계로 구분된다.

구 분	재무회계	관리회계	세무회계
목 적	외부보고 목적	내부보고 목적	과세소득 계산
정보이용자	투자자 등 외부이용자	경영자 등 내부이용자	정부, 지방자치단체 (과세당국)
보고의 형태	재무보고서 (재무제표)	특수목적 재무보고서 (특정양식 없음)	세법에 규정된 양식
작성근거	일반적으로 인정된 회계원칙	경제적 의사결정이론	세법

03..부기와 회계

1. 부기와 회계의 차이

　부기와 회계는 동일하지 않은 것으로, 구별되는 개념이다. 많은 사람들이 두 개념을 혼동하고 있는데 이들 개념을 올바로 이해하여 잘못을 바로 잡아야 할 것이다.
　부기(book keeping)란 장부기록의 준말로 장부를 사용하여 어떤 경제주체(기업, 가계, 정부 등)의 재산의 변화를 체계적으로 기록, 계산, 정리하여 그 결과를 명백히 하는 기술을 의미한다.
　그러나 회계는 기술적인 측면인 부기 이외에 회계시스템의 설계, 재무보고서의 작성, 회계감사, 원가의 산정, 검토 및 예측, 법인세의 계산, 회계정보의 해석, 회계의사결정 등을 포괄하는 넓은 개념이다.

2. 단식부기와 복식부기

　단식부기란 현금, 채권, 채무 등의 증감변화를 일정한 원리나 원칙없이 개별 항목의 변동만을 단독으로 기록·계산하는 방법을 말한다. 단식부기는 기록방법이 간편하다는 장점이 있으나 손익의 원인을 알 수 없으며, 재산의 현재상태와 변화과정을 상세히 파악하기 어렵다는 단점이 있다.
　반면에 복식부기란 현금, 채권, 채무 등의 증감변화를 일정한 원리와 원칙에 따라 개별 항목의 변동뿐만 아니라 관련된 항목까지도 동시에 유기적·조직적으로 기록·계산하는 방법을 말한다. 복식부기는 모든 거래를 이중으로 기록하게 되므로 기록·계산상의 오류나 탈루를 자동적으로 발견할 수 있는 기능 즉, 자기검증기능을 가진 완전한 기록·계산방법이다. 따라서 대부분의 기업에서는 복식부기를 이용하며, 일반적으로 부기라 하면 곧 복식부기를 의미한다.

3. 회계기간

　기업의 경영성과와 재무상태를 계산하여 보고하기 위해서는 인위적으로 기간을 설정할 필요가 있다. 이렇게 인위적으로 구분한 기간적인 범위를 회계기간 또는 회계연도라고 한다.
　기업의 경영활동은 지속적으로 이루어지는 것이므로 정확한 경영성과를 계산하려면 기업의 개업시점부터 폐업시까지의 전체기간을 대상으로 하여야 하나 현실적으로 이는 불가능하므로 매월, 분기별, 1년 단위 등으로 나누어 경영활동을 구분하여 계산하는데 이때 설정하는 기간을 회계기간 또는 회계연도라고 하는 것이다.

📝 회계기간이 1년인 경우 회계기간의 흐름

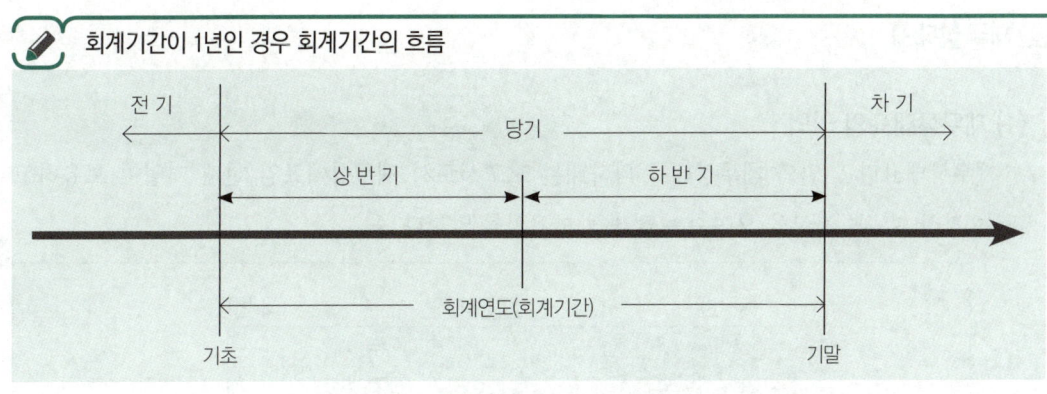

📝 용어정리
- 기초: 회계연도가 시작하는 날
- 전기: 앞 회계연도
- 차기: 다음 회계연도
- 기말: 회계연도가 끝나는 날
- 당기: 현재 회계연도
- 반기: 회계연도의 절반

04..재무제표

1. 재무제표의 의의
재무제표란 주주, 채권자, 경영자, 정부 등 다양한 이해관계자들에게 회계정보를 전달하는 핵심적 수단을 말한다.

2. 재무제표의 종류
재무제표의 종류에는 재무상태표, 손익계산서, 현금흐름표, 자본변동표, 주석이 있다.

구분	내용
재무상태표	일정시점에 기업의 재무상태(자산, 부채, 자본)를 나타내는 보고서
손익계산서	일정기간동안에 기업의 경영성과(수익, 비용, 이익)를 나타내는 보고서
현금흐름표	일정기간동안에 기업의 현금유입과 유출에 대한 현금흐름을 나타내는 보고서
자본변동표	일정기간동안에 기업의 자본의 크기와 자본의 변동에 관한 정보를 제공하는 보고서
주석	재무제표를 이해하는데 필요한 추가적인 정보를 제공하는 것

3. 재무상태표

(1) 재무상태표의 의의

재무상태표란 기업의 재무상태를 나타내는 보고서로서 재무상태표일 현재 기업이 보유하고 있는 자산, 부채, 자본을 보여주는 정태적 보고서를 말한다.

(차 변) 재무상태표	(대 변)
자 산	부 채
	자 본

(2) 재무상태표의 기본구조

재무상태표의 구성요소인 자산, 부채, 자본은 다음과 같이 구분한다. 그리고 자산과 부채는 유동성이 큰 항목부터 배열하는 것을 원칙으로 한다.

| 재무상태표 등식 | 자산 = 부채 + 자본 |

1) 자산

자산이란 미래 수익창출에 필요한 자원을 말한다. 즉 기업이 소유하고 있는 금전, 권리, 물품, 부동산과 같은 경제적 가치가 있는 것을 총체적으로 지칭하는 것을 말한다.

2) 부채

기업에 자금을 제공하고 투자수익을 얻고자하는 사람을 투자자라 한다. 투자자로부터 제공된 자금이 기업의 자산을 구성하게 된다. 그러나 이러한 자금만으로 기업을 운영하는 데는 한계가 있기 때문에 기업은 타인으로부터 자금을 빌리게 된다. 이처럼 타인으로부터 빌린 돈을 회계에서는 부채라고 한다. 부채는 일반사회에서 사용되는 "빚 또는 채무"와 동의어이다.

구 분			계 정
자 산	유동자산	당좌자산	현금및현금성자산, 단기투자자산, 매출채권, 선급비용, 기타의 당좌자산
		재고자산	상품, 제품, 재공품, 원재료, 저장품 등
	비유동 자산	투자자산	투자부동산, 장기투자증권, 지분법적용투자주식, 장기대여금 등
		유형자산	토지, 건물, 기계장치, 차량운반구, 건설중인자산 등
		무형자산	영업권, 산업재산권, 개발비, 광업권, 어업권 등
		기타비유동자산	임차보증금, 장기선급비용, 장기선급금, 장기미수금 등
부 채	유 동 부 채		매입채무, 단기차입금, 미지급금, 선수금, 예수금, 미지급비용, 유동성장기부채 등
	비 유 동 부 채		장기차입금, 사채, 장기성매입채무, 퇴직급여충당부채, 장기선수금 등

※ 단기투자자산은 기업이 여유자금의 활용 목적으로 보유하는 단기예금, 단기매매증권, 단기대여금 및 유동자산으로 분류되는 매도가능증권과 만기보유증권 등의 자산을 포함한다.

3) 자본

자본이란 기업의 총자산에서 총부채를 차감한 잔액을 말하며 자본은 순자산 또는 주주지분이라고도 한다.

| 자본 등식 | 자본 = 자산 − 부채 |

(3) 재무상태표 작성기준

1) 자산과 부채의 유동성과 비유동성 구분

자산은 1년을 기준으로 유동자산과 비유동자산으로 분류한다. 다만, 정상적인 영업주기 내에 판매되거나 사용되는 재고자산과 회수되는 매출채권 등은 보고기간종료일로부터 1년 이내에 실현되지 않더라도 유동자산으로 분류한다.

부채는 1년을 기준으로 유동부채와 비유동부채로 분류한다. 다만, 정상적인 영업주기 내에 소멸할 것으로 예상되는 매입채무와 미지급비용 등은 보고기간종료일로부터 1년 이내에 결제되지 않더라도 유동부채로 분류한다. 이 경우 유동부채로 분류한 금액 중 1년 이내에 결제되지 않을 금액을 주석으로 기재한다.

2) 재무상태표 항목의 구분과 통합표시

자산, 부채, 자본 중 중요한 항목은 재무상태표 본문에 별도 항목으로 구분하여 표시한다. 중요하지 않은 항목은 성격 또는 기능이 유사한 항목에 통합하여 표시할 수 있으며, 통합할 적절한 항목이 없는 경우에는 기타항목으로 통합할 수 있다. 이 경우 세부 내용은 주석으로 기재한다.

3) 자산과 부채의 총액표시

자산과 부채는 원칙적으로 상계하여 표시하지 않는다. 다만, 기업이 채권과 채무를 상계할 수 있는 법적 구속력 있는 권리를 가지고 있고, 채권과 채무를 순액기준으로 결제하거나 채권과 채무를 동시에 결제할 의도가 있다면 상계하여 표시한다. 매출채권에 대한 대손충당금 등은 해당 자산이나 부채에서 직접 가감하여 표시할 수 있으며, 이는 상계에 해당하지 아니한다.

4) 유동성배열

자산과 부채는 유동성이 큰 항목부터 배열하는 것을 원칙으로 한다.

(4) 재무상태표계정설명

1) 자산계정

과 목	내용
현금및현금성자산	**통화 및 통화대용증권과 현금성자산의 통합계정**
현 금	한국은행에서 발행한 주화나 지폐, 통화대용증권(수표, 환증서 등)
보 통 예 금	예입과 인출을 자유로이 할 수 있는 통장식 은행예금
당 좌 예 금	당좌수표를 발행할 목적으로 은행에 예입한 은행예금
단 기 예 금	만기가 1년 이내에 도래하는 정기예금이나 정기적금 등
단 기 매 매 증 권	단기간 내에 매매할 목적으로 취득한 주식이나 채권
단 기 대 여 금	회수기한이 1년 내에 도래하는 대여금
매 출 채 권	**외상매출금과 받을어음의 통합계정**
외 상 매 출 금	상품을 판매하고 그 대금을 외상으로 한 것
받 을 어 음	상품을 판매하고 그 대금을 어음으로 받은 것
미 수 금	상품이 아닌 물건을 매각하고 그 대금을 나중에 받기로 한 것
선 급 금	상품을 매입하기로 하고 상품대금의 일부를 미리 지급한 것
상 품	판매를 목적으로 외부로부터 매입한 물건
장 기 대 여 금	금전을 타인에게 빌려준 것(상환기간이 1년 이상인 것)
토 지	영업용으로 사용하기 위하여 보유하는 땅
건 물	영업용으로 사용하기 위하여 보유하는 사무실, 공장, 창고 등
차 량 운 반 구	영업용으로 사용하기 위하여 보유하는 승용차, 트럭, 오토바이 등
비 품	영업용으로 사용하기 위하여 보유하는 책상, 컴퓨터, 사무실집기 등
기 계 장 치	영업용으로 사용하기 위하여 보유하는 기계, 설비 등
선 급 비 용	현금 등이 지급되었으나 비용이 아직 발생되지 않은 것
미 수 수 익	수익은 발생하였으나 현금 등을 받지 못한 것

2) 부채계정

과 목	내용
매 입 채 무	**외상매입금과 지급어음의 통합계정**
외 상 매 입 금	외상으로 상품을 매입하고 그 대금을 미래에 지급하여야 하는 것
지 급 어 음	상품을 매입하고 그 대금을 어음으로 준 것
미 지 급 금	상품이외의 것을 외상으로 구입한 경우 장래 지급하여야 하는 것
선 수 금	상품을 판매하기로 하고 그 대금의 일부를 미리 받은 것
예 수 금	일반적 상거래 외에 발생한 일시적 보관액
선 수 수 익	발생하지 않은 수익을 미리 받은 것

미 지 급 비 용	비용은 발생하였으나 지급기일이 되지 않아 지급되지 않은 것
단 기 차 입 금	타인으로부터 빌린 돈으로 만기가 1년 이내에 도래하는 것
장 기 차 입 금	타인으로부터 빌린 돈으로 만기가 1년 이후에 도래하는 것
사 채	기업이 채권을 발행하여 일반대중으로부터 빌린 것
퇴직급여충당부채	종업원퇴직 시 퇴직급여를 지급하기 위하여 설정하는 금액

필수예제 다음 항목을 자산, 부채, 자본으로 분류하시오.(자산은 A, 부채는 L, 자본은 C로 표시할 것)

① 현   금   ( )   ② 단 기 대 여 금 ( )   ③ 외 상 매 출 금 ( )
④ 장 기 차 입 금 ( )   ⑤ 미 지 급 금   ( )   ⑥ 미   수   금 ( )
⑦ 건   물   ( )   ⑧ 자   본   금   ( )   ⑨ 외 상 매 입 금 ( )
⑩ 차 량 운 반 구 ( )   ⑪ 지 급 어 음   ( )   ⑫ 보 통 예 금   ( )
⑬ 사   채   ( )   ⑭ 단 기 매 매 증 권 ( )   ⑮ 상   품   ( )

해설

①A ②A ③A ④L ⑤L ⑥A ⑦A ⑧C ⑨L ⑩A ⑪L ⑫A ⑬L ⑭A ⑮A

(5) 재무상태표의 작성

재무상태표는 자산, 부채, 자본의 3요소로 구성되어 있으며, 자산은 왼쪽(차변)에 부채와 자본은 오른쪽(대변)에 기록하여 서로 대조하는 형식을 취하고 있다.

(차 변)	재무상태표	(대 변)
자 산	부 채	
	자 본	

재무상태표 등식	자산 = 부채 + 자본

필수예제 다음은 대성상회의 20X1년초 재무상태와 관련된 자료이다.

현 금	120,000	외 상 매 입 금	150,000
외 상 매 출 금	230,000	상 품	300,000
단 기 차 입 금	100,000	자 본 금	400,000

위의 자료를 통하여 재무상태표를 작성하시오.

해설

재 무 상 태 표

대성상회	20×1년 12월 31일		(단위:원)
자 산	금 액	부채·자본	금 액
현금및현금성자산	120,000	매 입 채 무	150,000
매 출 채 권	230,000	단 기 차 입 금	100,000
상 품	300,000	자 본 금	400,000
	650,000		650,000

4. 손익계산서

(1) 손익계산서의 의의 및 작성원칙

손익계산서란 일정기간 동안의 기업에 경영성과를 나타내는 보고서로서 기업의 경영활동을 통한 수익·비용·이익·손실을 보고하는 동태적 보고서를 말한다. 손익계산서는 다음과 같은 원칙에 의하여 작성되어야 한다.

구 분	내 용
발생주의	수익과 비용은 발생한 기간에 정당하게 배분되도록 처리한다.
실현주의	수익은 실현시기를 기준으로 계상한다.
수익·비용대응	수익은 실현시기에 따라 비용은 관련수익이 인식된 기간에 인식한다.
총액주의	수익과 비용은 총액으로 기재한다.
구분표시	손익은 매출총손익, 영업손익, 법인세차감전순손익, 당기순손익, 주당순손익으로 구분하여 표시한다.

(2) 손익계산서계정

구 분		계정
수익	영 업 수 익	상품매출, 제품매출, 부산물매각 등
	영 업 외 수 익	이자수익, 배당금수익, 각종자산의 처분이익, 각종자산의 평가이익, 자산수증이익, 채무면제이익, 보험금수익, 잡이익 등
비용	영 업 비 용	매출원가, 급여, 퇴직급여, 통신비, 수도광열비, 기업업무추진비, 감가상각비, 세금과공과금, 대손상각비, 광고선전비, 연구비, 경상개발비 등
	영 업 외 비 용	이자비용, 기타의대손상각비, 각종자산의 처분손실, 각종자산의 평가손실, 기부금, 재해손실 등
	소 득 세 비 용	소득세, 주민세 등

(3) 손익계산서계정설명

1) 수익 또는 이익

과 목	내용
상 품 매 출	상품을 판매하여 발생하는 수익
이 자 수 익	단기대여금 또는 은행예금에서 발생하는 이자
배 당 금 수 익	기업의 주식에 투자하여 받은 이익의 분배액
임 대 료	건물 등을 임대해 주고 사용료로 받은 금액
수 수 료 수 익	서비스를 제공하고 수수료로 받은 금액
단 기 매 매 증 권 평 가 이 익	단기매매증권의 공정가치와 장부금액과의 차액 (공정가치 > 장부금액)
단 기 매 매 증 권 처 분 이 익	단기매매증권의 처분금액과 장부금액과의 차액 (처분금액 > 장부금액)
유 형 자 산 처 분 이 익	건물 등을 원가이상으로 처분하여 발생하는 이익
투 자 자 산 처 분 이 익	투자자산을 장부가액이상으로 처분하였을 때 발생하는 이익
외 환 차 익	외화자산회수나 외화부채 상환시의 환율변동에 따른 이익액
외 화 환 산 이 익	결산시 화폐성외화자산이나 외화부채평가 시 환율변동에 따른 이익액
보 험 금 수 익	보험으로 보상받은 금액
채 무 면 제 이 익	차입금이나 매입채무 등을 면제 받았을 경우 발생하는 이익
자 산 수 증 이 익	자산을 무상으로 증여받음으로서 발생하는 이익
잡 이 익	영업활동이외에서 발생하는 소액의 이익

2) 비용 또는 손실

과 목	내용
상 품 매 출 원 가	판매된 상품의 취득원가
급 여	종업원에게 지급하는 급료와 상여금
여 비 교 통 비	영업과 관련된 출장비, 버스비, 택시비 등
통 신 비	전화료, 휴대폰사용료, 인터넷사용료, 우표·엽서구입비 등
수 도 광 열 비	전기료, 가스료, 수도료, 유류대 등
소 모 품 비	사무용장부, 볼펜 등을 구입하고 지급한 금액
세 금 과 공 과	재산세, 인지세, 벌과금, 면허세, 자동차세, 주민세, 협회비 등
보 험 료	화재보험, 손해보험, 보증보험, 산재보험 등에 지급한 금액
보 관 료	상품보관을 위하여 지급된 비용
광 고 선 전 비	국내외광고비, 전시회비, 홍보자료제작비, 야외옥탑광고비 등
운 반 비	상품의 발송과 관련하여 발생한 운임
수 선 비	기계 등을 수선하는 데 든 비용
차 량 유 지 비	차량유류대, 주차료, 통행료, 세차비, 검사비, 차량수리비 등
교 육 훈 련 비	종업원에게 교육시키고 지급하는 금액
기 업 업 무 추 진 비	거래처의 기업업무추진비, 선물비, 경조금, 화환대 등
도 서 인 쇄 비	신문이나 잡지구독료 및 도서구입대, 복사비 등
임 차 료	건물, 토지 등을 빌리고 그 대가로 지급하는 비용
수 수 료 비 용	용역을 제공받고 수수료를 지급한 금액
복 리 후 생 비	종업원에 대한 식대보조금, 식당운영보조비, 잔업식대, 의료비, 건강보험료, 선물대, 경조금, 피복비, 일숙직비, 건강진단료, 동호회활동비, 학자금보조, 시상금, 사내행사비 등
기 부 금	무상으로 제공한 금전이나 물건
잡 비	소액의 비용을 지급한 금액
이 자 비 용	차입금에 대한 이자
단 기 매 매 증 권 처 분 손 실	단기매매증권을 원가이하로 처분하여 발생하는 손실
단 기 매 매 증 권 평 가 손 실	단기매매증권을 평가하여 발생하는 손실
유 형 자 산 처 분 손 실	건물 등을 원가이하로 처분하여 발생하는 손실
외 환 차 손	외화자산 회수나 외화부채 상환시 환율변동에 따른 손실액
외 화 환 산 손 실	결산시 화폐성외화자산이나 외화부채평가시 환율변동에 따른 손실액
기 타 의 대 손 상 각 비	매출채권이외의 채권에서 발생하는 대손상각비
매 출 채 권 처 분 손 실	받을어음할인시 발생하는 할인료
재 해 손 실	천재지변 등으로 발생하는 손실액
소 득 세 비 용	개인의 소득에 대한 세금으로 지방소득세 등
잡 손 실	영업활동과 관계없이 생기는 소액의 손실

필수예제 다음 수익과 비용의 항목에 대하여 수익은 "R", 비용은 "E"로 (　　)속에 기재하시오.

① 임　차　료 (　)　　② 이 자 수 익 (　)　　③ 급　　　여 (　)
④ 수 수 료 수 익 (　)　　⑤ 기　부　금 (　)　　⑥ 기업업무추진비 (　)
⑦ 복 리 후 생 비 (　)　　⑧ 임　대　료 (　)　　⑨ 수 도 광 열 비 (　)
⑩ 통　신　비 (　)　　⑪ 이 자 비 용 (　)　　⑫ 운　반　비 (　)
⑬ 잡　손　실 (　)　　⑭ 여 비 교 통 비 (　)　　⑮ 상 품 매 출 (　)

해설

① E　② R　③ E　④ R　⑤ E　⑥ E　⑦ E　⑧ R　⑨ E　⑩ E　⑪ E　⑫ E　⑬ E　⑭ E　⑮ R

(4) 손익계산서의 작성

손익계산서는 일정기간 동안 발생한 총수익과 총비용을 각각 항목별로 분류하여 왼편(차변)에는 비용에 대한 항목과 금액을 표시하고 오른편(대변)에는 수익에 대한 항목 및 금액을 표시하여 순이익(또는 순손실)을 산정해 놓은 표로서 일정기간 동안 경영성과를 나타내준다.

수익이 비용보다 큰 경우(수익 > 비용)

(차 변)　　　　　손익계산서　　　　　(대 변)

비 용	수 익
당기순이익	

손익계산서 등식	총비용 + 당기순이익 = 총수익 당기순이익 = 총수익 – 총비용

비용이 수익보다 큰 경우(수익 < 비용)

(차 변)　　　　　손익계산서　　　　　(대 변)

비 용	수 익
	당기순손실

손익계산서 등식	총비용 = 총수익 + 당기순손실 당기순손실 = 총비용 – 총수익

필수예제 다음은 역곡상회의 20X1년말 현재 경영성과와 관련된 자료이다.

여비교통비	10,000	수수료수익	5,000	상품매출원가	100,000
급　　　여	25,000	이자비용	3,000	보 험 료	12,000
상 품 매 출	350,000	광고선전비	8,000	이 자 수 익	5,000
임　차　료	15,000	잡　비	1,000	소 모 품 비	4,000

1. 수익총액과 비용총액을 계산하시오.
2. 당기순이익을 계산하시오.
3. 손익계산서를 작성하시오.

해설

1. 수익총액 = 상품매출 + 수수료수익 + 이자수익
 = 350,000 + 5,000 + 5,000
 = 360,000
2. 비용총액 = 상품매출원가 + 여비교통비 + 급여 + 이자비용 + 보험료
 + 광고선전비 + 임차료 + 잡비 + 소모품비
 = 100,000 + 10,000 + 25,000 + 3,000 + 12,000 + 8,000 + 15,000 + 1,000 + 4,000
 = 178,000
3. 순 이 익 = 수익총액 - 비용총액 = 360,000 - 178,000
 = 182,000
4. 손익계산서

손 익 계 산 서

역곡상회　　　20×1년 1월 1일 부터 20×1년 12월 31일 까지　　　(단위:원)

비용과수익	금액	수익	금액
상 품 매 출 원 가	100,000	상 품 매 출	350,000
여 비 교 통 비	10,000	수 수 료 수 익	5,000
급　　　　　여	25,000	이 자 수 익	5,000
이 자 비 용	3,000		
보 험 료	12,000		
광 고 선 전 비	8,000		
임 차 료	15,000		
잡　　　　　비	1,000		
소 모 품 비	4,000		
당 기 순 이 익	182,000		
	360,000		360,000

05. 기업의 손익계산

1. 기업의 손익

　기업의 경영활동결과 총수익이 총비용보다 큰 경우 순이익이 발생하며 순이익은 재무상태표의 자본에 반영되어 자본을 증가시킨다. 반대로 총비용이 총수익보다 큰 경우에는 순손실이 발생하고 이는 자본을 감소시키는 결과를 가져오게 된다.

2. 손익의 계산방법

(1) 재산법

재무상태에서 당기순손익을 계산하는 방법은 기말자본에서 기초자본을 차감하여 계산한다. 이렇게 계산하는 방법을 재산법이라고 한다. 재산법이란 자본(순자산)의 증감을 순손익으로 계산하는 방법을 말한다.

구 분	계 산 방 법
재 산 법	순이익 = 기말자본 − 기초자본 = (기말자산 − 기말부채) − (기초자산 − 기초부채)
	순손실 = 기초자본 − 기말자본 = (기초자산 − 기초부채) − (기말자산 − 기말부채)

(2) 손익법

손익계산서에서 당기순손익을 계산하는 방법은 일정기간 동안 발생한 총수익에서 총비용을 차감하여 계산한다. 이렇게 계산하는 방법을 손익법이라고 한다.

구 분	계 산 방 법
손익법	순이익 = 총수익 − 총비용
	순손실 = 총비용 − 총수익

필수예제 5 다음의 번호에 해당하는 금액을 계산하시오.

구분	기초재무상태표			기말재무상태표			경영성과		
	자산	부채	자본	자산	부채	자본	총수익	총비용	순손익
(1)	160,000	①	89,000	②	155,000	③	97,000	88,000	④
(2)	⑤	84,000	93,000	154,000	61,500	⑥	⑦	77,000	⑧
(3)	230,000	175,000	⑨	132,000	⑩	⑪	85,000	⑫	6,400

① ( ) ② ( ) ③ ( ) ④ ( ) ⑤ ( ) ⑥ ( ) ⑦ ( )
⑧ ( ) ⑨ ( ) ⑩ ( ) ⑪ ( ) ⑫ ( )

해설

구분	기초재무상태표			기말재무상태표			경영성과		
	자산	부채	자본	자산	부채	자본	총수익	총비용	순손익
(1)	160,000	①71,000	89,000	②253,000	155,000	③98,000	97,000	88,000	④9,000
(2)	⑤177,000	84,000	93,000	154,000	61,500	⑥92,500	⑦76,500	77,000	⑧△500
(3)	230,000	175,000	⑨55,000	132,000	⑩70,600	⑪61,400	85,000	⑫78,600	6,400

*③ 98,000(기말자본) = 89,000(기초자본) + 9,000(순이익)
*⑥ 92,500 = 93,000(기초자본)− 500(당기순손실)
*⑪ 61,400(기말자본) = 55,000(기초자본) + 6,400(순이익)

06. 회계의 순환과정

거래의 발생 ▶ 전표(분개장) ▶ 총계정원장 ▶ 결 산 ▶ 재무제표작성

1. 거래의 개념

(1) 거래

회계에서 말하는 거래란 기업의 자산, 부채, 자본의 변동(증감)을 가져오는 경제적사건을 말한다. 경제적사건이란 기업에 영업활동이 재무상태에 금전적 영향을 미치는 것을 말하며 반드시 화폐금액으로 측정할 수 있어야 한다. 회계상의 거래가 발생하면 거래를 식별하여 복식부기 기장방식에 따라 장부에 기록한다.

 회계상의 거래와 사회적 통념에 의한 거래

회계상의 거래
- 화재, 도난에 의한 자산의 소멸
- 자산의 가치감소
- 기부금의 수수

- 자산의 매매
- 대금의 지급 또는 수취
- 채권·채무의 발생
- 손익의 발생

- 부동산의 매매계약
- 부동산의 임대차계약
- 종업원의 고용계약
- 채무의 보증계약 및 담보계약

사회통념상의 거래

필수예제 다음 중 회계상의 거래인 것은 ○표, 회계상의 거래가 아닌 것은 ×표를 하시오.

(1) 비품을 200,000에 현금으로 구입하다. (　)
(2) 광고료 300,000을 현금으로 지급하다. (　)
(3) 월급 1,000,000을 주기로 하고 종업원을 채용하다. (　)
(4) 전철안에서 현금 500,000을 도난당하다. (　)
(5) 상품 200,000을 주문 받다. (　)
(6) 차입금 600,000을 현금으로 상환하다. (　)
(7) 2억의 토지를 은행에 담보제공하고 1억을 차입하기로 약정하다. (　)
(8) 1억의 건물이 화재가 발생하다. (　)
(9) 거래처에게 현금 2,000,000을 대여하다. (　)
(10) 트럭을 현금 50,000에 수리하다. (　)

해설

(1) ○ (2) ○ (3) × (4) ○ (5) × (6) ○ (7) × (8) ○ (9) ○ (10) ○

(2) 거래의 8요소

회계상의 거래는 항상 원인과 결과의 양측면을 가지고 있다. 복식부기에 따라 기장하게 되면 어떠한 거래이든 그 내용을 원인과 결과라는 두 개의 측면으로 분석할 수 있는데 이를 거래의 이중성이라 하고 각각의 측면을 거래요소라고 한다.

거래의 이중성에 따라 거래요소는 차변요소와 대변요소로 나뉘어진다. 즉, 차변요소에는 자산의 증가, 부채의 감소, 자본의 감소, 비용의 발생의 4가지 요소와 대변요소에는 자산의 감소, 부채의 증가, 자본의 증가, 수익의 발생의 4가지 요소가 있으며 이를 거래의 8요소라고 한다.

거래의 결합관계

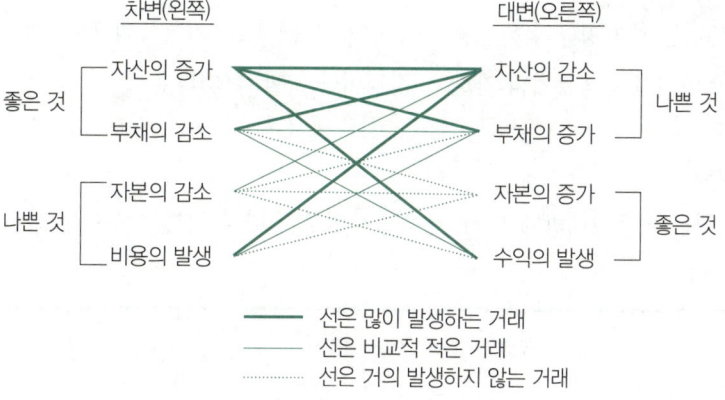

필수예제

다음의 거래에 대한 결합관계를 분석하시오.

(1) 건물을 매입하고 100,000을 현금으로 지급하다.
(2) 현금 900,000을 출자하여 회사를 설립하다.
(3) 상품 80,000을 외상으로 구입하다.
(4) 소유하고 있던 건물의 임대료 50,000을 현금으로 받다.
(5) 차입금에 대한 이자 10,000을 현금으로 지급하다.
(6) 차입금 150,000을 현금으로 상환하다.
(7) 건물 임차료 20,000을 미지급하다.

해설

왼 쪽(차변)		대 변(오른쪽)	
(1) 자산의 증가	₩100,000	자산의 감소	₩100,000
(2) 자산의 증가	₩900,000	자본의 증가	₩900,000
(3) 자산의 증가	₩80,000	부채의 증가	₩80,000
(4) 자산의 증가	₩50,000	수익의 발생	₩50,000
(5) 비용의 발생	₩10,000	자산의 감소	₩10,000
(6) 부채의 감소	₩150,000	자산의 감소	₩150,000
(7) 비용의 발생	₩20,000	부채의 증가	₩20,000

(3) 대차평균의 원리

발생한 거래를 장부에 기록하기 위해서는 복식부기의 원리에 따라 왼쪽(차변)과 오른쪽(대변)에 나누어 기록해야 하는데 위에서 살펴보았듯이 모든 거래는 거래 요소의 결합관계에 따라 반드시 차변과 대변에 같은 금액을 기입하며 아무리 많은 거래를 기입하더라도 기입한 전체의 차변합계금액과 대변합계금액은 반드시 일치하게 되는데 이것을 부기에서는 대차평균의 원리라고 한다.

복식부기에서는 대차평균의 원리를 이용하여 기록하므로 기록상의 정확 여부를 스스로 검증할 수 있으며 이것이 복식부기의 가장 큰 장점이라고 할 수 있다.

(4) 거래의 종류

기업의 거래는 거래상대방에 따라, 손익발생여부에 따라, 현금수수여부에 따라 다음과 같이 구분될 수 있다.

 거래의 종류

- **거래상대방에 따른 구분**
  - 외부거래 – 기업외부와의 거래(예: 기계구입, 상품판매 등)
  - 내부거래 – 기업내부에서 일어나는 거래(예: 종업원에게 급여지급 등)
  - 일방적 거래 – 특정한 거래상대방이 없는 거래(예: 현금도난, 건물의 화재 등)
- **손익발생여부에 따른 구분**
  - 교환거래 – 자산, 부채, 자본만이 서로 증감하는 거래(예: 상품의 외상구입, 차입금의 현금상환 등)
  - 손익거래 – 수익과 비용의 발생만이 나타나는 거래 (예: 상품의 매출, 급여의 지급 등)
  - 혼합거래 – 교환거래와 손익거래가 동시에 발생하는 거래(예: 장부금액이 1억인 건물을 2억에 매각 등)
- **현금수수여부에 따른 구분**
  - 입금거래 – 현금의 수입을 수반하는 거래(예: 상품의 현금판매 등)
  - 출금거래 – 현금의 지출을 수반하는 거래(예: 비품의 현금구입 등)
  - 대체거래 – 현금의 수수가 없는 거래(예: 토지와 건물의 교환 등)

| 필수예제 | 다음의 거래를 보기와 같이 교환거래, 손익거래, 혼합거래로 구별하고 거래요소의 결합관계를 표시하시오. |

> **문 제** | 보험료 10,000을 현금으로 지급하였다.
> **해 답** | (차) 비용의 발생   (대) 자산의 감소   (손익거래)

① 상품 100,000을 외상으로 매입하다.
② 은행이자 30,000을 현금으로 지급하다.
③ 현금 500,000을 출자하여 영업을 개시하다.
④ 원가 50,000의 상품을 80,000에 현금으로 판매하다.
⑤ 화재로 인하여 상품 50,000이 소실되다.

해설

문항	차 변 요 소	대 변 요 소	거 래 의 종 류
①	자산의 증가	부채의 증가	교환거래
②	비용의 발생	자산의 감소	손익거래
③	자산의 증가	자본의 증가	교환거래
④	자산의 증가	자산의 감소	혼합거래
		수익의 발생	
⑤	비용의 발생	자산의 감소	손익거래

2. 계정과 계정의 기입방법

(1) 계정

　계정이란 거래의 성격을 이해하기 쉽게 표시하고 명확하게 기록하기 위하여 같은 종류 및 같은 성질을 가진 것을 항목별로 나누어 미리 정해 놓은 고유명칭이다. 또한 현금계정, 외상매출금계정 등과 같이 계정에 붙이는 이름을 계정과목이라고 하며 계정을 기입하는 자리를 계좌라고 한다.

　계정은 자산, 부채 자본, 수익 및 비용에 속하는 계정으로 분류된다. 재무상태표에 기록되는 자산, 부채, 자본에 속하는 계정을 재무상태표계정이라 하며, 손익계산서에 기재되는 수익과 비용에 속하는 계정을 손익계산서계정이라고 한다.

계정의 분류

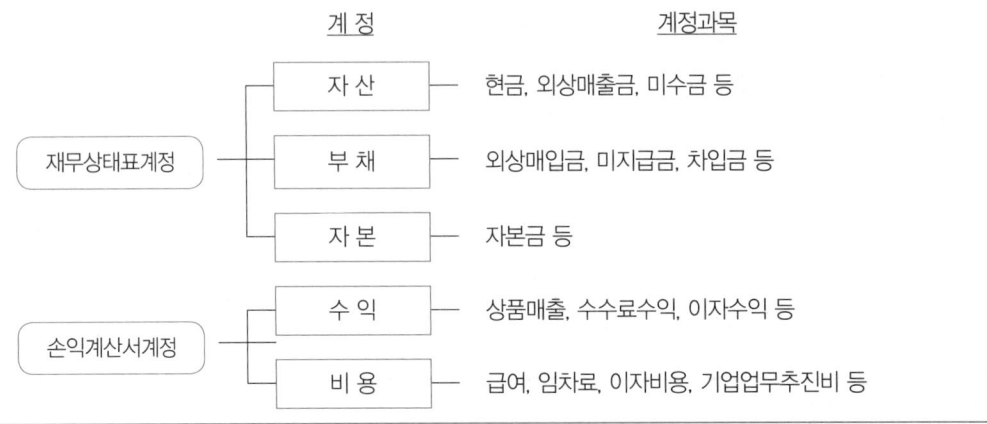

(2) 계정의 기입방법

모든 거래는 계정이라는 형식에 기입하여 계산되며, 계정에 의한 계산은 차변과 대변이라는 두 개의 계산장소에 나누어 기입하게 된다. 계정의 기입방법을 설명하면 다음과 같다.

1) 재무상태표계정

자산은 재무상태표의 차변에 기입하므로, 그 증가를 자산계정의 차변에 기입하고 감소를 대변에 기입한다. 부채와 자본은 재무상태표의 대변에 기입하므로, 그 증가를 대변에 기입하고 감소를 차변에 기입한다. 거래가 발생하였을 때 차변에 기입하는 것을 차변기입, 대변에 기입하는 것을 대변기입이라고 한다.

① 자산의 기입방법

자산의 증가는 차변에 '기입하고 자산의 감소는 대변에 기입한다. 잔액은 차변과 대변의 차액으로 표시되며 자산의 현재상태를 나타낸다. 자산계정의 잔액은 항상 차변에 남게 된다.

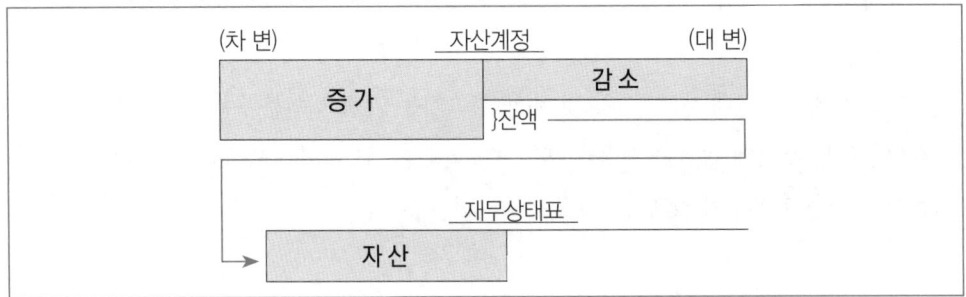

② 부채의 기입방법

부채의 증가는 대변에 기입하고 부채의 감소는 차변에 기입한다. 잔액은 차변과 대변의 차액으로 표시되며 부채의 현재 상태를 나타낸다. 부채계정의 잔액은 항상 대변에 남게 된다.

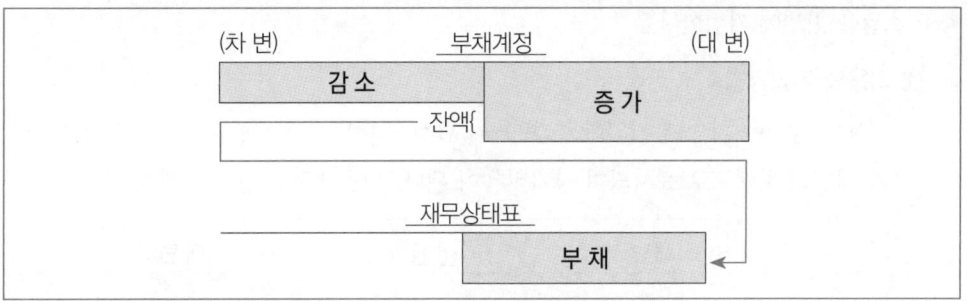

③ 자본의 기입방법

자본의 증가는 대변에 기입하고 자본의 감소는 차변에 기입한다. 잔액은 차변과 대변의 차액으로 표시되며 자본의 현재 상태를 나타낸다. 자본계정의 잔액은 항상 대변에 남게 된다.

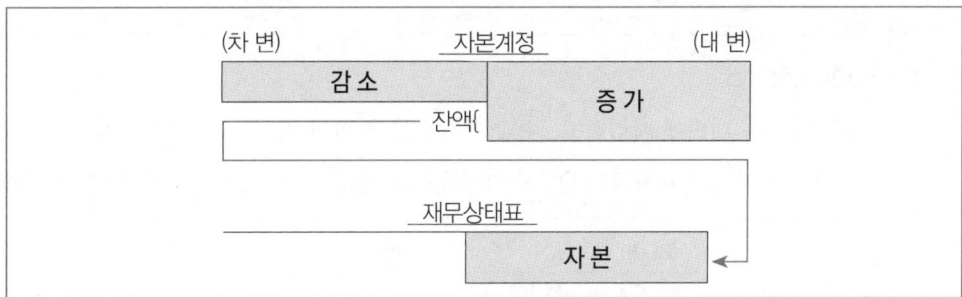

재무상태표계정을 재무상태표에 표시하는 방법

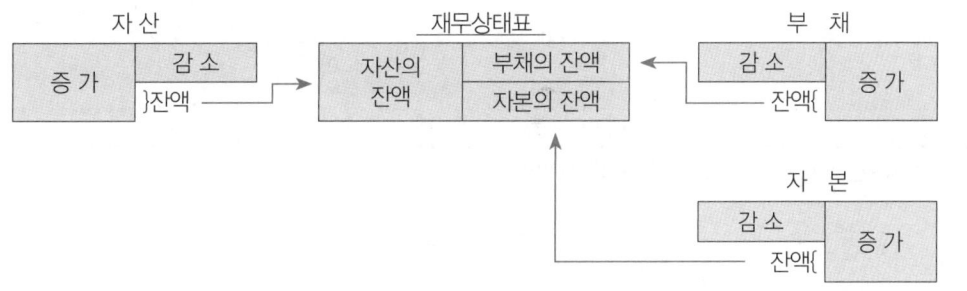

2) 손익계산서계정

비용은 손익계산서의 차변에 기입하므로, 그 발생을 비용계정의 차변에 기입하고, 소멸을 대변에 기입한다. 수익은 손익계산서의 대변에 기입하므로, 그 발생을 수익계정의 대변에 기입하고 소멸을 차변에 기입한다.

① 비용의 기입방법

비용의 증가는 차변에 기입하고, 비용의 감소는 대변에 기입한다. 비용계정의 잔액은 차변과 대변의 차액으로 표시되며 당기비용이 된다. 비용계정의 잔액은 항상 차변에 남게 된다.

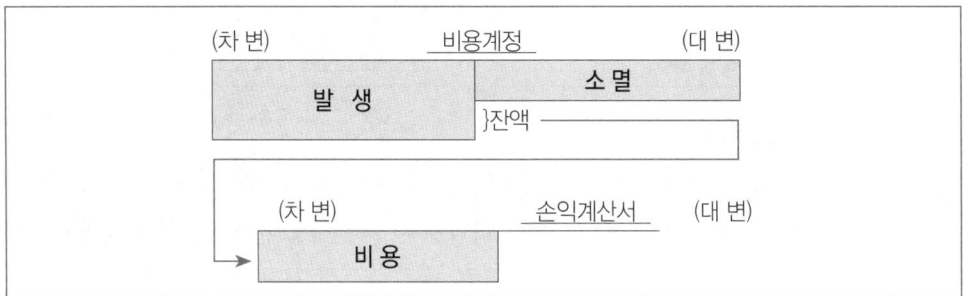

② 수익의 기록방법

수익의 증가는 대변에 기입하고, 수익의 감소는 차변에 기입한다. 수익계정의 잔액은 차변과 대변의 차액으로 표시되며 당기수익이 된다. 수익계정의 잔액은 항상 대변에 남게 된다.

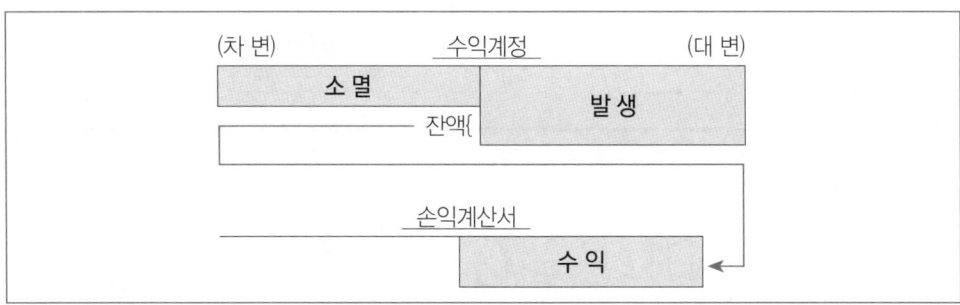

손익계산서계정을 손익계산서에 표시하는 방법

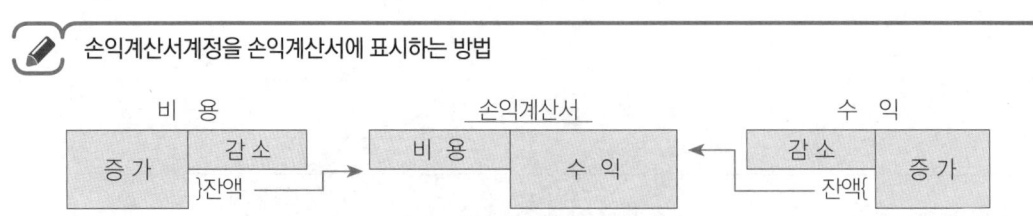

3. 분개와 전기

(1) 분개

분개란 회계상의 거래를 차변요소와 대변요소로 분류하고 그 과목과 금액을 결정하는 절차를 말한다. 기업활동과정에서 수없이 발생되는 거래내용을 발생시마다 계정(총계정원장)에 기입하는 것은 기록의 오류, 누락의 위험성 등 많은 문제점이 발생될 수 있다. 따라서 원장기입 이전에 복잡한 거래내용을 적절한 계정과목을 사용하여 차변, 대변으로 간단 명료하게 기입하는 계정기입의 준비절차를 분개라 하며, 그 장부를 분개장이라 한다.

(2) 분개의 절차

분개를 하는 절차는 다음의 순서에 따른다.
① 발생된 거래에 대하여 분석한다.
② 어느 계정에 기입할 것인지 계정과목을 결정한다.
③ 얼마의 금액을 기입할 것인가를 결정한다.

📝 분개의 절차

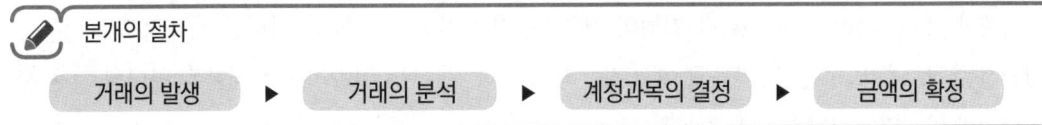

(3) 전기

전기(posting)란 분개를 해당 원장에 옮겨 적는 것을 말한다. 다시 말해서 분개의 차변에 있는 계정을 당해 계정의 차변에 기입하고 대변에 있는 계정을 당해 계정의 대변에 기입하는 것이다. 따라서 거래는 분개를 통하여 해당 계정에 전기되는 것이다. 분개는 거래를 측정·분류·요약하는 과정이며, 전기는 분개장에 분개한 것을 계정과목별로 다시 분류·요약하는 과정을 말한다.

(4) 전기의 절차

전기를 하는 순서는 다음과 같다.
① 분개장의 차변에 기입된 내용은 원장의 차변에, 대변에 기입된 내용은 원장의 대변에 옮겨 적는다.
② 각 계정의 일자란에는 분개장의 일자를 그대로 기입한다.
③ 적요란에는 거래의 내용을 간략히 기입한다.

④ 분면란에는 전기된 분개가 기입되어 있는 분개장의 페이지를 기입한다.
⑤ 전기가 완료되면 분개장의 원면란에 해당 계정의 번호 또는 페이지를 기입하여 전기가 완료되었음을 표시한다.

필수예제

동국물산은 20X1. 7. 1.에 비품을 구입하고 그 대금 1,000,000을 현금으로 지급하였다. 위의 거래를 분개한 후 총계정원장에 전기하시오. (원장계정은 T계정을 사용할 것.)

해설

20X1. 7/1 (차) 비 품 1,000,000   (대) 현 금 1,000,000

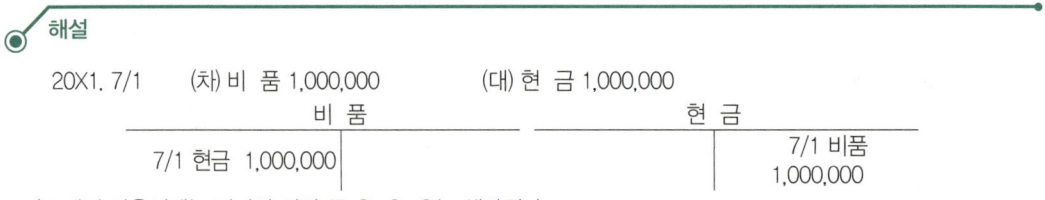

* T계정 사용시에는 전기의 절차 중 ③, ④, ⑤는 생략된다.

4. 회계장부

회계장부(accounting books)란 기업의 경영활동에서 발생하는 모든 거래를 체계적으로 기록·계산하는 장소를 말하는데, 이를 줄여서 장부라고 한다. 장부는 일반적으로 제본된 형태의 것을 사용하지만 바인더식이나 카드식 장부를 사용할 수도 있다.

(1) 장부의 기능

장부는 기업의 경영활동을 기록·계산함으로써 다음과 같은 기능을 수행한다.
① 재무제표 작성에 필요한 자료를 제공한다.
② 경영자의 경영계획 및 통제활동에 필요한 자료를 제공한다.
③ 기업 재산을 보호하고 자금을 합리적으로 사용할 수 있게 한다.

(2) 장부의 종류

장부는 그 회계적 기능의 중요성에 따라 주요장부와 보조장부로 나눌 수 있다.

① 주요장부

주요장부는 모든 거래를 기록하는 장부로서, 반드시 있어야 하는 중요한 장부를 말한다. 주요부에는 분개장과 총계정원장이 있다.

㉠ 분 개 장 : 기업의 경영활동에서 발생한 모든 거래를 발생순서에 따라 기록한 장부를 말한다.
㉡ 총계정원장 : 계정과목별로 모든 거래의 증감을 기록하여 분류하는 장부를 말한다.

장부의 종류

② 보조장부

보조장부란 주요장부의 기록을 보다 상세하게 기록하는 보조적 장부를 말한다. 보조장부에는 보조기입장과 보조원장이 있다.

> ㉠ 보조기입장 : 특정거래의 명세를 발생순서에 따라 상세히 기록하는 장부를 말한다.
> ㉡ 보 조 원 장 : 총계정원장의 특정계정의 내용을 계산단위별로 나누어 그 명세를 기록하는 장부를 말한다.

 장부조직 및 거래의 기장순서

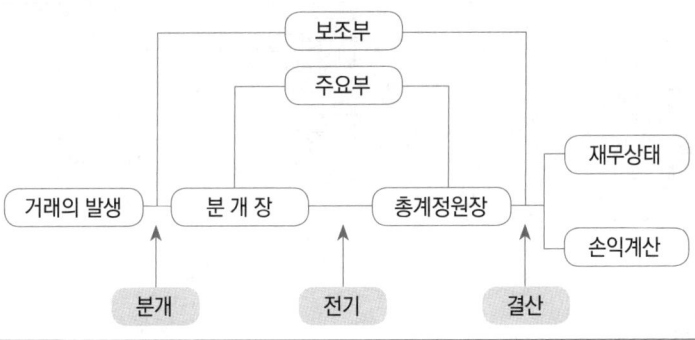

5. 전표

전표(slip)란 발생한 거래내역을 한 건씩 기록하는 종이쪽지를 말한다. 전표에는 거래내역뿐만 아니라 전표작성자와 검토자의 확인란이 포함되어 있다. 이는 거래내역을 기록하고 관련 부서에 전달하며 결재하는 서류기능이 있다는 것을 의미한다. 전표는 분권화된 기업조직에서 발생한 거래를 각 부서에 신속히 전달하여 승인을 받은 뒤 관련 장부에 기록하는 수단이다.

(1) 전표제도의 종류

전표제도의 종류에는 1전표제도, 3전표제도, 5전표제도가 있으며, 기업실무에서는 주로 3전표제를 사용하고 있다. 따라서 본서에서는 3전표제도에 대하여 설명한다.

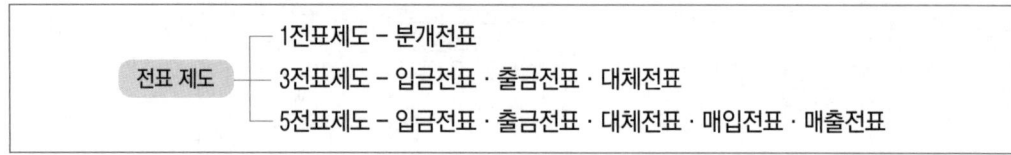

(2) 전표의 종류

① 입금전표: 입금전표는 현금의 수입을 수반하는 거래만을 기입하는 전표를 말한다.
② 출금전표: 출금전표는 현금의 지출을 수반하는 거래만을 기입하는 전표를 말한다.
③ 대체전표: 대체전표란 현금의 수입과 지출을 수반하지 않는 거래를 기록하는 전표를 말한다.

(3) 전표의 집계와 원장전기

거래가 발생하면 전표(입금전표, 출금전표, 대체전표)와 일계표를 작성하고 작성된 내용을 총계정원장에 전기하여야 한다.

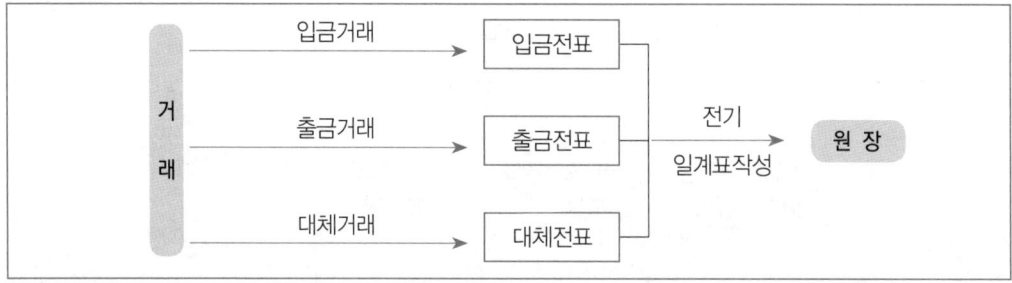

(4) 전표의 장점

규모가 크고 거래의 양이 많은 기업에서는 기록된 거래의 내용이 각 부서에 신속하고 정확하게 전달되어야 한다. 이러한 경우 기업실무에서는 분개장 대신 전표를 사용하게 되는 것이다. 전표사용의 장점은 다음과 같다.

① 거래내용을 관련부서에 신속·정확하게 전달한다.

② 거래의 발생 사실을 증명하는 증빙서류가 된다.
③ 관련직원의 서명이나 날인을 통해서 책임소재가 명확해진다.
④ 각 부서별로 기록관련 업무를 분담할 수 있다.

필수예제

(1) 현금 3,000,000원 (단기은행차입금 1,000,000원 포함)을 출자하여 영업을 시작하다.
(2) 상품 1,400,000원을 매입하고 대금은 현금 500,000원을 지급하고 잔액은 외상으로 하다.
(3) 상품을 800,000원(매입원가: 500,000원)에 판매하고 대금은 현금 350,000원으로 받고 잔액은 약속어음으로 받다.
(4) 외상매입금 600,000원을 현금으로 지급하다.
(5) 거래처에 현금 400,000원을 단기로 빌려주다.
(6) 은행차입금에 대한 이자 65,000원을 현금으로 지급하다.
(7) 외상매출금 450,000원을 회수하여 은행에 당좌예입하다.
(8) 상품광고를 위하여 50,000원을 광고회사에 현금으로 지급하다.
(9) 전기료 30,000원을 현금납부하다.
(10) 대여금에 대한 이자 15,000원을 받아 보통예금에 입금하다.

해설

문항	차변과목	금 액	대변과목	금 액
(1)	현 금	3,000,000	단기차입금	1,000,000
			자 본 금	2,000,000
(2)	상 품	1,400,000	현 금	500,000
			외상매입금	900,000
(3)	현 금	350,000	상품매출	800,000
	받을어음	450,000		
(4)	외상매입금	600,000	현 금	600,000
(5)	단기대여금	400,000	현 금	400,000
(6)	이자비용	65,000	현 금	65,000
(7)	당좌예금	450,000	외상매출금	450,000
(8)	광고선전비	50,000	현 금	50,000
(9)	수도광열비	30,000	현 금	30,000
(10)	보통예금	15,000	이자수익	15,000

6. 결산

(1) 결산 및 결산절차

1) 결산의 의의

　기업의 경영활동에 따라 발생한 거래를 분개장에 분개하고 총계정원장에 전기하는 것만으로는 기업의 재무상태와 경영성과를 명확하게 파악할 수 없다. 따라서 인위적으로 회계기간을 정하고, 회계기말에 각종 장부를 정리, 마감하여 알기쉽게 체계화할 필요가 있다.

　이와 같이 회계기말에 장부를 마감하여 자산, 부채, 자본의 상태를 정리하고, 발생한 수익과 비용을 비교하여 순손익(경영성과)을 체계적으로 파악하는 일련의 절차를 결산이라고 한다. 회계기록은 거래의 발생에서부터 재무제표 작성까지의 전 과정에 걸쳐 이루어지며 이러한 과정은 매 회계기간마다 반복되기 때문에 회계의 순환과정이라고 한다.

✏️ 회계의 순환과정

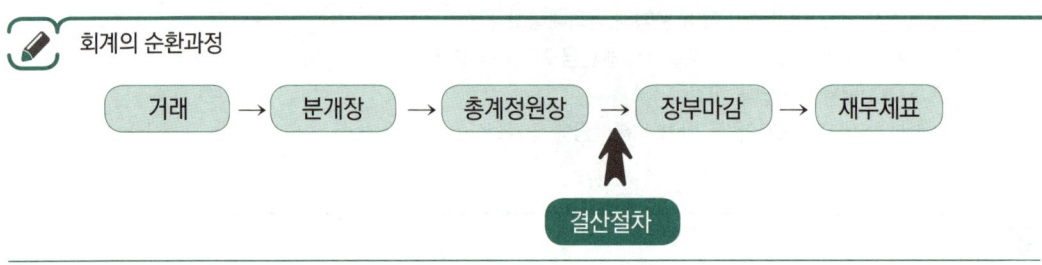

2) 결산절차

　한 회계기간 동안 발생된 거래들이 가져온 영향은 총계정원장의 각 계정에 반영되므로 결산절차는 총계정원장의 마감을 중심으로 이루어진다. 일반적으로 결산절차는 결산예비절차, 결산본절차, 결산보고서(재무제표)작성의 세가지 절차로 이루어진다.

✏️ 결 산 절 차

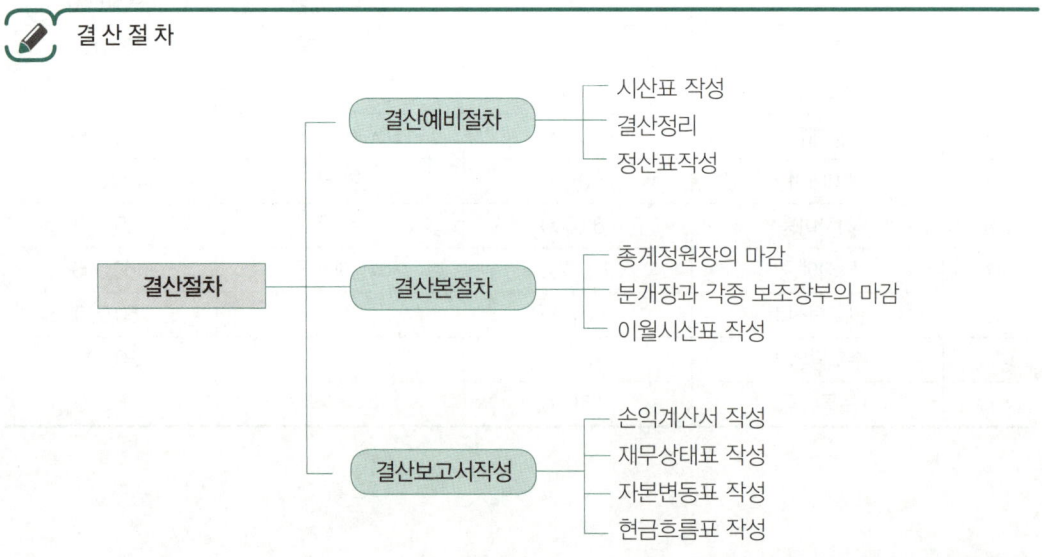

3) 시산표

회계기간의 모든 거래가 원장에 전기되면 각 계정의 잔액을 계산하여 재무제표를 작성할 수 있다. 그러나 재무제표를 작성하기 전에 각 계정 잔액이 정확한지를 확인하기 위하여 시산표를 작성하게 된다.

① **시산표의 의의**

시산표(trial balance)란 각 회계기간의 기업활동을 모두 기록한 총계정원장의 계정별 결과치만을 집계한 요약표를 말하며, 회계기간 중에 총계정원장의 기록이 정확한가에 대한 자기검증기능을 가지고 있다.

② **시산표의 종류**

시산표는 작성하는 방법과 작성목적에 따라 합계시산표, 잔액시산표, 합계잔액시산표로 구분된다. 이중 합계잔액시산표 양식은 다음과 같다.

합 계 잔 액 시 산 표

차 변		원면	계정과목	대변	
잔 액	합 계			합 계	잔 액

③ **시산표의 오류**

㉠ 시산표에서 발견할 수 있는 오류

ⓐ 분개의 차변 또는 대변 중 어느 한쪽만 전기한 경우

ⓑ 분개의 차변과 대변을 모두 한쪽에 전기한 경우

㉡ 시산표에서 발견할 수 없는 오류

ⓐ 차변과 대변이 동시에 누락된 경우

ⓑ 차변과 대변이 함께 중복 기록되는 경우

ⓒ 금액은 같지만 계정과목을 잘못 분류한 경우

ⓓ 차변과 대변의 계정과목을 반대로 전기한 경우

ⓔ 우연히 차변과 대변에 같은 금액의 오류가 포함된 경우

ⓕ 분개나 전기에서 차변과 대변금액이 동일하게 틀린 경우

4) 장부의 마감
  ① 수익·비용의 마감
    수익·비용에 속하는 계정은 한 회계기간의 순이익을 산출하기 위하여 임시로 설정된 명목계정이므로 그 잔액은 다음 회계기간으로 이월되지 않는다. 따라서 손익계정으로 대체하여 잔액을 영(0)으로 만들어야 한다.
    ㉠ 비용계정을 손익으로 대체하는 분개
          (차) 손익   ×××   (대) 비용   ×××
    ㉡ 수익계정을 손익으로 대체하는 분개
          (차) 수익   ×××   (대) 손익   ×××
    ㉢ 순이익을 자본으로 대체하는 분개(수익 〉 비용)
          (차) 손익   ×××   (대) 자본금   ×××
    ㉣ 순손실을 자본으로 대체하는 분개(수익 〈 비용)
          (차) 자본금   ×××   (대) 손익   ×××

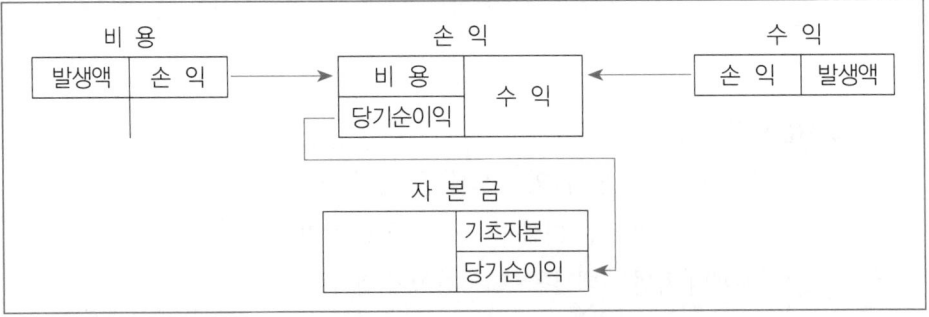

  ② 자산·부채·자본계정의 마감
    자산·부채·자본에 속하는 계정은 실제로 존재하는 실질계정이므로, 특정회계기간이 종료하더라도 그 계정잔액은 소멸되지 않고 다음 회계기간으로 이월된다.
    자산·부채·자본에 속하는 각 계정의 잔액은 붉은색으로 차기이월이라 기입하여 대차를 일치시킨 후 마감하고, 다음 회계기간 개시일(차기의 첫 날짜)에 차기이월이라 기입한 반대쪽에 푸른색으로 전기이월이라 기입한다.

자산 · 부채 · 자본 마감방법

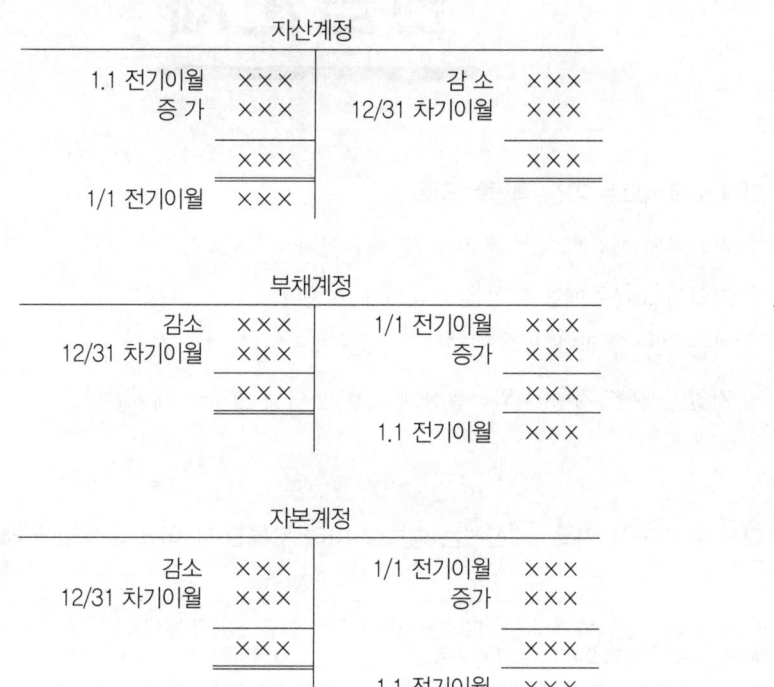

3) 재무제표 작성

결산의 마지막 절차로서 결산본절차에서 마감 된 장부를 기초로 재무상태표, 손익계산서 등을 작성한다.

연습문제

01 회계의 목적으로 가장 적합한 것은?

① 거래처의 채권과 채무를 기록 및 계산한다.
② 기업의 소유주에게 이익을 극대화 시켜준다.
③ 자금 조달을 원활할 수 있도록 자료를 제공한다.
④ 기업이해관계자들의 의사결정에 유용한 회계 정보를 제공한다.

02 다음 중 부기를 기록, 계산하는 방법에 따라 분류할 때 아래의 특징에 해당하는 부기로 옳은 것은?

> 일정한 원리나 원칙에 따라 현금이나 재화의 증감은 물론 손익의 발생을 조직적으로 기록, 계산하는 부기로 대차평균의 원리에 의하여 오류를 자동으로 검증하는 자기검증기능이 있다.

① 단식부기　　② 복식부기　　③ 영리부기　　④ 비영리부기

03 다음 중 장부를 기록하는 방법에 대한 설명이 틀린 것은?

① 부기는 기록, 계산하는 방법에 따라 단식부기와 복식부기로 분류된다.
② 복식부기는 일정한 원리나 원칙에 따라 현금이나 재화의 증감은 물론 손익의 발생을 조직적으로 계산하는 부기이다.
③ 복식부기는 대차평균의 원리에 의하여 오류를 자동으로 검증하는 자기검증기능이 있다.
④ 복식부기는 일정한 원리원칙이 없이 재산의 증가 감소를 중심으로 기록하며 손익의 원인을 계산하지 않는 부기이다.

04 회계기간에 대한 설명으로 옳은 것은?

① 경영성과와 재무상태를 파악하기 위해 설정한 시간적 범위이다.
② 자산 및 자본의 증감변화를 기록 및 계산하기 위해 설정한 장소적 범위이다.

③ 반드시 1년을 기준으로 설정하여야 한다.
④ 개인기업과 법인기업은 1월 1일부터 12월 31일까지로 설정한다.

05 다음 중 재무상태표 작성의 기준이 아닌 것은?
① 1년 기준   ② 총액주의   ③ 유동성배열법   ④ 발생주의

06 다음은 재무상태표의 기본구조에 대한 설명이다. 틀린 것은?
① 유동자산은 당좌자산과 재고자산으로 구분한다.
② 부채는 유동부채와 비유동부채로 구분한다.
③ 자산과 부채는 유동성이 낮은 항목부터 배열하는 것을 원칙으로 한다.
④ 자산은 유동자산과 비유동자산으로 구분한다.

07 다음 자료에서 유동성배열법에 의한 자산 계정의 배열 순서가 옳은 것은?

(가) 비품 (나) 상품 (다) 현금 (라) 영업권

① (다) - (나) - (가) - (라)
② (다) - (가) - (라) - (나)
③ (다) - (가) - (나) - (라)
④ (다) - (나) - (라) - (가)

08 다음 중 재무상태표에 포함되어야 하는 사항이 아닌 것은?
① 기업명   ② 금액단위   ③ 보고통화   ④ 회계기간

09 다음 중 재무상태표에 관한 설명으로 가장 적절한 것은?
① 일정기간동안 기업의 경영성과에 대한 정보를 제공하는 재무보고서이다.
② 기업 자본의 크기와 그 변동에 관한 정보를 제공하는 재무보고서이다.
③ 일정기간동안 기업의 현금유입과 현금유출에 대한 정보를 제공하는 재무보고서이다.
④ 일정시점 현재 기업이 보유하고 있는 자산과 부채, 그리고 자본에 대한 정보를 제공하는 재무보고서이다.

10 재무상태표 등식으로 옳은 것은?

① 총비용=총수익+당기순이익
② 자산=부채+자본
③ 총수익=총비용+당기순손실
④ 기말자산+총비용=총수익+기말자본+기말부채

11 다음 자료는 20X1년 12월 31일 현재 재무상태표의 각 계정의 잔액이다. 단기차입금은 얼마인가?

| ·미 수 금 : 550,000원 | ·외상매출금 : 250,000원 | ·단기차입금 : ? |
| ·미지급비용 : 150,000원 | ·선 급 금 : 130,000원 | ·자 본 금 : 300,000원 |

① 540,000원　　② 500,000원　　③ 480,000원　　④ 460,000원

12 (가), (나), (다) 및 (라)에 들어갈 용어를 올바르게 짝지은 것은?

· 재무상태표는 (가)의 (나)를 나타내는 재무제표이다.
· 손익계산서는 (다)의 (라)를 나타내는 재무제표이다.

① 가 : 일정기간　나 : 재무상태　다 : 일정시점　라 : 경영성과
② 가 : 일정기간　나 : 경영성과　다 : 일정시점　라 : 재무상태
③ 가 : 일정시점　나 : 재무상태　다 : 일정기간　라 : 경영성과
④ 가 : 일정시점　나 : 경영성과　다 : 일정기간　라 : 재무상태

13 다음 내용과 관련 있는 회계 용어로 옳은 것은?

"복식부기에서는 모든 계정의 차변합계와 대변합계는 항상 일치하여 자기검증기능을 갖는다."

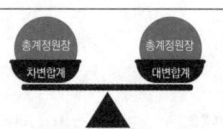

① 거래의 8요소
② 거래의 이중성
③ 대차평균의 원리
④ 수익, 비용 대응의 원리

14 다음 자료에 의한 기말부채(가)와 기말자본금(나)을 계산하면 얼마인가?

- 기초자산 : 600,000원
- 기말자산 : 800,000원
- 기초부채 : 200,000원
- 총수익 : 900,000원
- 총비용 : 700,000원

① (가) 600,000원 (나) 200,000원
② (가) 200,000원 (나) 600,000원
③ (가) 400,000원 (나) 300,000원
④ (가) 600,000원 (나) 300,000원

15 주어진 자료를 활용하여 빈 칸에 들어갈 금액을 계산하면?

기초자산	기초부채	기말자본	총수익	총비용
500,000원	200,000원	350,000원	250,000원	?

① 200,000원   ② 150,000원   ③ 100,000원   ④ 50,000원

16 다음 일반 기업회계기준의 손익계산서 작성기준에 대한 설명 중 가장 잘못된 설명은?

① 수익은 실현시기를 기준으로 계상한다.
② 수익과 비용은 순액으로 기재함을 원칙으로 한다.
③ 비용은 관련 수익이 인식된 기간에 인식한다.
④ 수익과 비용의 인식기준은 발생주의를 원칙으로 한다.

17 다음 중 비용의 인식기준으로 맞는 것은?

① 총액주의
② 수익·비용 대응의 원칙
③ 구분표시의 원칙
④ 유동성배열법

18 다음 중 경영성과에 영향을 미치는 거래는?

① 미지급금을 보통예금으로 지급하다.
② 미지급금을 약속어음을 발행하여 지급하다.
③ 예수금을 현금으로 지급하다.
④ 차입금에 대한 이자를 현금으로 지급하다.

19 다음 거래 요소 중 차변에 올 수 있는 것은?

① 비용의 발생　　② 수익의 발생　　③ 자산의 감소　　④ 부채의 증가

20 다음 중 회계상의 거래에 해당하는 것은?

① 회사 업무용 차량이 필요하여 15,000,000원에 주문하다.

② 신입 사원을 채용하고 매월 2,000,000원을 지급하기로 근로계약을 하다.

③ 판매장에서 사용할 에어컨 구입계약을 하다.

④ 장마로 인한 홍수피해로 회사 창고에 보관중인 상품의 손실이 3,000,000원 발생하였다.

21 다음 중 회계상 거래에 해당되지 않는 것은?

① 보관중인 현금 100,000원을 도난당하였다.

② 화재로 인해 창고에 보관되어 있던 상품 3,000,000원이 소실되었다.

③ ㈜햇님과 1억원의 상품판매계약을 체결하였다.

④ 현금 30,000,000원을 기업주명의 통장으로 출자하다.

22 다음과 같은 결합관계로 이루어진 거래로 옳은 것은?

(차) 자산의 증가　(대) 부채의 증가

① 건물을 2년간 임대하고 임대보증금 30,000,000원을 현금으로 받다.

② 매장의 유리창을 교체하고 대금 150,000원은 월말에 지급하기로 하다.

③ 차입금 60,000,000원과 그에 대한 이자 1,000,000원을 현금으로 지급하다.

④ 영업용 차량에 대한 1년간 보험료 1,000,000원을 현금으로 납부하다.

23 다음과 같은 거래요소의 결합관계로 이루어지는 거래는?

> (차변) 자산의 증가 (대변) 자산의 감소

① 사회기부단체에 500,000원을 보통예금에서 계좌이체하여 기부하다.
② 현금 100,000,000원을 출자하여 영업을 개시하다.
③ 사무실 임차보증금 5,000,000원을 당좌수표를 발행하여 지급하다.
④ 사무실에서 사용할 컴퓨터를 2,000,000원에 구매하고 신용카드로 결제하다.

24 다음 거래에 대한 결합관계를 바르게 나타낸 것은?

> 단기차입금 200,000원을 현금으로 지급하다.

① 자산의 증가 – 자산의 감소   ② 비용의 발생 – 자산의 감소
③ 부채의 감소 – 자산의 감소   ④ 부채의 감소 – 부채의 증가

25 회계의 순환과정 중 일부이다. (가), (나)에 들어갈 용어로 옳은 것은?

> 거래의 발생 ⇨(가) 분개장 ⇨(나) 총계정원장

① (가):대체, (나):이월   ② (가):분개, (나):전기
③ (가):이월, (나):대체   ④ (가):전기, (나):분개

26 다음 중 계정의 증가, 감소, 발생, 소멸을 나타낸 것으로 잘못된 것은?

① 외상매입금 | 감소 | 증가
② 외상매출금 | 감소 | 증가
③ 차입금 | 감소 | 증가
④ 이자수익 | 소멸 | 발생

27 다음 그림의 (가) 절차에 대한 설명으로 옳은 것만을 〈보기〉에서 있는 대로 고른 것은?

| 거 래 | ⇒ | 분 개 장 | (가)⇒ | 총계정원장 |

보기
ㄱ. 분개장의 기입 내용을 해당 계정에 옮겨 적는 과정이다.
ㄴ. 전산회계에서는 자동 처리되므로 (가)의 과정이 생략된다.
ㄷ. (가)는 어느 계정, 어느 변에 얼마를 기입할 것인가를 결정하는 절차이다.

① ㄱ   ② ㄱ, ㄴ   ③ ㄴ, ㄷ   ④ ㄱ, ㄴ, ㄷ

28 다음 중 총계정원장의 기록이 오류가 있는지 여부를 파악하는 검증기능을 갖는 것은?
① 시산표   ② 재무상태표   ③ 분개장   ④ 현금출납장

29 다음의 내용이 설명하는 것으로 옳은 것은?

결산의 예비 절차 중 분개장에서 총계정원장의 전기가 정확하게 이루어졌는지 검증하기 위하여 작성하는 일람표

① 시산표   ② 정산표   ③ 자본변동표   ④ 현금흐름표

30 다음은 개인기업인 청석상점의 총계정원장 전기 후 작성한 잔액시산표이다. 오류를 올바르게 수정 후 차변의 합계 금액은 얼마인가?

잔액 시산표
청석상점　　　20×1년 12월 31일　　　(단위: 원)

차 변	원면	계정 과목	대 변
350,000	1	현 금	
120,000	2	받 을 어 음	
80,000	3	선 급 금	
	4	상 품	150,000
	5	외상 매입금	250,000
	6	미 지 급 금	130,000
200,000	7	자 본 금	
	8	상품매출이익	120,000
80,000	9	이 자 수 익	
50,000	10	보 험 료	
30,000	11	여비 교통비	
910,000			650,000

① 630,000원   ② 680,000원   ③ 780,000원   ④ 830,000원

31 다음 중 시산표에서 발견할 수 있는 오류는 무엇인가?

① 차변과 대변에 같이 틀린 금액으로 분개나 전기한 경우

② 금액은 동일하게 기입하였으나 차변과 대변 계정을 반대로 전기한 경우

③ 차변과 대변 어느 한쪽의 전기를 누락한 경우

④ 거래 전체의 분개나 전기가 누락된 경우

32 다음 중 빈 칸 안에 들어갈 (가), (나) 용어가 순서대로 되어 있는 것은?

> 발생한 거래 내역을 순서에 따라 장부에 분개하여 적는 장부를 (가)라 하고, 이러한 거래를 계정과목별로 기록, 계산, 요약하는 장부를 (나)라 한다.

	(가)	(나)		(가)	(나)
①	현금출납장	분개장	②	총계정원장	분개장
③	분개장	매출처원	④	분개장	총계정원장

33 다음 중 주요장부로만 짝지어진 것은?

① 총계정원장, 상품재고장 ② 분개장, 매입장

③ 매입장, 매출장 ④ 분개장, 총계정원장

34 다음 중 보조원장에 해당하는 것은?

① 총계정원장 ② 상품재고장 ③ 현금출납장 ④ 매입장

35 다음 중 기말결산 수정정리사항이 아닌 것은?

① 외상매출금의 회수 ② 기타채권에 대한 대손의 추산

③ 단기매매증권의 평가 ④ 건물의 감가상각

02 당좌자산

자산은 1년을 기준으로 유동자산과 비유동자산으로 분류한다. 다만, 정상적인 영업주기 내에 판매되거나 사용되는 재고자산과 회수되는 매출채권 등은 보고기간종료일로부터 1년 이내에 실현되지 않더라도 유동자산으로 분류한다. 또한, 장기미수금이나 투자자산에 속하는 매도가능증권 또는 만기보유증권 등의 비유동자산 중 1년 이내에 실현되는 부분은 유동자산으로 분류한다.

01.. 유동자산의 종류

유동자산은 당좌자산과 재고자산으로 구분한다.

구 분	내용	
당좌자산	의의	판매활동을 거치지 않고 현금화 할 수 있는 자산
	종류	현금및현금성자산, 외상매출금, 받을어음, 단기예금, 단기매매증권, 단기대여금, 미수금, 선급금, 미수수익, 선급비용 등
재고자산	의의	판매활동을 거쳐야만 현금화 할 수 있는 자산
	종류	상품, 제품, 원재료, 재공품 등

02.. 당좌자산

당좌자산은 유동자산 중 판매를 목적으로 보유하고 있는 재고자산을 제외한 모든 자산을 말한다. 당좌자산에는 현금및현금성자산, 매출채권(받을어음, 외상매출금), 단기예금, 단기매매증권 등이 있다.

1. 현금및현금성자산

현금및현금성자산이란 회계상의 자산항목 중 사용용도에 제약을 받지 않는 가장 유동성이 큰 자산을 말한다. 현금및현금성자산에는 현금, 요구불예금, 현금성자산이 포함된다.

(1) 현 금

회계상에서 현금이란 통화, 통화대용증권, 요구불예금을 포함한다.

구 분	종 류
통 화	지폐, 동전
통화대용증권	타인발행수표(당좌수표, 자기앞수표), 공·사채만기이자표, 배당금지급통지서, 우편환증서, 만기도래어음 등
요구불예금	보통예금, 당좌예금

(2) 현금성자산

현금성자산이란 큰 거래비용 없이 현금으로 전환이 용이하고 이자율 변동에 따른 가치변동의 위험이 경미한 금융상품으로서 취득 당시 만기일(또는 상환일)이 3개월 이내인 것을 말한다.

현금성자산에 속하는 금융상품과 유가증권은 취득당시 만기(또는 상환일)가 3개월 이내인 채권, 상환우선주, 환매체, 양도성예금증서 등이 있다.

> **필수예제** 안산상회가 보고기간말 현재에 보유하고 있는 유동자산의 일부이다. 현금으로 계상할 금액은 얼마인가?
>
> | 자 기 앞 수 표 | 100,000원 | 수 입 인 지 | 10,000원 | 당 좌 예 금 | 150,000원 |
> | 우 편 환 | 50,000원 | 보 통 예 금 | 120,000원 | 선 일 자 수 표 | 30,000원 |
> | 마포상회발행수표 | 200,000원 | 배당금지급통지표 | 60,000원 | | |
>
> **해답**
>
> 현금 = 100,000(자기앞수표) + 150,000(당좌예금) + 50,000(우편환) + 120,000(보통예금)+ 200,000(마포상회 발행수표) + 60,000(배당금지급통지표) = 680,000원

2. 현금과부족

특정시점에서 장부상 현금잔액과 금고에 보관되어 있는 실제 현금잔액은 일치하여야 하지만 계산착오나 거래의 누락 등에 의해서 일치하지 않는 경우가 있는데, 이를 현금과부족이라 한다.

현금과부족계정은 임시계정이기 때문에 재무상태표에 보고하면 안된다. 따라서 현금이 불일치하는 경우에는 현금과부족이라는 임시계정으로 처리하였다가 그 원인을 조사하여 원인이 밝혀진 경우에는 현금과부족계정을 해당계정으로 대체한다. 불일치의 원인을 보고기간말에 가서도 알 수 없을 경우에는 현금부족액은 잡손실계정 차변에, 과다액은 잡이익계정 대변에 대체하고, 현금과부족계정을 마감하여야 한다.

(1) 장부잔액과 실제 현금잔액이 일치하지 않는 경우

① 장부잔액 〈 실제잔액
 (차) 현 금   ×××   (대) 현금과부족 ×××

② 장부잔액 〉 실제잔액
 (차) 현금과부족 ×××   (대) 현 금   ×××

(2) 불일치 원인이 밝혀졌을 경우

① 외상대금 회수를 누락한 경우(장부잔액 〈 실제잔액)
 (차) 현금과부족 ×××   (대) 외상매출금 ×××

② 출장비 지급을 누락한 경우(장부잔액 〉 실제잔액)
 (차) 여비교통비 ×××   (대) 현금과부족 ×××

(3) 결산일까지 불일치의 원인을 알 수 없는 경우

① 장부잔액 〈 실제잔액
 (차) 현금과부족 ×××   (대) 잡 이 익 ×××

② 장부잔액 〉 실제잔액
 (차) 잡 손 실 ×××   (대) 현금과부족 ×××

 회계기간 중이 아닌 보고기간말(결산일)에 장부잔액과 실제잔액이 일치하지 않는 경우 현금과부족계정을 사용하지 않고 실제잔액이 부족하면 잡손실로 처리하고 실제잔액이 초과하면 잡이익으로 처리한다.

필수예제 다음은 상길상회의 12월중 거래내역이다. 다음의 거래를 일자별로 분개하시오.

12/01 현금출납장 잔액은 785,000원 인데, 금고잔액을 세어보니 585,000원으로 확인되다.
12/25 현금과부족의 원인을 조사해 본 결과. 현금과부족액 200,000 중 150,000은 여비규정에 따라 영업부직원에게 출장비를 지급하고 그 기록을 누락한 것으로 판명 되다.
12/31 현금과부족액 50,000은 보고기간말까지 그 원인이 밝혀지지 않다.

 해설

일 자	차 변	금 액	대 변	금 액
12월 1일	현금과부족	200,000	현금	200,000
12월 25일	여비교통비	150,000	현금과부족	150,000
12월 31일	잡손실	50,000	현금과부족	50,000

3. 당좌예금과 당좌차월

(1) 당좌예금

당좌예금이란 은행과 당좌계약을 맺고 현금관리업무를 은행이 대행하도록 하는 예금제도이다. 회사가 당좌예금을 인출할 경우에는 은행에서 교부해준 수표에 의하여 인출할 수 있으며 이때 발행된 수표를 당좌수표라고 한다.

---
① 현금을 당좌예금에 예입한 경우
　　(차) 당좌예금 ×××　　(대) 현 금　×××

② 상품을 매입하고 당좌수표를 발행한 경우
　　(차) 상　품 ×××　　(대) 당좌예금 ×××

✎ 당좌예금흐름도 및 당좌수표

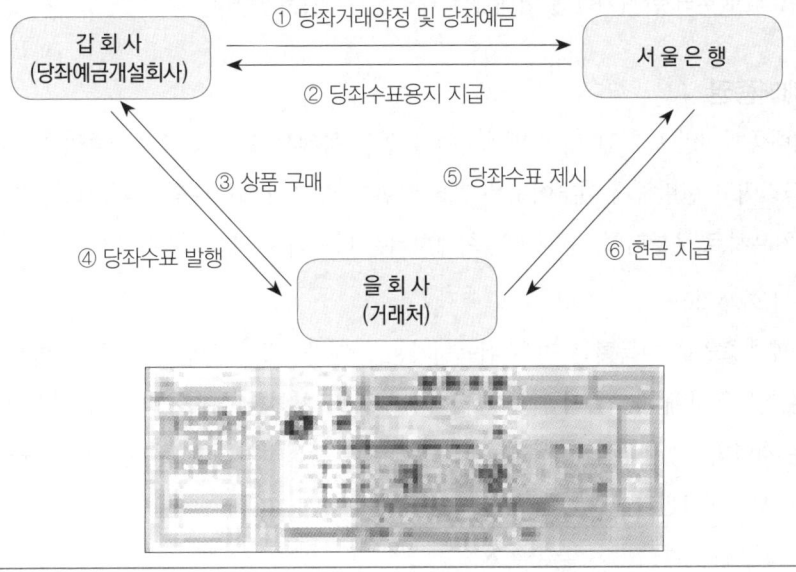

(2) 당좌차월

당좌차월이란 은행과 당좌차월계약(차입계약)을 맺고 예금잔액을 초과하여 계약 한도액까지 수표나 어음을 발행할 수 있는 것을 말한다. 당좌예금잔액을 초과하여 수표나 어음을 발행한 금액을 당좌차월이라고 한다. 당좌차월액은 당좌예금계정 대변 잔액이 되며 은행으로부터 차입한 금액을 의미하므로 재무상태표에는 단기차입금으로 하여 유동부채로 분류한다.

4. 단기투자자산

(1) 단기금융상품

단기금융상품이란 금융기관이 취급하는 정기예금, 정기적금, 사용이 제한되어 있는 예금 및 기타정형화 된 상품 등으로 만기가 1년 내에 도래하는 것을 말한다. 금융상품은 다음과 같이 구분한다.

구 분	분 류
취득일로부터 3개월 이내 만기도래	현금성자산
보고기간종료일로부터 1년 이내 만기도래	단기금융상품
보고기간종료일로부터 1년 이후 만기도래	장기금융상품

(2) 단기대여금

단기대여금이란 금전소비대차계약에 따라 차용증 등을 받고 대금을 빌려준 것을 말하며, 보고기간종료일로부터 만기가 1년 이내에 도래하는 채권을 말한다.

(3) 단기매매증권

단기매매증권이란 단기간 내의 매매차익을 얻을 목적으로 취득한 유가증권으로서 매수와 매도가 적극적이고 빈번하게 이루어지는 것을 말한다. 단기매매증권의 회계처리는 취득, 보유, 기말평가, 처분시로 구분되며, 구체적인 회계처리는 다음과 같다.

1) 취득시 회계처리

단기매매증권을 취득하는 경우 취득원가는 공정가치로 측정한다. 취득시 발생하는 거래비용은 취득원가에 가산하지 않고 당기의 비용으로 처리한다. 단기매매증권의 원가를 결정할 때는 개별법, 총평균법, 이동평균법 또는 다른 합리적인 방법을 사용하되, 동일한 방법을 매기 계속 적용한다.

```
(차) 단기매매증권      ×××      (대) 현금   ×××
    수수료비용*        ×××
    *거래비용 : 증권거래세, 중개수수료 등
```

2) 보유시 회계처리

단기매매증권을 보유하는 경우 배당금이나 이자를 받을 수 있다. 배당금을 받는 경우에는 배당금수익으로 이자를 받는 경우에는 이자수익으로 회계처리 하여야 한다.

```
① 주식보유시 배당금을 받는 경우
   (차) 현금       ×××      (대) 배당금수익   ×××
② 채권보유시 이자를 받는 경우
   (차) 현금       ×××      (대) 이자수익     ×××
```

3) 기말평가시 회계처리

단기매매증권을 결산일 현재 보유하는 경우에는 결산일의 공정가치(시가)와 장부금액을 비교하여 평가손익을 계상하여야 한다.

```
① 공정가치 > 장부금액
   (차) 단 기 매 매 증 권      ×××      (대) 단기매매증권평가이익      ×××
② 공정가치 < 장부금액
   (차) 단기매매증권평가손실   ×××      (대) 단 기 매 매 증 권         ×××
```

4) 처분시 회계처리

보유 중인 단기매매증권을 처분하는 경우에는 처분가액과 취득가액(또는 장부가액)을 비교하여 처분손익을 계상하여야 한다.

```
① 처분가액 > 장부금액
   (차) 현금                  ×××      (대) 단 기 매 매 증 권         ×××
                                          단기매매증권처분이익         ×××
② 처분가액 < 장부금액
   (차) 현금                  ×××      (대) 단 기 매 매 증 권         ×××
        단기매매증권처분손실   ×××
   * 처분시에 발생하는 처분비용은 처분가액에서 차감한다.
```

필수예제   다음은 정호상사의 주식거래내역이다. 일자별로 분개하시오.

[20X0년]
    11월 10일 도림(주)의 주식 100주를 주당 ₩1,000에 취득하고 중개수수료 ₩5,000과 함께 현금으로 지급하였다.
    12월 31일 결산일 현재 도림(주) 주식의 주당 공정가치는 ₩1,200이다.

[20X1년]
    2월 15일 도림(주)로부터 배당금 ₩8,000을 현금으로 받다.
    3월 15일 도림(주)의 주식 100주를 주당 ₩800에 처분하였다.

해설

[20X0년]
  11월10일 (차) 단기매매증권   100,000   (대) 현금   105,000
                  수수료비용   5,000

  12월31일 (차) 단기매매증권   20,000   (대) 단기매매증권평가이익   20,000
             *100주 × (₩1,200 − ₩1,000) = 20,000

[20X1년]
  2월 15일 (차) 현 금   8,000   (대) 배당금수익   8,000

  3월 15일 (차) 현 금   80,000   (대) 단기매매증권   120,000
              단기매매증권처분손실   40,000

6. 매출채권

매출채권은 일반적인 상거래에서 발생한 외상매출금과 받을어음을 말한다. 외상매출금은 상품 등의 매매거래중 신용에 의한 외상거래에서 발생한 채권을 말하며, 대금 회수가 어음으로 이루어진 경우에는 받을어음이라고 한다. 매출채권과 관련된 회계처리는 매출채권의 발생, 매출채권의 양도와 할인, 매출채권의 회수, 대손회계로 구분된다.

(1) 외상매출금

상품을 거래처에 외상으로 판매하게 되면 매출이라는 수익이 발생하고 외상값을 받을 권리가 생기게 된다. 이와 같이 외상거래로 인하여 받을 권리가 생기는 것을 회계에서는 외상매출금이라고 한다. 외상매출금은 받을 권리가 생긴 것이므로 현금이나 건물과 마찬가지로 자산의 증가로 처리한다.

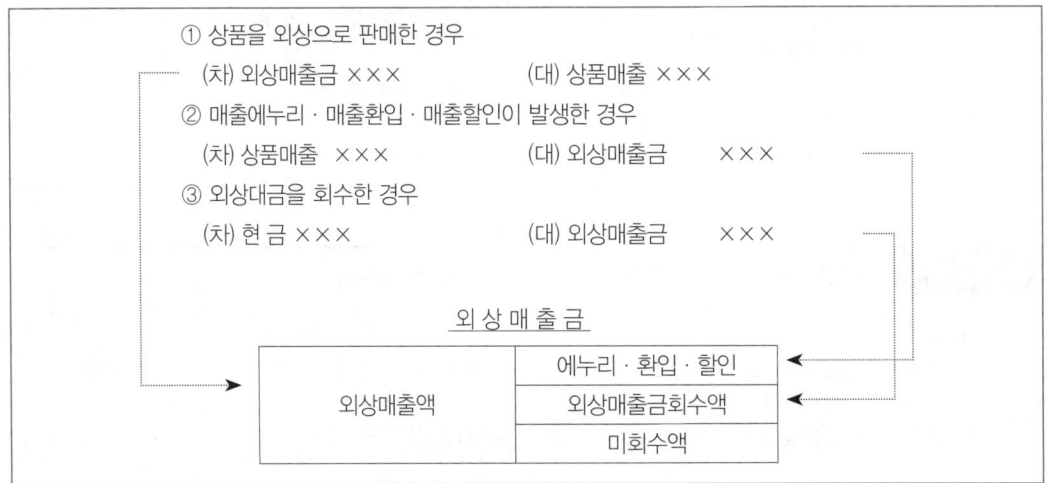

(2) 받을어음

1) 받을어음의 의의

상품의 외상거래에서 발생한 채권·채무에 대하여 어음을 주고 받게 되는 경우가 발생하게 되는데 어음상의 채권을 처리하는 계정을 받을어음이라고 한다. 약속어음을 받고 상품을 판매하면 일정기간이 지난 후에 판매대금을 받을 수 있는 채권이 발생하므로 받을어음계정 차변에 기입하고 일정기간이 지나 약속된 날짜에 어음대금을 받으면 받을어음계정 대변에 기입한다.

① 상품을 판매하고 어음을 받은 경우
 (차) 받을어음   ×××   (대) 상품매출   ×××

② 어음대금을 회수한 경우
 (차) 현 금   ×××   (대) 받을어음   ×××

③ 상품을 매입하고 거래처에서 받은 어음으로 지급한 경우
 (차) 상 품   ×××   (대) 받을어음   ×××

· 추심위임배서: 소지하고 있는 어음대금을 거래은행을 통하여 결제를 받기위한 배서
 (차) 보통예금 등   ×××   (대) 받을어음   ×××
    수수료비용   ×××

· 배서양도: 상품매입대금이나 외상매입금의 지급을 위하여 어음을 배서양도 하는 것
 (차) 외상매입금 등   ×××   (대) 받을어음   ×××

2) 어음의 배서

어음의 배서란 어음의 소지인이 만기일 전에 어음상의 권리를 양도하기 위하여 어음의 뒷면에 양도의사를 표시하고 기명날인하여 양수인에게 교부하는 것을 말한다.

3) 어음의 할인

어음을 만기일이 되기 전에 자금을 융통할 목적으로 금융회사에 배서양도하고 만기일까지의 이자와 수수료를 차감한 잔액(실수금)을 받는 것을 어음의 할인이라고 한다.

 (차) 현 금   ×××   (대) 받을어음   ×××
    매출채권처분손실   ×××

4) 어음의 부도

어음의 부도란 어음의 만기일에 지급을 제시했으나 지급을 거절당한 어음을 말하며 부도어음이발생하면 받을어음계정에서 차감하고 부도어음과수표계정으로 대체한다.

 (차) 부도어음과수표   ×××   (대) 받을어음   ×××

(3) 매출채권의 대손회계

1) 의의
회사가 경영활동을 하다보면 외상거래를 하거나 금전을 대여하는 등 채권이 발생하게 된다. 이렇게 발생된 채권은 기한이 되면 당연히 회수되어야 한다. 그러나 채권관리를 아무리 철저하게 하더라도 거래처의 부도나 파산 등의 이유로 인하여 채권 중 일부는 회수할 수 없는 경우가 발생하게 되는데 이를 대손이라 한다.

2) 대손처리방법
대손회계처리는 결산일에 회수불가능한 금액을 추정하여 대손충당금을 설정하고 대손이 발생하는 경우에 대손충당금을 감액시키고 동시에 채권을 차감하여야 한다.

3) 대손의 추정방법
일반기업회계기준에서는 회수가 불확실한 채권에 대하여 합리적이고 객관적인 기준에 따라 산출한 대손추산액을 대손충당금으로 설정하도록 규정하고 있다. 대손추산액을 설정하는 방법에는 채권잔액비율법과 연령분석법 등이 있다. 한편 대손충당금계정의 잔액이 있는 경우에는 기말 대손추산액과 대손충당금잔액의 차액을 대손상각비나 대손충당금환입액으로 처리한다. 이때 대손상각비 중 상거래상의 채권인 매출채권 등에서 발생한 것은 판매비와 관리비로 처리하고 상거래상의 채권이 아닌 채권에서 발생한 대손상각비는 기타의 대손상각비의 계정인 영업외비용으로 처리하여야 한다.

4) 대손충당금의 회계처리

① 대손충당금을 설정하는 경우

기업은 회계기말에 채권 잔액에 대손충당금을 설정함으로써 순실현가치를 재무상태표에 보고하여야 한다. 그러므로 회계기말에 채권에 대하여 대손을 추정하고 다음과 같이 회계처리하여야 한다.

- 대손충당금을 추가 설정하는 경우(대손예상액 > 대손충당금잔액)

| (차) 대손상각비 ××× | (대) 대손충당금 ××× |

* 대손충당금설정액 = 채권잔액 × 추정대손율 − 대손충당금잔액
= 대손예상액 − 대손충당금잔액

- 대손충당금을 환입하는 경우(대손예상액 < 대손충당금잔액)

| (차) 대손충당금 ××× | (대) 대손충당금환입 ××× |

* 대손충당금환입액 = 대손충당금잔액 − 채권잔액 × 추정대손율
= 대손충당금잔액 − 대손예상액

② 대손이 발생한 경우

결산기 이외에서 실제로 대손이 발생한 경우에는 다음과 같이 기설정된 대손충당금과 매출채권을 상계시켜야 한다.

- 대손충당금 잔액이 없는 경우

| (차) 대손상각비　×××　　(대) 매출채권　××× |

- 대손충당금 잔액이 대손된 채권액보다 큰 경우

| (차) 대손충당금　×××　　(대) 매출채권　××× |

- 대손충당금이 대손된 채권액보다 작은 경우

| (차) 대손충당금　×××　　(대) 매출채권　×××
　　 대손상각비　××× |

③ 대손된 채권을 회수한 경우

회사가 거래처의 부도 등으로 인해 그 거래처에 대한 매출채권을 회수 불가능한 것으로 판단하여 이미 대손처리한 이후에 거래처 자금사정의 호전으로 인해 이미 상각한 매출채권을 회수하는 경우도 있다. 이러한 경우 현금계정 등을 차변에 기입하고 대손충당금을 대변에 기입한다.

| (차) 현 금　×××　　(대) 대손충당금　××× |

필수예제 다음은 정호상회의 대손에 관한 거래내역이다. 일자별로 분개하시오.

20X0년 12/31 정호상회는 당해 연도에 영업을 개시하였으며 매출채권(외상매출금) 잔액에 2%가 대손 될 것으로 추정하고 있다. 회계기말 현재 매출채권 잔액은 ₩2,000,000이다.
20X1년 04/30 외상 거래처인 부실상회가 부도로 인하여 채권 ₩20,000이 회수가 불가능한 것으로 판명되었다.
05/06 부도상회의 파산으로 채권 ₩30,000이 회수가 불가능하게 되었다.
07/30 4월 30일에 대손처리 하였던 채권을 현금으로 회수하게 되었다.

해설

20X0년	12/31	(차)대손상각비	40,000	(대)대손충당금	40,000
		* ₩2,000,000 × 2% = ₩40,000			
20X1년	04/30	(차)대손충당금	20,000	(대)외상매출금	20,000
	05/06	(차)대손충당금	20,000	(대)외상매출금	30,000
		대손상각비	10,000		
	07/30	(차)현 금	20,000	(대)대손충당금	20,000

7. 기타의 채권·채무

(1) 선급금과 선수금

상품 등의 매매시 대상물건을 인도하거나 인수하기 전에 거래대금의 일부를 미리 받거나 주는 경우가 있다. 상품 등 대금의 일부를 미리 지급한 것을 선급금이라 하며 선급금계정 차변에 기입한다. 상품을 인수하였을 때에는 선급금계정을 상품계정으로 대체시킨다.

반대로 상품 등 대금의 일부를 미리 받은 것을 선수금이라 하며, 선수금을 받은 경우에는 선수금계정 대변에 기입한다. 그 후 상품을 인도하였을 때에는 선수금계정을 매출계정으로 대체시킨다.

거래구분	구매자	판매자
계약금 수수시	선급금 ××× 현 금 ×××	현 금 ××× 선수금 ×××
상품 인수·인도시	상 품 ××× 선급금 ××× 현 금 ×××	현 금 ××× 상품매출 ××× 선수금 ×××

(2) 미수금과 미지급금

상품이외의 자산을 외상으로 팔았을 경우에 자산계정인 미수금계정 차변에 기입하고 외상대금을 회수하였을 때 미수금계정 대변에 기입한다. 반대로 상품외의 자산을 외상으로 구입하였을 때에는 부채계정인 미지급금계정 대변에 기입하고 외상대금을 지급하였을 때에는 미지급금계정 차변에 기입한다.

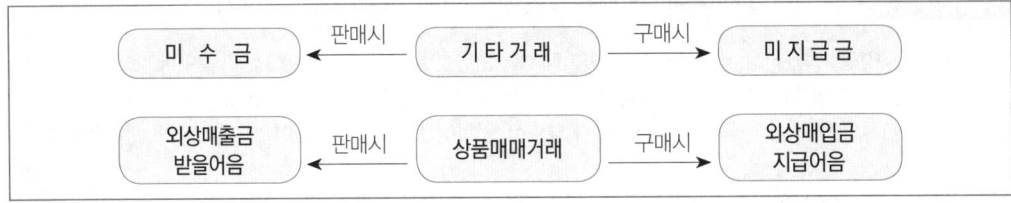

(3) 가지급금과 가수금

현금의 지출이나 수입은 있었지만 그 거래내용이 확정되지 않아 계정과목이나 금액을 확정할 수 없는 경우가 있는데, 이때 일시적으로 처리하는 계정이 가지급금이나 가수금계정이다.

가지급금이나 가수금계정은 거래의 내용이 확정될 때까지 일시적으로 설정되는 계정이므로 차후 그 내용이 확정되면 해당 계정과목으로 처리하여야 한다. 기장방법은 현금 지출시 자산계정인 가지급금계정의 차변에 기록하고, 반대로 현금수입이 있을 때는 부채계정인 가수금계정의 대변에 기록한다.

· 출장경비를 지급하는 경우
(차) 가지급금　　　×××　　　(대) 현금　　　×××

· 출장경비를 정산하는 경우
① 비용발생 〉 가지급금
　　(차) 여비교통비 등　×××　　(대) 가지급금　×××
　　　　　　　　　　　　　　　　　현 금　　　×××
② 비용발생 〈 가지급금
　　(차) 여비교통비 등　×××　　(대) 가지급금　×××
　　　현 금　　　×××

실무시험대비 분개연습

01 사무실에 필요한 현금을 위해 보통예금통장에서 500,000원을 인출하다.

02 당좌거래 계약을 맺은 국민은행에 현금 2,000,000원을 당좌예입하다.

03 현금 시재를 확인하던 중 실제 현금이 장부상 현금보다 10,000원 적은 것을 발견하였으나 그 원인을 파악할 수 없다.

04 단기간의 매매차익을 얻을 목적으로 미래건설의 주식 100주(1주당 액면금액 20,000원)를 1주당 18,000원에 매입하고 대금은 수수료 100,000원을 포함하여 보통예금 계좌에서 이체하였다.

05 단기매매차익을 얻을 목적으로 보유하고 있는 ㈜성공의 주식 100주를 1주당 10,000원에 처분하고 대금은 수수료 등 10,000원을 차감한 금액이 보통예금계좌에 입금되었다.(단, ㈜성공의 주식 1주당 취득원가는 5,000원이다.)

06 로봇박람회를 성공적으로 마무리 한 후 춘천갈비에서 사내영업부 직원과 회식하고 식사대 200,000원은 신용카드(신한카드)로 결제하였다.

07 한서상사로부터 받은 받을어음 10,000,000원이 만기도래하여, 추심수수료 50,000원을 차감한 잔액을 보통예금으로 받다.

08 충남상점에 상품을 매출하고 받은 약속어음 400,000원을 주거래 은행에서 할인받고 할인료 15,000원을 차감한 나머지 금액은 당좌 예입하다.(단, 관련 비용은 매출채권처분손실로 회계 처리할 것.)

09 ㈜파산산업의 파산으로 외상매출금 700,000원이 회수불가능하게 되어 대손처리 하다. (단, 대손충당금 잔액은 525,000원이다)

10 본사 영업부 직원들의 업무역량 강화를 위해 외부강사를 초청하여 교육을 진행하고, 강사료 3,000,000원 중 132,000원을 원천징수하고, 2,868,000원을 보통예금 통장에서 이체하여 지급하다.

연습문제

01 다음 중 유동자산 항목으로만 구성된 것은?
① 매출채권, 건물, 토지, 기계장치
② 상품, 선급금, 현금, 당좌예금
③ 현금, 받을어음, 미수금, 구축물
④ 매출채권, 미수이자, 건물, 투자유가증권

02 다음 중 재무상태표상 유동자산에 속하는 계정과목이 아닌 것은?
① 받을어음
② 기계장치
③ 단기대여금
④ 외상매출금

03 다음 자료에서 재무상태표에 단기투자자산 항목으로 표시되는 금액은?

| · 현금 : 150,000원 | · 보통예금 : 200,000원 | · 당좌예금 : 100,000원 |
| · 단기매매증권 : 50,000원 | · 받을어음 : 100,000원 | · 단기대여금 : 80,000원 |

① 130,000원
② 150,000원
③ 180,000원
④ 230,000원

04 다음 중 당좌자산에 해당하지 않는 것은?
① 단기투자자산
② 매출채권
③ 선급비용
④ 재공품

05 다음 현금및현금성자산의 종류 중 그 성격상 분류가 다른 하나는 무엇인가?
① 자기앞수표
② 타인(동점)발행수표
③ 일람출급어음
④ 취득당시 만기가 3개월 이내에 도래하는 채권

06 아래의 자료를 토대로 재무상태표에 현금및현금성자산으로 합산되어 기록되는 금액은?

| · 현 금 : 120,000원 | · 선 급 금 : 240,000원 | · 외상매출금 : 110,000원 |
| · 보 통 예 금 : 150,000원 | · 당 좌 예 금 : 180,000원 | · 단기대여금 : 100,000원 |

① 270,000원　　② 300,000원　　③ 450,000원　　④ 560,000원

07 다음 중 회계상 현금으로 처리할 수 있는 것은?
① 거래처발행 약속어음　② 자기앞수표　③ 보통예금　④ 국채

08 다음 중 회계상 현금 계정으로 처리할 수 없는 것은?
① 당점 발행 당좌수표　　　　　　② 조선은행 발행 자기앞수표
③ 배당금지급통지표　　　　　　　④ 우편환증서

09 현금과부족에 대한 설명으로 가장 옳은 것은?
① 회계기간 중 현금의 실제잔액이 장부잔액보다 많은 경우에만 처리하는 계정과목이다.
② 회계기간 중 현금의 실제잔액이 장부잔액보다 적은 경우에만 처리하는 계정과목이다.
③ 기말결산시 현금의 장부잔액과 실제잔액의 차이가 발생하는 경우 처리하는 계정과목이다.
④ 회계기간 중 현금의 장부잔액과 실제잔액의 차이가 발생하는 경우 처리하는 계정과목이다.

10 현금시재액이 장부상시재액보다 50,000원 부족한 경우 해야할 적절한 조치는?
① 당좌차월계정으로 대체한다.　　　② 선급금계정으로 대체한다.
③ 현금과부족 계정에 대체한다.　　　④ 소액현금계정으로 대체한다.

11 다음 중 당좌예금계정에 기입하지 않는 거래는?
① 외상매출금 100,000원을 현금으로 받아 즉시 당좌예입하다.
② 상품 150,000원을 매출하고 대금은 동점발행 당좌수표로 받다.
③ 상품 130,000원을 매입하고 대금은 당좌수표를 발행하여 지급하다.
④ 은행과 당좌거래 계약을 체결하고 현금 100,000원을 당좌예입하다.

12 다음 중 당좌차월액은 재무상태표상 어떤 계정과목으로 표기하는가?

① 당좌예금　　② 선수금　　③ 단기차입금　　④ 미지급금

13 다음 중 단기매매증권의 회계처리 방법을 설명한 것으로 옳은 것을 고른 것은?

> ㄱ. 처분시에 발생하는 수수료는 수수료비용 계정 차변에 기입한다.
> ㄴ. 취득시 단기매매증권 계정의 금액은 액면금액으로 차변에 기입한다.
> ㄷ. 취득시에 발생하는 수수료 등의 제비용은 수수료비용 계정에 기입한다.
> ㄹ. 단기적 시세차익을 얻을 목적으로 구입한 주식 등을 단기매매증권이라 한다.

① ㄱ, ㄴ　　② ㄱ, ㄷ　　③ ㄴ, ㄹ　　④ ㄷ, ㄹ

14 다음은 ㈜태평의 단기매매증권과 관련된 총계정원장의 일부이다. 이와 관련된 내용으로 옳지 않은 것은?

```
                          단기매매증권
4/5 당좌예금      1,000,000원   7/24 보통예금            500,000원
                              12/31 단기투자자산평가손실  100,000원

                         단기투자자산처분이익
                              7/24 보통예금             80,000원

                         단기투자자산평가손실
12/31 단기매매증권  100,000원
```

① 4월 5일 단기매매증권의 취득원가는 1,000,000원이다.
② 7월 24일에 매각한 단기매매증권의 처분 금액은 580,000원이다.
③ 12월 31일 단기매매증권의 기말 공정가액은 400,000원이다.
④ 12월 31일 결산시 공정가치가 장부금액보다 상승하였다.

15 다음 외상 거래 중 매출채권 계정에 계상할 수 없는 항목은?

① 부동산매매업자가 판매용 부동산을 외상으로 판매한 경우
② 신발회사가 판매용 신발을 외상으로 판매한 경우
③ 화장품회사가 공장용 건물을 외상으로 판매한 경우
④ 경영컨설팅회사가 컨설팅 용역을 외상으로 제공한 경우

16 ㈜세무는 업무용으로 사용하기 위한 컴퓨터 1대를 빠른전자로부터 2,000,000원에 외상으로 구입하였다. 이 경우 빈 칸 ㉠, ㉡에 들어갈 계정과목은? (단, 빠른전자는 컴퓨터소매업을 운영하고 있다)

회사별 회계처리	차변	대변
㈜세무	( ) 2,000,000원	(㉠) 2,000,000원
빠른전자	(㉡) 2,000,000원	( ) 2,000,000원

	㉠	㉡
①	미지급금	미 수 금
②	미지급금	외상매출금
③	외상매입금	미 수 금
④	외상매입금	외상매출금

17 다음 중 받을어음계정을 대변에 기입하는 거래내용은?
① 외상매출대금을 타인발행 약속어음으로 받은 경우
② 외상매입대금을 타인에게 받았던 약속어음으로 지급한 경우
③ 발행하였던 약속어음이 만기가 되어 현금으로 지급한 경우
④ 상품을 매입하고 약속어음을 발행하여 지급한 경우

18 다음 보기 내용에 맞는 올바른 회계처리는?

> 제품을 공급하고 받은 약속어음 550,000원을 주 거래 국민은행에서 50,000원 할인비용을 차감한 후 보통예금계좌로 입금 받았다.(매각거래로 처리할 것.)

① (차) 보통예금　　　500,000원　　(대) 받을어음　　550,000원
　　　매출채권처분손실　50,000원
② (차) 보통예금　　　500,000원　　(대) 받을어음　　500,000원
　　　매출채권처분손실　50,000원　　　　현금　　　　50,000원
③ (차) 보통예금　　　500,000원　　(대) 받을어음　　550,000원
　　　수수료비용　　　50,000원
④ (차) 보통예금　　　500,000원　　(대) 받을어음　　500,000원

19 다음 분개를 추정한 거래에 대한 설명으로 옳은 것은?

| (차변) 당좌예금 ×××　　(대변) 받을어음 ××× |
| 매출채권처분손실 ××× |

① 추심 의뢰한 어음이 추심되었다는 통지를 받은 경우
② 소유하고 있던 어음의 만기일에 어음대금을 회수한 경우
③ 소유하고 있던 어음을 만기일 이전에 은행에서 할인한 경우
④ 소유하고 있는 어음이 부도가 발생하여 이를 받을어음에서 차감할 경우

20 다음 중 대손충당금 설정대상 계정과목에 해당되는 것은?
① 보통예금　　② 현금및현금성자산　　③ 외상매출금　　④ 지급어음

21 다음 설명 중 옳은 것은?
① 대손상각비는 상품매입의 차감적 평가 계정이다.
② 대손충당금은 손익계산서에 표시된다.
③ 외상매입금에 대하여 대손충당금을 설정할 수 있다.
④ 대손충당금은 채권에 대한 차감적 평가계정이다.

22 다음 거래에 대한 회계처리로 올바른 것은?

거래처의 파산으로 인하여 전기에 대손처리 하였던 매출채권 100,000원을 현금 회수하였다. 단, 대손처리시점에 대손충당금 잔액은 80,000원이었다.

	차변		대변	
①	대손상각비	100,000	현　　　금	100,000
②	대손충당금	80,000	당 좌 예 금	80,000
③	현　　　금	100,000	대 손 충 당 금	100,000
④	당 좌 예 금	80,000	대손충당금환입	80,000

23 다음 거래에 대한 기말 분개로 가장 옳은 것은?

> 12월 31일 결산시 외상매출금 잔액 10,000,000원에 대해 1%의 대손을 예상하였다.
> (단, 당사는 보충법을 사용하고 있으며 기말 분개 전 대손충당금 잔액은 50,000원이 계상되어 있다.)

① (차) 대손충당금 100,000원 (대) 대손상각비 100,000원
② (차) 대손상각비 50,000원 (대) 대손충당금 50,000원
③ (차) 대손상각비 100,000원 (대) 외상매출금 100,000원
④ (차) 대손상각비 100,000원 (대) 대손충당금 100,000원

24 다음 계정 기입에 대한 설명으로 옳은 것만을 〈보기〉에서 있는 대로 고른 것은?

대손충당금			
3/15 외상매출금 100,000원		1/ 1 전기이월	200,000원
		4/10 현 금	50,000원
		12/31 대손상각비	120,000원

보기
ㄱ. 당기 중 대손확정액은 50,000원이다.
ㄴ. 재무상태표에 표시되는 대손충당금은 270,000원이다.
ㄷ. 손익계산서에 표시되는 대손상각비는 120,000원이다.

① ㄱ, ㄴ   ② ㄱ, ㄷ   ③ ㄴ, ㄷ   ④ ㄱ, ㄴ, ㄷ

25 다음 중 대여금에 대한 대손상각비를 판매비와관리비 항목에 포함하여 처리하였을 경우 일반기업회계기준으로 판단할 때, 손익계산서에 미치는 영향으로 옳은 것은?

① 영업이익은 과소계상 되었으나 당기순이익에는 변함없다.
② 기업의 매출활동 결과인 매출총이익에 영향을 미친다.
③ 기업회계기준에 따라 정상 처리되었다.
④ 당기순이익 계산에 영향을 미친다.

26 다음 중 재무제표를 작성할 때 발생기준을 적용하기 때문에 기록되는 계정과목이 아닌 것은?

① 미지급비용　　② 미수금　　③ 감가상각비　　④ 퇴직급여충당부채

27 다음 중 상품을 외상 및 어음으로 매입, 매출시 발생하는 계정과목이 아닌 것은?

① 외상매출금　　② 외상매입금　　③ 받을어음　　④ 미지급금

28 다음 계정과목들 중 그 성격이 다른 것은?

① 가지급금　　② 미지급금　　③ 선수금　　④ 외상매입금

29 다음 거래에 대한 분개의 (가)에 기입될 계정 과목으로 옳은 것은?

· 종업원의 급여 2,000,000원 중 종업원이 부담할 건강보험료 40,000원과 소득세 10,000원을 차감하고 현금으로 지급하다.
(차변) 급 여　　2,000,000원　　(대변) 현 금　1,950,000원
　　　　　　　　　　　　　　　　　　(가)　　50,000원

① 예수금　　② 미지급금　　③ 세금과공과　　④ 소득세

30 다음 회계처리에 대한 거래추정으로 옳은 것을 모두 고른 것은?

회계처리거래추정

가. (차) 비품　　　　XXX　　(대) 미지급금　XXX　업무용 복사기의 외상 구입
나. (차) 현금　　　　XXX　　(대) 선수금　　XXX　상품 매입 계약금 현금 지급
다. (차) 수도광열비　XXX　　(대) 보통예금　XXX　수도요금 보통예금 인출 지급

① 가, 나　　② 가, 다　　③ 나, 다　　④ 가, 나, 다

2. 매입할인

매입할인이란 상품을 외상으로 매입한 후 외상대금을 당초에 약정한 기일 전에 결제하는 경우 외상대금의 일정률을 할인하여 주는 것을 말한다. 매입할인은 외상대금의 조기상환에 대한 이자비용의 혜택을 의미하기 때문에 상품의 취득원가에서 차감되어야 한다.

03. 재고자산의 기록방법

재고자산의 경우에는 기중에 매입과 매출이 수시로 일어나기 때문에 기중의 자산관리는 수량을 위주로 관리한다. 그리고 기말에 인위적인 원가흐름의 가정에 의한 단가를 적용하여 기말재고원가와 매출원가를 산정하는 방식을 사용하는 것이다. 즉, 자산기록방법에 따라 산정된 기말재고수량에 원가흐름의 가정에 의한 단가를 곱하여 기말재고원가를 결정짓고 매출원가는 재고등식에 의하여 다음과 같이 계산한다.

> 매출원가 = 기초상품재고원가 + 당기상품매입원가 − 기말상품재고원가

먼저 재고자산의 수량결정방법인 기록방법을 알아보고 단가산정방법인 원가흐름의 가정을 살펴보기로 한다. 재고자산 기록방법에는 크게 계속기록법과 실지재고조사법이 있다.

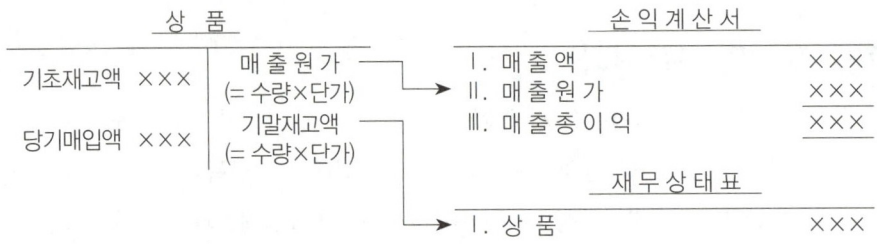

1. 수량결정방법

1) 계속기록법

계속기록법이란 기중 재고를 매입할 경우에는 매입수량, 단가, 금액을 모두 기입하고 매출할 때에도 수량 등을 기록하는 방법이다.

> 기초재고수량 + 당기매입수량 − 당기판매수량 = 기말재고수량

03 재고자산

01. 재고자산의 의의와 종류

재고자산이란 기업의 정상적인 영업활동 과정에서 판매를 위하여 보유하고 있는 자산과 제품을 생산하는데 사용되는 자산을 말한다. 상품매매회사에 있어서 재고자산은 상품을 가리키며 제조회사에 있어서 재고자산은 제품과 이를 생산하는데 사용되는 원재료, 저장품 그리고 생산 중에 있는 재공품 등을 가리킨다.

> **재고자산의 종류**
> - 상 품 : 기업의 정상적인 영업활동과정에서 판매를 목적으로 구입한 상품을 말하며, 부동산매매업에 있어서 판매를 목적으로 소유하는 토지, 건물, 기타 이와 유사한 부동산도 상품에 포함한다.
> - 제 품 : 기업내부에서 판매를 목적으로 제조한 생산품을 말한다.
> - 반 제 품 : 자가제조한 중간제품과 부분품 등을 말한다.
> - 재 공 품 : 제품의 제조를 위하여 제조과정에 있는 물건을 말한다.
> - 원 재 료 : 완제품을 제조·가공할 목적으로 구입한 원료, 재료 등을 말한다.
> - 저 장 품 : 소모품, 수선용 부분품 및 기타 저장품 등을 말한다.

02. 재고자산의 취득원가

재고자산의 취득원가는 재고자산을 판매 가능한 상태로 만들기까지 소요된 모든 현금지출액 등이 포함되어야 한다. 즉, 재고자산의 취득가액은 그 매입대금과 취득과정에서 소요된 매입수수료·수입관세·보관료·운반비·보험료·하역비 등이 포함되고, 매입과 관련된 매입할인, 매입에누리, 매입환출이 있는 경우에는 이를 매입원가에서 차감해야 한다.

> 상품의 취득원가 = 총매입가액 + 매입부대비용 − 매입에누리 − 매입환출 − 매입할인

1. 매입에누리와 환출

매입에누리와 매입환출은 취득가액에서 차감하여야 한다. 매입에누리는 상품구입 후 상품에 하자가 있는 경우 매입대금의 일정액을 할인받는 것을 말하고, 매입환출은 상품의 현격한 하자로 인하여 상품을 반품하는 것을 말한다. 당초 상품에 하자가 있으면 구입하지 않았을 것이기 때문에 당연히 매입에누리와 환출은 취득가액에서 차감되어야 할 것이다.

2) 실지재고조사법

실지재고조사법이란 재고자산을 매입할 때에는 매입수량, 단가, 금액을 모두 기입하지만, 매출할 때에는 특별한 기록을 하지 아니하였다가 기말에 실사를 통하여 기말재고의 수량과 금액을 확정짓고 매출수량 및 매출원가를 다음 산식에 따라 사후적으로 계산하는 방법이다.

> 기초재고수량 + 당기매입수량 − 기말재고수량 = 당기판매수량

2. 단가를 결정하는 방법

1) 개별법

개별법이란 재고자산에 가격표 등을 붙여 매입상품별로 매입가격을 알 수 있도록 함으로써, 매입가격별로 판매된 것과 재고로 남은 것을 구별하여 매출원가와 기말재고로 구분하는 방법이다.

2) 선입선출법

선입선출법(FIFO)이란 실제물량흐름과는 관계없이 먼저 입고된 재고자산의 원가가 먼저 매출원가로 대응된다는 가정하에서 기말재고자산의 단가를 결정하는 방법이다.

필수예제 다음은 태평상회의 20X1년 상품매매에 관한 거래내역이다.

일 자	적 요	수 량	단 가
1 / 1	기초재고	100개	100원
4 / 22	매 입	300	150원
5 / 28	매 출	200	−
7 / 20	매 입	300	200원
12 / 31	매 출	200	−

물음
다음 각 방법에 의한 매출원가와 기말재고액을 계산하시오.
1. 계속기록법에 의한 선입선출법
2. 실지재고조사법에 의한 선입선출법

해설

1. 계속기록법에 의한 선입선출법

> 매 출 원 가 : 100개×@₩100+100개×@₩150+200개×@₩150= ₩55,000
> 기말재고액 : 300개 × @₩200 = ₩60,000

* 계속기록법이란 판매시마다 재고자산평가방법을 적용하는 것을 말한다.

2. 실지재고조사법에 의한 선입선출법

> 매 출 원 가 : 100개×@₩100+300개×@₩150= ₩55,000
> 기말재고액 : 300개 × @₩200 = ₩60,000

* 실지재고조사법이란 결산시에 재고자산평가방법을 적용하는 것을 말한다.

3) 후입선출법

후입선출법(LIFO)이란 실제물량흐름과는 무관하게 가장 최근에 입고된 재고자산이 먼저 판매된다는 가정에 기초하여 기말재고자산의 원가를 결정하는 방법이다.

필수예제 다음은 태평상회의 20X1년 상품매매에 관한 거래내역이다.

일 자	적 요	수 량	단 가
1 / 1	기초재고	100개	100원
4 / 22	매 입	300	150원
5 / 28	매 출	200	–
7 / 20	매 입	300	200원
12 / 31	매 출	200	–

물음

다음 각 방법에 의한 매출원가와 기말재고액을 계산하시오.
1. 계속기록법에 의한 후입선출법
2. 실지재고조사법에 의한 후입선출법

해설

1. 계속기록법에 의한 후입선출법

> 매 출 원 가 : 200개×@₩150+200개×@₩200= ₩70,000
> 기말재고액 : 100개×@₩100+100개×@₩150+100개×@₩200= ₩45,000

* 계속기록법이란 판매시마다 재고자산평가방법을 적용하는 것을 말한다.

2. 실지재고조사법에 의한 후입선출법

> 매 출 원 가 : 300개×@₩200+100개×@₩150= ₩75,000
> 기말재고액 : 100개×@₩100+200개×@₩150 = ₩40,000

* 실지재고조사법이란 결산시에 재고자산평가방법을 적용하는 것을 말한다.

4) 평균법

평균법이란 실제물량흐름과는 무관하게 원가흐름을 연중 평균적으로 발생한다고 가정하여 평균단가를 재고자산의 단가로 결정하는 방법이다. 평균법은 이동평균법과 총평균법으로 구분된다.

① 이동평균법

이동평균법이란 상품을 새로 구입할 때마다 가중평균단가를 구하고 그 단가를 기준으로 기말상품재고액을 결정하는 방법이다.

필수예제 다음은 태평상회의 20X1년 상품매매에 관한 거래내역이다.

일 자	적 요	수 량	단 가
1 / 1	기초재고	100개	100원
4 / 22	매 입	300	150원
5 / 28	매 출	200	–
7 / 20	매 입	300	200원
12 / 31	매 출	200	–

물음

이동평균법(계속기록법)에 의한 매출원가와 기말재고액을 계산하시오.

해설

매 출 원 가 : 200개×@₩137.5*+200개×@₩175** = ₩62,500
기말재고액 : 300개×@₩175** = ₩52,500
 * 4/22 평균단가 = (100개×@₩100+300개×@₩150)/400개=@₩137.5
 ** 7/20 평균단가 = (200개×@₩137.5+300개×@₩200)/500개=@₩175

* 이동평균법은 매입시마다 평균단가를 구하고 판매시에는 판매직전의 평균단가를 적용하여 매출원가를 구하는 방법이다. (기말재고액은 기말재고수량에 최근의 평가단가를 곱하여 계산한다.)

② 총평균법

총평균법은 일정기간 동안의 상품의 매입원가 합계를 매입수량 합계로 나눈 단가로서 기말상품재고액을 결정하는 방법으로 기중에는 상품의 단가를 전혀 알 수 없다.

$$총평균단가 = \frac{기초재고액+당기매입액}{기초재고수량+당기매입수량}$$

필수예제 다음은 태평상회의 20X1년 상품매매에 관한 거래내역이다.

일 자	적 요	수 량	단 가
1 / 1	기초재고	100개	100원
4 / 22	매 입	300	150원
5 / 28	매 출	200	–
7 / 20	매 입	300	200원
12 / 31	매 출	200	–

물음

총평균법(실지재고조사법)에 의한 매출원가와 기말재고액을 계산하시오.(평균단가계산시 소숫점이하 버림)

> **해설**
>
> 매 출 원 가 : 400개×@₩164= ₩65,600
> 기말재고액 : 300개×@₩164= ₩49,200
>   * 12/31 평균단가 = (100개×@₩100+300개×@₩150+300개×@₩200)/700개=@₩164

* 총평균법은 기말시점에 평균단가를 구하여 매출원가와 기말재고액을 계산하는 방법이다.

각 방법의 비교

물가상승시에 기말재고액, 매출원가, 당기순이익의 크기 비교

① 기말상품재고액의 크기

> 선입선출법 〉 이동평균법 〉 총평균법 〉 후입선출법

② 매출원가의 크기

> 선입선출법 〈 이동평균법 〈 총평균법 〈 후입선출법

③ 당기순이익의 크기

> 선입선출법 〉 이동평균법 〉 총평균법 〉 후입선출법

∴ 기말상품재고액과 당기순이익의 크기는 같은 방향이고 매출원가는 반대방향이다.

04. 재고자산의 감모손실과 평가손실

재무상태표에 보고되는 재고자산의 기말재고액은 순실현가능가액(실제수량×실제(장부)단가)으로 보고되어야 하므로, 장부상 기말재고액에서 재고자산 감모손실(원가성이 없는 부분)과 재고자산 평가손실액을 차감하여야 한다.

부분재무상태표

재고자산 = 실제수량 × 실제 또는 장부단가

1. 재고자산 감모손실

재고자산 감모손실은 재고자산의 분실·도난·파손·증발 등에 의하여 장부상 수량보다 실제수량이 부족한 경우 부족수량에 대한 손실액을 말한다.

> 재고자산 감모손실 = (장부수량 − 실제수량) × 장부단가 × 비원가성비율

재고자산감모손실은 정상적인 원인에 의한 것일 수도 있고 부주의에 의한 파손이나 도난 등의 비정상적인 원인에 의한 것일 수도 있다. 기업회계기준에서는 정상적인 원인에 의한 감모손실액은 원가성을 인정하여 매출원가에 포함시키고 비정상적인 원인에 의하여 발생한 감모손실액은 원가성을 인정하지 않기 때문에 영업외비용으로 처리하도록 규정하고 있다.

(차) 매 출 원 가 (정상적인 감모)	×××	(대) 재 고 자 산	×××
재고자산감모손실 (비정상적인 감모)	×××		

2. 재고자산 평가손실

기말에 재고자산의 재고수량에는 문제가 없으나 재고자산의 구입원가보다 기말재고자산의 가치가 하락하는 경우 즉, 시가가 취득원가보다 하락한 경우 시가로 평가하게 되는데 이를 저가법이라고 한다. 저가법에 의해 평가하는 경우 취득원가와 시가와의 차액을 재고자산평가손실계정을 사용하여 차변에 기록하고 동일한 금액을 재고자산평가충당금계정으로 하여 대변에 기록한다. 재고자산평가손실액은 매출원가에 가산하고 재고자산평가충당금은 자산의 차감계정으로 표시한다.

저가로 평가한 이후의 기간에 시가가 회복된 경우에는 최초의 장부가액을 초과하지 않는 범위내에서 평가손실을 환입하여야 한다. 이 경우 재고자산평가손실의 환입액은 매출원가에서 차감한다.

1) 시가가 떨어진 경우

(차) 재고자산평가손실 (매출원가에 가산)	×××	(대) 재고자산평가충당금	×××

* 재고자산 평가손실 = 실제수량 × (장부단가 − 실제단가)

부분재무상태표

재 고 자 산	×××	
재고자산평가충당금	(×××)	×××

2) 시가가 회복된 경우

(차) 재고자산평가충당금	×××	(대) 재고자산평가충당금환입 (매출원가에서 차감)	×××

실무시험대비 분개연습

01 상품(100개, 개당 10,000원)을 안산상사로부터 외상으로 매입하고, 운반비 50,000원은 현금으로 지급하다.

02 경북상사로부터 상품 300,000원을 외상으로 매입하고 대금 중 100,000원은 소유하고 있던 자기앞수표로 지급하고, 잔액은 외상으로 하다.

03 전라상회로부터 상품 500,000원을 매입하고 대금은 어음을 발행하여 지급하다.

04 상품 300,000원을 매입하고 대금은 당좌수표를 발행하여 지급하였다.(단, 당좌예금 잔액은 200,000원이었고 국민은행과의 당좌차월계약 한도액은 500,000원이다)

05 거래처 하늘상회의 상품매출에 대한 외상대금 1,500,000원을 회수하면서 약정기일보다 빠르게 회수하여 1%를 할인해 주고, 대금은 보통예금 계좌로 입금받다.

연습문제

01 다음 중 재고자산으로 분류되는 것은?
① 투자 목적으로 취득한 건물
② 사무실에서 사용하는 책상과 의자
③ 부동산매매업자가 판매하기 위해 보유하고 있는 토지
④ 직원용 휴게실에 비치되어 있는 TV

02 다음 중 재고자산의 매입원가에 가산하는 항목에 해당하지 않는 것은?
① 매입운임   ② 매입보험료   ③ 매입하역료   ④ 매입할인

03 상품매입에 의한 매입에누리와 매입환출, 매입할인에 대한 올바른 회계처리방법은?
① 매입에누리와 매입환출, 매입할인 모두 총매입액에서 차감한다.
② 매입에누리는 수익처리하고, 매입환출은 외상매입금에서 차감한다.
③ 매입에누리와 매입환출은 총매입액에서 차감하고 매입할인은 수익처리한다.
④ 매입에누리와 매입환출, 매입할인 모두 수익처리한다.

04 다음 중 재고자산의 취득원가에 가산되는 항목은?
① 매입에누리   ② 매입환출   ③ 매입할인   ④ 매입운임

05 다음 자료를 활용하여 기초상품재고액을 바르게 계산한 것은?(단, 주어진 자료만 고려한다)

·매출원가: 540,000원	·총매출액: 1,000,000원	·총매입액: 550,000원
·매출에누리: 100,000원	·매입할인: 50,000원	·기말상품재고액: 120,000원

① 100,000원   ② 160,000원   ③ 500,000원   ④ 900,000원

06 다음 자료에 의하여 매출원가를 구하면?

· 기초 상품 재고액 : 700,000원   · 당기 총매입액 : 1,200,000원   · 기말 상품 재고액 : 400,000원
· 상품 매입시 운반비 : 20,000원   · 매입환출 및 에누리 : 150,000원

① 1,070,000원   ② 1,370,000원   ③ 1,530,000원   ④ 1,770,000원

07 다음 자료에 의하여 매출원가를 구하면 얼마인가?

· 기초상품재고액 : 900,000원   · 당기총매입액 : 2,000,000원   · 기말상품재고액 : 300,000원
· 상품매입시운반비 : 50,000원   · 매입환출 및 에누리 : 100,000원   · 매입할인 : 50,000원

① 2,300,000원   ② 2,400,000원   ③ 2,500,000원   ④ 2,600,000원

08 다음 중 재고자산의 단가 결정방법에 해당하는 것은?

① 개별법   ② 계속기록법   ③ 혼합법   ④ 실지재고조사법

09 다음 중 인플레이션시 기말재고 금액을 가장 크게 만드는 평가방법은?

① 개별법   ② 후입선출법   ③ 이동평균법   ④ 선입선출법

10 선입선출법에 의한 블루진상사의 기말 상품재고액은 얼마인가?

· 기초상품 : 100개(@2,000원)   · 당기상품매입 : 900개(@3,000원)   · 당기상품판매 : 800개(@4,000원)

① 300,000원   ② 360,000원   ③ 400,000원   ④ 600,000원

11 ㈜서울의 12월 매입과 매출자료이다. 선입선출법에 의한 12월 말 재고자산과 매출원가는 얼마인가?

일자	내역	입고		출고
		수량	단가	수량
12월 1일	월초재고	100개	300원	
12월 10일	매입	200개	400원	
12월 18일	매출			150개
12월 27일	매입	100개	500원	

　　　기말재고자산　매출원가　　　　　　기말재고자산　매출원가
① 110,000원　50,000원　　② 80,000원　50,000원
③ 60,000원　110,000원　　④ 50,000원　110,000원

12 ㈜한국의 9월 중 상품매매와 관련된 자료는 다음과 같다. 계속기록법하에서 후입선출법을 적용할 경우 9월말 상품재고액은 얼마인가?

9월 01일	기초재고	100개	@100
9월 05일	매입	50개	@110
9월 15일	매출	100개	
9월 22일	매입	50개	@120
9월 25일	매입	100개	@130
9월 30일	매출	100개	

① 9,000원　② 10,000원　③ 11,000원　④ 12,000원

13 다음 거래에 대하여 이동평균법에 의한 월말재고액을 계산하면 얼마인가?

날짜	상품명	개 수	거래	단가	금 액
10/5	갑상품	200개	매입	@1,000	200,000
10/10	갑상품	150개	매출	@1,500	225,000
10/15	갑상품	250개	매입	@1,600	400,000
10/20	갑상품	270개	매출	@2,000	540,000

① 45,000　② 48,000　③ 54,000　④ 60,000

14 다음은 중앙상회의 9월 중 상품거래내역이다. 경북상점이 총평균법을 사용하고 있을 때 9월 중의 매출원가와 기말재고액은 각각 얼마인가?

거래	일자	단위	단위당원가	합계
기초재고	1일	10	50	500
매 입	5일	10	60	600
매 입	10일	20	80	1,600
매 출	13일	15		
매 입	20일	10	100	1,000

	매출원가	기말재고액		매출원가	기말재고액
①	1,110	2,590	②	2,590	1,110
③	800	2,900	④	2,900	800

15 다음 중 기말재고자산을 과대평가하였을 때 나타나는 현상으로 옳은 것은?

① 매출원가 : 과소, 당기순이익 : 과대

② 매출원가 : 과대, 당기순이익 : 과소

③ 매출원가 : 과대, 당기순이익 : 과대

④ 매출원가 : 과소, 당기순이익 : 과소

04 유형자산

01..비유동자산의 종류

자산은 1년을 기준으로 유동자산과 비유동자산으로 분류한다. 비유동자산은 투자자산, 유형자산, 무형자산, 기타비유동자산으로 구분한다. 비유동자산은 유형자산(chapter 04), 투자자산, 무형자산, 기타비유동자산(chapter 05) 순으로 설명한다.

구 분		내용
투자자산	의의	기업이 장기적인 투자수익이나 타기업 지배목적 등의 부수적인 기업활동의 결과로 보유하는 자산
	종류	투자부동산, 장기투자증권, 지분법적용투자주식, 장기대여금 등
유형자산	의의	재화의 생산이나 용역의 제공, 타인에 대한 임대, 또는 자체적으로 사용할 목적으로 보유하고 있으며, 물리적 형태가 있는 비화폐성자산
	종류	토지, 건물, 기계장치, 차량운반구, 건설중인자산, 구축물, 미착기계 등
무형자산	의의	물리적 형체는 없지만 식별가능하고 기업이 통제하고 있으며 미래경제적효익이 있는 비화폐성자산
	종류	영업권, 산업재산권, 개발비, 소프트웨어, 광업권, 어업권 등
기타 비유동자산	의의	투자자산, 유형자산, 무형자산에 속하지 않는 비유동자산으로서 투자수익이 없고 다른 자산으로 분류하기 어려운 자산
	종류	임차보증금, 부도어음과수표, 장기선급비용, 장기선급금, 장기미수금 등

02..유형자산의 의의와 종류

유형자산이란 물리적 형태가 있는 자산으로서, 재화의 생산, 용역의 제공, 임대 또는 자체적으로 사용할 목적으로 보유하고 1년을 초과하여 사용할 것이 예상되는 자산이다. 유형자산은 기업의 영업활동과정에서 사용을 통하여 매출수익 창출에 기여하게 된다.

유형자산의 종류

① 토 지 : 대지·임야·전답·잡종지 등을 말하며, 매매목적 보유 토지와 비업무용 토지는 제외한다.
② 건 물 : 건물과 냉난방·조명 및 기타의 부속설비를 말한다.
③ 구 축 물 : 선거·교량·안벽·부교·갱도 및 기타의 토목설비 또는 공작물 등을 말한다.
④ 기계장치 : 기계장치·운송설비와 기타의 부속설비를 말한다.
⑤ 차량운반구 : 철도차량·자동차 및 기타의 육상운반구 등을 말한다.
⑥ 비 품 : 컴퓨터, 책상, 의자, 에어컨 등 사무를 하기 위하여 갖추어야하는 물건을 말한다.
⑦ 건설중인자산 : 유형자산의 건설을 위한 재료비·노무비·경비를 말하며, 건설을 위하여 지출한 도급금액 또는 취득한 기계 등을 포함한다.

03. 유형자산의 의의와 종류

유형자산은 최초에 취득원가로 측정하며, 현물출자, 증여, 기타 무상으로 취득한 자산은 공정가치를 취득원가로 한다. 취득원가는 구입원가 또는 제작원가 및 경영진이 의도하는 방식으로 자산을 가동하는 데 필요한 장소와 상태에 이르게 하는 데 직접 관련되는 원가로 구성된다. 매입할인 등이 있는 경우에는 이를 차감하여 취득원가를 산출한다.

> 유형자산의 취득원가 = 매입가액 + 취득부대비용(운반비, 취득세, 등록세, 설치비, 시운전비 등) − 매입할인

04. 유형자산의 취득원가결정

1. 의 의

유형자산은 장기간에 걸쳐 경제적 효익을 제공하므로 취득일 이후에도 계속 지출이 이루어진다. 유형자산을 보유하는 기간 중에 이루어지는 추가적 지출은 미래 경제적 효익을 증가 시키는가의 여부에 따라 자본적지출과 수익적지출로 구분한다.

자본적지출이란 유형자산에 대한 특정지출의 효익이 당해 기간에 그치지 않고 미래 일정기간에 걸쳐 지속되는 지출을 말한다. 이러한 지출액은 자산으로 계상한 후 감가상각을 통하여 비용화하여야 한다. 수익적지출이란 특정지출의 효과가 당해 연도에 한정되어 발생연도의 기간비용으로 처리하는 지출을 의미한다.

구 분	자본적지출	수익적지출
1. 의의	유형자산에 대한 특정지출의 효익이 당해 기간에 그치지 않고 미래 일정기간에 걸쳐 지속되는 지출	특정지출의 효과가 당해 연도에 한정되어 발생 연도의 기간비용으로 처리하는 지출
2. 분류요건	· 자산가치의 증대를 가져오는 지출 · 자산의 능률향상을 가져오는 지출 · 내용연수를 연장시키는 지출	· 자산의 현상유지를 위한 지출 · 자산의 능률유지를 위한 지출
3. 회계처리	차) ~자산 ××× 대) 현금 ×××	차) 수선비 ××× 대) 현금 ×××
4. 사례	· 엘리베이터의 설치 · 냉·난방 장치의 설치 · 피난시설 등의 설치 · 기타 개량·확장·증설 등 위와 유사한 성질의 것	· 건물의 도장 · 파손된 유리의 대체 · 기계부속품의 대체 · 자동차의 타이어 대체 · 기타 조업가능한 상태의 유지 등 위와 유사한 성질의 것

> **필수예제** 다음 중에서 자본적 지출로 처리할 금액은 얼마인가?
>
> · 용광로의 내화벽돌 교체   700,000원
> · 건물 외벽의 도색비용   500,000원
> · 건물 내부의 조명기구 교환 300,000원
> · 사무실 확장 비용   400,000원
> · 엘리베이터 정기점검 비용   200,000원
>
> ① 1,100,000원 ② 1,400,000원 ③ 1,700,000원 ④ 2,100,000원

해설

자본적 지출 : (700,000원 + 400,000원) = 1,100,000원
수익적 지출 : (500,000원 + 300,000원 + 200,000원) = 1,000,000원

답: ①

05. 감가상각

1. 의 의

　유형자산은 시간이 경과하거나 사용정도에 따라, 일정기간 경과 후에는 그 가치가 소멸되어 기업에 더 이상 경제적 효익을 제공하지 못하게 된다. 따라서 기업은 유형자산의 취득원가를 수익에 대응시키기 위하여 합리적이고 체계적인 방법에 따라 유형자산의 내용연수에 걸쳐 배분하여야 하는데, 이러한 절차를 감가상각이라 한다.

2. 감가상각대상자산

감가상각대상자산은 영업활동에 사용하는 유형 또는 무형자산을 말한다. 따라서 영업활동에 사용하지 않는 투자자산, 건설중인자산, 재고자산은 감가상각대상자산이 아니다. 또한 영업활동에 사용하는 자산이라도 예외적으로 토지는 감가상각을 하지 않는다.

3. 감가상각 계산의 구성요소

감가상각의 요소란 감가상각비를 계산하기 위하여 필요한 자료들을 말한다. 감가상각의 요소로는 ① 감가상각기초가액, ② 잔존가액, ③ 내용연수, ④ 감가상각방법으로 구분할 수 있다.

4. 감가상각방법

구분		계산방법
직 선 법	정 액 법	(취득원가 – 잔존가액)/내용연수
가속상각법	정 률 법	(취득원가 – 감가상각누계액) × 정률
	연수합계법	(취득원가 – 잔존가액) × 잔여내용연수/내용연수의 합
비 례 법	생산량비례법	(취득원가 – 잔존가액) × 당기생산량/총추정생산량
	작업시간비례법	(취득원가 – 잔존가액) × 당기작업시간/총추정작업시간

필수예제 다음 자료를 이용하여 정액법, 정률법, 연수합계법에 의한 감가상각비를 연도별로 계산하시오.

- 자 산 명: 차량운반구
- 취득가액: 500,000원
- 내용연수: 3년
- 취 득 일: 20×1년 1월 1일
- 잔존가액: 50,000원
- 정 률: 53.6%

해설

- 정액법

구 분	감가상각비	감가상각누계액	장부금액
20×1년	(500,000–50,000)/3년　= 150,000	150,000	350,000
20×2년	(500,000–50,000)/3년　= 150,000	300,000	200,000
20×3년	(500,000–50,000)/3년　= 150,000	450,000	50,000

- 정률법

구 분	감가상각비	감가상각누계액	장부금액
20×1년	500,000×53.6%= 268,000	268,000	232,000
20×2년	(500,000–268,000)×53.6%　= 124,352	392,352	107,648
20×3년	(500,000–392,352)×53.6%　= 57,648*	450,000	50,000

* 단수차이조정

· 연수합계법

구 분	감가상각비	감가상각누계액	장부금액
20×1년	(500,000−50,000)×3/6* = 225,000	225,000	275,000
20×2년	(500,000−50,000)×2/6 = 150,000	375,000	125,000
20×3년	(500,000−50,000)×1/6 = 75,000	450,000	50,000

* 1+2+3=6
- 초기감가상각비크기 : 정률법 〉 연수합계법 〉 정액법
- 결산 시 회계처리(정액법) : 감가상각비 150,000 / 감가상각누계액 150,000
- 부분재무상태표(20×1년)

부분재무상태표

Ⅱ. 비유동자산
차량운반구　　　　　　500,000
감가상각누계액　　　　(150,00)　　　　350,000

06. 유형자산의 처분

유형자산의 서비스 잠재력이 모두 소멸되기 이전에 일정한 대가를 받고 유형자산을 처분하는 경우가 있다. 유형자산의 처분손익은 처분가액과 처분당시의 유형자산의 장부가액과의 차액을 유형자산처분손익의 과목으로하여 당기손익에 반영한다.

> 유형자산처분손익 = 처분가액 − 장부가액 = 처분가액 − (취득가액 − 감가상각누계액)

필수예제　다음은 나눔(주)의 건물에 대한 거래내역이다. 일자별로 회계처리 하시오.

[20X0년]

　1월　1일　나눔(주)는 사옥으로 사용하기 위하여 건물을 2,000,000원에 취득하였으며, 취득과 관련하여 취득세 100,000원과 중개수수료 200,000원을 현금으로 지급하였다.

　7월　1일　건물을 수리하기 위하여 수리비 500,000원을 현금으로 지출하였다. 수리비 중 300,000원은 자본적지출에 해당하며, 나머지는 수익적지출에 해당한다.(자본적지출액은 기초에 지출한 것으로 가정한다.)

12월 31일　건물에 대한 감가상각자료는 다음과 같다.

> · 감가상각방법: 정액법　· 잔존가액: 600,000원　· 내용연수: 5년

[20X1년]

　1월　1일　나눔(주)는 건물을 현금1,800,000원에 처분하였다.

◉ 해설

[20X0년]
| 1월 1일 | (차) 건 물 | 2,300,000 | (대) 현 금 | 2,300,000 |

* 2,000,000 + 100,000 + 200,000 = 2,300,000

| 7월 1일 | (차) 건 물 | 300,000 | (대) 현 금 | 500,000 |
| | 수 선 비 | 200,000 | | |

| 12월 31일 | (차) 감가상각비 | 400,000 | (대) 감가상각누계액 | 400,000 |

* (2,600,000 − 600,000) × 1/5 = 400,000

부분재무상태표

Ⅱ. 비유동자산
　건 물　　　　　　　　　2,600,000
　감가상각누계액　　　　　(400,00)　　　　2,200,000

[20X1년]
1월 1일	(차) 감가상각누계액	400,000	(대) 건 물	2,600,000
	현 금	1,800,000		
	유형자산처분손실	400,000		

실무시험대비 분개연습

01 매장 신축용 토지를 20,000,000원에 도시개발에서 구입하고, 대금 중 5,000,000원은 자기앞수표로 지급하고, 잔액은 2개월 후에 지급하기로 하다. 또한 토지에 대한 취득세 300,000원을 현금으로 지급하다.

02 영업부에서 사용할 승용차를 (주)기아자동차로부터 할부로 ₩20,000,000에 구입하였다. 또한 구입대금과는 별도로 발생한 취득부대비용 ₩800,000은 현금으로 지급하였다.

03 판매매장에서 사용할 비품으로 이동가능한 중고난방기를 대한냉난방기로부터 500,000원에 구입하고 대금은 15일 후에 지급하기로 하다.

04 판매용 문서세단기 5,000,000원(5대분)과 업무용 문서세단기 1,000,000원(1대)를 전포문구에서 구입하고, 대금은 이번 달 30일에 모두 지급하기로 하였다.(하나의 전표로 회계처리할 것.)

05 관리부 소속 건물의 외벽에 피난 시설을 설치하면서 설치비 10,000,000원을 국민은행 보통예금으로 지급하고, 외벽 도장공사비 2,000,000원은 현금으로 지급하였다.(단, 피난시설 설치비는 자본적 지출, 도장공사는 수익적 지출로 처리함.)

06 당사는 건물 벽면이 노후화 되어 새로이 도색작업을 하고 이에 대한 비용 500,000원을 (주)태화페인트에 현금으로 결제하였다.

07 건물에 에스컬레이터를 설치하고 이에 대한 비용 2,000,000원을 (주)동양에 외상으로 하였다.

08 결산일에 차량운반구 감가상각비 250,000원을 계상하다.

09 사용 중인 업무용 승용차를 무등상사에 5,000,000원에 처분하고 대금은 1개월 후에 받기로 하였다. 업무용 승용차의 취득원가는 9,000,000원이고 처분시까지 계상한 감가상각누계액은 3,500,000원이다.

10 사용 중인 업무용자동차를 부흥중고차매매센터에 7,000,000원에 판매하고 대금 중 2,000,000은 현금으로 받고 나머지는 3개월 후에 받기로 하다.(취득원가 13,000,000원, 처분일까지의 감가상각누계액 6,500,000원)

연습문제

01 다음 설명의 (가), (나), (다)의 내용으로 옳은 것은?

> 토지를 판매목적으로 취득하면 (가)으로, 토지를 투기목적으로 취득하면 (나)으로, 토지를 영업에 사용할 목적으로 취득하면 (다)으로 처리한다.

① (가)투자자산, (나)재고자산, (다)유형자산
② (가)재고자산, (나)투자자산, (다)유형자산
③ (가)재고자산, (나)유형자산, (다)투자자산
④ (가)투자자산, (나)유형자산, (다)재고자산

02 다음 중 유형자산에 대한 설명으로 틀린 것은?

① 토지, 건물, 구축물, 기계장치 등은 유형자산에 속한다.
② 유형자산은 1년을 초과하여 사용할 것이 예상되는 자산이다.
③ 유형자산은 자체적으로 사용할 목적으로 보유하는 물리적 형체가 없는 자산이다.
④ 유형자산의 감가상각방법에는 정액법, 정률법, 연수합계법, 생산량비례법 등이 있다.

03 다음과 같은 비유동자산들의 특징을 틀리게 설명한 것은?

> · 토지 · 건물 · 비품 · 차량운반구 · 기계장치 · 구축물

① 보고기간 종료일로부터 1년이상 장기간 사용가능한 자산
② 판매 목적의 자산
③ 물리적형태가 있는 자산
④ 타인에 대한 임대 또는 자체적으로 사용할 목적의 자산

04 소유기간이 1년 이상인 자산 중 영업활동에 활용할 목적으로 보유하는 형태가 있는 자산에 해당되는 것으로만 묶인 것은?

| ㉮ 상품운반용 트럭   ㉯ 판매용 컴퓨터   ㉰ 투자목적용 건물   ㉱ 사무실용 책상 |

① ㉮, ㉯ ② ㉮, ㉱ ③ ㉯, ㉰ ④ ㉰, ㉱

05 유형자산의 취득 또는 완성 후의 지출이 유형자산으로 인식되기 위한 조건을 충족한 자본적지출로 처리해야 하는 경우가 아닌 것은?

① 내용연수 연장 ② 상당한 원가절감 ③ 생산능력 증대 ④ 수선유지를 위한 지출

06 다음 중 유형자산에 관한 자본적지출에 해당되는 것은?

① 차량운반구의 타이어교체
② 업무용 컴퓨터의 전선교체
③ 건물의 엘리베이터설치
④ 기계장치의 소모성부품교체

07 다음은 ㈜○○이 건물을 수리하고 현금으로 지출한 내용을 요약한 것이다. 건물의 취득원가에 포함할 금액을 계산한 것으로 옳은 것은?

연 번	내역	금액	비고
1	파손된 유리창 교체	100,000원	원상 회복
2	외벽 페인트 칠	200,000원	현상 유지
3	창고를 사무실로 개조	1,000,000원	가치 증대

① 300,000원 ② 1,000,000원 ③ 1,100,000원 ④ 1,200,000원

08 건물의 에어컨을 수리하고 대금을 현금으로 지급한 후 수익적지출로 처리할 것을 자본적지출로 잘못 처리한 경우에 발생하는 효과로 옳은 것은?

① 자산은 감소하고 부채가 증가한다.
② 자산은 증가하고 비용도 증가한다.
③ 자산은 감소하고 이익도 감소한다.
④ 자산은 증가하고 비용은 감소한다.

09 다음은 유형자산의 감가상각방법을 나타낸다. A, B 에 해당하는 것은?

· 정액법 = (취득원가 − A) ÷ 내용연수   · 정률법 = (취득원가 − B) x 감가상각률

	A	B		A	B
①	잔존가액	감가상각누계액	②	잔존가액	내용연수
③	감가상각누계액	잔존가액	④	내용연수	잔존가액

10 다음은 사용하던 업무용 차량의 처분과 관련된 자료이다. 가장 거리가 먼 것은?

· 취득가액 : 25,000,000원   · 감가상각누계액 : 14,000,000원
· 매각대금 : 10,000,000원   · 매각대금결제 : 전액 외상

① 이 차량의 장부가액은 25,000,000원이다.
② 매각대금 10,000,000원의 처리계정은 미수금이다.
③ 감가상각누계액 14,000,000원은 이전에 비용처리 되었다.
④ 이 차량의 매각으로 1,000,000원의 유형자산처분손실이 발생했다.

11 다음은 차량 처분과 관련된 자료이다. 차량의 처분가액은 얼마인가?

· 취득가액 : 35,000,000원   · 감가상각누계액 : 21,000,000원   · 유형자산처분이익 : 3,000,000원

① 5,000,000원   ② 15,000,000원   ③ 17,000,000원   ④ 20,000,000원

12 당해연도 1월 1일에 취득원가가 5,000,000원이고, 잔존가치가 500,000원, 내용년수가 5년인 유형자산을 취득한 경우 연간 감가상각비는 얼마인가? 단, 유형자산의 감가상각방법은 정액법을 적용한다.

① 1,000,000원   ② 900,000원   ③ 800,000원   ④ 500,000원

13 20×1년 4월 1일에 구입한 시설장치(단, 취득원가 30,000,000원, 잔존가액 0원, 내용연수 10년, 결산 연 1회)에 대한 20×1년 12월 31일 결산시 정액법으로 계산한 감가상각비는 얼마인가?

① 2,250,000원　　② 3,000,000원　　③ 4,500,000원　　④ 6,000,000원

14 20x1년 1월 1일에 구입한 영업용 건물(취득원가 20,000,000원, 잔존가액 20,000,000원, 내용연수 10년, 상각률: 20%, 결산 연 1회)에 대한 20x2년 12월 31일 결산시 정률법에 의한 감가상각비는 얼마인가?(단, 감가상각은 월할상각한다.)

① 4,000,000원　　② 3,500,000원　　③ 3,200,000원　　④ 3,000,000원

15 다음 거래 내용 중 발생할 수 있는 계정과목이 아닌 것은?

> 기업에서 사용 중이던 차량을 5,000,000원에 매각하고 전액 한 달 뒤에 받기로 하였다.
> 이 차량의 취득원가는 20,000,000원이며, 그 동안의 감가상각누계액은 16,000,000원이다.

① 외상매출금　　　　　　　　② 감가상각누계액
③ 유형자산처분이익　　　　　④ 차량운반구

05 투자자산·무형자산·기타비유동자산

01. 투자자산

투자자산이란 기업의 정상적 영업활동과는 무관하게 타 회사를 지배하거나 통제할 목적 또는 장기적인 투자이윤을 얻을 목적으로 투자된 자산을 말한다. 투자자산은 기업고유의 사업목적 달성과는 관련이 없다는 점에서 유형자산과 다르며, 장기적으로 보유하고 있다는 점에서 단기매매증권이나 단기금융상품 등과 구별된다.

1. 투자자산의 종류

 투자자산의 종류

① 투자부동산 : 영업활동과는 무관하게 투자목적으로 보유하는 토지나 건물을 말한다.
② 매도가능증권 : 유가증권 중 단기매매증권이나 만기보유증권 및 지분법적용투자주식으로 분류되지 않는 것을 말한다.
③ 만기보유증권 : 만기가 확정된 채무증권으로서 상환금액이 확정되었거나 확정이 가능한 채무증권을 만기까지 보유할 적극적인 의도와 능력이 있는 것을 말한다.
④ 지분법적용투자주식 : 피투자회사에 중대한 영향력을 행사할 수 있는 주식으로서 지분법으로 평가하는 것을 말한다.
⑤ 장기금융상품 : 금융회사가 취급하는 정형화된 상품이나 신종금융상품에 투자한 경우로 재무상태표일로부터 1년 이후에 만기가 도래하는 것을 말한다.
⑥ 장기대여금 : 이자수익을 창출할 목적으로 타인에게 장기의 자금을 대여한 경우를 말한다.
⑦ 기타의 투자자산 : 위에 속하지 아니하는 투자자산을 말한다.

2. 장기금융상품

장기금융상품은 유동자산에 속하지 않은 금융상품으로 보고기간종료일 현재 만기가 1년 이후에 도래하는 사용이 제한되어 있는 예금 및 기타정형화된 장기금융상품 등을 말한다.

예를 들어 만기가 1년 이후에 도래하는 정기예금, 정기적금 등 장기성예금과 당좌거래를 개설하기 위하여 예치하는 당좌개설보증금과 같이 사용이 제한되어 있는 예금이 여기에 속한다.

3. 장기대여금

장기대여금이란 유동자산에 속하지 않는 대여금으로 회수기간이 보고기간종료일로부터 1년 이후에 도래하는 대여금을 말한다.

4. 투자부동산

투자부동산이란 영업활동과는 직접 관련 없이 투자의 목적이나 비영업용으로 소유하는 토지, 건물 및 기타의 부동산을 말한다.

```
① 투자부동산 취득 시
   (차) 투자부동산      ×××    (대) 현   금        ×××

② 투자부동산 처분 시
  ㉠ 처분가액 > 장부가액
   (차) 현   금         ×××    (대) 투자부동산      ×××
                                    투자자산처분이익    ×××
  ㉡ 처분가액 < 장부가액
   (차) 현   금         ×××    (대) 투자부동산      ×××
        투자자산처분손실   ×××
```

02. 무형자산

무형자산이란 재화의 생산·용역의 제공·타인에 대한 임대 또는 관리에 사용할 목적으로 기업이 보유하고 있으며, 물리적 형체가 없지만 식별가능하고, 기업이 통제하고 있으며, 미래 경제적 효익이 있는 자산을 말한다. 오늘날 우리의 기업환경이 산업사회에서 지식정보화사회로 전환됨에 따라 무형자산의 중요성은 점차 증대되고 있다. 무형자산은 물리적 실체가 없으며 미래 경제적 효익에 대해 고도의 불확실성이 존재한다는 점을 제외하고는 유형자산과 동일한 기능을 수행한다. 따라서 무형자산의 회계처리도 유형자산과 거의 동일하다.

 무형자산의 인식요건
① 식별가능성: 물리적 실체는 없지만 식별 가능할 것
② 통제가능성: 기업이 제3자의 접근을 제한할 수 있을 것
③ 미래경제적 효익: 재화의 매출이나 용역수익, 원가절감, 또는 자산의 사용에 따른 기타 효익의 형태로 발생할 것이 기대될 것

 무형자산의 특징
① 물리적 실체가 존재하지 않는다.
② 영업활동에 사용할 목적으로 보유하는 자산이다.
③ 미래경제적 효익에 고도의 불확실성이 존재한다.
④ 효익제공기간이 장기이다.

무형자산의 종류

① 산업재산권(특허권, 상표권, 의장권, 실용신안권, 상호권 및 상품명 포함)
② 영업권
③ 개발비(제조비법, 공식, 모델, 디자인 및 시작품 등의 개발)
④ 소프트웨어
⑤ 광업권, 어업권
⑥ 프랜차이즈와 라이센스
⑦ 저작권 등

1. 무형자산의 취득원가

무형자산을 개별적으로 취득하는 경우에는 매입가액에 매입부대비용을 가산한 금액을 취득원가로 한다. 이 경우 매입할인 등이 있는 경우에는 매입가액에서 차감한 금액을 취득원가로 한다.

2. 무형자산의 상각

무형자산의 취득원가는 경제적 효익을 창출할 것으로 기대되는 기간에 걸쳐 체계적인 방법으로 상각한다. 무형자산은 사용과 동시에 소멸하는 특성을 가지므로 상각과 구분하여 감모상각이라 한다. 감모상각도 기본적으로 감가상각과 마찬가지로 상각대상금액을 인위적인 방식에 의하여 추정 내용연수에 걸쳐 비용으로 배분하는 원가배분의 과정이다.

1) 상각기간

무형자산의 상각대상금액은 그 자산의 추정내용연수 동안 체계적인 방법에 의하여 비용으로 배분한다. 무형자산의 상각기간은 독점적·배타적인 권리를 부여하고 있는 관계 법령이나 계약에 정해진 경우를 제외하고는 20년을 초과할 수 없다. 상각은 자산이 사용 가능한 때부터 시작한다.

2) 상각방법

무형자산의 상각방법은 자산의 경제적 효익이 소비되는 행태를 반영한 합리적인 방법이어야 한다. 무형자산의 상각대상금액을 내용연수동안 합리적으로 배분하기 위해 다양한 방법을 사용할 수 있다. 이러한 상각방법에는 정액법, 체감잔액법(정률법 등), 연수합계법, 생산량비례법 등이 있다. 다만, 합리적인 상각방법을 정할 수 없는 경우에는 정액법을 사용하여야 하며, 영업권은 반드시 정액법으로 상각하여야 한다.

3) 잔존가액

무형자산의 잔존가액은 없는 것으로 한다. 다만, 경제적 내용연수보다 짧은 상각기간을 정한 경우에 상각기간이 종료될 때 제3자가 자산을 구입하는 약정이 있거나, 그 자산에 대한 거래시장이 존재하여 상각기간이 종료되는 시점에 자산의 잔존가액이 거래시장에서 결정될 가능성이 매우 높다면 잔존가액을 인식할 수 있다.

4) 회계처리

무형자산의 상각시에는 상각액을 무형자산에서 직접 차감하는 직접법과 무형자산상각누계액을 별도로 사용하여 당해 자산에서 차감형식으로 표시하는 간접법을 모두 사용할 수 있다. 다만, 직접상각법을 사용하는 경우에는 취득원가 및 상각누계액에 대한 정보를 주석으로 기재하여야 한다. 무형자산의 상각이 다른 자산의 제조와 관련된 경우에는 관련 자산의 제조원가로, 그 밖의경우에는 판매비와 관리비로 계상한다.

① 직접법

| (차) 무형자산상각비 | ××× | (대) 산업재산권 | ××× |

② 간접법

| (차) 무형자산상각비 | ××× | (대) 산업재산권상각누계액 | ××× |

4. 무형자산의 종류

1) 산업재산권

산업재산권이란 법률의 보호하에서 일정기간 독점적·배타적으로 이용할 수 있는 권리를 말하는 것으로 특허권, 상표권, 의장권, 실용신안권, 상호권 등을 말한다.

2) 영업권

영업권이란 기업의 특별한 기술이나 지식, 고도의 경영능력, 독점적 지위 양질의 고객관계, 유리한 입지조건 등으로 인하여 장차 그 기업에 경제적 이익으로 공헌하리라고 기대되는 초과수익력이 있는 경우 그 미래의 초과수익력을 말한다.

영업권은 기업 내부적으로 창출된 영업권과 외부에서 구입한 영업권으로 구분할 수 있는데 기업회계기준에서는 외부에서 구입한 영업권만 인정하고, 내부적으로 창출된 영업권은 취득원가를 신뢰성 있게 측정할 수 없을 뿐만 아니라 기업이 통제하고 식별가능한 자원도 아니기 때문에 인정하지 않고 있다.

3) 개발비

개발비란 신제품, 신기술 등의 개발과 관련하여 발생한 비용(소프트웨어 개발과 관련된 비용을 포함)으로서 개별적으로 식별가능하고 미래 경제적 효익을 확실하게 기대할 수 있는 것을 말한다.

신제품사업화과정

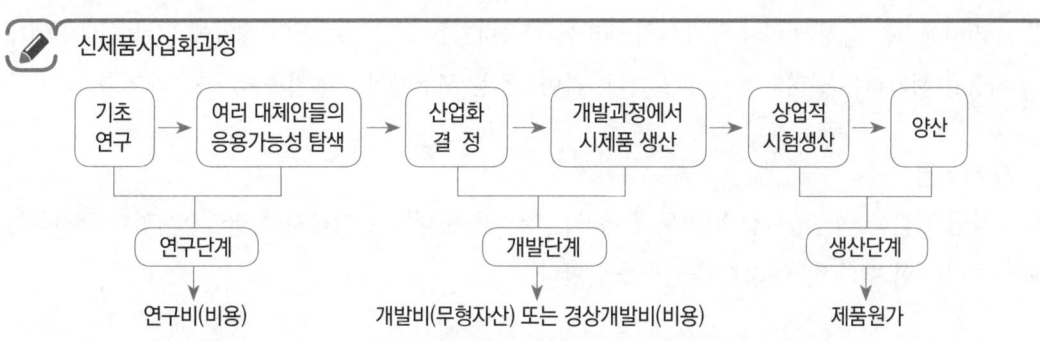

구 분		내 용
연 구 단 계		연구비의 과목으로 하여 발생한 기간의 비용으로 인식 한다.
개발단계	요건을 충족시키는 경우	개발비의 과목으로 하여 무형자산으로 인식하고 당해 자산이 사용가능한 시점부터 내용연수에 걸쳐 상각한다.
	요건을 충족시키지 못하는 경우	경상개발비의 과목으로 하여 발생한 기간의 비용으로 인식한다.

4) 소프트웨어

자산인식조건을 충족하는 소프트웨어를 구입하여 사용하는 경우의 동 구입비용은 소프트웨어의 과목으로 하여 무형자산으로 인식하고, 내부에서 개발된 소프트웨어에 소요된 원가가 자산인식조건을 충족하는 경우에는 개발비의 과목으로 하여 무형자산으로 처리한다.

```
소프트웨어를 외부구입 하는 경우  ⇨  무형자산(소프트웨어계정)
소프트웨어를 자체개발 하는 경우  ⇨  무형자산(개발비계정)
```

5) 광업권 및 어업권

광업권이란 일정한 광구에서 등록을 한 광물과 동 광상 중에 부존하는 다른 광물을 채굴하여 취득할 수 있는 권리를 말한다.

어업권이란 수산업법에 의하여 등록된 수면에서 독점적·배타적으로 어업을 영위할 수 있는 권리를 말한다.

6) 프랜차이즈와 라이선스

프랜차이즈란 프랜차이저가 자신의 제품이나 서비스의 판매권, 상표나 상호명의 사용권 또는 특정 기능을 수행할 수 있는 독점적인 권리를 프랜차이저에게 부여하는 계약을 말한다. 프랜차이즈의 예로는 햄버거체인, 주유소체인 등이 있다.

라이선스는 특정 권리자가 자신의 권리를 사용하기를 희망하는 자와 계약에 의하여 타인에게 사용을 허가하는 권리의 허락을 말한다. 라이선스는 프랜차이즈의 일종이라 할 수 있다.

7) 저작권

저작권은 문학, 학술, 예술의 범위에 속하는 창작물에 대하여 저작자나 권리승계인이 행사하는 저작물에 대한 배타적·독점적인 권리를 말한다.

03. 기타비유동자산

기타비유동자산이란 투자자산, 유형자산, 무형자산에 속하지 않는 비유동자산으로서 투자수익이 없고 다른 자산으로 분류하기 어려운 자산을 말한다.

1. 이연법인세자산

차감할 일시적차이 등으로 인하여 미래에 경감될 법인세부담액으로서 유동자산으로 분류되는 이연법인세자산을 제외한 부분을 말한다.

2. 보증금

전세권, 회원권, 임차보증금 및 영업보증금을 말한다.

3. 장기매출채권

유동자산에 속하지 아니하는 일반적 상거래에서 발생한 장기의 매출채권을 말한다.

4. 부도어음과수표

어음의 소지인이 만기일에 어음대금 청구시 어음의 지급인이 어음금액에 대한 지급을 거절한 경우 어음의 부도라 하고 지급이 거절된 어음을 부도어음이라고 한다. 이 경우 어음의 소지인은 자기의 앞선 배서인에게 어음금액, 법정이자, 공증인에 의한 지급거절증서 작성비용 등을 청구할 수 있다. 지급거절 된 수표도 유사하다.

이러한 어음과 수표는 일반어음(수표)과 구분하기 위하여 [부도어음과수표]계정을 사용한다. 부도어음과 수표는 추후 회수가능성을 추정하여 대손여부를 판단한다.

```
부도발생시 : (차) 부도어음과수표    ×××   (대) 받을어음         ×××
대손확정시 : (차) 대손충당금         ×××   (대) 부도어음과수표    ×××
```

5. 기 타

장기선급비용, 장기선급금, 장기미수금 등을 말한다.

실무시험대비 분개연습

01 장기투자목적으로 토지를 5,000,000원에 취득하고 대금은 현금으로 지급하다.

02 당사는 안국상사에 현금 2,000,000원(만기: 3년)을 대여하다.

03 당사는 장기보유목적으로 상장주식 100주를 주당 3,000원에 구입하고 대금은 보통예금으로 지급하다.

04 세계대학에 의뢰한 신제품 개발에 따른 연구용역비 2,000,000원을 보통예금으로 지급하다.

05 대한빌딩에 사무실을 임차하기로 계약하고 임차보증금 5,000,000원을 보통예금으로 이체하다.

연습문제

01 재무상태표의 비유동자산은 투자자산, 유형자산, 무형자산, 기타비유동자산으로 구분한다. 다음 중 계정과목별 구분이 올바르지 않는 것은?

① 소프트웨어-투자자산 ② 건물-유형자산
③ 개발비-무형자산 ④ 임차보증금-기타비유동자산

02 다음 내용을 모두 포함하는 계정과목에 해당하는 것은?

· 기업의 영업활동에 장기간 사용되며, 기업이 통제하고 있다.
· 물리적 형체가 없으나 식별가능하다.
· 미래의 경제적 효익이 있다.

① 유가증권 ② 미수금 ③ 특허권 ④ 상품권

03 다음 설명의 (Ⓐ), (Ⓑ)의 내용으로 옳은 것은?

정상적인 영업과정에서 판매할 목적으로 자산을 취득하면 (Ⓐ)으로, 시세차익을 목적으로 자산을 취득하면 (Ⓑ)으로 처리한다.

	Ⓐ	Ⓑ		Ⓐ	Ⓑ
①	투자자산	유형자산	②	재고자산	투자자산
③	무형자산	당좌자산	④	유형자산	비유동자산

04 무형자산을 합리적인 방법으로 상각방법을 정할 수 없는 경우에는 어떤 상각방법을 사용하는가?

① 정액법 ② 체감잔액법(정률법 등) ③ 연수합계법 ④ 생산량비례법

05 다음 거래의 회계처리에 대한 설명으로 옳은 것은?

· 장기 보유 목적으로 ㈜문정의 주식(1주당 액면금액 1,000원) 100주를 액면금액으로 매입하고 수수료 10,000원과 함께 자기앞수표로 지급하다.

① 영업외비용이 10,000원 증가한다. ② 투자자산이 110,000원 증가한다.
③ 만기보유증권이 110,000원 증가한다. ④ 유동자산이 10,000원 감소한다.

06 부 채

01. 부채의 의의

부채란 특정기업이 과거의 거래나 사건의 결과로 인해, 미래에 다른 기업에게 자산을 이전하거나 용역을 제공하여야 하는 현재의 의무로부터 발생하는 미래의 경제적 효익의 희생을 말한다. 부채는 여러 가지 기준에 따라 분류할 수 있지만, 일반적으로 각 부채가 상환될 때까지 소요되는 기간을 기준으로 유동부채와 비유동부채로 구분한다.

유동부채	비유동부채
① 매입채무 ② 단기차입금 ③ 미지급금과 미지급비용 ④ 선수금 ⑤ 예수금 ⑥ 미지급법인세 ⑦ 유동성장기부채 등	① 사 채 ② 장기차입금 ③ 퇴직급여충당부채

02. 유동부채

유동부채란 부채 중 재무상태표일로부터 1년 또는 정상영업순환주기 이내에 만기가 도래하는 부채를 말한다. 유동부채에는 매입채무, 단기차입금, 미지급금, 미지급비용, 선수금, 예수금, 선수수익, 미지급법인세, 유동성장기부채 등이 있다.

1. 매입채무

매입채무란 기업의 일반적인 상거래(주된 영업활동)에서 발생하는 채무를 말하며, 여기에는 외상매입금과 지급어음이 있다. 여기서 일반적 상거래라 함은 당해 회사의 사업목적을 위한 매출, 매입, 제조 등 정상적인 영업활동에서 발생하는 거래를 말한다.

(1) 외상매입금

외상매입금이란 일반적 상거래에서 재화나 용역을 구입하고 그 대금을 구입시점이후에 지급하기로 약정함으로써 발생하는 채무를 말한다.

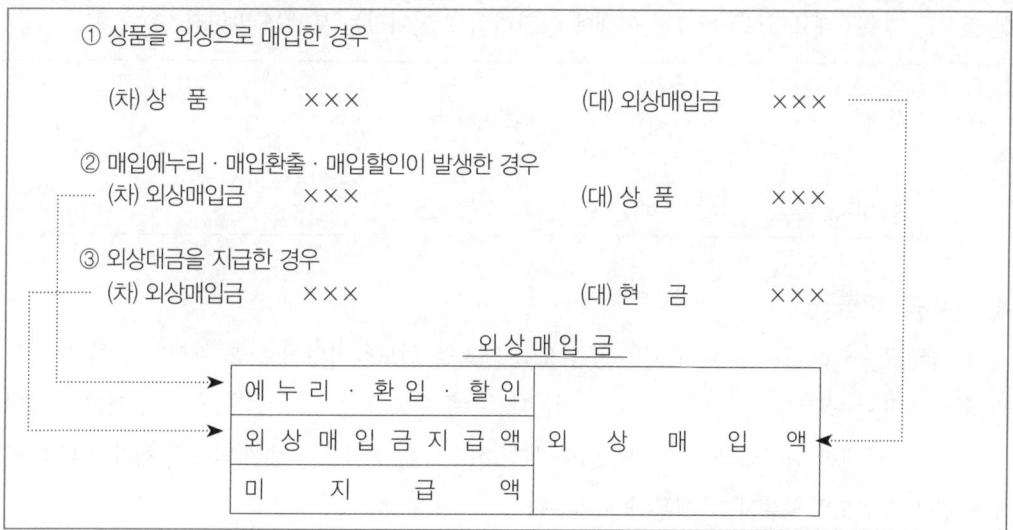

(2) 지급어음

지급어음이란 일반적 상거래에서 발생한 어음상의 채무를 말한다.

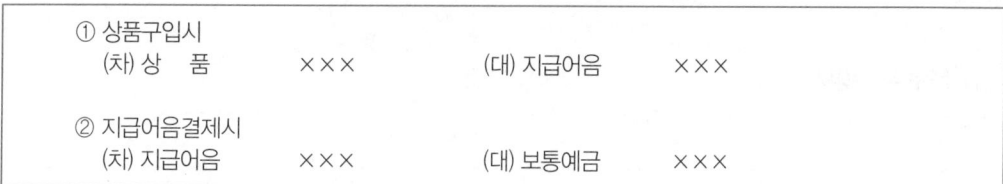

2. 단기차입금

단기차입금이란 기업의 차입금 중 차입일로부터 1년 이내에 지급기일이 도래하는 차입금을 말한다. 단기차입금의 유형에는 금융기관으로부터의 단기차입액과 주주나 특수관계회사로부터의 단기차입액, 당좌차월 등이 있다.

```
① 차입시
    (차) 보통예금      ×××       (대) 단기차입금    ×××

② 상환시
    (차) 단기차입금    ×××       (대) 보통예금      ×××
        이자비용      ×××
```

3. 미지급금

미지급금이란 일반적 상거래 이외에서 발생한 채무를 말한다. 즉, 미지급금이란 기업의 일반적인 상거래 이외의 거래나 계약관계 등에 의하여 이미 확정된 채무 중 아직 지급이 완료 되지 아니한 것으로 재무상태표일로부터 1년 이내에 상환하기로 되어있는 부채를 말한다.

```
① 구입시
   (차) 비  품      ×××      (대) 미지급금     ×××

② 결제시
   (차) 미지급금    ×××      (대) 보통예금     ×××
```

4. 선수금

선수금이란 거래처로부터 주문받은 상품 또는 제품을 인도하거나 공사를 완성하기 이전에 그 대가의 일부 또는 전부를 수취한 금액을 말하는데, 수주공사 또는 수주품의 거래 및 기타의 일반적 상거래에서 발생한 판매대금의 선수액을 말한다. 선수금은 현금으로 반제되는 부채가 아니라 물품 또는 용역을 인도함으로써 그 채무가 소멸된다.

일반적 상거래가 아닌 거래에서 발생하는 대금의 선수취액은 선수금계정에 포함시켜서는 안 될 것이나, 고정자산 등의 매각과 관련하여 수취하는 계약금·중도금과 같은 선수취액도 실무적으로는 선수금에 포함시킨다. 선수금의 회계처리는 다음과 같다.

1) 선수금 수령시

```
(차) 현  금      ×××      (대) 선 수 금     ×××
```

2) 상품 인도시

```
(차) 선 수 금    ×××      (대) 매  출       ×××
    현금         ×××
```

5. 예수금

예수금이란 일반적 상거래 이외의 일시 예수액을 말한다. 예수금에는 종업원의 급여에 대한 소득세예수금, 의료보험료, 고용보험료, 국민연금예수금 등이 있다. 예수금의 회계처리는 예수금 수령시 예수금계정으로 하여 부채로 계상하였다가 납부하는 시점에 예수금과 상계처리 한다. 여기서 선수금과 예수금은 구별되어야 한다. 선수금은 일반적 상거래에서 발생된 것으로 미래에 재화 또는 용역을 제공한다는 약속하에 미리 받은 금액을 말하며, 예수금은 일반적 상거래 이외에서 발생된 일시적 예수액으로 미래에 이를 반제할 의무가 있는 것을 말한다.

1) 예수금 수령시

| (차) 현　금 | ××× | (대) 예 수 금 | ××× |

2) 예수금 납부시

| (차) 예 수 금 | ××× | (대) 현금 | ××× |

6. 유동성장기부채

　비유동부채 중에서 1년 이내에 만기일이 도래하는 부분을 유동부채로 재분류하여야 하며, 이와 같이 비유동부채의 일부분이 유동부채로 재분류된 것을 유동성장기부채이라고 한다. 결산시점에 다음과 같이 회계처리하여야 한다.

| (차) 장기차입금 | ××× | (대) 유동성장기부채 | ××× |

03. 비유동부채

　비유동부채란 부채 중 재무상태표일로부터 1년 또는 정상영업순환주기 이후에 만기가 도래하는 부채를 말한다. 비유동부채는 자본금과 함께 장기자본의 주요 조달 원천이다. 비유동부채는 원칙적으로 미래에 제공해야 할 재화와 용역의 현재가치로 평가하여야 하지만 일반적으로 액면금액으로 표시하고 있다. 비유동부채에는 사채, 장기차입금, 퇴직급여충당금, 장기미지급비용, 장기선수수익, 이연법인세부채 등이 있다.

1. 사　채

　사채는 회사가 장기자금을 조달하기 위해서 회사의 확정 채무임을 표시하는 증서인 사채권을 발행하고 자금을 차입함에 따라 부담하는 채무이다.

2. 장기차입금

　장기차입금이란 기업의 차입금 중 재무상태표일로부터 1년 이내에 지급시기가 도래하지 아니하는 부채를 말한다. 기업회계기준에서는 장기차입금에 대하여 차입처별로 차입용도, 이자율, 상환방법 등을 주석으로 기재하도록 규정하고 있다.

3. 퇴직급여충당부채

퇴직급여충당부채란 미래에 종업원이 퇴직할 때 지급해야 할 퇴직금에 충당하기 위해 퇴직금상당액을 각 사업연도비용으로 계상한 경우 일정한도 내 금액을 인정하는 부채성충당금을 말한다.

```
① 결산시
   (차) 퇴직급여            ×××    (대) 퇴직급여충당부채    ×××

② 퇴직금지급시
   (차) 퇴직급여충당부채    ×××    (대) 예수금              ×××
                                        보통예금            ×××
```

실무시험대비 분개연습

01 대한상사에 상품을 10,000,000원에 판매하기로 계약하고, 계약금 2,000,000원을 당사 보통예금 계좌로 이체받다.

02 국민상사에서 할부로 구입하고 미지급금으로 처리했던 차량할부금 중 500,000원을 현금으로 지급하였다.

03 대한은행으로부터 차입한 단기차입금 35,000,000원을 상환함과 동시에 이자 2,000,000원을 보통예금에서 이체하여 지급하였다.

04 미지급금 중 BC카드(법인)이용대금 3,000,000원이 당좌예금계좌에서 자동이체 되어 지급결제처리되었다.

05 2년 후에 상환할 목적으로 농협은행에서 5,000,000원을 차입하여 보통예금에 입금하였다.

06 남도상사와의 판매계약이 해지되어 11월 6일에 수령하였던 계약금 450,000원을 당사 보통예금계좌에서 반환하였다.

07 영업용 토지를 매입하고 토지대금과 매입비용 120,000,000원을 대한은행에서 발행한 당좌수표로 지급하였다.(단, 당좌예금 잔액은 85,000,000원이며, 당좌차월 한도는 80,000,000원이다.)

08 사업주가 업무와 관련없이 사업주 개인용도로 사용하기 위해 신형 노트북 1,000,000원을 구매하고 회사 신한카드(신용카드)로 결제하다.

09 부천상사에 지급할 외상매입금 2,000,000원을 상환하기 위해 매출거래처인 안산상사로부터 받아 보관중이던 약속어음 2,000,000원을 배서양도하였다.

10 영업사원의 퇴직금 2,500,000원을 지급하면서 소득세와 지방소득세 33,000원을 차감한 잔액을 당사 보통예금계좌에서 퇴직사원의 계좌로 자동이체하여 지급하였다.(설정된 퇴직급여충당부채는 충분한 것으로 가정한다)

연습문제

01 다음 중에서 유동부채에 속하지 않는 것은?
① 유동성장기부채 ② 미지급금
③ 단기차입금 ④ 퇴직급여충당부채

02 다음 중 당좌차월액은 재무상태표에 어떤 계정으로 기입되는가?
① 단기차입금 ② 미지급금
③ 예 수 금 ④ 선 수 금

03 다음 중 비유동부채에 해당하는 것은?
① 장기차입금 ② 외상매입금 ③ 미지급비용 ④ 선수금

04 다음 중 유동부채 계정과목만 짝지어진 것은?
① 미수금, 선수금, 외상매입금, 받을어음
② 미지급금, 선수금, 외상매입금, 지급어음
③ 미수금, 선급금, 외상매출금, 받을어음
④ 미지급금, 선급금, 외상매출금, 지급어음

05 다음 자료에서 비유동부채 금액은?

| · 외상매입금 : 6,000,000원 | · 미지급비용 : 1,000,000원 |
| · 장기차입금 : 2,000,000원 | · 퇴직급여충당부채 : 5,000,000원 |

① 5,000,000원 ② 7,000,000원 ③ 8,000,000원 ④ 11,000,000원

06 다음 자료에 의하여 당기 외상매입금 지급액을 계산하면 얼마인가?

· 외상매입금 기초잔액 : 600,000원 · 당기의 외상매입액 : 3,200,000원
· 외상매입금 기말잔액 : 400,000원

① 3,400,000원　　② 3,200,000원　　③ 2,600,000원　　④ 600,000원

07 다음 중 지급어음계정의 차변에 기입되는 거래는?
① 상품 1,000,000원을 매입하고 약속어음을 발행하여 지급하다.
② 상품 3,000,000원을 매입하고 소지하고 있던 약속어음을 배서양도하다.
③ 외상매입금 5,000,000원을 약속어음을 발행하여 지급하다.
④ 당점 발행의 약속어음 6,000,000원이 만기가 되어 현금으로 지급하다.

08 다음 거래를 분개할 경우 (가), (나)의 계정과목이 올바르게 짝지어진 것은?

우현상사는 거래처에서 컴퓨터 10대(@800,000)를 8,000,000원에 매입하고 당사 발행 약속어음으로 지급하였다.(단, 5대는 판매용, 5대는 영업부의 업무용으로 구입 함)
　(차변) 상 품　4,000,000원　(대변) (가)　4,000,000원
　(차변) 비 품　4,000,000원　(대변) (나)　4,000,000원

① (가) – 지급어음, (나) – 지급어음　　② (가) – 미지급금, (나) – 미지급금
③ (가) – 미지급금, (나) – 지급어음　　④ (가) – 지급어음, (나) – 미지급금

09 거래처의 파산 등으로 지급할 능력이 상실하여 채권을 회수할 수 없는 상태를 대손이라 한다. 다음 중 대손처리 대상이 아닌 것은?
① 외상매출금　　② 받을어음　　③ 단기대여금　　④ 선수금

10 다음은 부채에 대한 설명이다. 가장 옳지 않은 것은?

① 외상매입금은 일반적 상거래에서 발생하는 채무이다.

② 선수금은 상품을 주문받고 대금의 일부를 계약금으로 수취하였을 때 처리하는 계정과목이다.

③ 가지급금은 미래에 특정한 사건에 의해 외부로 지출하여야 할 금액을 기업이 급여 등을 지급시 종업원등으로부터 미리 받아 일시적으로 보관하는 금액을 처리하는 계정과목에 해당한다.

④ 가수금은 현금의 수입이 발생하였으나 처리할 계정과목이나 금액이 확정되지 않은 경우 계정과목이나 금액이 확정될 때까지 일시적으로 처리하는 계정과목이다.

07 자 본

01. 자본의 의의

자본이란 기업의 자산에서 부채를 차감한 후에 남는 잔여지분을 말하며, 순자산 또는 소유주지분이라고도 한다. 자본은 기업자신이 조달한 자금이라 하여 자기자본이라 하고 부채는 기업자신 이외에서 조달한 자금이라 하여 타인자본이라 한다. 여기서 기업자신이란 투자자(출자자)를 말한다.

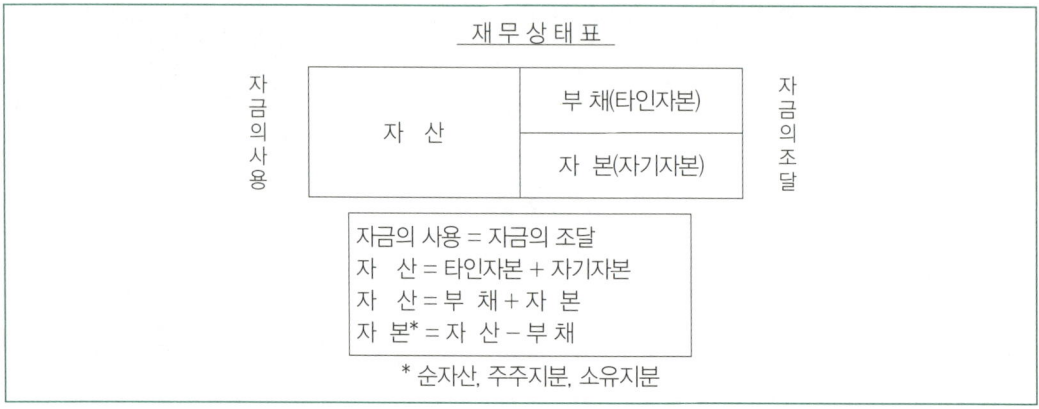

02. 주식회사의 자본

자본은 크게 불입자본과 이익유보액으로 구분할 수 있다. 불입자본이란 주주로부터 납입받은 주식대금을 말하며, 이익유보액은 당기순이익 중 사내에 유보된 잉여금을 말한다. 기업회계기준에서는 다음과 같이 자본을 분류하고 있다.

구분	내용
자 본 금	법정자본금으로써 발행주식의 액면가액을 말한다.
자 본 잉 여 금	자본거래에서 발생한 이익을 말한다.
자 본 조 정	자본에 차감하거나 가산하여야 하는 임시적 계정을 말한다.
기타포괄손익누계액	당기손익에 포함되지 않고 자본항목에 포함되는 평가손익을 말한다.
이 익 잉 여 금	손익거래에서 발생한 이익을 말한다.

* 자본거래 : 기업과 주주간의 주식거래를 말한다.
* 손익거래 : 기업과 제3자간의 자산·부채거래를 말한다.

03. 개인기업의 자본

개인기업은 출자자가 통상 1인으로 구성되어 현금 등의 실물자산을 출자하여 사업을 개시하게 된다. 이때 출자금을 자본금이라고 한다.

1. 자본금

자본금은 회사가 가지고 있는 자산총액에서 부채총액을 차감한 나머지 부분을 말한다. 개인기업의 자본금은 사업주가 회사설립 시에 출자한 원시출자금과 자본금이 부족할 때 사업주가 추가로 출자하는 추가 출자액과 경영성과인 순손익을 가감한 금액으로 구성된다.

자본금			
인 출 액	×××	기 초 자 본 금	×××
당 기 순 손 실	×××	추 가 출 자 금	×××
		당 기 순 이 익	×××

기말자본금 = 기초자본금 + 추가출자금 − 인출금 + 당기순이익 − 당기순손실

- 현금 등을 출자하여 영업을 개시한 경우
 (차) 현금   ×××   (대) 자 본 금   ×××

- 현금 등을 추가로 출자하는 경우
 (차) 현금   ×××   (대) 자 본 금   ×××

- 결산결과 당기순이익이 발생한 경우
 (차) 손익   ×××   (대) 자 본 금   ×××

- 결산결과 당기순손실이 발생한 경우
 (차) 자 본 금   ×××   (대) 손   익   ×××

2. 인출금

인출금계정은 개인기업의 자본에서만 발생되는 자본금계정의 평가계정이다. 자본금은 초기에 출자된 후에 인위적으로 증감시킬 수 없다. 그러므로 추가출자가 발생하거나 인출이 발생하는 경우 자본금계정을 대신하여 사용되는 임시계정으로 기말에 자본금계정으로 대체하여야 한다.

```
· 사업주가 현금을 인출한 경우
  (차) 인 출 금      ×××        (대) 현    금      ×××

· 사업주가 상품을 개인적으로 사용한 경우
  (차) 인 출 금      ×××        (대) 상    품      ×××

· 결산시 인출금을 자본금에 대체하는 경우
  (차) 자 본 금      ×××        (대) 인 출 금      ×××
```

3. 개인기업의 세금

(1) 사업소득세와 개인지방소득세

개인기업의 사업주가 부담하는 사업소득세와 개인지방소득세는 사업주 개인이 부담하여야 하므로 회사에서 지출하는 경우에는 인출금계정으로 처리하여야 한다.

```
(차) 인출금           ×××        (대) 현    금        ×××
```

(2) 토지 등 유형자산 구입시 발생하는 취득세 등

토지나 건물 등을 구입하고 발생하는 취득세, 등록세 등은 자산의 취득원가로 회계처리하여야 한다.

```
(차) 토    지         ×××        (대) 현    금        ×××
```

(3) 사업 중에 지출하는 세금

재산세, 자동차세, 주민세 등의 세금과 조합비, 협회비 등의 공과금을 납부하는 경우에는 세금과공과로 회계처리 한다.

```
(차) 세금과공과       ×××        (대) 현    금        ×××
```

실무시험대비 분개연습

01 사업주의 종합소득세 300,000원을 농협은행 보통예금에서 이체하다.

02 회사자금이 부족하여 사업주가 당사 보통예금통장에 5,000,000원을 입금하다.

03 사업주가 상품 250,000원을 출고하여 사업주개인용도로 사용하다.

04 회사에서 사용하는 승용차 자동차세 150,000원을 보통예금에서 이체하다.

05 결산일현재 인출금계정 차변잔액 55,000원을 정리하다.

연습문제

01 다음 중 자본금계정이 차변에 나타나는 것은?

① 현금 5,000,000원을 출자하여 영업을 개시하다.

② 기중에 현금 5,000,000원 추가출자하다.

③ 기말 결산시 인출금 3,000,000원을 정리하다.

④ 기말 결산시 당기순이익 300,000원을 자본금계정으로 대체하다.

02 다음 중 인출금 계정에 대한 설명으로 옳은 것은?

① 임시계정으로 개인기업의 자본금 계정에 대한 평가계정이다.

② 임시계정으로 외상매출금에 대한 평가계정이다.

③ 법인기업에서 사용하는 결산정리 분개이다.

④ 결산시 재무상태표에 필수적으로 기재할 계정이다.

03 다음에서 인출금과 당기순이익을 정리 후 기말 자본금으로 옳은 것은?

인 출 금	자 본 금
12/10 현금 50,000원	1/1 전기이월 500,000원
단. 당기순이익은 100,000원이다.	

① 450,000원　　② 550,000원　　③ 600,000원　　④ 650,000원

04 다음과 같은 자료에서 당기의 추가출자액은 얼마인가?

· 기초자본금 : 10,000,000원   · 기업주의 자본인출액 : 4,000,000원
· 기말자본금 : 10,000,000원   · 당기순이익 :   2,000,000원

① 2,000,000원   ② 4,000,000원   ③ 6,000,000원   ④ 10,000,000원

05 다음 자료에 의한 기말부채(가)와 기말자본금(나)을 계산하면 얼마인가?

· 기초자산 : 600,000원   · 기말자산 : 800,000원   · 기초부채 : 200,000원
· 총 수 익 : 900,000원   · 총 비 용 : 700,000원

① (가) 600,000원 (나) 200,000원   ② (가) 200,000원 (나) 600,000원
③ (가) 400,000원 (나) 300,000원   ④ (가) 600,000원 (나) 300,000원

08 수익과 비용

01..수익의 정의

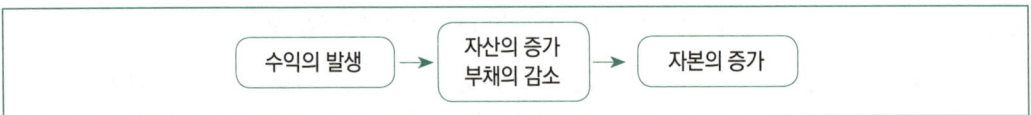

> **수익의 종류**
>
> - 영업수익
>   영업수익(매출수익)이란 상품·제품의 판매 또는 용역의 제공으로 실현된 금액을 말한다.
> - 영업외수익
>   영업외수익이란 영업활동 이외의 보조적 또는 부수적인 활동에서 발생하는 수익을 말한다.
>   ① 이자수익 : 예금이나 대여금에서 발생하는 수익
>   ② 배당금수익 : 주식이나 출자금 등의 투자에서 분배받은 수익
>   ③ 임대료 : 부동산 또는 동산을 타인에게 임대하고 받는 대가
>   ④ 단기매매증권처분이익 : 단기매매증권을 처분함에 따라 발생하는 이익
>   ⑤ 단기매매증권평가이익 : 단기매매증권을 공정가액으로 평가함에 따라 발생하는 이익
>   ⑥ 외환차익 : 외화자산의 회수나 외화부채의 상환시에 발생하는 이익
>   ⑦ 외화환산이익 : 외환자산·외환부채의 기말 평가시 발생하는 이익
>   ⑧ 투자자산처분이익 : 투자자산을 처분함에 따라 발생하는 이익
>   ⑨ 유형자산처분이익 : 유형자산을 처분함에 따라 발생하는 이익
>   ⑩ 보험금수익 : 보험회사로부터 받은 보험금
>   ⑪ 자산수증이익 : 주주나 제3자 등으로부터 자산을 증여받음으로써 발생하는 이익
>   ⑫ 채무면제이익 : 채권자로부터 회사채무를 면제받아 발생하는 이익
>   ⑬ 잡이익 : 영업활동이외에서 발생하는 소액의 이익

　수익은 통상적인 경영활동에서 발생하는 경제적 효익의 총유입을 말하며, 자산의 증가 또는 부채의 감소로 나타난다. 다만, 주주의 지분참여로 인한 자본증가는 수익에 포함하지 아니한다. 또한 수익은 기업에 귀속되는 경제적 효익의 유입만을 포함하므로 부가가치세와 같이 제3자를 대신하여 받는 금액이나, 대리 관계에서 위임자를 대신하여 받는 금액 등은 수익으로 보지 아니한다.

02. 수익의 인식기준

수익은 경영활동 전 과정을 통하여 서서히 그리고 지속적으로 발생하기 때문에 수익을 어느 시점에서 인식할 것인지를 결정하는 것이 중요한 회계적 문제이다. 이를 결정하기 위한 기준으로 현금주의와 발생주의가 있다.

신용거래가 많은 현대에는 기간손익배분이 부적절한 현금주의는 사용되지 않으며 발생주의에 의하여 수익과 비용을 인식한다.

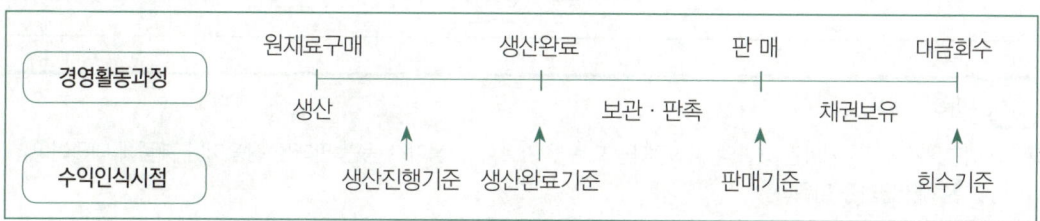

수익은 경영활동 전 과정을 통하여 발생하므로, 발생주의에 따라 수익을 인식하기 위해서는 수익획득과정별로 증가된 가치를 구분하여 그 크기를 측정해야 한다. 그러나 이러한 측정과정은 객관성을 확보하기 어렵고 실무적으로도 매우 복잡하기 때문에 수익의 인식과 측정에 있어서 발생주의를 후퇴시키고 실현주의에 따라 수익을 인식하고 있다. 실현주의란 발생주의를 적용함에 있어 실무상의 어려움 때문에 이를 현실에 맞게 수정시킨 수익인식기준으로서 일정요건(실현요건 . 가득요건)이 충족되었을 때 수익을 인식하는 방법이다.

일반기업회계기준에서는 수익을 재화의 판매와 용역의 제공으로 구분하여 다음의 요건을 모두 충족한 시점에서 인식하도록 규정하고 있다.

(1) 재화의 판매

① 재화의 소유에 따른 유의적인 위험과 보상이 구매자에게 이전된다.
② 판매자는 판매한 재화에 대하여 소유권이 있을 때 통상적으로 행사하는 정도의 관리나 효과적인 통제를 할 수 없다.
③ 수익금액을 신뢰성 있게 측정할 수 있다.
④ 경제적 효익의 유입 가능성이 매우 높다.
⑤ 거래와 관련하여 발생했거나 발생할 원가를 신뢰성 있게 측정할 수 있다.

(2) 용역의 제공

① 거래 전체의 수익금액을 신뢰성 있게 측정할 수 있다.
② 경제적 효익의 유입 가능성이 매우 높다.
③ 진행률을 신뢰성 있게 측정할 수 있다.
④ 이미 발생한 원가 및 거래의 완료를 위하여 투입하여야 할 원가를 신뢰성 있게 측정할 수 있다.

03.. 비용의 정의

비용이란 제품의 판매나 생산, 용역제공 및 회사의 영업활동을 구성하는 활동으로부터 일정기간 동안 발생한 자산의 유출이나 사용 또는 부채의 발생액이다. 비용은 주된 영업활동에서 발생한 비용과 일시적이거나 우연한 거래로부터 발생한 손실로 분류된다.

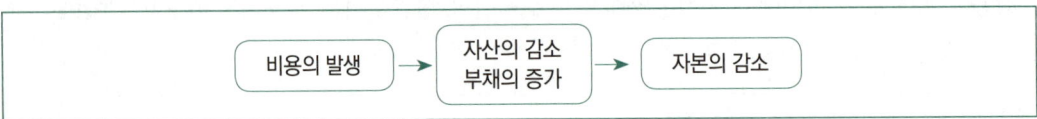

📝 비용의 종류

- **매출원가** : 매출원가란 매출액과 직접대응되는 원가로서, 일정기간 동안 판매된 상품이나 제품에 대하여 배분된 매입원가를 말한다.
- **판매비와 관리비** : 판매비와 관리비는 상품과 용역의 판매활동 또는 회사의 관리와 유지에서 발생하는 비용으로, 매출원가에 속하지 아니하는 모든 영업비용을 말한다.
  ① 급　여 : 임원급여 · 임금 · 각종 수당 등
  ② 퇴직급여 : 근속기간이 경과함에 따라 증가하는 퇴직금을 비용으로 인식하기 위한 계정
  ③ 복리후생비 : 근로환경개선 및 근로의욕의 향상을 위하여 지출하는 노무비 성격의 금액
  ④ 임차료 : 부동산이나 동산을 임차하고 그 소유자에게 지급하는 금액
  ⑤ 기업업무추진비 : 사업(업무)과 관련하여 지출하는 교제비용 등
  ⑥ 감가상각비 : 유형자산의 가치감소분을 기간손익에 반영하기 위하여 배분된 금액
  ⑦ 무형자산상각비 : 무형자산의 가치감소분을 기간손익에 반영하기 위하여 배분된 금액
  ⑧ 세금과공과 : 국가 또는 지방자치단체가 부과하는 공과금 · 벌금 · 과료 등
  ⑨ 광고선전비 : 상품 · 제품의 판매촉진을 위하여 선전효과를 얻고자 지출하는 비용
  ⑩ 연구비 : 연구활동을 수행하는 과정에서 발생하는 비용
  ⑪ 경상개발비 : 개발활동과 관련하여 경상적으로 발생한 비용
  ⑫ 대손상각비 : 회수가 불가능한 채권과 대손추산액을 처리하는 계정
- **영업외비용** : 영업외비용이란 매출수익을 얻기 위한 주된 영업활동 이외의 보조적 또는 부수적인 활동에서 순환적으로 발생하는 비용을 말한다.
  ① 이자비용 : 타인자본에 대하여 지급하는 이자와 할인료
  ② 기타의대손상각비 : 매출채권 이외의 채권에 대한 대손상각비를 처리하는 계정
  ③ 단기매매증권처분손실 : 단기매매증권을 처분함에 따라 발생하는 손실
  ④ 단기매매증권평가손실 : 단기매매증권을 공정가액으로 평가함에 따라 발생하는 손실
  ⑤ 외환차손 : 외화자산의 회수나 외화부채의 상환시에 발생하는 손실
  ⑥ 외화환산손실 : 외화자산이나 외화부채의 기말 평가시에 발생하는 손실
  ⑦ 기부금 : 무상으로 증여하는 금전 또는 기타 자산의 금액
  ⑧ 무형자산처분손실 : 무형자산을 처분함에 따라 발생하는 손실
  ⑨ 유형자산처분손실 : 유형자산을 처분함에 따라 발생하는 손실
  ⑩ 재해손실 : 화재, 지진 홍수 등 천재지변으로 인하여 발생하는 손실액
  ⑪ 잡손실 : 영업활동과 관계없이 생기는 소액의 손실

04. 비용의 측정과 인식

1. 비용의 측정

비용의 측정이란 손익계산서에 계상할 비용의 금액을 화폐액으로 측정하는 것을 말한다. 즉 비용의 측정은 당기 손익계산서에 보고될 비용액을 결정하는 과정을 말하며, 주로 역사적 원가에 의하여 측정된다.

2. 비용의 인식시기

비용의 발생시점, 인식시점, 보고시점에 관한 것으로 비용이 귀속되는 회계기간을 결정하는 것을 비용의 인식이라 하며, 비용의 보고 또는 기간귀속이라고도 한다. 그리고 경제적 효익이 수익획득활동에 소비되었을 때, 또는 미래의 경제적 효익이 감소되거나 소멸되었을 때를 비용의 인식시점으로 본다.

05. 비용의 인식방법

비용은 기본적으로 수익·비용의 대응 원칙에 따라 직접대응시켜야 하며, 직접대응이 불가능한 경우에는 간접대응 또는 당기의 비용(손실)으로 즉시 인식하여야 한다.

1. 직접대응

직접대응이란 보고된 수익과의 인과관계를 기초로 비용을 인식하는 방법이다. 따라서 직접대응은 수익과 비용의 인과관계가 명확한 경우에 적용되는 방법이다. 직접대응의 예로는 매출액에 대응되는 매출원가·판매원의 수수료·매출운임 등이 있다.

2. 간접대응

간접대응이란 수익에 대응되는 비용을 직접적인 방법에 의하여 적절히 대응시킬 수 없는 경우에 비용을 체계적이고 합리적인 방법에 의하여 기간배분하는 것을 말한다. 즉 간접대응의 발생원가가 장래의 특정시기 또는 미래의 일정기간과 관련될 수 있는지를 확인하여, 그 원가가 미래수익과 관련이 있다고 인정될 경우에는 해당되는 미래기간에 걸쳐 합리적·체계적으로 배분하는 것이다. 간접대응의 예로는 선급보험료, 감가상각비 등이 있다.

3. 당기비용(손실)

직접대응, 간접대응 방법을 모두 적용할 수 없는 경우에는 발생원가를 당기비용 또는 손실로 인식하여야 한다.

06..손익계산서

손 익 계 산 서

대성상회　　　20X1년1월1일부터 20X1년12월31일까지　　　단위: 원

과목		계 정			
I	매출액	상품매출			
		*총매출액−매출에누리−매출환입−매출할인			
II	매출원가	상품매출원가 · 제품매출원가			
	상품매매업	기초상품재고액	제　조　업	기초제품재고액	
		(+)당기상품매입액*		(+)당기제품제조원가	
		(−)기말상품재고액		(−)기말제품재고액	
		*총매입액−매입에누리−매입환출−매입할인			
III	매출총이익(매출총손실)	= 매출액 − 매출원가			
IV	판매비와 관리비	급여 퇴직급여 복리후생비 임차료 기업업무추진비 감가상각비	수도광열비 여비교통비 소모품비 교육훈련비 통신비 광고선전비	세금과공과 보험료 차량유지비 도서인쇄비 대손상각비 운반비	수수료비용 보관료 판매수수료 연구비 경상개발비 무형자산상각비
V	영업이익(영업손실)	= 매출총이익(손실) − 판매비와관리비			
VI	영업외수익	이자수익 배당금수익 임대료 수수료수익 외환차익	외화환산이익 보험금수익 자산수증이익 채무면제이익 사채상환이익	단기매매증권처분이익 단기매매증권평가이익 유형자산처분이익 매도가능증권처분이익 만기보유증권처분이익	
VII	영업외비용	이자비용 외환차손 재해손실 기부금 잡손실	수수료비용 외화환산손실 사채상환손실	기타대손상각비 매출채권처분손실 단기매매증권처분손실 단기매매증권평가손실 재고자산감모손실 유형자산처분손실	
VIII	소득세비용차감전순손익	= 영업이익(손실) +영업외수익 − 영업외비용			
IX	소득세비용				
X	당기순이익(당기순손실)	= 소득세비용차감전순이익(손실) − 소득세비용			

실무시험대비 분개연습

01 판매용 상품인 의류을 부천상사에 5,000,000원에 판매하고 대금은 6개월 만기의 약속어음을 발행 받았다.

02 영업사원의 당월분 급여 2,200,000원 중 근로소득세 등 총 100,000원을 차감한 잔액을 보통예금 계좌에서 이체하여 지급하였다.

03 매출거래처의 요구에 의하여 견적서를 등기우편으로 발송하고 등기요금 6,300원을 영동우체국에 현금으로 지급하다.

04 영업부서 신문구독료 15,000원을 현금으로 지급하고, 다음과 같은 영수증을 수취하였다.

05 업무용차량의 정기주차료 150,000원을 일신주차장에 현금으로 지급하다.

06 영업용 컴퓨터를 수리하고 대금 150,000원은 당사 보통예금 계좌에서 이체하다.(수익적 지출로 처리할 것)

07 직원의 업무관련 교육을 위해 학원수강료 250,000원을 현금으로 결제하고 현금영수증을 수령하다.

08 판매장 직원용 유니폼을 300,000원에 누리패션에서 제작하고 신용카드(국민카드)로 결제하다.

09 한국신문에 상품광고를 게재하고 광고료 1,000,000원을 보통예금 계좌에서 이체하다.

10 영업부에서 사용하는 업무용 승용차에 대한 자동차세 365,000원을 보통예금계좌에서 이체하여 납부하다.

11 추석선물로 벌꿀세트 5개(1개당 100,000원)를 신용카드(하나카드)로 결제하여 구입하고, 당사 영업직원에게 2개, 나머지 3개는 거래처에 전달하다.

12 일진상사의 파산으로 외상매출금 3,000,000원이 회수불능하여 대손처리하다. 단, 대손처리시점 외상매출금의 대손충당금 잔액은 500,000원 이다.

13 단기매매차익을 얻을 목적으로 보유하고 있는 ㈜황해의 주식 100주를 1주당 15,000원에 처분하고 대금은 수수료 등 20,000원을 차감한 금액이 보통예금계좌에 입금되었다.(단, ㈜황해의 주식 1주당 취득원가는 10,000원이다)

14 태풍으로 인한 피해자를 돕기 위해 송파구청에 현금 100,000원을 기부하였다.

15 국민은행의 단기차입금에 대한 이자 50,000원이 당사의 보통예금 계좌에서 자동이체됨을 확인하고 회계처리하다.

연습문제

01 다음 중 재무상태표에 표시되는 계정과목이 아닌 것은?
① 기부금   ② 영업권   ③ 개발비   ④ 자본금

02 다음 중 손익계산서에 표시되는 항목으로 옳은 것은?
① 유동자산   ② 자본금   ③ 매출원가   ④ 비유동부채

03 다음 중 영업이익을 계산할 때 포함되지 않는 것은?
① 상품매출원가   ② 급여   ③ 기업업무추진비   ④ 기부금

04 회사의 영업이익을 증가시키는 요인으로 맞는 것은?
① 전화 요금을 줄인다.   ② 자본금을 인출한다.
③ 자본을 추가 출자한다.   ④ 차입금에 대한 이자를 줄인다.

05 다음 중 의류 도소매업의 영업손익을 산출하는데, 해당사항이 없는 것은 무엇인가?
① 매출액   ② 임차료   ③ 유형자산처분이익   ④ 광고선전비

06 영업외수익에 해당하는 내용으로 옳은 것은?
① 택시회사의 택시요금 수입액
② 가구점의 학생용 책상 판매액
③ 완구점의 곰돌이 인형 판매액
④ 전자제품 판매상사의 건물 일부 임대 수입액

07 다음 중 비용으로 회계 처리할 수 있는 것은?

① 차량운반구 취득에 따른 취득세 ② 토지 구입 시 지급한 중개수수료
③ 상품 구입 시 지급한 매입제비용 ④ 상품 매출 시 발생한 운반비

08 다음 중 판매비와관리비에 속하지 않는 계정과목은?

① 임차료   ② 복리후생비   ③ 감가상각비   ④ 기부금

09 다음 자료를 기초로 판매비와 일반관리비를 계산하면 얼마인가?

· 기부금 : 400,000원 · 급여 : 1,500,000원 · 복리후생비 : 600,000원 · 이자비용 : 120,000원

① 2,020,000원   ② 2,100,000원   ③ 2,500,000원   ④ 2,620,000원

10 다음 지출내역서에서 8월의 판매비와관리비 금액으로 옳은 것은?

(8월) 지출내역서 (단위:원)

일자	적요	금액	신용카드	현금	비고
8/5	종업원 회식비용	200,000	100,000	100,000	
8/11	차입금 이자 지급	50,000		50,000	
8/16	수재의연금 기부	30,000		30,000	
8/20	거래처 선물 대금	100,000	100,000		
8/30	8월분 영업부 전기요금	20,000		20,000	

① 220,000원   ② 320,000원   ③ 350,000원   ④ 400,000원

11 다음 중 대여금에 대한 대손상각비를 판매비와관리비 항목에 포함하여 처리하였을 경우 일반기업회계기준으로 판단할 때, 손익계산서에 미치는 영향으로 옳은 것은?

① 영업이익은 과소계상 되었으나 당기순이익에는 변함없다.
② 기업의 매출활동 결과인 매출총이익에 영향을 미친다.
③ 기업회계기준에 따라 정상 처리되었다.
④ 당기순이익 계산에 영향을 미친다.

12 다음 중 영업외비용 계정과목으로만 짝지어진 것은?

① 재해손실, 잡손실 ② 가지급금, 가수금

③ 대손상각비, 가수금 ④ 기업업무추진비, 잡손실

13 다음 중 상기업의 손익계산서에서 영업외비용으로 분류하여야 하는 거래는?

① 관리부 소모품 구입비 ② 영업부 직원의 출장비

③ 상품 운반용 차량 감가상각비 ④ 공장 건물 처분 손실

14 다음 중 영업외비용에 대하여 말한 내용은?

> A : 오늘은 사무실 전기료 납부 마지막일이네!
> B : 오늘 은행에 이자를 갚는 날인데!
> C : 오늘은 종업원들에게 월급을 지급하는 날이구나!
> D : 과장님 시내출장을 가시는데 여비를 드려야겠네!

① A ② B ③ C ④ D

15 다음 중 영업외비용과 판매비와관리비로 짝 지어진 것은?

① 개발비 : 재해손실 ② 기부금 : 수도광열비

③ 임대료 : 이자비용 ④ 대손상각비 : 감가상각비

CLASS 전산회계2급
실 기 편

실기편

CHAPTER 01 전산회계프로그램의 시작
CHAPTER 02 기초정보관리
CHAPTER 03 거래자료의 입력
CHAPTER 04 결산 및 재무제표작성
CHAPTER 05 입력자료조회
CHAPTER 06 기출문제

CLASS 전산회계 2급
실 기 편

PART 1

실 기 편

전산세무회계
프로그램 시작

www.nanumclass.com

CLASS 전산회계2급

CLASS 전산회계2급
실 기 편

01 전산세무회계 프로그램 시작

◆ 사용프로그램 : 한국세무사회 KcLep(케이 렙) 프로그램

KcLep(케이 렙) 프로그램 설치하기

KcLep(케이 렙) 프로그램은 한국세무사회 자격시험 홈페이지(http://license.kacpta.or.kr)에서 다운로드하여 설치합니다.

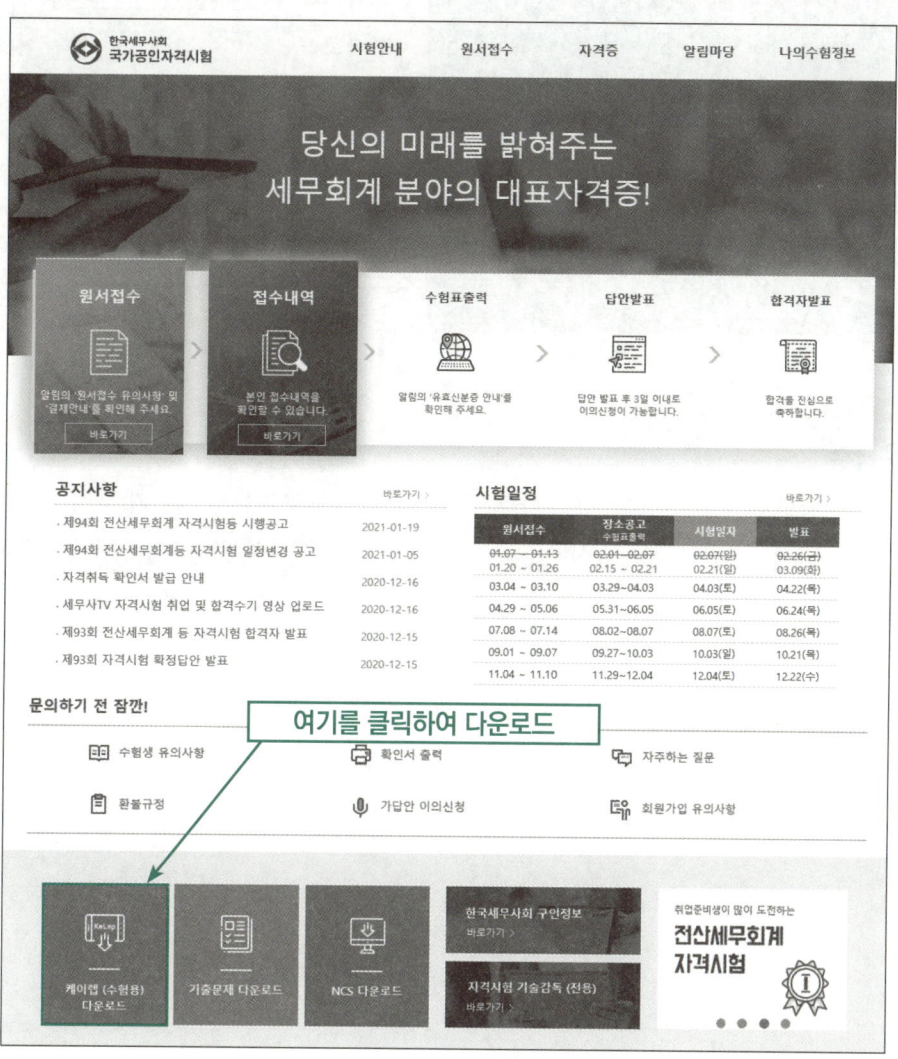

01. 프로그램 실행하기

전산세무회계 교육용 프로그램 (KcLep)를 설치하면 바탕화면에 다음과 같은 아이콘이 나타난다. 이를 더블클릭하면 아래와 같이 시작화면이 나타난다.

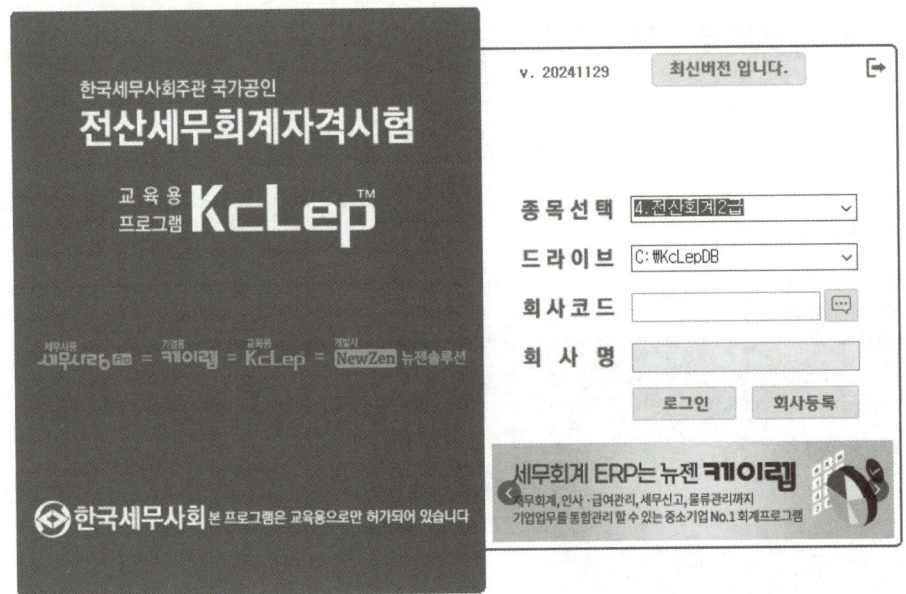

1. 사용급수

전산세무회계 프로그램은 사용급수에 따라 실행메뉴의 내용과 기능의 차이가 있기 때문에 수험목적에 따라 사용급수를 선택하여야 한다. 따라서 사용급수 중 "전산회계2급"을 선택하여야 한다.

2. 회사등록

우측의 회사등록 메뉴를 클릭하면 회사등록을 할 수 있는 화면이 실행되며 본 화면에 입력하고자 하는 회사의 내용을 등록한다. Part 1에서는 메인화면에 들어가기 위한 목적이므로 임의의 회사를 간단하게 입력하는 방법만 제시하고 회사등록에 대한 자세한 내용은 Part 2 기초정보관리에서 설명하고자 한다.

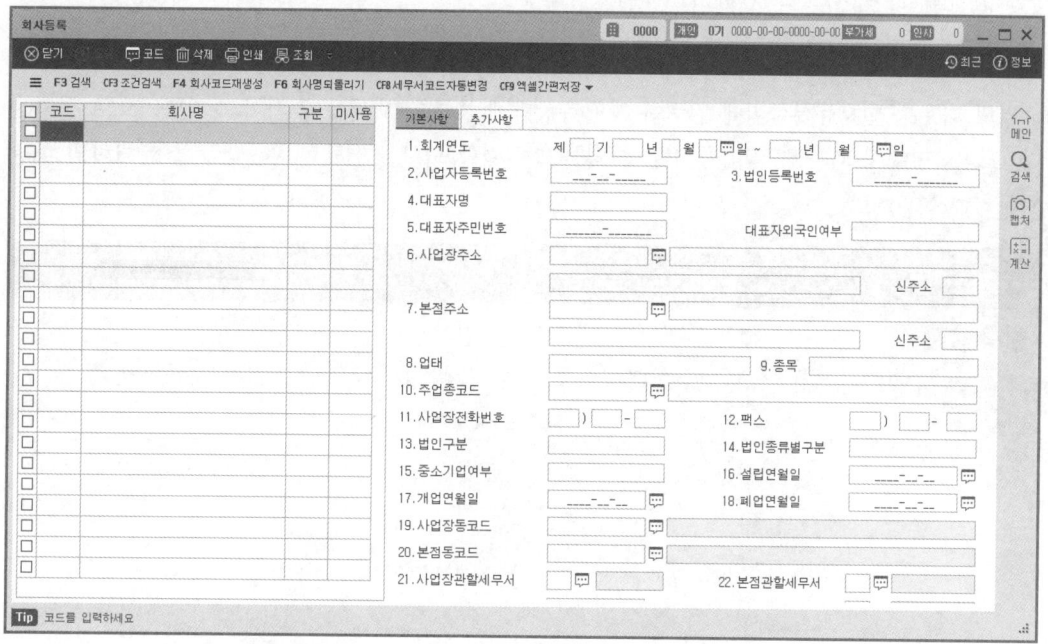

[입력사항]

① 코 드: "0101~9999"번호 중 사용자가 원하는 숫자 4자리를 입력한다.

② 회사명: 한글 10자, 영문 20자 이내로 입력한다.

③ 구 분: 법인인 경우 "1"(자동으로 선택 됨), 개인인 경우 "2"을 선택한다.

④ 회계연도: 사업자 신고가 된 당해 연도부터 계산하여 입력한다. 사업자 신고가 된 해에 프로그램을 설치하였다면 1기가 될 것이고, 중간에 설치를 한 경우에는 기수를 계산하여 입력 한다.

실습예제

① 코 드: "0102"을 입력한다.
② 회사명: "대한상사"을 입력한다.
③ 구 분: 개인을 선택한다.
④ 회계연도: 기수: 5기, 회계연도: 2025. 01. 01~2025. 12. 31(자동입력)을 입력한다.

위의 내용을 회사등록화면에 입력하고 좌측상단에 Esc 종료 버튼을 눌러서 초기화면으로 돌아온다. 초기화면에서 회사코드의 [풍선]을 클릭하고 작업할 회사를 선택한 후 [확인]을 클릭하면 해당 프로그램이 실행된다.

02. 전체메뉴화면소개

전산회계2급 수험용 KcLep 프로그램은 [회계관리]메뉴로 구성되어있으며, 회계관리메뉴는 [전표입력], [기초정보등록], [장부관리], [결산및재무제표], [전기분재무제표], [자금관리], [데이타관리]로 구성되어있다.

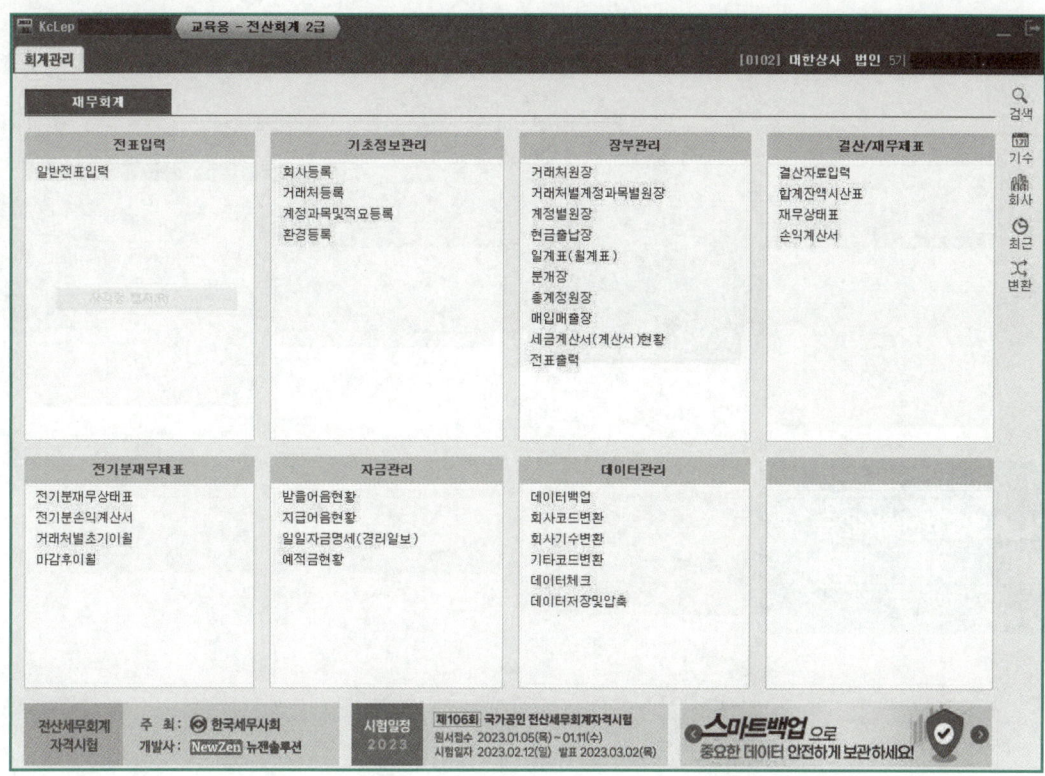

메인메뉴	서브메뉴
전표입력	일반전표입력
기초정보등록	회사등록, 거래처등록, 계정과목및적요등록, 환경등록
장부관리	거래처원장, 거래처별계정과목별원장, 계정별원장, 현금출납장, 일계표(월계표), 분개장, 총계정원장, 매입매출장, 세금계산서(계산서)현황, 전표출력
결산및재무제표	결산자료입력, 합계잔액시산표, 재무상태표, 손익계산서
전기분재무제표	전기분재무상태표, 전기분손익계산서 거래처별초기이월, 마감후이월
자금관리	받을어음현황, 지급어음현황, 일일자금명세(경리일보), 예적금현황
데이터관리	데이터백업, 회사코드변환, 회사기수변환, 기타코드변환, 데이터체크, 데이터저장및압축

CLASS 전산회계2급
실 기 편

PART 2

실 기 편

기초정보관리

CHAPTER 01 _ 회사등록
CHAPTER 02 _ 거래처등록
CHAPTER 03 _ 계정과목 및 적요등록
CHAPTER 04 _ 환경등록
CHAPTER 05 _ 초기이월작업

www.nanumclass.com   CLASS 전산회계2급

CLASS 전산회계2급
실 기 편

01 회사등록

회사등록은 회계처리를 하고자하는 회사를 등록하는 메뉴로서 회사와 관련된 기본적인 내용 등을 입력하는 곳이다. 회사등록은 등록하여야 할 회사의 사업자등록증을 기초로 작성하여야 하며 회사등록 메뉴에 입력한대로 각종 신고서에 기본내용이 반영되기 때문에 정확하게 입력하여야 한다. 회사등록사항을 살펴보면 다음과 같다.

[회사등록화면]

1. 회사코드

등록할 회사의 코드를 부여하며, 회사코드는 0101부터 9999까지 사용이 가능하다.

2. 회사명

사업자등록증에 기재된 상호명을 입력한다.

3. 구 분

사업자등록증상 법인과 개인의 구분을 의미한다. 법인사업자의 경우에는 "1", 개인사업자의 경우에는 "2"를 선택한다. 별도의 숫자를 입력하지 않으면 법인사업자("1")로 자동부여 된다.

4. 회계연도

당해 연도의 사업연도를 의미하며 개업일로부터 당해 연도까지의 사업연도에 대한 기수를 선택하고 회계기간을 입력한다. 여기서 기수란 기업이 사업을 개시한 후 몇 번째 회계연도인지를 나타내는 것으로 회사의 나이라고 할 수 있다.

5. 사업자등록번호

사업자등록증상의 사업자등록번호를 입력한다. 사업자등록번호 중 앞의 세 자리는 세무서코드, 가운데 두 자리는 개인과 법인의 구분번호, 마지막 여섯 자리는 일련번호와 검증번호이다. 사업자등록번호를 잘못 입력할 경우 적색으로 표시된다. 따라서 적색으로 표시되는 경우에는 사업자등록번호를 다시 확인하여 정확하게 입력하여야 한다.

6. 과세유형

1.일반과세, 2.간이과세, 3.면세사업자 중 전산회계2급은 "1.일반과세"를 선택한다.

7. 대표자명, 대표자거주구분

사업자등록증상의 대표자 성명과 대표자 주민번호를 입력한다. 대표자가 2인 이상일 때는 1인만을 입력하고 그 밖의 대표자는 "외 몇 명"으로 입력한다. 대표자거주구분은 1.거주자, 2.비거주자 중 선택하여 입력한다.

8. 사업장주소 및 자택주소

사업장주소와 자택주소는 F2 또는 ▭를 클릭하여 [우편번호검색]란에서[도로명주소 우편번호]란을 선택한 후 시도, 시군구, 도로명을 입력하여 해당 우편번호를 선택하면 주소가 자동으로 입력된다.

사업장주소의 두 번째 란에는 번지, 호수 등 부가적인 주소는 직접 입력하여야 한다.

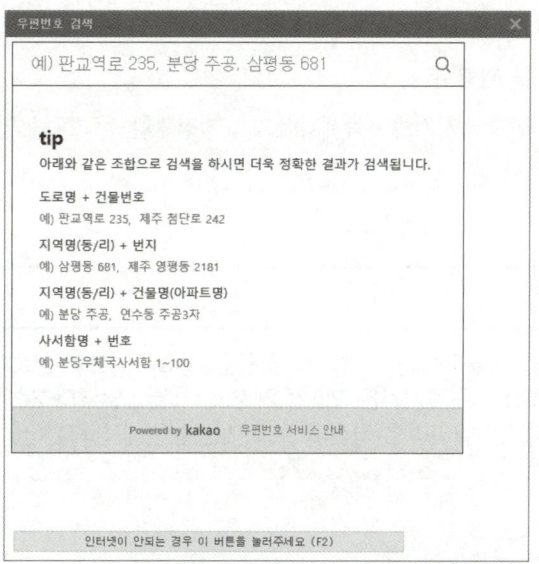

 인터넷이 연결되어 있지 않은 경우라면 화면 하단의 "인터넷이 안 되는 경우 이 버튼을 눌러주세요" 버튼을 클릭하여 구주소(지번)검색으로 주소를 입력한다. 검색란에 해당 동네명 2자리를 입력하면 검색이 된다. 신주소, 구주소를 구분하여 검색하면 검색이 더 편리하다.

9. 업태와 종목

사업자등록증상 업태와 종목을 입력한다. 업태란 사업의 형태를 말하는 것이고 종목은 업태에 따라 취급하는 주요 품목을 말하는 것이다.

구 분	내 용
업 태	제조업, 도소매업, 음식 · 숙박업, 건설업, 농업, 수산업 등
종 목	전자제품, 의류, 완구류, 문구류, 컴퓨터, 도서 등

10. 기 타

① 사업장 전화번호 및 자택전화번호 : 사업장의 전화번호와 대표자의 자택전화번호를 입력한다.

② 팩스(FAX) : 사업장의 팩스번호를 입력한다.

③ 법인구분 : 본 란에 커서 위치시 나타나는 선택번호 "1.내국,2.외국,3.외투" 중 해 당 번호를 입력한다.

④ 법인종류별구분 : 1.중소기업~9.장외주식-비상장(대) 중 해당번호를 입력한다.

⑤ 중소기업여부 : 사용자가 중소기업이면 "1", 중소기업에 해당하지 않으면 "0"을 입력한다.

⑥ 설립연월일 : 법인의 설립연도, 월, 일을 입력한다.

⑦ 사업장 관할세무서 및 주소지관할세무서 : F2코드도움, 마우스, 코드란에서 해당 세무서명을 입력하여 코드번호를 입력한다.

⑧ 지방소득세납세지 및 주소지지방소득세납세지 : 행정관할 동코드를 입력하며, 지방소득세납부 시 필요하며 정확하게 입력한다.

실습예제

다음은 정호상사의 사업자등록증이다. 사업자등록증을 참고하여 회사등록메뉴에 등록하시오. 회사코드는 [2500]으로 등록하고 회계기간은 제5기 2025년 1월 1일부터 2025년 12월 31일이다. 설립연월일은 2021년 03월 20일이며 주어진 자료 외에는 입력을 생략한다.

사 업 자 등 록 증

(일반과세자)

등록번호 104-04-11258

상 호 명 : 정호상사
대 표 자 명 : 손정호
개 업 연 월 일 : 2021. 3. 20.
사업장소재지 : 경기도 안산시 상록구 충장로 10 (본오동)
사업자의 종류 : 업태 도소매   종목 컴퓨터 및 주변장치
교 부 사 유 : 신규

사업자 단위 과세 적용사업자 여부 : 여( ) 부(√)
전자세금계산서 전용 전자우편 주소 :

2021년 3월 20일

안산세무서장

 국세청

따라하기

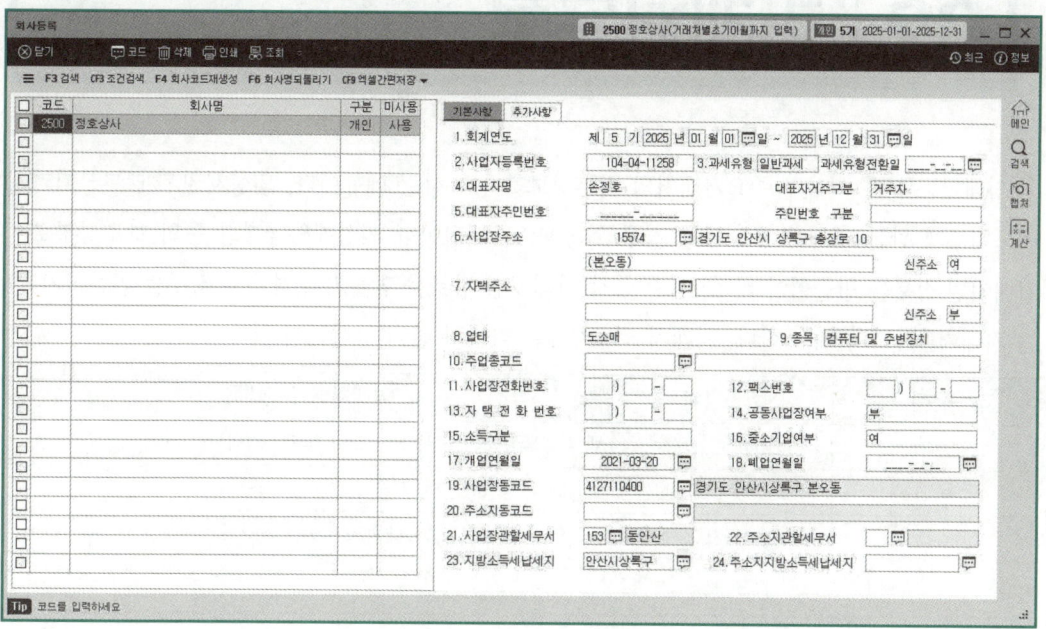

① 전체메뉴화면에서 [기초정보등록]메뉴 중 아래쪽에 "회사등록"을 클릭한다.

② [코드]란에 "2500"을 입력하고, 회사명에는 "정호상사"를 입력한 후 구분란에서 "2"개인을 선택한다.

③ 1. 회계연도 : 2021년도 개업이므로 제5기 2025년 1월 1일~2025년 12월 31일까지를 입력한다.

④ 2. [사업자등록번호] : 104-04-11258으로 입력한다.

⑤ 3. [과세유형] : 일반과세로 입력한다.

⑥ 4. [대표자명] : 손정호을 입력한다.

⑦ 6. [사업장주소] : 경기도 안산시 상록구 충장로 10을 입력한다.

⑧ 8. [업태] : 도소매를 입력한다. 9. [종목] : 컴퓨터 및 주변장치를 입력한다.

⑨ 17. [개업년월일] : 2021년 3월 20일을 입력한다.

⑩ 21. [사업장관할세무], 19.[사업장동코드], 23.[지방소득세잡세지]가 사업장주소 입력시 자동입력된다.

> **tips**
> 회사등록 후 계속 등록하고자 하는 회사로 회사변경을 한 후 입력을 하여야 한다. 지금부터는 정호상사로 입력을 하여야 하기 때문에 메인화면우측에 있는 회사 버튼은 클릭하여 [2500번] 정호상사를 선택하여 입력을 하여야 한다.

PART2 _ 기초정보관리

02 거래처등록

[거래처등록]은 회사의 주요거래처의 기본정보를 등록하는 메뉴이다. 외상채권·채무나 기타채권·채무에 관한 거래가 발생했을 경우 외상매출금계정이나 외상매입금계정 등의 보조장부로서 거래처별 장부를 만들어야 하며, 이렇게 각 거래처별 장부를 만들기 위해서는 장부를 만들고자 하는 거래처를 등록하여야 한다. 거래처 코드체계는 다음과 같이 구성되어 있다.

구 분	코드범위	거래처별 구분내용
일반거래처	00101 – 97999	채권·채무관리, 일반경비거래처, 부가가치세신고
금 융 기 관	98000 – 99599	보통예금, 당좌예금 등 자금과 관련된 거래처
신 용 카 드	99600 – 99999	기업의 매입카드와 카드매출과 관련된 거래처

01.. 일반거래처

부가가치세신고대상거래는 반드시 거래처등록을 해야 하며, 기타 채권·채무관리를 위한 거래처를 등록한다.

[거래처등록화면]

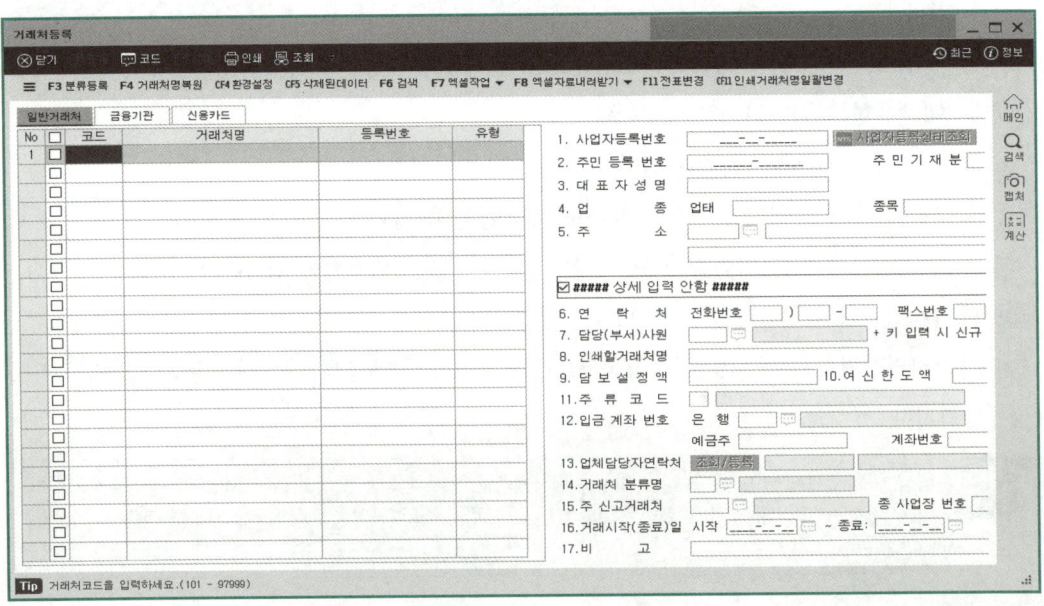

1. 코 드

"00101~97999"의 범위 내에서 코드번호를 임의로 선택하여 입력한다. 거래처명을 입력한 후 Enter↵ 키를 누르면 거래처코드가 자동으로 부여된다. 코드범위를 벗어난 숫자를 입력하면 입력되지 않는다.

2. 거래처명

거래처의 사업자등록증상 상호명을 입력한다.(한글은 15자, 영문은 30자 이내로 입력한다.)

3. 유 형

유형은 "1.매출, 2.매입, 3.동시"이며, 동시는 매출과 매입 동시에 해당될 때 선택합니다. 선택 없이 엔터로 지나가면 "3.동시"가 선택됩니다.

4. 일반거래처 등록사항

1. 사업자등록번호	거래처의 사업자등록번호를 입력한다.
2. 주민 등록 번호	주민기재분 세금계산서를 발행시 주민등록번호를 입력한다. 상대 거래처가 기업체가 아닌 일반인의 경우, 세금계산서 합계표상 주민등록 기재분으로 표시하여야 하므로 주민기재분란에 "1 주민기재분"을 선택한다.
3. 대 표 자 성 명	거래처의 대표자성명을 입력한다.
4. 업 태	거래처의 사업자등록증상의 업태를 입력한다.
5. 종 목	거래처의 사업자등록증상의 종목을 입력한다.
6. 우 편 번 호	해당란에 커서 위치시 코드조회창 또는 "F2" 키를 이용하여 입력한다.
7. 사 업 장 주 소	거래처의 사업장 소재지를 입력한다.
8. 연 락 처	거래처의 전화번호와 팩스번호를 입력한다.
9. 담당사원(당사)	거래처에 대한 당사의 담당사원을 입력한다.
10. 인쇄할거래처명	거래처명에 입력된 거래처명과 다르게 증빙에 인쇄하고자 하는 경우에는 거래처명을 수정 입력한다.
11. 담보설정액	설정된 담보액을 입력한다.
12. 여신한도액	거래처의 여신한도 설정액을 입력한다
13. 주류코드	주류업체에 해당되면, 해당코드를 입력한다
14. 입금계좌번호	거래처로부터 거래대금의 수취계좌 등을 입력한다
15. 업체담당자 연락처	전자세금계산서 수령할 거래처의 담당사원의 이메일, 전화번호, 메신저아이디 등을 입력한다. 사용으로 체크된 사원에게 전자세금계산서가 발행된다.
16. 거래처분류명	거래처를 분류하고자 하는 몇 개 부류로 나누고, 분류등록에서 각각 등록시킨 후 거래처분류명에서 등록한 코드를 선택한다. 이 곳에서 입력된 분류명은 거래처 원장에서 조회시 분류명으로 조회할 수 있다.
17. 거래시작(종료)일	해당 거래처와 거래가 시작(종료)된 년, 월, 일을 입력한다
18. 사용여부	사용여부에서 "0.부" 선택시 거래처 코드도움 등에서 조회되지 않는다.

* 상세입력안함을 체크하면 하단 입력사항으로 커서가 이동하지 않고 바로 다음 거래처코드로 이동한다.

02..금융기관

당해 회사가 거래하고 있는 금융기관의 사항을 입력한다.

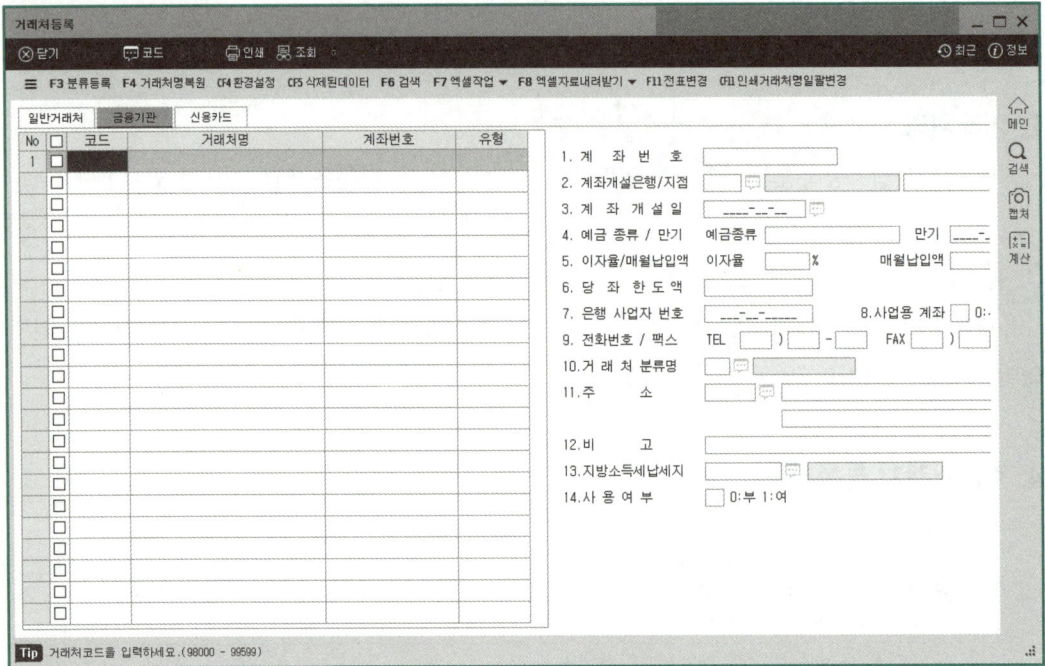

1. 코 드

코드는 "98000~99599" 범위 내에서 선택한다. 코드를 일련번호순으로 부여하고자 하는 경우에는 금융기관 코드에서 일련번호 숫자를 넣으면 자동으로 완성되어 진다. 예를 들어 98001로 부여하고자 하면, "1"을 입력하면 98001로 완성되어 진다.

2. 거래처명

보통예금, 당좌예금 등의 해당계좌 금융기관명을 입력한다.

3. 계좌번호

우측에서 입력한 계좌번호가 자동표기 된다.

4. 유 형

예금의 종류를 말하며, "1.보통예금, 2.당좌예금, 3.정기적금, 4.정기예금" 중 선택하여 입력한다.

5. 금융기관 등록사항

1. 계좌번호	통장 계좌번호를 입력한다.
2. 계좌개설은행/지점	계좌개설은행 및 지점을 코드도움으로 조회하여 입력한다.
3. 계좌개설일	계좌개설일을 입력한다.
4. 예금종류/만기	예금이 자유로운 입출금방식인지에 따라 자유저축예금 등으로 표기한다. 적금인 경우에는 만기를 표기한다.
5. 이자율/매월납입액	이자율 및 적금인 경우에는 매월납입액을 기입한다.
6. 당좌한도액	예금의 종류가 "2.당좌예금"일 때 은행과 약정한 당좌차월 한도 금액을 입력한다.
7. 은행사업자번호	거래은행의 사업자등록번호를 필요한 경우 입력한다
8. 사업용계좌	당해 통장이 국세청에 신고한 사업용계좌에 해당하는 경우에는 "1.여"로 한다.
9. 전화번호/팩스	거래은행의 전화번호와 팩스번호를 필요시 입력한다.
10. 거래처분류명	은행을 당해회사가 분류한 그룹으로 분류할 때 사용한다.
11. 우편번호	우편번호를 조회하여 입력한다.
12. 금융기관주소	거래은행의 주소를 조회하여 입력한다.
13. 사용여부	현재 거래중인 거래은행인 경우에는 "1.여", 거래하지 않는 경우에는 "0.부"로 설정한다.

03. 신용카드

당해 회사에서 신용카드사에 가맹되어 있는 경우 가맹점으로 등록된 사항을 입력한다.

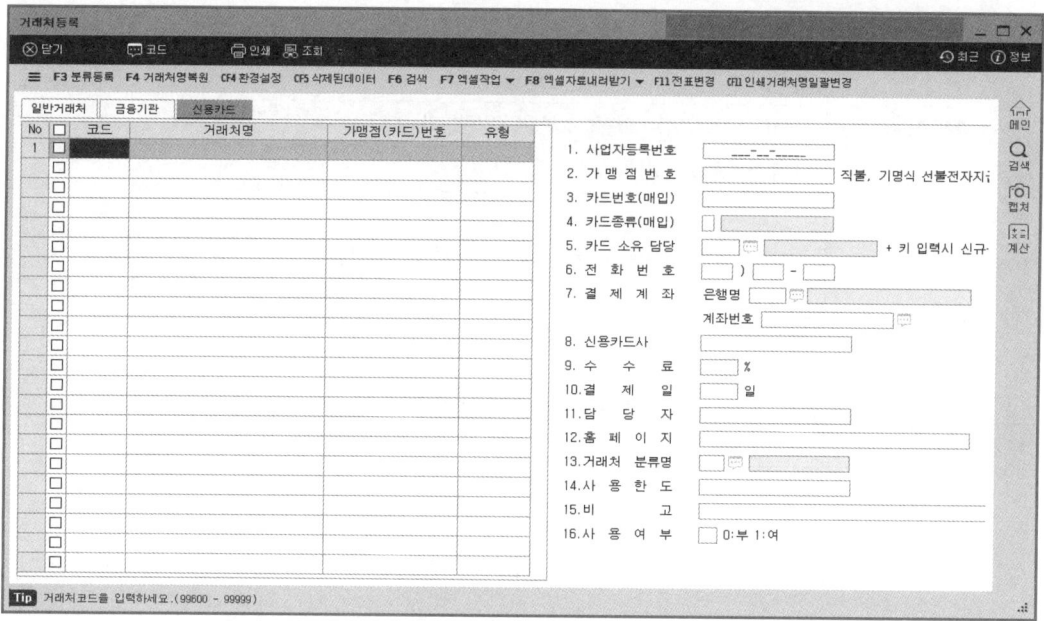

1. 코 드

등록할 회사의 코드를 "99600~99999"의 범위내에서 임으로 정하여 입력한다.

2. 거래처명

등록할 신용카드사를 입력한다.

3. 가맹점(카드)번호

우측에서 입력한 가맹점번호, 카드번호가 자동표기 된다. 사용자가 신용카드 가맹점인 경우, 즉 매출인 경우 신용카드 가맹점번호를 입력한다. 매입인 경우에는 신용카드번호를 입력한다.

4. 유 형

유형은 매출인 경우에는 "1.매출", 매입인 경우에는 "2.매입"을 선택한다.

5. 신용카드 등록사항

1.사업자등록번호	신용카드 거래처의 사업자등록번호를 입력한다.
2.가맹점번호	가맹점번호를 입력한다.(매출인 경우)
3.카드번호(매입)	카드번호를 입력한다.(매입인 경우)
4.카드종류(매입)	"1.일반카드, 2.복지카드, 3.사업용카드" 중 하나를 선택하여 입력한다. 이 구분입력은 신용카드매출전표등수취금액합계표에 반영된다.
5.전화번호	해당카드사의 전화번호를 입력합니다.
6.결제계좌	해당카드의 결제계좌와 계좌번호를 입력한다.
7.신용카드사코드	해당카드사의 부여된 코드를 조회하여 입력한다.
8.수수료	카드수수료율을 입력한다.
9.결제일	해당카드의 결제일을 입력한다.
10.담당자	신용카드사의 담당자를 입력한다.
11.홈페이지	신용카드사의 홈페이지를 입력한다.
12.거래처분류명	당해회사 기준에 의해 분류한 분류명을 카드사별로 입력한다.
13.사용한도	신용카드회사에서 부여한 사용한도액을 입력한다.
14.사용여부	사용여부를 입력한다.

실습예제

정호상사의 거래처는 다음과 같다. 거래처를 등록하시오. 단, 주어진 자료 외에는 입력을 생략한다.

코드	유형	상호명	대표자명	사업자등록번호	업태	종목	주소 또는 우편번호
201	동시	부산상사	송상현	128-81-42248	도소매	전자제품	서울 중구 남대문로 112
202	동시	대한백화점	배칠수	101-81-74857	도소매	전자제품	서울 금천구 가산로 113
203	동시	서울상사	김정호	220-81-26452	서비스·도매	전자제품	서울 강남구 역삼로1길 8
204	동시	고려전자(주)	이고려	124-29-74624	제조	전자제품	부산광역시 사상구 모덕로 100
205	동시	대한전자	김대한	108-81-59726	제조	전자제품	광주광역시 광산구 산월로 25
206	동시	안산유통	이몽룡	107-81-27084	도소매	잡화	경기 안산 단원구 감나무길 45
207	동시	현대상회	성춘향	101-81-39258	제조·도매	컴퓨터	충청북도 단양군 매포읍 도곡1길 13
98001	-	농협은행	계좌번호 : 123-5135-123456, 유형 : 보통예금			
99601	매출	신한카드	가맹점번호 : 84585286			
99701	매입	국민카드	카드번호 : 5272-8954-3391-7146, 카드구분 : 사업용카드			

따라하기

1. 입력방법

① 거래처등록에서 거래처코드와 거래처명을 입력하고 ➡ 키나 ↵ 키를 누르면 일반거래처 등록사항으로 이동한다.

② 여기서 거래처의 등록사항을 입력하고 [Enter↵] 키를 치면, 다시 화면의 왼쪽으로 이동한다.

③ [거래처등록] 메뉴를 클릭하게 되면 일반거래처화면이 나타나므로 일반거래처인 경우에는 거래처등록 사항을 입력하면 된다. 그러나 금융기관이나 신용카드회사인 경우에는 금융기관 또는 신용카드메뉴를 클릭한 후 입력하여야 한다.

2. 입력된 화면

① 부산상사(201)

No	코드	거래처명	등록번호	유형
1	00201	부산상사	128-81-42248	동시

1. 사업자등록번호: 128-81-42248
2. 주민 등록 번호: 　-　　　 주민 기 재 분 부 0:부 1:여
3. 대 표 자 성 명: 송상현
4. 업　　　종: 업태 도소매　　종목 전자제품
5. 주　　　소: 04540 서울특별시 중구 남대문로 112 (남대문로1가)

② 대한백화점(202)

No	코드	거래처명	등록번호	유형
1	00201	부산상사	128-81-42248	동시
2	00202	대한백화점	101-81-74857	동시

1. 사업자등록번호: 101-81-74857
2. 주민 등록 번호: 　-　　　 주민 기 재 분 부 0:부 1:여
3. 대 표 자 성 명: 배칠수
4. 업　　　종: 업태 도소매　　종목 전자제품
5. 주　　　소: 08520 서울특별시 금천구 가산로 113 (가산동)

③ 서울상사(203)

No	코드	거래처명	등록번호	유형
1	00201	부산상사	128-81-42248	동시
2	00202	대한백화점	101-81-74857	동시
3	00203	서울상사	220-81-26452	동시

1. 사업자등록번호: 220-81-26452
2. 주민 등록 번호: 　-　　　 주민 기 재 분 부 0:부 1:여
3. 대 표 자 성 명: 김정호
4. 업　　　종: 업태 서비스,도매　　종목 전자제품
5. 주　　　소: 06242 서울특별시 강남구 역삼로1길 8 (역삼동, 평익빌딩)

④ 고려전자(주)(204)

No	코드	거래처명	등록번호	유형
1	00201	부산상사	128-81-42248	동시
2	00202	대한백화점	101-81-74857	동시
3	00203	서울상사	220-81-26452	동시
4	00204	고려전자(주)	124-29-74624	동시

1. 사업자등록번호: 124-29-74624
2. 주민 등록 번호: 　-　　　 주민 기 재 분 부 0:부 1:여
3. 대 표 자 성 명: 이고려
4. 업　　　종: 업태 제조　　종목 전자제품
5. 주　　　소: 46944 부산광역시 사상구 모덕로 100 (덕포동)

⑤ 대한전자(205)

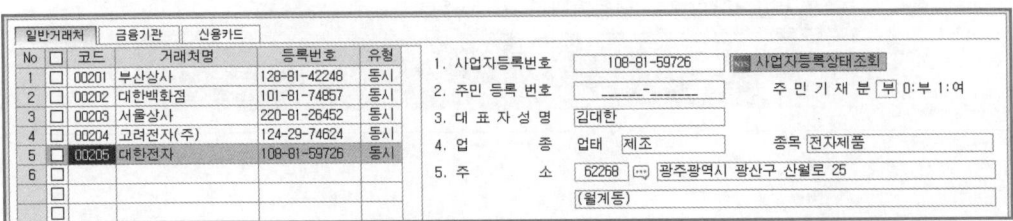

⑥ 안산유통(206)

⑦ 현대상회(207)

⑧ 농협은행(98001)

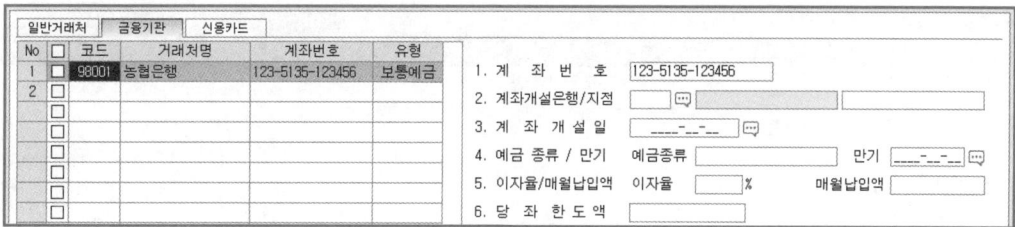

⑨ 신한카드(99601)

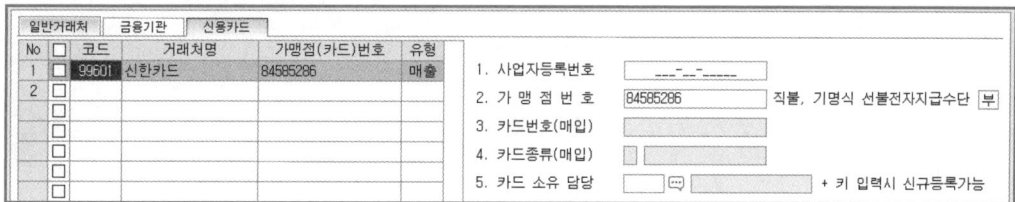

⑩ 국민카드(99701)

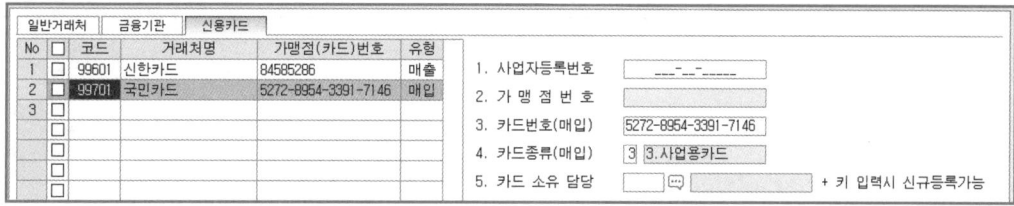

03 계정과목 및 적요등록

　[계정과목 및 적요등록]은 전표를 입력하기 위한 계정과목을 101부터 999번까지 코드를 이용하여 등록되어 있는 메뉴이다. 따라서 본 메뉴는 회사에서 사용할 계정과목을 설정하고 또한, 입력의 편의와 능률 향상을 위하여 거래자료 입력 시 빈번히 사용되는 적요를 미리 등록하는 것이 바람직하다. 일반적으로 사용되는 계정과목과 적요가 이미 등록되어 있는 상태이므로 기업이 수행하는 경영활동의 성격, 기업의 규모에 따라 필요한 계정과목과 적요를 추가로 등록하거나 수정하여 사용하면 된다.

　전체메뉴화면에서 [기초정보등록] → [계정과목및적요등록]을 선택하면 다음의 화면이 나타난다.

[계정과목및적요등록화면]

01. 적색계정과목

적색계정과목은 과목의 특수성 때문에 수정할 수 없게 되어 있다. 부득이하게 수정할 경우에는 Ctrl+F2를 누른 후 수정할 계정과목의 명칭을 입력한다.

02. 흑색계정과목

커서를 계정코드(명)에 위치한 다음 변경할 계정과목으로 수정하여 입력한다.

03. 사용자설정계정과목

계정과목을 새로 만들어서 사용할 경우는 코드체계에 유념하여 코드 범위내의 사용자설정계정과목으로 커서를 위치한 다음 변경할 계정과목으로 수정하여 입력한다.

예를 들어 당좌자산에 해당되는 계정과목을 수정하고 싶으면 반드시 계정과목코드체계 범위 101-145번 코드범위 내에서 계정과목을 등록하여야 하며, 유동부채에 해당되는 계정과목을 등록하고 싶으면 251-290번 코드범위 내에서 등록 하여야 한다. 이처럼 모든 계정과목들은 계정코드체계를 이용하여 그 코드범위 내에서 수정 또는 계정과목을 등록하여야 됨을 유념하여야 한다.

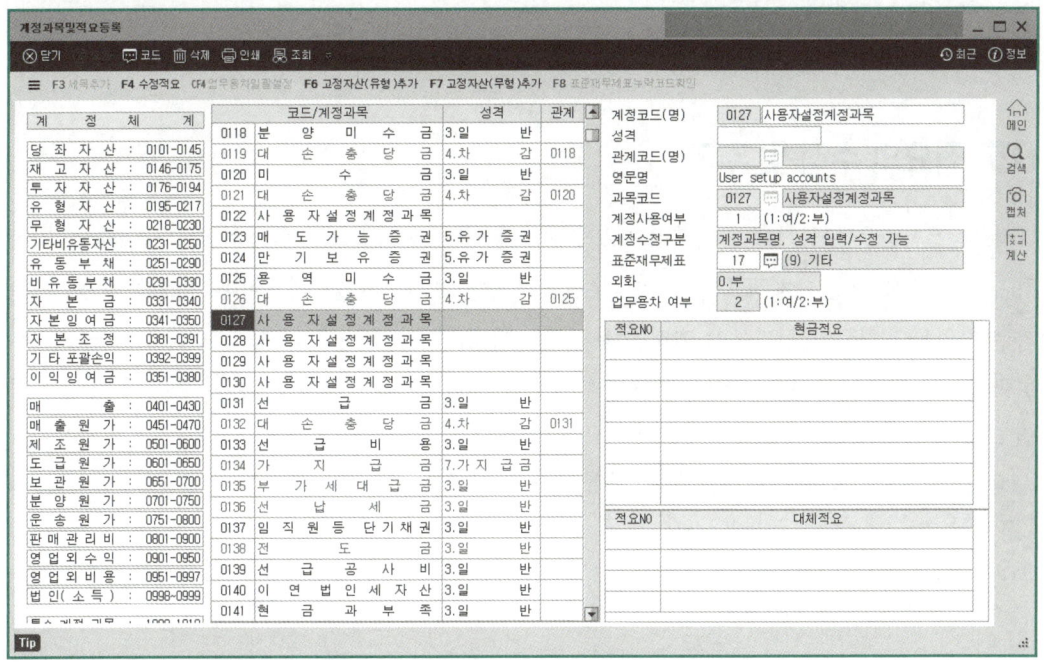

04..성격

계정과목의 성격은 해당 계정과목의 특성을 나타내는 것으로 본 프로그램에서는 이미 정확하게 입력되어있다. 그러나 회사계정과목을 수정 및 추가 하는 경우에는 해당 계정과목의 특성에 적합한 것을 선택하여 입력하여야 한다.

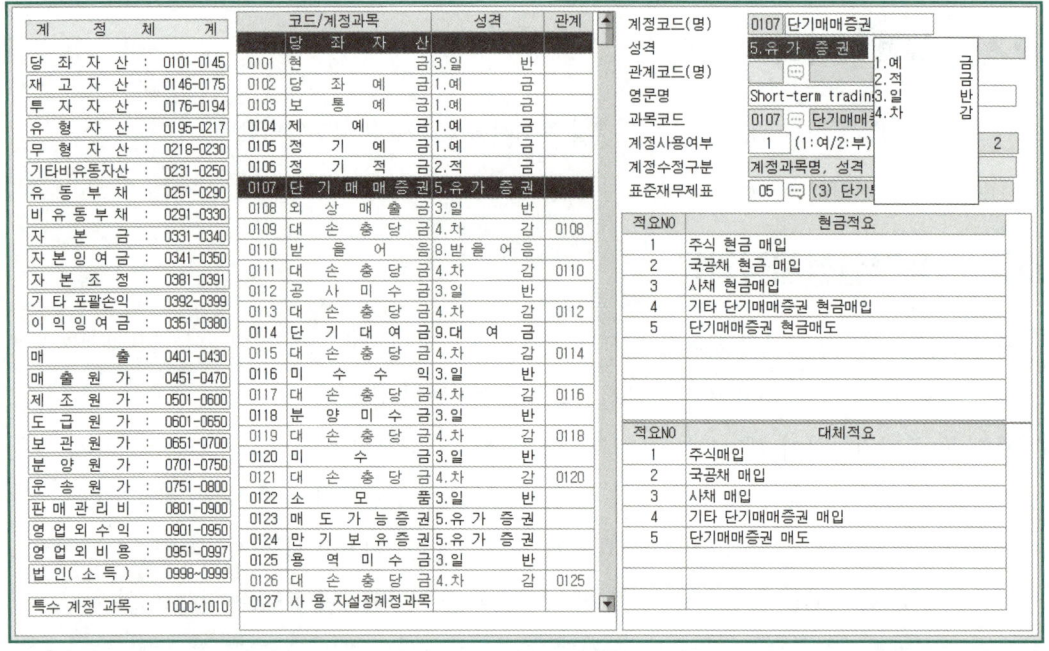

05..적요의 수정 및 추가

적요등록사항은 현금적요와 대체적요로 구분되어 있다. 현금적요는 현금의 입금과 출금을 기록하기 위한 적요이다. 대체적요는 현금이 수반되지 않는 거래에 대한 적요이다. 적요의 수정 및 추가는 작업을 원하는 계정과목에 커서를 두고 "⇥(Tap)"키를 눌러 "적요등록사항"으로 이동한 후 현금적요와 대체적요 중 거래내용에 적합한 적요의 적요코드를 선택하여 수정 및 추가 작업을 하면 된다.

실습예제

계정과목 및 적요등록메뉴에서 다음 자료를 수정 또는 추가 등록하시오.
 [1] 판매관리비코드범위내에 "체력단련비(코드 : 852)"계정을 등록하시오.(성격 : 3.경비)
 [2] "138.전도금"계정을 "소액현금"계정으로 수정하시오.
 [3] 판매비와관리비의 [830.소모품비]계정의 현금적요란에 "4.장기사용소모자재구입비지급"을 등록하시오.

따라하기

[1] 신규계정과목등록

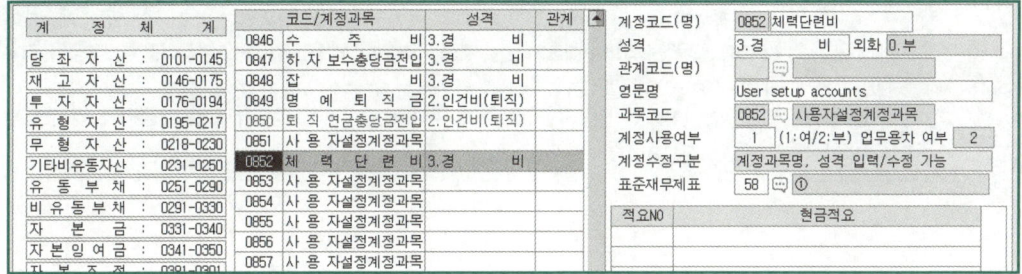

[계정과목 및 적요등록]화면에서 임의의 코드란에서 852입력하면 커서가 852번으로 이동한다. 이동시에는 방향키나 엔터키를 사용한다. "계정코드(명)"에 체력단련비로 입력 하고 "성격"에는 "3. 경비"를 선택한다. 다음은 계정과목과 적요가 입력된 화면이다.

[2] 적색계정과목수정

[계정과목 및 적요등록]화면에서 임의의 코드란에서 138입력하면 커서가 [138.전도금]계정으로 이동한다. 계정과목이 적색계정이므로 [Ctrl]+[F2]를 누른 후 계정코드(명)란에서 "소액현금"으로 수정한다. 다음은 계정과목을 수정한 화면이다.

[3] 적요입력

[계정과목 및 적요등록]화면에서 임의의 코드란에서 830입력하면 커서가 [830.소모품비]계정으로 이동한다. 4.현금적요란에 "장기사용소모자재구입비 지급"을 입력한다. 다음은 적요를 입력한 화면이다.

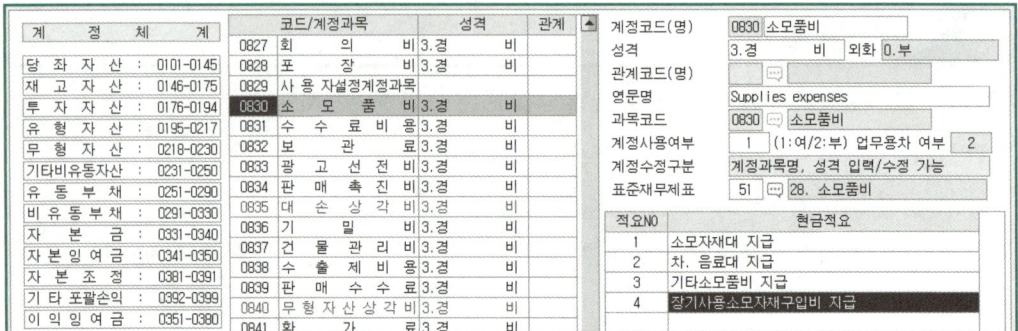

 계정과목찾는방법

① 계정코드번호를 알고 있는 경우 : 코드란에 코드번호를 입력하면 찾고자하는 계정을 쉽게 찾을 수 있다.
② 계정과목이 어느 계정체계에 속하는지 알고 있는 경우 : [계정과목및적요등록화면] 좌측에 있는 계정체계에서 해당하는 계정그룹을 클릭하여 찾고자하는 계정을 찾는다. 예를 들어 광고선전비를 찾고 싶을 경우 판매관리비 : 0801-0900 클릭한 후에 원하는 계정을 찾을 수 있다.
③ 계정이름만 알고 있는 경우 : Ctrl+F를 누르고 나타나는 화면에 찾고자 하는 계정명을 입력한 후 Enter↵ 키를 치면 원하는 계정을 찾을 수 있다.

CHAPTER 04 환경등록

환경등록은 시스템환경을 설정하기 위해 설정하는 메뉴이다. 시스템환경설정은 시스템전반에 걸쳐 영향을 미치기 때문에 초기 설정 값을 신중하게 고려하여 결정하고 입력하여야 한다.

[환경등록화면]

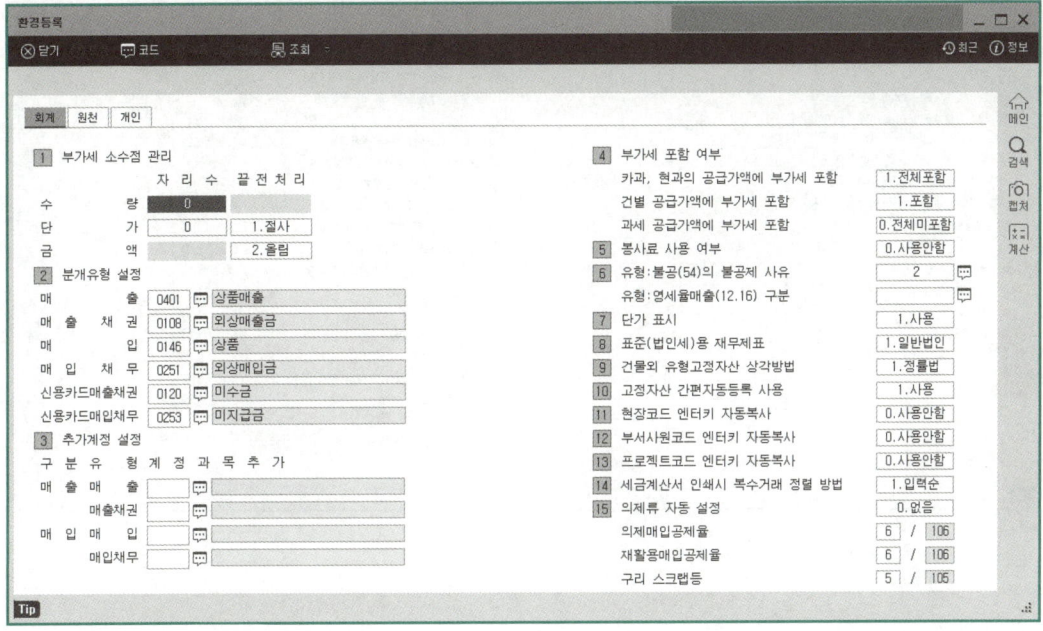

실습예제

[10]고정자산 간편자동등록 사용여부를 [1.사용]에서 [0.사용안함]으로 변경하시오.

따라하기

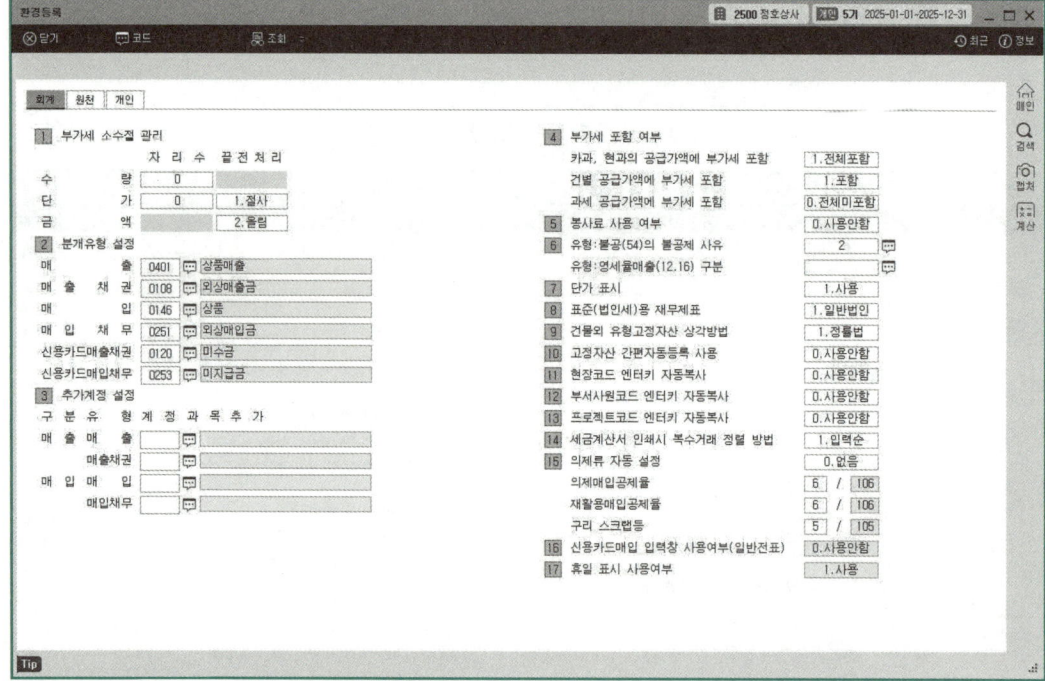

05 초기이월작업

기초정보관리 작업은 본 프로그램을 이용하여 특정회사에 대한 전산회계처리를 처음으로 수행하는 경우에 필요하다. 계속하여 본 프로그램을 사용하는 기업들은 마감 후 이월메뉴를 이용하여 차기로 회계자료를 이월시키면 전기분 자료가 자동 생성되므로 초기이월작업을 할 필요가 없다. 초기이월메뉴에는 전기분재무상태표, 전기분손익계산서, 거래처별 초기이월이 있다.

01.. 전기분재무상태표

전기분재무상태표에서의 초기이월 작업은 본 메뉴에서 전년도의 재무상태표자료를 입력하면 된다. 본 작업을 통해 각 계정별로 전기 잔액이 이월되고, 비교식 재무상태표의 전기분 자료가 제공되며, 전기분손익계산서의 기말재고액은 전기분재무상태표에서 재고자산을 입력하여야 자동으로 표시되며, 채권·채무 등 거래처관리가 필요한 과목의 금액은 [거래처별초기이월]메뉴에 입력할 수 있는 기초금액을 제공한다.

[전기분재무상태표화면]

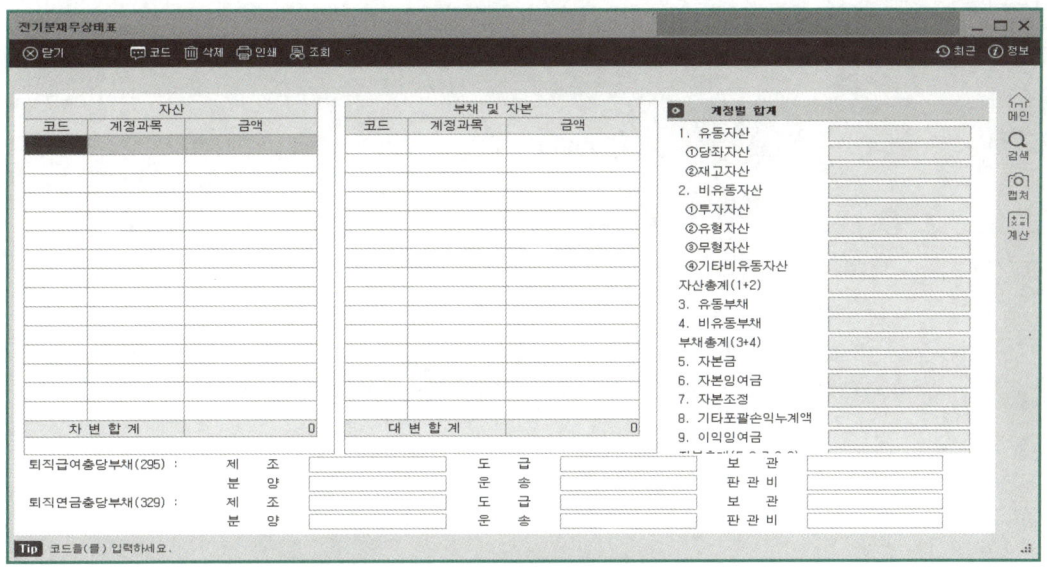

PART2 _ 기초정보관리

1. 코드 및 금액

계정과목 코드 3자리와 금액을 입력한다. 계정과목의 코드를 모르는 경우에는 다음과 같은 방법으로 입력한다.

① 툴바의 코드 키를 이용하여 조회되는 화면에서 해당 계정과목에 커서를 위치시키고 [Enter↵] 키를 누르거나 더블 클릭한다.

② 코드란에 커서를 위치시키고 입력하고자 하는 계정과목명의 앞 글자 2자를 입력하고 [Enter↵] 키를 누르면, 해당 글자가 포함되어 있는 계정과목명이 조회되므로 해당 계정과목에 커서를 위치시키고 [Enter↵] 키를 누르면 입력된다.

2. 자본금

개인자본금계정입력 시 자본금계정에 전기의 기초자본금과 대표자인출금, 당기순이익의 합계액을 입력한다.

3. 입력오류의 자동검색

각 계정과목과 금액을 입력하면 하단에 차변금액과 대변금액이 자동으로 집계되며, 차변금액과 대변금액이 일치하지 않는 경우에는 우측하단에 대차차액이표시 된다. 이는 입력이 잘못된 상태이므로 확인하여 정확히 입력하여야 한다.

대차차액금액이 음수(-)이면 차변금액이 부족한 경우이고, 양수(+)이면 대변금액이 부족한 경우이다.

실습예제

정호상사의 전기분재무상태표는 다음과 같다. [전기분재무상태표]메뉴에 입력하시오

재 무 상 태 표

정호상사   2024.12.31 현재   (단위:원)

과 목	금 액		과 목	금 액
자 산			부 채	
I. 유동자산		26,070,000	I. 유동부채	156,400,000
1. 당 좌 자 산		20,070,000	외 상 매 입 금	95,000,000
현 금		5,420,000	지 급 어 음	36,000,000
보 통 예 금		6,730,000	미 지 급 금	4,000,000
외 상 매 출 금	8,000,000		선 수 금	1,400,000
대 손 충 당 금	(80,000)	7,920,000	단 기 차 입 금	20,000,000
2. 재 고 자 산		6,000,000	II. 비유동부채	0
상 품		6,000,000	부 채 총 계	156,400,000
II. 비유동자산		191,100,000	자 본	
1. 투 자 자 산		0	I. 자 본 금	60,770,000
2. 유 형 자 산		191,100,000	자 본 금	60,770,000
토 지		15,000,000		
건 물	150,000,000			
감 가 상 각 누 계 액	(7,500,000)	142,500,000		
비 품	30,000,000			
감 가 상 각 누 계 액	(6,000,000)	24,000,000		
차 량 운 반 구	12,000,000			
감 가 상 각 누 계 액	(2,400,000)	9,600,000		
3. 무 형 자 산		0		
4.기타비유동자산		0		
자 산 총 계		217,170,000	부채와자본총계	217,170,000

따라하기

전체메뉴화면에서 [전기분재무제표] → [전기분재무상태표]를 클릭한다.

1. 계정과목 입력방법

입력방법은 코드란에 한글로 계정과목의 앞 두 글자를 입력한 후 해당계정을 선택하여 Enter↵ 키를 친다. 이때 계정별 합계액은 자동계산 되므로 구분항목은 별도로 입력하지 않는다.

2. 금액입력방법

금액을 입력할 때에는 컴마(,) 없이 숫자만 입력하는데, 키보드 우측에 있는 숫자키 중 '+' 키를 누르면 "0" 세개(000)가 자동생성 된다.

3. 차감계정 입력방법

대손충당금과 감가상각비 등은 자산의 차감계정 이므로 해당 자산의 차감표시 되어야 한다. 예를 들어 외상매출금의 대손충당금 계정은 외상매출금계정이 108번이기 때문에 이에 대한 대손충당금은 109번으로 입력 하여야 한다. 받을어음에 대한 대손충당금계정도 받을어음 계정이 110번이기 때문에 111번으로 입력하여야 한다.

0101	현금	5,420,000
0103	보통예금	6,730,000
0108	외상매출금	8,000,000
0109	대손충당금	80,000
0150	상품	6,000,000

감가상각누계액 또한 유형자산의 차감계정 이므로 해당 자산에 차감표시 되어야 한다. 예를 들어 건물이 202번이면 감가상각누계액은 다음 코드번호인 203번으로 입력한다.

0202	건물	150,000,000
0203	감가상각누계액	7,500,000
0206	비품	30,000,000
0207	감가상각누계액	6,000,000
0208	차량운반구	12,000,000
0209	감가상각누계액	2,400,000
0212	기계장치	5,000,000
0213	감가상각누계액	500,000

4. 입력할 계정과목과 금액

계정과목	코드번호	금액	계정과목	코드번호	금액
현　　　　금	101	5,420,000	외 상 매 입 금	251	95,000,000
보 　통 　예 　금	103	6,730,000	지 　급 　어 　음	252	36,000,000
외 상 매 출 금	108	8,000,000	미 　지 　급 　금	253	4,000,000
대 손 충 당 금	109	80,000	선 　　수 　　금	259	1,400,000
상　　　　품	146	6,000,000	단 기 차 입 금	260	20,000,000
토　　　　지	201	15,000,000	자 　본 　　금	331	60,770,000
건　　　　물	202	150,000,000			
감 가 상 각 누 계 액	203	7,500,000			
차 량 운 반 구	208	12,000,000			
감 가 상 각 누 계 액	209	2,400,000			
비　　　　품	212	30,000,000			
감 가 상 각 누 계 액	213	6,000,000			

6. 전기분재무상태표가 입력된 화면

02. 전기분 손익계산서

전기분손익계산서 작업은 재무회계 메인화면에서 "전기분재무제표"의 "전기분손익계산서" 메뉴를 클릭하여 실행된 화면에서 전년도의 손익계산서 자료를 입력하여 수행한다. 입력방식은 전기분재무상태표와 거의 유사하다.

🔍 실습예제

정호상사의 전기분손익계산서는 다음과 같다. [전기분손익계산서]메뉴에 입력하시오.

손 익 계 산 서

정호상사 제 4 기 2024.1.1 ~ 2024.12.31 (단위:원)

계 정 과 목	금 액	
Ⅰ. 매 출 액		230,000,000
상 품 매 출	230,000,000	
Ⅱ. 매 출 원 가		114,934,000
기 초 상 품 재 고 액	2,500,000	
당 기 상 품 매 입 액	118,434,000	
기 말 상 품 재 고 액	6,000,000	
Ⅲ. 매 출 총 이 익		115,066,000
Ⅳ. 판 매 비 와 관 리 비		93,500,000
급 여	34,500,000	
복 리 후 생 비	8,400,000	
여 비 교 통 비	3,250,000	
수 도 광 열 비	7,860,000	
통 신 비	1,370,000	
세 금 과 공 과 금	15,150,000	
감 가 상 각 비	8,000,000	
보 험 료	1,250,000	
차 량 유 지 비	1,640,000	
광 고 선 전 비	12,000,000	
대 손 상 각 비	80,000	
Ⅴ. 영 업 이 익		21,566,000
Ⅵ. 영 업 외 수 익		740,000
잡 이 익	740,000	
Ⅶ. 영 업 외 비 용		370,000
이 자 비 용	370,000	
Ⅷ. 소득세차감전순이익		21,936,000
Ⅸ. 소 득 세 등	300,000	
Ⅹ. 당 기 순 이 익		21,636,000

따라하기

메인화면에서 [전기재무제표] → [전기분손익계산서]를 클릭한다.

1. 매출원가입력 방법

매출원가를 입력할 때에 보조화면이 나타나면 그 보조화면에 기초상품재고액과 당기상품매입액을 입력한다. 기말상품재고액은 전기분재무상태표에 상품으로 재고자산을 등록하면 자동으로 손익계산서에 반영된다. 만약에 기말상품재고액이 누락 되었다면 손익계산서에서 직접 입력이 불가능하므로 전기분재무상태표에서 먼저 상품을 입력하여야 한다.

2. 입력할 계정과목과 금액

계정과목	코드번호	금액	계정과목	코드번호	금액
상 품 매 출	401	230,000,000	세금과공과금	817	15,150,000
기 초 상 품 재 고 액		2,500,000	감 가 상 각 비	818	8,000,000
당 기 상 품 매 입 액	451	118,434,000	보 험 료	821	1,250,000
기 말 상 품 재 고 액		6,000,000 (자동반영)	차 량 유 지 비	822	1,640,000
급 여	801	34,500,000	광 고 선 전 비	833	12,000,000
복 리 후 생 비	811	8,400,000	대 손 상 각 비	835	80,000
여 비 교 통 비	812	3,250,000	잡 이 익	930	740,000
수 도 광 열 비	815	7,860,000	이 자 비 용	951	370,000
통 신 비	814	1,370,000	소 득 세 비 용	999	300,000

3. 전기분손익계산서가 입력된 화면

각 계정과목의 코드와 금액을 정확히 입력하면 화면상의 당기순이익금액과 문제에서의 당기순이익 금액은 일치 하여야 한다. 만약에 일치 하지 않는다면 계정별 합계액의 구분항목을 대조한 후 잘못 입력된 계정과목을 찾아서 수정하여야한다.

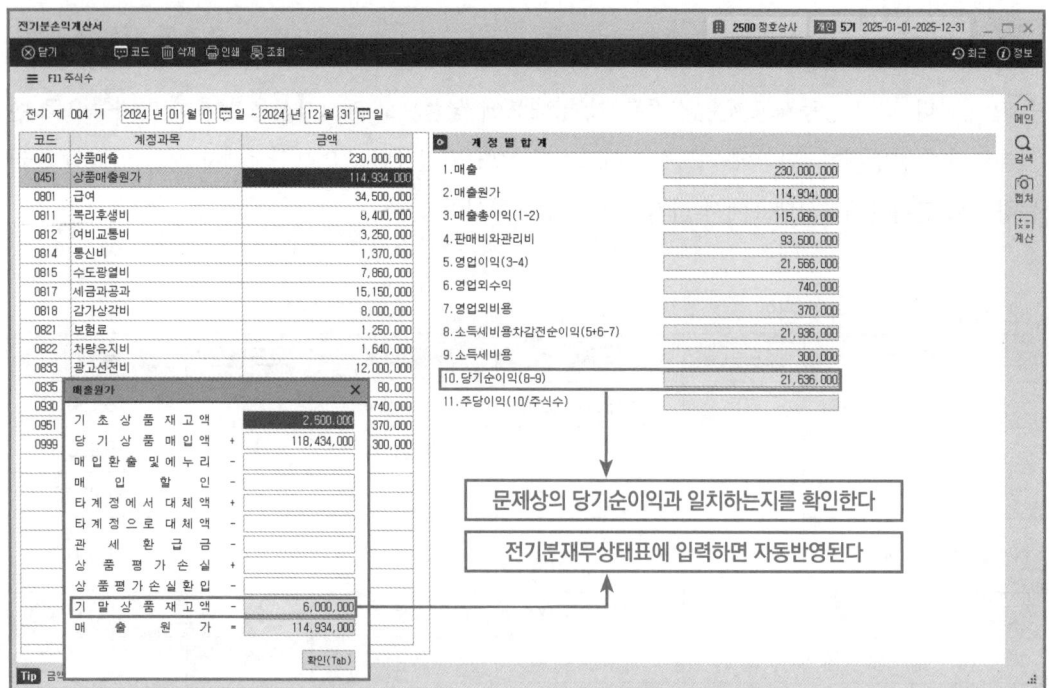

03..거래처별 초기이월

　[거래처별 초기이월]메뉴는 기업의 채권·채무 등 거래처별 관리가 필요한 재무상태표항목에 대하여 거래처별 인명장부 즉, [거래처원장]에 "전기이월"로 표기하면서 거래처별 전년도 데이터를 이월받기 위한 메뉴이다. 거래처별 초기이월 작업은 재무회계 메인화면에서 "전기분재무제표"의 "거래처별 초기이월" 메뉴를 클릭하여 실행된 화면에서 채권, 채무 등과 관련된 계정과목을 거래처별로 관리하는 작업을 한다.

[거래처별초기이월화면]

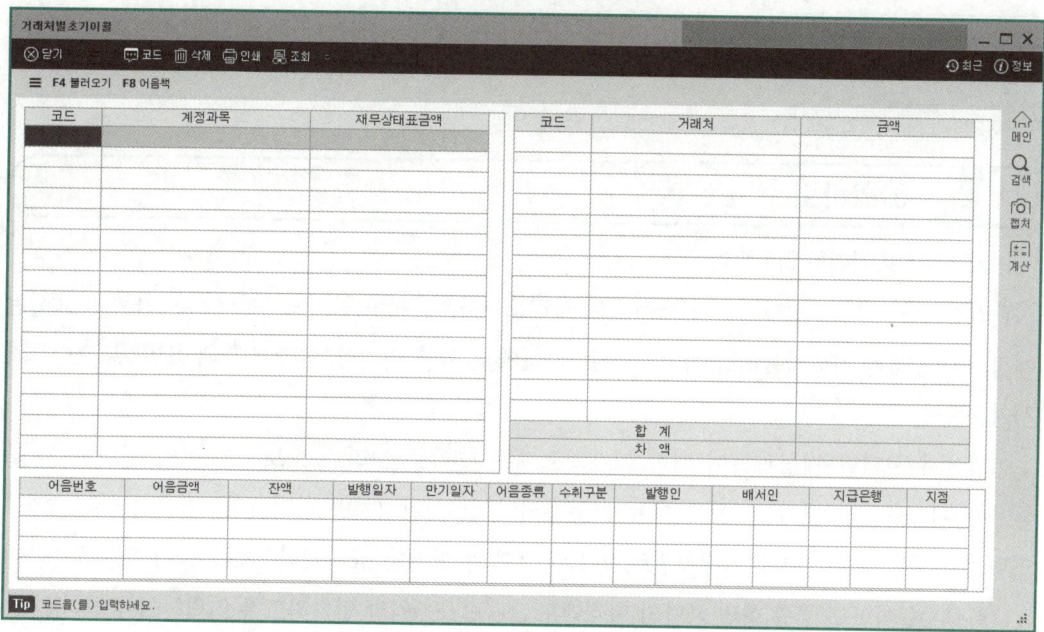

실습예제

정호상사의 거래처별 채권·채무의 잔액은 다음과 같다. 거래처별 초기이월메뉴에 등록하시오.

계정과목	거 래 처	금 액
외 상 매 출 금	부 산 상 사	5,000,000
	대 한 백 화 점	3,000,000
외 상 매 입 금	고 려 전 자 (주)	55,000,000
	대 한 전 자	40,000,000
지 급 어 음	고 려 전 자 (주)	36,000,000
미 지 급 금	현 대 상 회	4,000,000
선 수 금	서 울 상 사	1,400,000
단 기 차 입 금	농 협 은 행	20,000,000

* 지급어음·단기차입금에 대한 상세내역(화면하단)입력은 생략한다.

따라하기

1. 거래처별 초기이월 입력방법

관리하고자 하는 계정과목을 선택적으로 불러오거나, 전체를 불러오기를 한 후 좌측에 표시된 계정과목 중에서 거래처관리를 하고자 하는 과목에 커서를 위치한 후 탭키를 누르면 우측으로 커서가 이동한다.

여기에서 선택한 계정과목에 대한 거래처코드는 F2키를 눌러 코드도움을 받아 입력한다. 물론 거래처코드는 거래처코드등록 메뉴에 등록되어 있는 거래처만 나타난다. 거래처별로 금액을 입력하면 화면 우측하단에 거래처별로 입력된 금액의 합계가 표시된다. 예를 들어 외상매출금이 8,000,000원이면 오른쪽 화면 하단의 합계액도 8,000,000원과 일치하도록 입력하여야 한다.

코드	계정과목	재무상태표금액
0108	외상매출금	8,000,000

코드	거래처	금액
00201	부산상사	5,000,000
00202	대한백화점	3,000,000
	합 계	8,000,000
	차 액	0

다른 계정과목인 외상매입금을 거래처별로 입력 하려면 현재 외상매출금에서 Esc 키를 누른 다음, 여기에서 선택한 계정과목에 대한 거래처코드는 F2 키를 눌러 코드도움을 받아 입력한다. 우측 화면으로 이동하고자 할 경우 Tab 키를 사용하여 이동한다.

코드	계정과목	재무상태표금액
0108	외상매출금	8,000,000
0251	외상매입금	95,000,000

코드	거래처	금액
00204	고려전자(주)	55,000,000
00205	대한전자	40,000,000
	합 계	95,000,000
	차 액	0

2. 지급어음 · 미지급금 · 선수금 · 단기차입금이 입력된 화면

① 지급어음

코드	계정과목	재무상태표금액
0108	외상매출금	8,000,000
0251	외상매입금	95,000,000
0252	지급어음	36,000,000

코드	거래처	금액
00204	고려전자(주)	36,000,000
	합 계	36,000,000
	차 액	0

② 미지급금

코드	계정과목	재무상태표금액
0108	외상매출금	8,000,000
0251	외상매입금	95,000,000
0252	지급어음	36,000,000
0253	미지급금	4,000,000

코드	거래처	금액
00207	현대상회	4,000,000
	합 계	4,000,000
	차 액	0

③ 선수금

코드	계정과목	재무상태표금액
0108	외상매출금	8,000,000
0251	외상매입금	95,000,000
0252	지급어음	36,000,000
0253	미지급금	4,000,000
0259	선수금	1,400,000

코드	거래처	금액
00203	서울상사	1,400,000
	합 계	1,400,000
	차 액	0

④ 단기차입금

코드	계정과목	재무상태표금액
0108	외상매출금	8,000,000
0251	외상매입금	95,000,000
0252	지급어음	36,000,000
0253	미지급금	4,000,000
0259	선수금	1,400,000
0260	단기차입금	20,000,000

코드	거래처	금액
98001	농협은행	20,000,000
	합 계	20,000,000
	차 액	0

PART 3

실기편

거래자료의 입력

CHAPTER 01 _ 일반전표입력

CLASS 전산회계2급
실 기 편

01 일반전표 입력

 기업에서 발생하는 거래는 부가가치세신고와 관련된 거래 및 부가가치세신고와 관련이 없는 거래로 구분된다. 부가가치세신고와 관련 있는 거래는 [매입매출전표입력]메뉴에 입력하여야 하고 부가가치세신고와 관련이 없는 거래는 [일반전표입력]메뉴에 입력하여야 한다.

구분		입력장소
부가가치세신고와 관련 있는 거래	세금계산서 등이 수수된 거래	매입매출전표입력
부가가치세신고와 관련 없는 거래	세금계산서 등이 수수되지 않은 거래	일반전표입력

 부가가치세신고와 관련이 없는 거래는 입금거래, 출금거래, 대체거래로 구분된다. 입금거래란 현금이 수취되는 거래를 말하고 출금거래란 현금이 지출되는 거래를 말한다. 대체거래는 현금의 수입과 지출이 없는 거래 또는 현금이 일부 수반되는 거래를 말한다.

구 분	내 용	사례	
입금거래	현금이 수입된 거래	차) 현 금　　100	대) 매 출　　100
출금거래	현금이 지출된 거래	차) 이자비용 100	대) 현 금　　100
대체거래	현금의 수입과 지출이 없는 거래	차) 받을어음 100	대) 외상매출금　100
	현금이 일부 수반되는 거래	차) 현 금　　 40 　　받을어음　 60	대) 외상매출금　100

[일반전표입력화면]

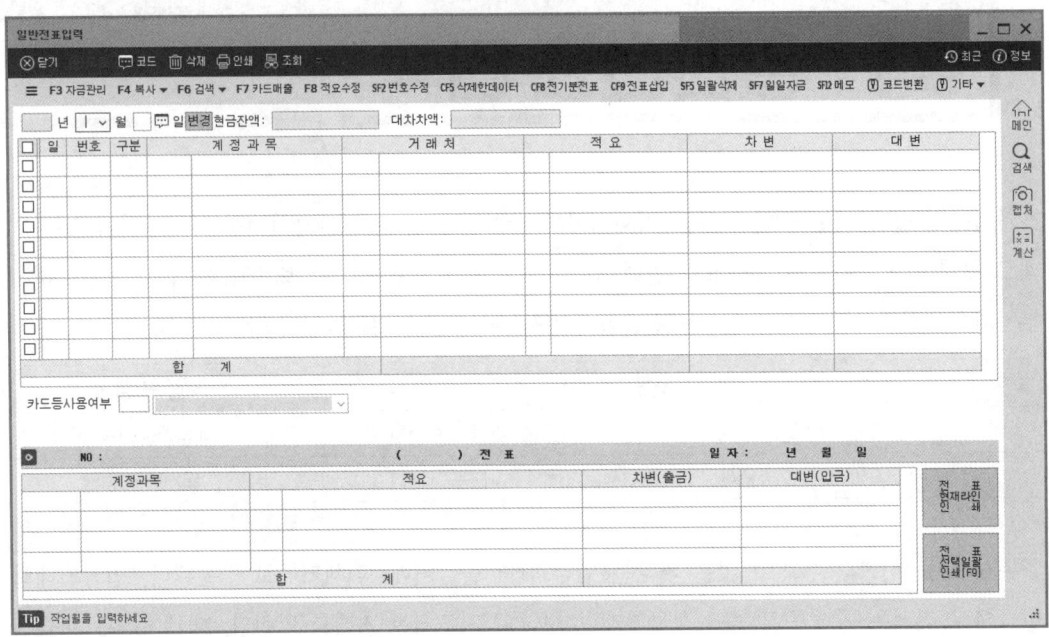

01. 일반전표입력방법

구분	내용
월	입력하고자 하는 전표의 해당 월 2자리 숫자를 직접입력하거나 열람키를 클릭하여 1월~12월중 해당 월을 선택한다.
일	거래 일자를 두 자리로 입력한다. 일 단위가 아니라 월단위로 입력하고자 하는 경우에는 일자입력 없이 엔터를 치면 선택 월의 모든 일자가 입력이 가능하며, 일자를 입력하면 선택일자만 입력이 가능하다.
번호	전표번호는 각 일자별로 00001부터 자동부여 되며, 한 번 부여 후 삭제된 번호는 다시 부여되지 않는다. 전표번호를 수정하고자 할 때에는 상단에 있는 번호수정버튼을 누른 후 전표번호 란에 커서를 이동시킨 후 덧씌워 입력한다.
구분	거래(전표)의 유형을 입력하는 란이다. | 전표유형	코드번호	화면표시
---	---	---
출 금 전 표	1	출
입 금 전 표	2	입
대 체 전 표 차 변	3	차
대 체 전 표 대 변	4	대
결 산 차 변	5	결차
결 산 대 변	6	결대	
적요	등록된 번호 중 선택한다. 적요를 수정하거나 추가하고자 하는 경우에는 툴바의 "적요수정"키를 마우스를 선택하여 입력한다.
전표삽입	특정전표에 전표라인을 추가하고자 할 때 사용한다. 삽입하고자 하는 전표줄의 하단에 커서를 위치시킨 후에 "전표삽입"을 클릭하면 칸이 하나 열리게 된다.

02. 반드시 거래처코드를 입력해야하는 채권·채무

특정거래처의 채권과 채무에 대한 거래는 반드시 거래처코드를 입력하여야 한다. 반드시 거래처코드를 입력해야하는 채권·채무는 다음과 같다. 기타계정은 문제 상에서 요구하는 경우 거래처코드를 입력한다.

채권계정	채무계정	기타계정
외 상 매 출 금	외 상 매 입 금	보 통 예 금
받 을 어 음	지 급 어 음	당 좌 예 금
미 수 금	미 지 급 금	
선 급 금	선 수 금	
단 기 대 여 금	단 (장) 기 차 입 금	
장 기 대 여 금	유 동 성 장 기 부 채	
임 차 보 증 금	임 대 보 증 금	
가 지 급 금		

실습예제

출금거래

다음은 정호상사의 기중 거래내역이다. 일반전표 입력메뉴에 입력하시오.
1월 5일 : 고려전자(주)의 외상매입금 ₩1,500,000을 현금으로 지급하였다.
1월 10일 : 인터넷사용료 ₩25,000을 현금으로 지급하였다.

따라하기

1. 출금전표 입력방법

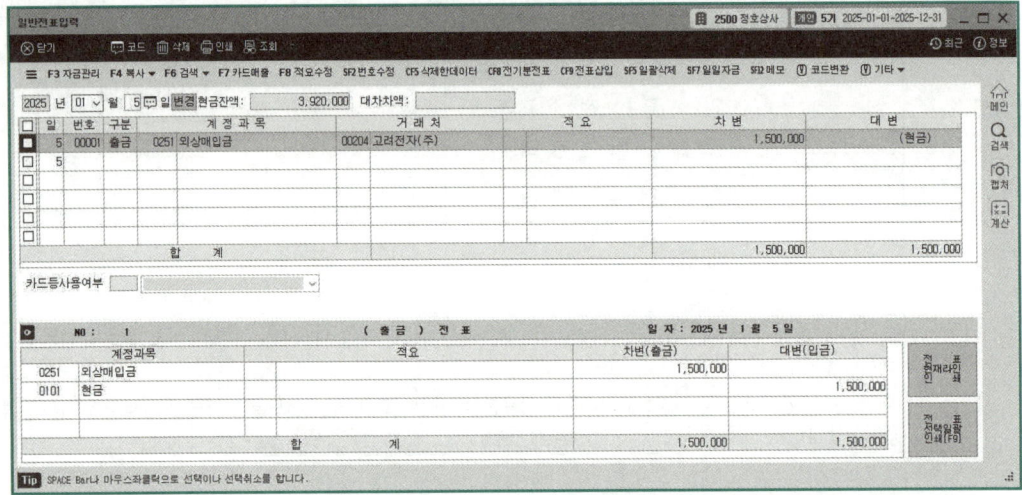

① 전표유형선택

"구분"에 커서가 있을 때 하단에서 어떤 유형의 전표를 입력 할 것인지를 선택해야 한다. 출금전표를 입력 하려면 1.출금을 선택하면 된다.

출금전표를 선택하면 하단 분개에서 대변에 현금계정과목이 자동생성 되므로 상대계정과목 외상매입금만 입력하면 된다.(계정과목 "코드"에서 외상 두글자를 입력하면 "계정코드도움" 상자가 나타나고 "계정코드도움" 상자에서 입력하고자 하는 계정과목을 선택하면 된다)

② 거래처관리를 요하는 채권, 채무 등록

거래처관리를 요하는 채권, 채무는 계정과목을 입력한 다음 커서가 거래처코드란에 있을때 F2 키를 이용하여 원하는 거래처를 "거래처코드도움" 상자에 이미 등록된 고려전자(주)를 선택하여 등록한다. 또는 거래처코드란에 "+" 또는 "00000"을 입력한 후 고려전자(주)을 입력하고 Enter↵ 키를 치면 거래처가 등록된다.

2. 일자별 거래입력

① 일자 : 1월 5일

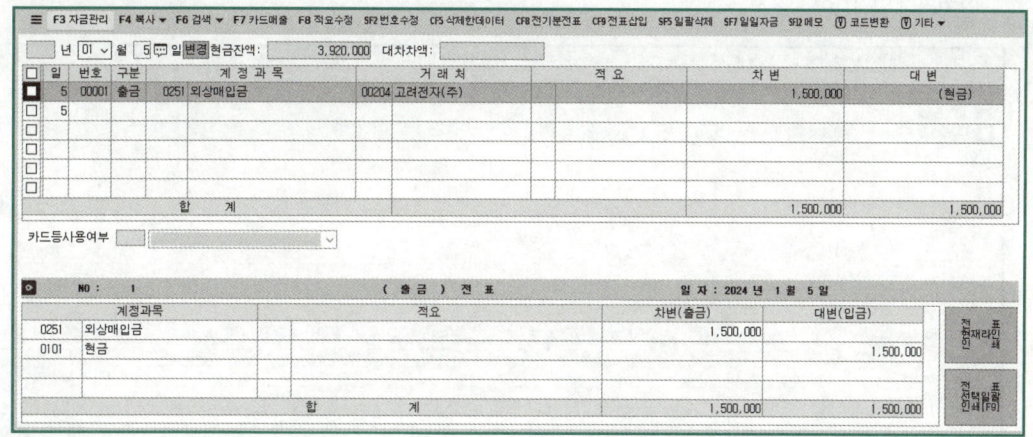

② 일자 : 1월 10일

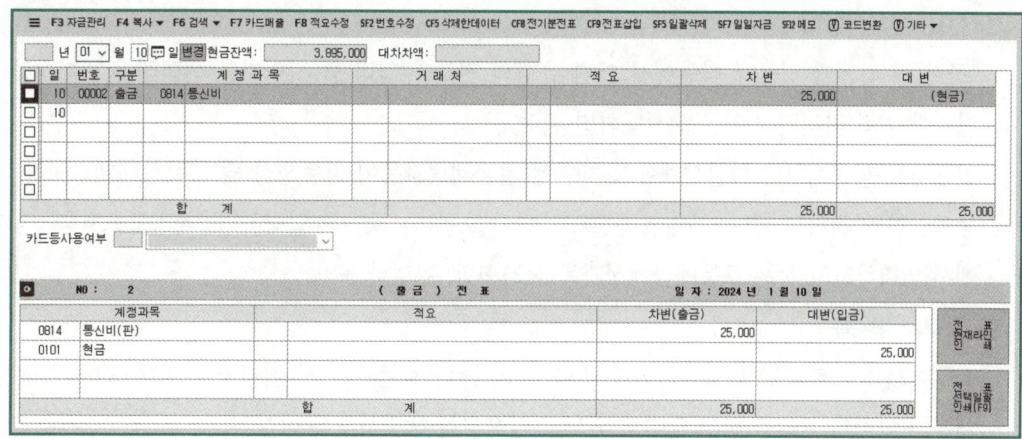

🔍 실습예제

입금거래

다음은 정호상사의 기중 거래내역이다. 일반전표 입력메뉴에 입력하시오.
1월 12일 : 현금시재로 사용하기 위하여 농협은행 보통예금에서 500,000원을 인출하였다.
1월 13일 : 대한백화점의 외상매출금 ₩2,000,000을 현금으로 회수하였다.

🔍 따라하기

· 일자 : 1월 12일

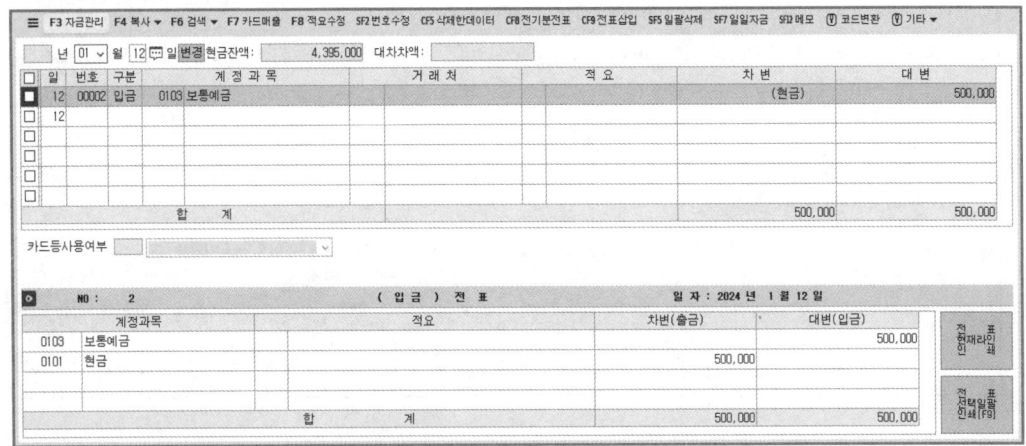

① 전표유형선택

"구분"에 커서가 있을때 하단에서 어떤 유형의 전표를 입력 할 것인지를 선택해야 한다. 입금 전표를 입력 하려면 2.입금을 선택하면 된다.

입금전표를 선택하면 하단분개에서 차변에 현금계정과목이 자동생성 되므로 상대계정과목 보통예금만 입력하면 된다.(계정과목 "코드"에서 보통 두 글자를 입력하면 "계정코드도움" 상자에서 입력하고자 하는 보통예금계정과목을 조회할 수 있다.)

② 거래처명등록

실무에서는 거래처명을 입력하여야 하나 시험목적으로는 반드시 거래처 관리를 요하는 채권, 채무가 아니면 관리를 하지 않아도 되므로 앞으로는 생략하도록 한다.

③ 현재적요등록

현재적요 또한 실무에서는 적요를 입력 하여야 하지만 시험목적으로는 문제에서 적요등록 사항을 원할 때만 하면 되기 때문에 이하 생략 하도록 한다.

· 일자 : 1월 13일

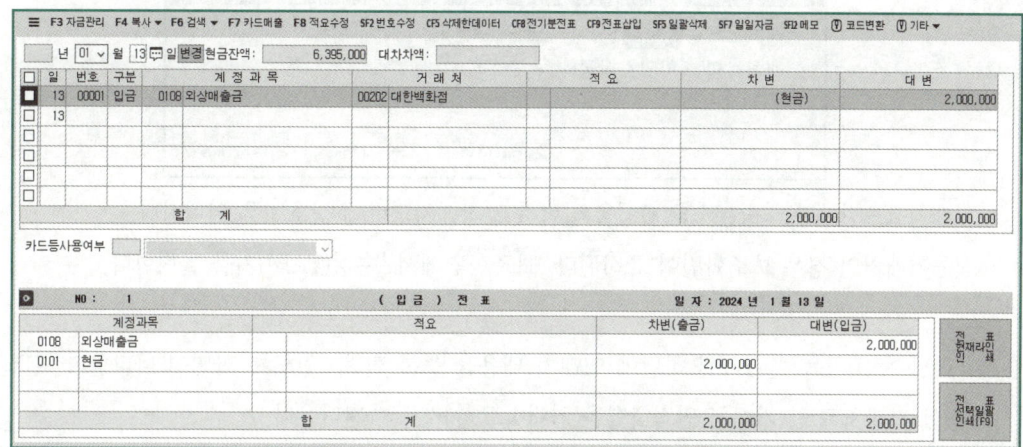

실습예제

대체거래

다음은 정호상사의 기중 거래내역이다. 일반전표 입력메뉴에 입력하시오.
1월 15일 : 판매직원의 사기진작을 맛있소식당에서 회식을 하고 식대 ₩80,000을 외상으로 하였다.
　　　　　(사업자번호 : 123-08-14986, 대표자 : 정근화, 거래처코드 225번 등록하시오.)
1월 17일 : 현대상회의 미지급금 ₩2,000,000을 보통예금에서 이체하였다.

따라하기

· 일자 : 1월 15일

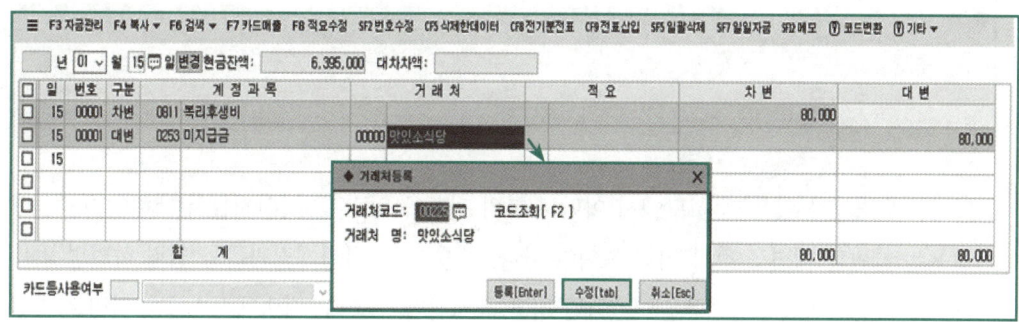

① 신규거래처를 등록하는 방법에는 두 가지가 있다. 첫 번째는 [기초정보등록] → [거래처등록]에서 입력하는 방법, 두 번째는 일반전표에서 바로 등록하는 방법인데 일반전표에서 바로 등록하고자 할 때는 거래처코드란에서 "+" 또는 "00000"을 입력한 후 상호명을 입력하고 Enter↵ 키를 치면 거래처등록의 메시지를 표시해준다. [수정(TAB)] 키를 이용하여 직접 등록할 수 있다.

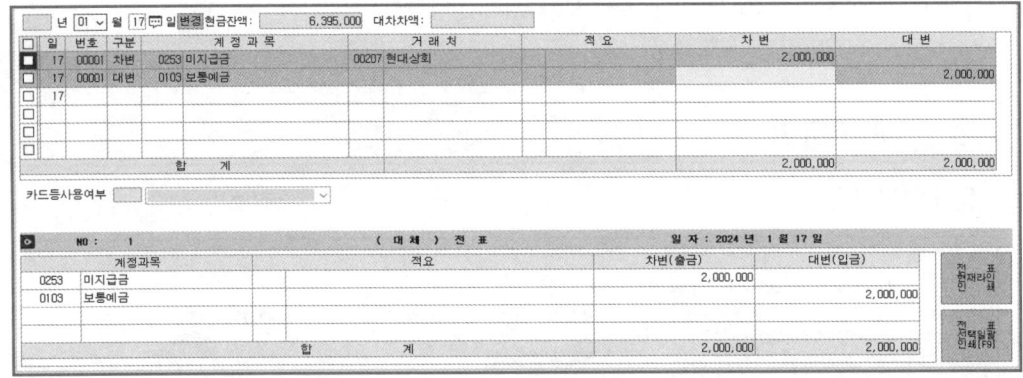

거래처코드란에 "+" 또는 "00000"을 입력하고 거래처명란에 상호명을 입력한다.
신규거래처인 경우 보조화면이 표시된다. 보조화면에서 [수정(TAB)]키를 클릭한다.

② [Tab(수정)]키를 클릭하면 하단에 거래처 내용을 등록 할 수 있도록 화면이 나타난다. 본 화면에 거래처코드, 거래처 인적사항을 입력하고 Esc키로 빠져나온다.

· 일자 : 1월 17일

"구분"에 커서가 있을 때 하단에서 어떤 유형의 전표를 입력 할 것인지를 선택해야 한다. 대체전표는 차변과 대변을 각각 입력 하여야 한다. 예를 들어 차변계정과목을 입력 하려면 3을 선택하고 3을 선택했을 때 "구분"에 "차변"라고 표시된다. 그리고 대변계정과목을 입력 하려면 4를 선택한다. 4를 선택하게 되면 "구분"에 "대변"라고 표시된다.(계정과목 "코드"에서 복리 두 글자를 입력하면 "계정코드 도움" 상자에서 입력하고자 하는 계정과목을 선택할 수 있다.)

실습예제

종합문제

다음은 정호상사의 기중 거래내역이다. 일반전표 메뉴에 입력하시오.

입력시 유의사항

· 적요의 입력은 생략한다.
· 부가가치세는 고려하지 않는다.
· 채권·채무와 관련된 거래명은 반드시 기 등록되어 있는 거래처코드를 선택하는 방법으로 거래처명을 입력한다.
· 회계처리시 계정과목은 등록되어 있는 계정과목 중 가장 적절한 과목으로 한다.

1월 중 거래

1월 18일 : 매출거래처 직원 접대용으로 식사를 하고 다음과 같이 신용카드 매출전표를 받다.

가맹점	남도식당			
대표자	박성진	TEL	(031)323-3388	
가맹점번호	123456	사업자번호	131-92-23923	
주소	경기 성남시 수정구 고등동 525-5			
카드종류			거래종류	결재방법
국민카드			신용구매	일시불
회원번호(Card No)		취소시 원거래일자		
5272-8954-3391-7146				
유효기간	거래일시 2025.1.18		품명	
/				
전표제출		공급대가총액		80,000
		***		
전표매입사		***		
		합계금액		80,000
거래번호		승인번호/(Approval No.)		
		98421147		

1월 20일 : 고려전자(주)의 외상매입금 3,000,000원을 지급기일에 지급함에 있어 당점 거래 은행인 농협은행의 보통예금계좌에서 송금하여 주다.

1월 25일 : 부산상사에서 완구운반용 트럭을 11,000,000원에 구입하고 대금은 무이자할부 10개월의 조건에 지급하기로 하다. 트럭 구입시 취득세 1,500,000원은 현금으로 납부하다.

1월 28일 : 거래처 서울상사에 현금 1,000,000원을 빌려주다(대여기간은 6개월)

1월 30일 : 농협은행과 당좌거래약정을 맺고 현금 1,000,000원을 당좌예금하다.

2월 중 거래

2월 8일 : 신상품의 판매 촉진을 위하여 통일신문에 광고를 게재하고 광고비 250,000원을 당좌수표를 발행하여 지급하다.

2월 11일 : 홍능갈비에서 관리부 직원 회식 후 식사대 200,000원은 신용카드(국민카드)로 결제하다.

2월 15일 : 부산상사에 상품 5,000,000원에 판매하기로 계약하고, 계약금(판매금액의 10%)을 자기앞수표로 받다.

2월 28일 : 영업부 사무실에 대한 2월분(기간 : 2/1~2/28) 임차료 250,000원을 보통예금계좌에서 이체하여 지급하다.

3월 중 거래

3월 7일 : 사업주자택에서 사용하기 위해 초록가구에서 가구를 200,000원에 현금으로 구입하다.

3월 10일 : 대한전자로부터 상품 1,000,000원을 매입하고 대금 중 500,000원은 상품매출대금으로 받아두었던 대한백화점 발행 당좌수표로 지급하고 나머지는 현금으로 지급하다.

3월 26일 : 영업장에서 사용할 비품으로 이동식 난방기를 안산유통에서 500,000원에 구입하고 대금은 20일후에 지급하기로 하다.

3월 28일 : 일시소유의 단기적 운용목적으로 ㈜강남 발행주식 100주(1주당 액면 5,000원)를 1주당 3,000원에 구입하고, 대금은 보통예금에서 지급하다.

4월 중 거래

4월 6일 : 상품매입을 위하여 고려전자(주)에 300,000원을 계약금으로 보통예금에서 지급하다.

4월 8일 : 농협은행에서 7,000,000원을 3개월간 차입하기로 하고, 선이자 300,000원을 제외한 잔액이 당사 보통예금 통장에 계좌이체되다.(선이자는 이자비용으로 회계처리 하기로 하며, 하나의 전표로 입력할 것)

4월 17일 : 당사 영업사원의 부친 고희연 축하화환 100,000원, 매출거래처 직원의 조문화환 100,000원을 전국꽃배달에 주문하고 화환대금인 200,000원을 보통예금통장에서 이체하다.(하나의 전표로 입력할 것)

4월 25일 : 영업사원의 급여 1,800,000원을 지급하면서 소득세, 지방소득세, 건강보험료 등(근로자 부담분)을 다음 급여대장과 같이 차감하여 잔액을 보통예금통장에서 이체하다.

1월 급여대장

지급내용			공제내용				차감수령액
기본급	각종수당	급여 계	소득세	지방소득세	건강보험료등	공제 계	
1,500,000원	300,000원	1,800,000원	50,000원	5,000원	100,000원	155,000원	1,645,000원

4월 28일 : 고려전자(주)에서 상품 3,400,000원을 매입하고, 4월 6일에 지급한 계약금 300,000원을 차감한 잔액을 전액 보통예금에서 송금하다.

5월 중 거래

5월 3일 : 농협은행으로부터 시설자금으로 사용하기위하여 30,000,000(만기: 3년)을 차입하고 그 대금은 보통예금에 입금하다.

5월 6일 : 대한백화점에 매출한 상품에 대한 외상매출금 500,000원에서, 매출할인 3%를 차감한 금액을 보통예금통장으로 송금받다.

5월 12일 : 당사 영업용건물에 대한 난방장치 설치비(자본적지출) 5,000,000원과 창문수리비(수익적지출) 430,000원을 전액 보통예금에서 지급하다.(하나의 전표로 처리한 다)

5월 20일 : 농협은행의 단기차입금 20,000,000원을 조기상환함에 따라 조기상환에 따른 은행수수료 38,000원, 이자비용 150,000원을 포함하여 20,188,000원을 보통 예금에서 이체하다. 은행수수료는 판관비로 처리한다.

5월 22일 : 영업부서 신문구독료를 현금으로 지급하고, 다음과 같은 영수증을 수취하다.

> 영 수 증
> 대 표 : 최 신 문
> 주 소 : 서울 강남구 역삼동 178
> 전 화 : 02-904-2598
> 사업자등록번호 : 220 - 07 - 62934
> 금 액 : 15,000원
> 품 목 : 구독료
> 이는 세금계산서 대용이 불가합니다.
>
> 세 상 일 보

5월 25일 : 상품 홍보관을 개설하기 위해 점포를 보증금 1,000,000원에 착한빌딩으로부터 임차하고 대금은 현금으로 지급하다(코드: 300, 대표자: 임순진, 사업자등록번호: 130-81-10661)

5월 27일 : 부산상사에 상품 8,000,000원을 판매하고 그 대금은 부산상사에서 발행한 어음으로 수취하다.

6월 중 거래

6월 10일 : 상품구입 현금을 확보하기 위하여 부산상사 발행의 약속어음 8,000,000원을 은행에서 할인 받고, 할인료 50,000원을 제외한 금액을 당좌예입하다.

6월 13일 : 장마 피해를 입은 농어민을 돕기 위해 현금 100,000원을 한국방송공사에 지급하다.

6월 22일 : 주문폭주로 인하여 상품포장을 위해 일용근로자를 채용하고 잡급 250,000원을 현금으로 지급하다.

6월 26일 : 고려전자(주)에 상품매입 대금으로 발행해 준 약속어음 2,000,000원이 만기가 되어 당사 당좌예금 계좌에서 지급하다.

6월 27일 : 보유중인 주식에 대하여 배당금이 확정되어 25,000원이 보통예금으로 입금되다.

7월 중 거래

7월 10일 : 상품견본을 거래처에 발송하고 택배비 15,000원을 현금으로 지급하다.

7월 12일 : 영업부 김소희 사원의 제주출장을 위하여 출장비 200,000원을 현금으로 지급하였다.(가지급금에 대한 거래처 입력은 생략한다)

7월 18일 : 신입사원들에게 지급할 소모품을 구입하고 다음과 같은 전표를 받았다.(비용 처리할 것)

```
            카드매출전표
            (공급받는자용)
────────────────────────────
카드종류 : 국민카드
회원번호 : ****-****-****-6553
거래일시 : 2025.7.18. 13:20:26
거래유형 : 신용승인
매   출 : 153,000원
부 가 세 : 0원
합   계 : 153,000원
결제방법 : 일시불
승인번호 : 133501449
카드사확인 : 국민카드사
────────────────────────────

가맹점명 : 동산문구
                - 이 하 생 략 -
```

7월 30일 : 영업부 김소희 사원이 7월 12일 제주 출장시 지급받은 가지급금 200,000원에 대해, 출장비로 180,000원을 사용하고 잔액은 현금으로 정산하다.(가지급금에 대한 거래처 입력은 생략한다)

12월 중 거래

12월 11일 : 대한전자에서 상품 14,000,000원을 구입하고 대금 중 5,000,000원은 당사발행 약속어음을 발행하여 지급하고 잔액은 외상으로 하다.

12월 15일 : 현금시재를 확인한 결과 장부잔액보다 현금시재액이 15,000원이 적은 것을 확인하였으나 그 원인은 알 수가 없다.

12월 27일 : 대한백화점에 상품 10,000,000원을 판매하고 대금은 동사가 발행한 어음 1,000,000원을 수취하고 잔액은 외상으로 하다.

따라하기

1월 중 거래

· 일자 : 1월 18일

일	번호	구분	계 정 과 목	거 래 처	적 요	차 변	대 변
18	00001	차변	0813 기업업무추진비			80,000	
18	00001	대변	0253 미지급금	99701 국민카드			80,000

· 일자 : 1월 20일

일	번호	구분	계 정 과 목	거 래 처	적 요	차 변	대 변
20	00001	차변	0251 외상매입금	00204 고려전자(주)		3,000,000	
20	00001	대변	0103 보통예금				3,000,000

· 일자 : 1월 25일

일	번호	구분	계 정 과 목	거 래 처	적 요	차 변	대 변
25	00003	차변	0208 차량운반구			12,500,000	
25	00003	대변	0253 미지급금	00201 부산상사			11,000,000
25	00003	대변	0101 현금				1,500,000

· 일자 : 1월 28일

일	번호	구분	계 정 과 목	거 래 처	적 요	차 변	대 변
28	00002	출금	0114 단기대여금	00203 서울상사		1,000,000	(현금)

· 일자 : 1월 30일

일	번호	구분	계 정 과 목	거 래 처	적 요	차 변	대 변
30	00001	출금	0102 당좌예금			1,000,000	(현금)

2월 중 거래

· 일자 : 2월 8일

일	번호	구분	계 정 과 목	거 래 처	적 요	차 변	대 변
8	00001	차변	0833 광고선전비			250,000	
8	00001	대변	0102 당좌예금				250,000

· 일자 : 2월 11일

일	번호	구분	계 정 과 목	거 래 처	적 요	차 변	대 변
11	00001	차변	0811 복리후생비			200,000	
11	00001	대변	0253 미지급금	99701 국민카드			200,000

· 일자 : 2월 15일

일	번호	구분	계 정 과 목	거 래 처	적 요	차 변	대 변
15	00001	입금	0259 선수금	00201 부산상사		(현금)	500,000

· 일자 : 2월 28일

일	번호	구분	계 정 과 목	거 래 처	적 요	차 변	대 변
27	00001	차변	0819 임차료			250,000	
27	00001	대변	0103 보통예금				250,000

3월 중 거래

· 일자 : 3월 7일

□	일	번호	구분	계정과목	거래처	적요	차변	대변
□	7	00001	출금	0338 인출금			200,000	(현금)

· 일자 : 3월 10일

□	일	번호	구분	계정과목	거래처	적요	차변	대변
□	10	00001	출금	0146 상품			1,000,000	(현금)

*대한백화점이 발행한 당좌수표는 타인발행수표이기 때문에 현금으로 처리하여야 한다.

· 일자 : 3월 26일

□	일	번호	구분	계정과목	거래처	적요	차변	대변
□	26	00001	차변	0212 비품			500,000	
□	26	00001	대변	0253 미지급금	00206 안산유통			500,000

· 일자 : 3월 28일

□	일	번호	구분	계정과목	거래처	적요	차변	대변
□	28	00001	차변	0107 단기매매증권			300,000	
□	28	00001	대변	0103 보통예금				300,000

4월 중 거래

· 일자 : 4월 6일

□	일	번호	구분	계정과목	거래처	적요	차변	대변
□	6	00002	차변	0131 선급금	00204 고려전자(주)		300,000	
□	6	00002	대변	0103 보통예금				300,000

· 일자 : 4월 8일

□	일	번호	구분	계정과목	거래처	적요	차변	대변
□	8	00001	차변	0103 보통예금			6,700,000	
□	8	00001	차변	0951 이자비용			300,000	
□	8	00001	대변	0260 단기차입금	98001 농협은행			7,000,000

· 일자 : 4월 17일

□	일	번호	구분	계정과목	거래처	적요	차변	대변
□	17	00001	차변	0811 복리후생비			100,000	
□	17	00001	차변	0813 기업업무추진비			100,000	
□	17	00001	대변	0103 보통예금				200,000

· 일자 : 4월 25일

□	일	번호	구분	계정과목	거래처	적요	차변	대변
□	25	00001	차변	0801 급여			1,800,000	
□	25	00001	대변	0254 예수금				155,000
□	25	00001	대변	0103 보통예금				1,645,000

· 일자 : 4월 28일

□	일	번호	구분	계정과목	거래처	적요	차변	대변
□	28	00001	차변	0146 상품			3,400,000	
□	28	00001	대변	0131 선급금	00204 고려전자(주)			300,000
□	28	00001	대변	0103 보통예금				3,100,000

5월 중 거래

· 일자 : 5월 3일

□	일	번호	구분	계 정 과 목	거 래 처	적 요	차 변	대 변
□	3	00001	차변	0103 보통예금			30,000,000	
□	3	00001	대변	0293 장기차입금	98001 농협은행			30,000,000

· 일자 : 5월 6일

□	일	번호	구분	계 정 과 목	거 래 처	적 요	차 변	대 변
□	6	00001	차변	0103 보통예금			485,000	
□	6	00001	차변	0403 매출할인			15,000	
□	6	00001	대변	0108 외상매출금	00202 대한백화점			500,000

· 일자 : 5월 12일

□	일	번호	구분	계 정 과 목	거 래 처	적 요	차 변	대 변
□	12	00001	차변	0202 건물			5,000,000	
□	12	00001	차변	0820 수선비			430,000	
□	12	00001	대변	0103 보통예금				5,430,000

· 일자 : 5월 20일

□	일	번호	구분	계 정 과 목	거 래 처	적 요	차 변	대 변
□	20	00001	차변	0260 단기차입금	98001 농협은행		20,000,000	
□	20	00001	차변	0831 수수료비용			38,000	
□	20	00001	차변	0951 이자비용			150,000	
□	20	00001	대변	0103 보통예금				20,188,000

· 일자 : 5월 22일

□	일	번호	구분	계 정 과 목	거 래 처	적 요	차 변	대 변
□	22	00001	출금	0826 도서인쇄비			15,000	(현금)

· 일자 : 5월 25일

□	일	번호	구분	계 정 과 목	거 래 처	적 요	차 변	대 변
□	25	00002	출금	0232 임차보증금	00300 착한빌딩		1,000,000	(현금)

· 일자 : 5월 27일

□	일	번호	구분	계 정 과 목	거 래 처	적 요	차 변	대 변
□	27	00001	차변	0110 받을어음	00201 부산상사		8,000,000	
□	27	00001	대변	0401 상품매출				8,000,000

6월 중 거래

· 일자 : 6월 10일

□	일	번호	구분	계 정 과 목	거 래 처	적 요	차 변	대 변
□	10	00001	차변	0102 당좌예금			7,950,000	
□	10	00001	차변	0956 매출채권처분손실			50,000	
□	10	00001	대변	0110 받을어음	00201 부산상사			8,000,000

· 일자 : 6월 13일

□	일	번호	구분	계 정 과 목	거 래 처	적 요	차 변	대 변
□	13	00001	출금	0953 기부금			100,000	(현금)

· 일자 : 6월 22일

□	일	번호	구분	계 정 과 목	거 래 처	적 요	차 변	대 변
□	22	00001	출금	0805 잡급			250,000	(현금)

· 일자 : 6월 26일

□	일	번호	구분	계 정 과 목	거 래 처	적 요	차 변	대 변
□	26	00001	차변	0252 지급어음	00204 고려전자(주)		2,000,000	
□	26	00001	대변	0102 당좌예금				2,000,000

· 일자 : 6월 27일

□	일	번호	구분	계 정 과 목	거 래 처	적 요	차 변	대 변
□	27	00001	차변	0103 보통예금			25,000	
□	27	00001	대변	0903 배당금수익				25,000

7월 중 거래

· 일자 : 7월 10일

□	일	번호	구분	계 정 과 목	거 래 처	적 요	차 변	대 변
□	10	00001	출금	0824 운반비			15,000	(현금)

· 일자 : 7월 12일

□	일	번호	구분	계 정 과 목	거 래 처	적 요	차 변	대 변
□	12	00001	출금	0134 가지급금			200,000	(현금)

· 일자 : 7월 18일

□	일	번호	구분	계 정 과 목	거 래 처	적 요	차 변	대 변
□	18	00001	차변	0830 소모품비			153,000	
□	18	00001	대변	0253 미지급금	99701 국민카드			153,000

· 일자 : 7월 30일

□	일	번호	구분	계 정 과 목	거 래 처	적 요	차 변	대 변
□	30	00001	차변	0812 여비교통비			180,000	
□	30	00001	차변	0101 현금			20,000	
□	30	00001	대변	0134 가지급금				200,000

12월 중 거래

· 일자 : 12월 11일

□	일	번호	구분	계 정 과 목	거 래 처	적 요	차 변	대 변
□	11	00001	차변	0146 상품			14,000,000	
□	11	00001	대변	0252 지급어음	00205 대한전자			5,000,000
□	11	00001	대변	0251 외상매입금	00205 대한전자			9,000,000

· 일자 : 12월 15일

□	일	번호	구분	계 정 과 목	거 래 처	적 요	차 변	대 변
□	15	00001	차변	0141 현금과부족			15,000	
□	15	00001	대변	0101 현금				15,000

· 일자 : 12월 27일

□	일	번호	구분	계 정 과 목	거 래 처	적 요	차 변	대 변
□	27	00001	차변	0110 받을어음	00202 대한백화점		1,000,000	
□	27	00001	차변	0108 외상매출금	00202 대한백화점		9,000,000	
□	27	00001	대변	0401 상품매출				10,000,000

CLASS 전산회계2급
실 기 편

CLASS 전산회계2급
실 기 편

01 결산자료 입력

우리는 앞에서 한 회계기간 동안에 발생한 거래를 [일반전표입력]메뉴에 입력하였다. 이 자료를 통하여 기업의 경영성과와 재무상태를 알기 위해서는 결산이라는 작업이 필요하다. 따라서 지금부터는 결산방법에 대하여 알아보고자 한다. 본 프로그램의 결산방법은 수동결산방법과 자동결산방법이 있다.

구 분	내 용
수동결산방법	[일반전표입력]메뉴에서 12월31일자로 결산대체분개를 직접 입력하는 방법
자동결산방법	[결산자료입력]메뉴에 해당금액을 입력한 후 [추가]키를 이용하여 결산을 완료하는 방법

01..수동결산항목

수동결산항목들은 [결산자료입력]메뉴에서 작업할 수 없는 항목들이다. 따라서 수동결산항목은 [일반전표입력]메뉴에서 결산대체분개를 직접 입력해야한다. 또한 수동결산은 자동결산이 행해지기 전에 먼저 작업이 이루어져야 한다. 수동결산항목을 정리해 보면 다음과 같다.

1. 현금계정의 정리

현금은 장부상의 잔액과 실제잔액이 일치하여야 하지만 여러 가지 원인에 의하여 차이가 발생할 수 있는데 그 원인을 결산시까지 밝혀야 한다. 결산시까지 원인을 밝히지 못한 경우에는 잡손실 또는 잡이익으로 대체시켜야 한다.

```
· 실제잔액 > 장부잔액
   (차) 현금과부족      ×××      (대) 잡 이 익      ×××

· 실제잔액 < 장부잔액
   (차) 잡 손 실        ×××      (대) 현금과부족    ×××
```

 회계기간 중이 아닌 보고기간말에 장부잔액과 실제잔액이 일치하지 않는 경우 현금과부족계정을 사용하지 않고 실제잔액이 부족하면 잡손실로 처리하고 실제잔액이 초과하면 잡이익으로 처리한다.

2. 유가증권의 평가

유가증권계정은 보고기간말에 공정가치법에 의하여 평가하여야 한다. 공정가치란 보고기간말의 종가를 말하며, 보고기간말의 종가가 없는 경우에는 보고기간말로부터 가장 최근의 종가를 적용하여 한다.

- 공정가치 > 장부금액
  - (차) 단기매매증권 ×××   (대) 단기매매증권평가이익 ×××
- 공정가치 < 장부금액
  - (차) 단기매매증권평가손실 ×××   (대) 단기매매증권 ×××

3. 가지급금과 가수금의 정리

가지급금과 가수금계정은 회계기간 중에 일시적으로 사용하는 임시계정이기 때문에 재무상태표에 보고되어서는 안된다. 따라서 결산일에 가지급금과 가수금계정은 내용을 파악하여 본 계정으로 대체하여야 한다.

- 가지급금의 정리
  - (차) 해당비용 등 ×××   (대) 가지급금 ×××
- 가수금의 정리
  - (차) 가 수 금 ×××   (대) 해당자산 등 ×××

4. 수익과 비용의 결산정리

(1) 수익이연과 수익의 인식

1) 수익의 이연(선수수익)

수익의 이연이란 회계기간 중 이미 계상한 수익 중 차기 이후의 수익이 포함되어 있는 경우 이를 당해 수익에서 차감하고 선수수익이라는 부채로 계상하는 결산수정분개이다. 선수수익은 미래에 재화나 용역을 제공하여야 하는 현재의 의무로 부채에 해당한다. 선수수익은 수익의 이연절차에 따라 계상하는 부채이며 선불로 수수하는 임대료, 이자수익 등을 대상으로 한다.

- 기중회계처리
  - (차) 현   금 ×××   (대) 임 대 료 ×××
- 결산수정분개
  - (차) 임 대 료 ×××   (대) 선 수 수 익 ×××
  - (수익소멸)   (부채증가)

5. 분개

실습예제

선수(주)는 20X1년 9월 1일에 6개월분 임대료 60,000을 현금으로 받다. 기중거래와 기말 결산 수정분개를 하시오.

해설

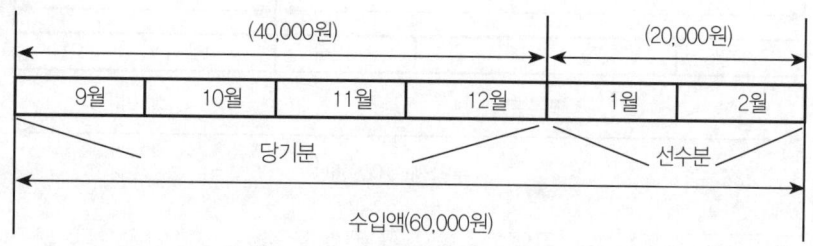

구분	차변	금액	대변	금액
9월 1일	현금	60,000	임대료	60,000
12월 31일	임대료	20,000	선수수익	20,000

2) 수익의 인식(미수수익)

수익의 인식이란 차기 이후에 현금으로 받을 수익 중 당기분을 수익으로 인식하고 미수수익이라는 자산을 계상하는 결산수정분개이다. 미수수익은 미래에 현금을 수취할 권리이므로 자산에 해당한다. 미수수익은 수익의 인식절차에 따라 계상하는 자산이며 후불로 수수하는 이자수익, 임대료 등을 대상으로 한다.

```
· 기중회계처리
                              분개없음
· 결산수정분개
  (차) 미 수 수 익  ×××    (대) 이 자 수 익  ×××
      (자산증가)                (수익발생)
```

실습예제

미수(주)는 20X1년 9월 1일에 6개월간 임대계약을 하고 임대료 60,000은 임대기간 종료후에 받기로 하다. 기중거래와 기말 결산수정분개를 하시오.

해설

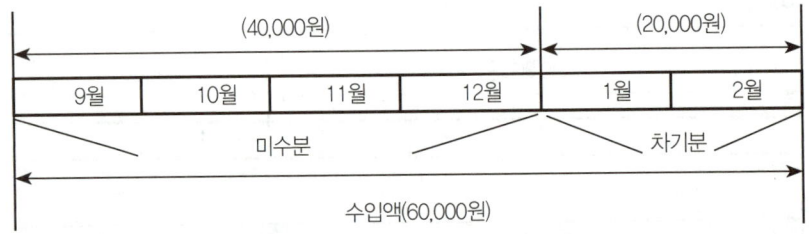

구 분	차 변	금 액	대 변	금 액
9월 1일	분 개 없 음			
12월 31일	미수수익	40,000	임대료	40,000

(2) 비용의 이연과 비용의 인식

1) 비용의 이연(선급비용)

비용의 이연이란 회계기간 중 이미 계상한 비용에 차기 이후의 비용이 포함되어 있는 경우, 이를 당해 비용에서 차감하고 선급비용이라는 자산으로 계상하는 결산수정분개이다. 선급비용은 미래에 재화나 용역을 제공받는 권리로 자산에 해당한다. 선급비용은 비용의 이연 절차에 따라 계상하는 자산이며 선불로 지급하는 임차료, 보험료, 이자비용 등을 대상으로 한다.

- 기중회계처리
  - (차) 보 험 료 ××× (대) 현 금 ×××
    - (비용발생) (자산감소)
- 결산수정분개
  - (차) 선 급 비 용 ××× (대) 보 험 료 ×××
    - (자산증가) (비용소멸)

실습예제

선급(주)는 20X1년 9월 1일에 6개월분 보험료 60,000을 현금으로 지급하다. 기중거래와 기말 결산수정분개를 하시오.

해설

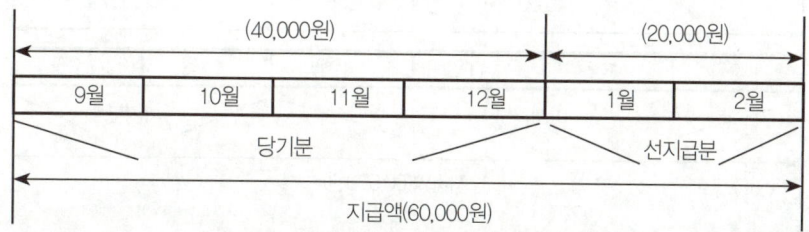

구 분	차 변	금 액	대 변	금 액
9월 1일	보험료	60,000	현금	60,000
12월 31일	선급비용	20,000	보험료	20,000

2) 비용의 인식(미지급비용)

비용의 인식이란 차기 이후에 현금으로 지급할 비용 중 당기분을 비용으로 인식하고 미지급비용이라는 부채를 계상하는 결산수정분개이다. 미지급비용은 미래 현금을 지급하여야 할 의무이므로 부채에 해당한다. 미지급비용은 비용의 인식절차에 따라 계상하는 부채이며 후불로 지급하는 이자비용, 임차료 등을 대상으로 한다.

· 기중회계처리
                                 분개없음
· 결산수정분개
  (차) 임 차 료 ×××   (대) 미지급비용 ×××
      (비용발생)   (부채증가)

🔍 실습예제

미수(주)는 20X1년 9월 1일에 6개월간 임대계약을 하고 임차료 60,000은 임대기간 종료후에 지급하기로 하다. 기중거래와 기말 결산수정분개를 하시오.

🎯 해설

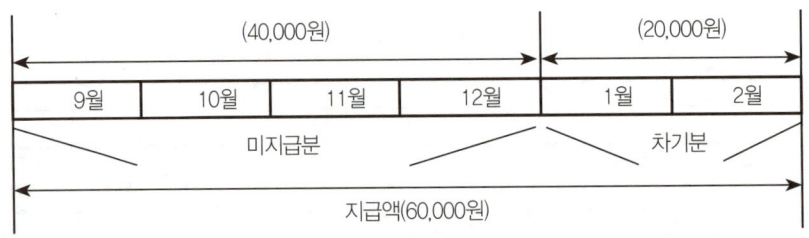

구 분	차 변	금 액	대 변	금 액
9월 1일	분 개 없 음			
12월 31일	임 차 료	40,000	미 지 급 비 용	40,000

6. 소모품의 처리

사무용품, 장부 및 기타 소모품을 구입하는경우 회계처리방법은 구입 시 자산으로 처리하는 자산처리법과 비용으로 처리하는 비용처리법이 있다.

(1) 비용처리법

비용처리법이란 소모품 구입 시 소모품비계정으로 처리하였다가 결산 시에 미사용액을 소모품계정으로 대체하는 방법을 말한다.

```
· 기중회계처리
   (차) 소모품비    ×××      (대) 현   금      ×××
· 결산수정분개
   (차) 소모품      ×××      (대) 소모품비    ×××
```

(2) 자산처리법

자산처리법이란 소모품 구입 시 소모품계정으로 처리하였다가 결산 시에 사용액을 소모품비계정으로 대체하는 방법을 말한다.

```
· 기중회계처리
   (차) 소모품      ×××      (대) 현   금      ×××
· 결산수정분개
   (차) 소모품비    ×××      (대) 소모품      ×××
```

7. 화폐성 외화자산·부채의 평가

기말결산 시 외화자산과 부채는 재무상태표일 현재의 환율로 환산하여야 한다. 환산에 따른 환산손익은 외화환산손실 또는 외화환산이익으로 처리하여야 한다.

구 분	환산액 > 장부금액	환산액 < 장부금액
외화자산	(차)외 화 예 금 ××× (대) 외화환산이익 ×××	(차)외화환산손실 ××× (대)외 화 예 금 ×××
외화부채	(차)외화환산손실 ××× (대) 장 기 차 입 금 ×××	(차)장 기 차 입 금 ××× (대)외화환산이익 ×××

02..자동결산항목의 입력

1. 자동결산항목

다음에 해당하는 항목들은 [결산자료입력]메뉴의 해당 과목란에서 금액을 입력하는 것으로 결산을 끝낼 수 있다.

① 재고자산의 기말재고액　　　　② 유형자산의 감가상각비
③ 퇴직급여충당부채 및 퇴직보험충당부채의 설정액　　④ 매출채권에 대한 대손상각비
⑤ 무형자산의 상각액　　　　　　⑥ 소득세비용

2. 자동결산항목입력방법

[결산자료입력]메뉴를 클릭하고 기간을 입력하면 다음과 같은 화면이 나타난다.

[결산자료입력화면]

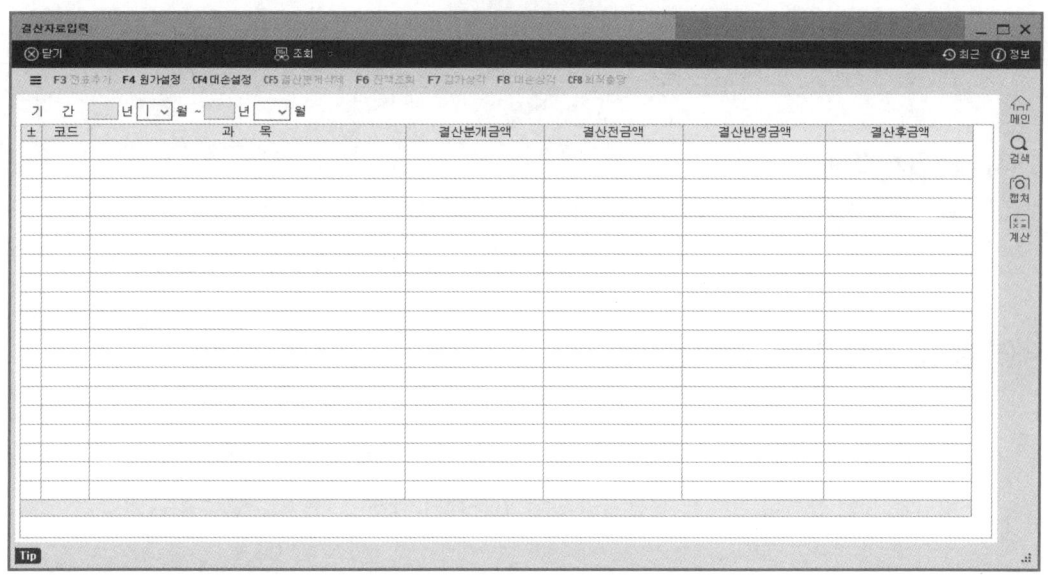

(1) 기간 입력

결산하고자 하는 대상 기간을 입력한다. 월 결산 하는 경우에는 결산 대상 월을 입력한다. 회계기간에 1회 결산 하는 경우 회계기간의 시작월과 종료월을 직접 입력(ENTER를 치면 시작월과 종료월이 자동으로 채워진다)한다.

(2) 원가 설정

매출원가 성격이 3.매입판매인 경우(전산회계2급) 매출원가는 입력하지 않고 확인(Enter) 키를 누른다.

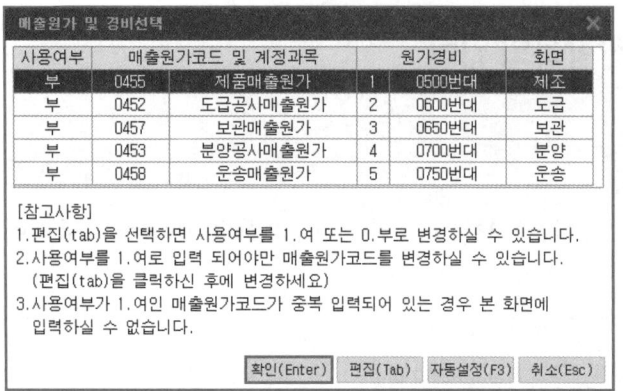

(3) 화면구성

① 결산전 금액 : 전표에서 각 항목별로 입금・출금 및 차변・대변 금액을 반영한다.
② 결산반영금액 : 결산자료입력에서 직접 입력하는 항목으로서 결산전표 추가 시 영향을 준다.
③ 결산 후 금액 : 결산 전금액과 결산반영금액을 가감하여 산출 된다. 매출원가 및 당기순이익 금액을 확인할 수 있다.
④ 결산분개 금액: 전표에 추가된 결산 분개 (결차 또는 결대) 금액을 반영한다.

(4) 매출원가 확정

① 재고자산의 기말재고액(평가 전 금액)을 직접 입력한다.
② 재고자산의 평가금액이 있을 경우 평가손실 또는 평가 환입 금액을 직접 입력한다.

(5) 감가상각비 입력 (판매비와 일반관리비)

① 직접입력 : 각 경비(제조, 도급, 분양, 보관, 운송)별로 유형자산의 결산반영금액에 입력한다.
② 자동반영 : 툴바의 감가상각의 결산반영 금액을 본 메뉴에 자동 반영한다. 툴바의 감가상각의 고정자산 등록의 금액을 결산월수 만큼 안분해서 가져 온다.

(6) 대손상각입력 (판매비와 일반관리비)
① 직접입력 : 영업 관련 매출채권에 대한 회수 불가능성을 추산하여 직접 입력한다.
② 자동반영: 툴바의 대손상각에 의해서 반영한다. 툴바의 대손상각은 보충법에 의해 계산한 추가 설정액을 자동 반영한다.

(7) 퇴직급여 입력
① 직접입력: 퇴직급여 충당부채의 추가 설정액을 직접 입력한다.
② 자동반영: 툴바의 퇴직충당에서 추가 설정액을 자동 계산하여 결산 반영 한다.

(8) 전표추가
원가 및 매출원가 등 대체 분개를 통해 손익 항목을 확정 한다. 종료월의 말일자로 결산대체분개를 일반전표에 추가 한다. 추가된 전표는 별도 관리를 위해 일반전표에 결산이라고 표기된다. 결산 분개한 기간은 본 메뉴에서 "자동결산분개 완료"라고 표기하여 확인 가능하다.

3. 자동결산작업의 완료 및 재결산

1) 결산완료(결산대체분개)
[결산자료입력]메뉴에 자동결산항목의 금액들을 모두 입력했다고 해서 결산이 끝난 것은 아니다. 결산작업은 자동결산항목들의 결산대체분개를 일반전표에 추가해야 완료된다.

자동결산항목을 모두 입력한 후 화면 상단의 F3 전표추가 또는 F3키를 누르면 아래와 같은 화면이 나타나며 여기에서 예(Y) 를 선택하면 결산분개가 일반전표에 추가되면서 결산이 완료된다.

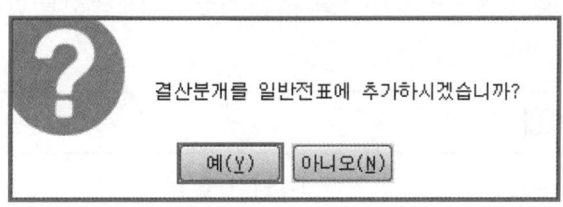

2) 결산의 수정
① [결산자료입력]메뉴를 이용한 자동결산 대체분개의 수정 및 삭제
결산분개를 자동으로 발생시킨 후 손익계산서 등의 표시가 적절하지 않을 경우 결산분개가 이루어진 기간을 선택하여 [결산자료입력]메뉴에서 "결산분개삭제"버튼을 선택하여 해당 결산분개를 삭제할 수 있다.

② 결산대체분개의 일괄삭제

재결산이나 수정 등의 이유로 결산대체분개를 삭제하고자 할 경우는 [일반전표입력]메뉴의 결산월로 들어가서 이미 추가된 결산자료를 삭제할 수 있다. [일반전표입력]화면에서 "Shift +"를 누르면 다음과 같은 [일반전표-자동분개 일괄삭제]화면이 나타난다.

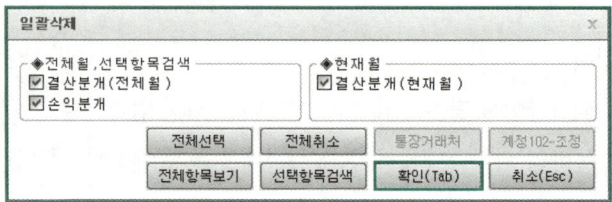

여기서 하단에 있는 확인(Tab) 키를 누르면 [삭제할 데이터를 조회하시겠습니까]라는 메시지가 나타나고 여기에서 하단에 있는 예(Y)를 누르면 삭제할 데이터가 선택된다. 좌측상단에 있는 [X]를 누르면 자동분개가 모두 삭제된다.

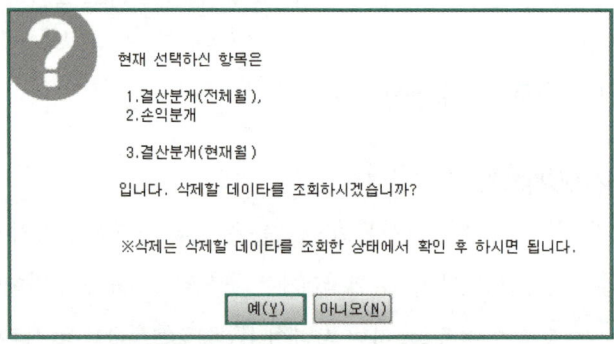

이처럼 자동으로 반영된 결산자료를 모두 삭제한 후 다시 결산자료입력 메뉴를 열어서 수정사항을 반영한 후에는 반드시 "전표추가" 키를 눌러서 결산을 완료하여야 한다.

🔍 실습예제

다음은 정호상사의 결산정리항목이다. 일반전표입력 및 결산자료입력메뉴에 입력하여 결산을 완료하시오.

① 인출금 계정잔액을 정리하다.
② 결산일까지 원인이 밝혀지지 않은 현금과부족계정을 정리하다.
③ 단기차입금에 대한 경과된 이자 미지급액은 18,000원이다.
④ 재고자산의 기말상품재고액은 15,000,000원이다.
⑤ 대손충당금은 매출채권(외상매출금, 받을어음)잔액의 1%를 설정한다.(보충법으로 처리 할 것)

⑥ 유형자산에 대한 감가상각비는 자산별로 다음과 같이 계상하다.

구 분	금 액
건 물	1,550,000
차량운반구	245,000
비 품	350,000

결산순서

일반전표 12월 31일자 수동분개 입력 → 데이터관리(오류검증) → 결산자료입력(1월~12월) F3 전표추가 자동분개 입력 → 손익계산서(12월) F6 전표추가 → 재무상태표 순으로 결산을 완료하여야 한다.

따라하기

1. ①~③번은 수동결산항목이므로 [일반전표입력]메뉴에 입력한다.

   ① 인출금의 정리 분개

   (차) 자본금   200,000   (대) 인출금   200,000

   ② 현금과부족의 정리 분개

   (차) 잡손실   15,000   (대) 현금과 부족   15,000

   ③ 발생된 이자비용의 인식 분개

   (차) 이자비용   18,000   (대) 미지급비용   18,000

[일반전표입력메뉴에 입력된 화면]

일	번호	구분	계정과목	거래처	적요	차변	대변
31	00004	차변	0331 자본금			200,000	
31	00004	대변	0338 인출금				200,000
31	00005	차변	0980 잡손실			15,000	
31	00005	대변	0141 현금과부족				15,000
31	00006	차변	0951 이자비용			18,000	
31	00006	대변	0262 미지급비용				18,000
31							
			합 계			233,000	233,000

2. 데이터체크 하는 방법

수동분개를 입력한 다음 자동분개를 하기 전에 그동안 입력한 자료의 오류가 없는지 체크를 하고 자동분개를 하도록 한다.

오류 검증을 하려면 [데이터관리] → [데이타체크] → [검사시작]을 하면 잘못 입력한 데이터를 보여주는데 그 데이터에 따라 기초정보등록, 일반전표에서 수정하여야 한다.

[데이타체크화면]

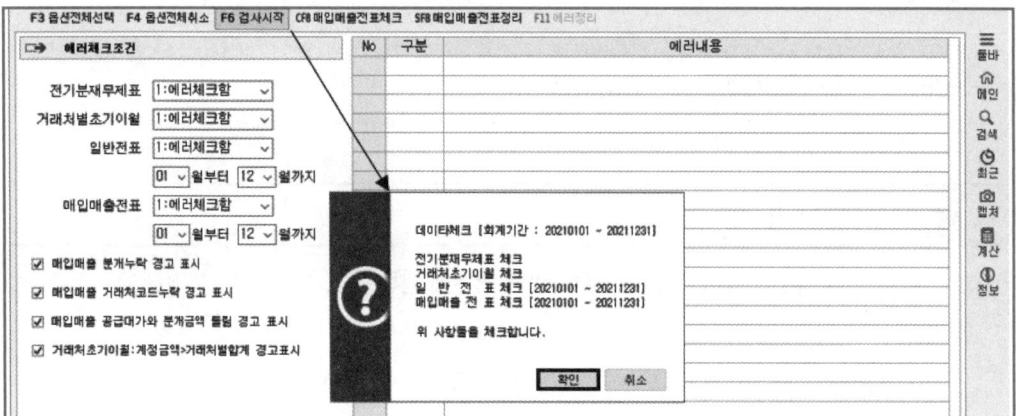

3. ④~⑥번은 자동결산항목이므로 [결산자료입력]메뉴에 입력한 후 [추가]키를 눌러서 결산을 완료한다.

1) 기말상품재고액의 입력 : 15,000,000원

[재고자산의 기말재고액을 입력한 화면]

±	코드	과 목	결산분개금액	결산전금액	결산반영금액	결산후금액
		1. 매출액		17,985,000		17,985,000
	0401	상품매출		18,000,000		18,000,000
	0403	매출할인		15,000		15,000
		2. 매출원가		24,400,000		9,400,000
	0451	상품매출원가				9,400,000
	0146	① 기초 상품 재고액		6,000,000		6,000,000
	0146	② 당기 상품 매입액		18,400,000		18,400,000
	0146	⑩ 기말 상품 재고액			15,000,000	15,000,000

2) 대손충당금의 설정

대손충당금설정액은 대손상각 란에 직접입력하거나 F8 대손상각 메뉴를 클릭하여 입력할 수 있다. 입력방법은 [결산자료입력]화면 상단에 있는 F8 대손상각 메뉴를 클릭하여 대손설정액을 입력할 수 있는 보조화면을 불러낸 다음 프로그램에서 자동계산 된 대손설정액을 결산반영 키를 눌러 결산자료에 반영한다.

> 대손율은 1%로 설정되어 있으며, 대손율이 다를 경우 직접 입력한다.

① 대손충당금설정액의 입력

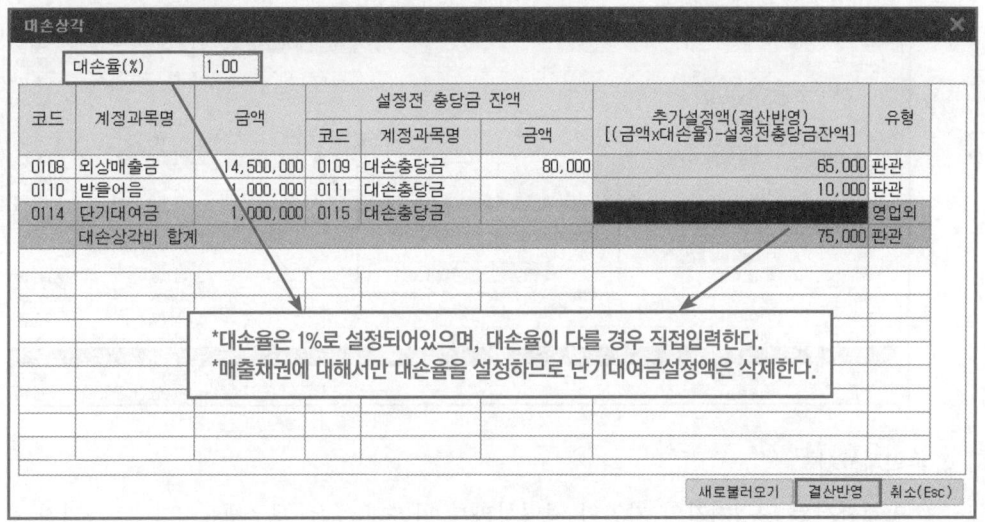

· 외상매출금의 대손충당금 설정액

  $= (14{,}500{,}000 \times 1\%) - 80{,}000 = 65{,}000$

· 받을어음의 대손충당금 설정액

  $= (1{,}000{,}000 \times 1\%) - 0 = 10{,}000$

② 대손충당금설정액의 입력된 화면

0835	5). 대손상각			75,000	75,000
0108	외상매출금			65,000	65,000
0110	받을어음			10,000	10,000

3) 감가상각비의 입력

[4.판매비와일반관리비]의 "4)감가상각비" 결산반영금액란에 금액을 입력한다.

[판매비와 관리비부분의 감가상각비 입력화면]

0818	4). 감가상각비			2,145,000	2,145,000
0202	건물			1,550,000	1,550,000
0208	차량운반구			245,000	245,000
0212	비품			350,000	350,000

자동결산항목을 모두 입력한 후 화면상단의 F3 전표추가 또는 F3키를 누르면 아래와 같은 화면이 나타나며, 여기에서 예(Y) 선택하면 결산분개가 일반전표에 추가되면서 결산이 완료된다.

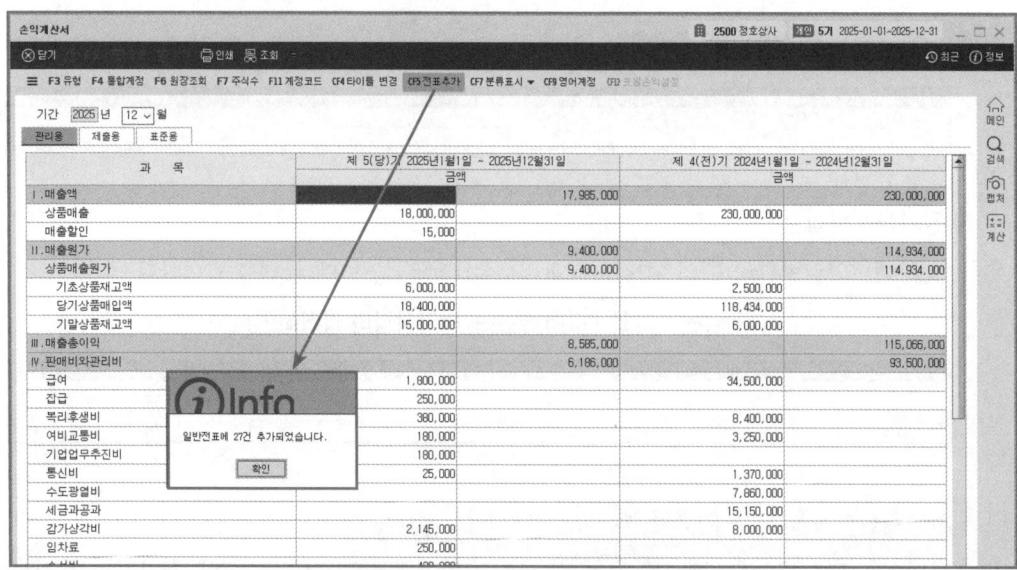

4. 손익계산서

손익계산서는 일정기간의 기업의 경영성과를 나타내 주는 재무제표이다. 일정기간 중 실현된 수익에서 발생된 비용을 차감하여 당기순이익을 산출하는 과정을 표시한다. 프로그램에서는 관리용, 제출용, 표준용으로 구분하여 조회할 수 있다. 개인기업의 경우 화면상단의 CF5 전표추가 버튼을 클릭하여 손익계정을 자본금으로 대체하는 분개를 수행하여야 한다.

[손익계산서가 입력된 화면]

5. 재무상태표

재무상태표는 일정시점의 기업의 재무상태를 나타내 주는 기본재무제표로, 자산, 부채, 자본의 기말잔액과 증감사항 등을 확인할 수 있다. 프로그램에서는 관리용, 제출용, 표준용으로 구분하여 조회할 수 있다.

[재무상태표가 입력된 화면]

과 목	제 5(당)기 2025년1월1일 - 2025년12월31일		제 4(전)기 2024년1월1일 - 2024년12월31일	
	금액		금액	
자산				
Ⅰ.유동자산		45,992,000		26,070,000
① 당좌자산		30,992,000		20,070,000
현금		620,000		5,420,000
당좌예금		6,700,000		
보통예금		7,027,000		6,730,000
단기매매증권		300,000		
외상매출금	14,500,000		8,000,000	
대손충당금	145,000	14,355,000	80,000	7,920,000
받을어음	1,000,000			
대손충당금	10,000	990,000		
단기대여금		1,000,000		
② 재고자산		15,000,000		6,000,000
상품		15,000,000		6,000,000
Ⅱ.비유동자산		207,955,000		191,100,000
① 투자자산				
② 유형자산		206,955,000		191,100,000
토지		15,000,000		15,000,000
건물	155,000,000		150,000,000	
감가상각누계액	9,050,000	145,950,000	7,500,000	142,500,000
차량운반구	24,500,000		12,000,000	
감가상각누계액	2,645,000	21,855,000	2,400,000	9,600,000
비품	30,500,000		30,000,000	
감가상각누계액	6,350,000	24,150,000	6,000,000	24,000,000

CLASS 전산회계2급
실 기 편

PART 5

실기편

입력자료조회

CHAPTER 01 _ 장부조회

CLASS 전산회계2급
실 기 편

01 장부 조회

01..거래처원장

거래처원장은 거래처의 채권·채무관리를 위한 장부로서 거래처별 외상장부를 만들 때 사용한다. 거래처원장은 잔액, 내용으로 구성되어 있다.

구 분	내 용
잔 액	특정 계정과목에 대해 각 거래처의 채권·채무 잔액만을 조회하고자 할 때 선택한다.
내 용	특정 계정과목에 대해 각 거래처별로 거래내용을 구체적으로 조회하고자 할 때 선택한다.

실습예제

정호상사의 거래처원장을 조회 하시오.
① 6월말 현재 외상매출금 잔액이 가장 많은 거래처 코드와 금액은 얼마인가?
② 현대상회의 3월말 현재 미지급금 잔액은 얼마인가?
③ 고려전자(주)의 1월 5일 현재 지급어음 잔액은 얼마인가?

따라하기

① 6월말 현재 외상매출금 잔액이 가장 많은 거래처 코드와 금액 : 201코드, 5,000,000원

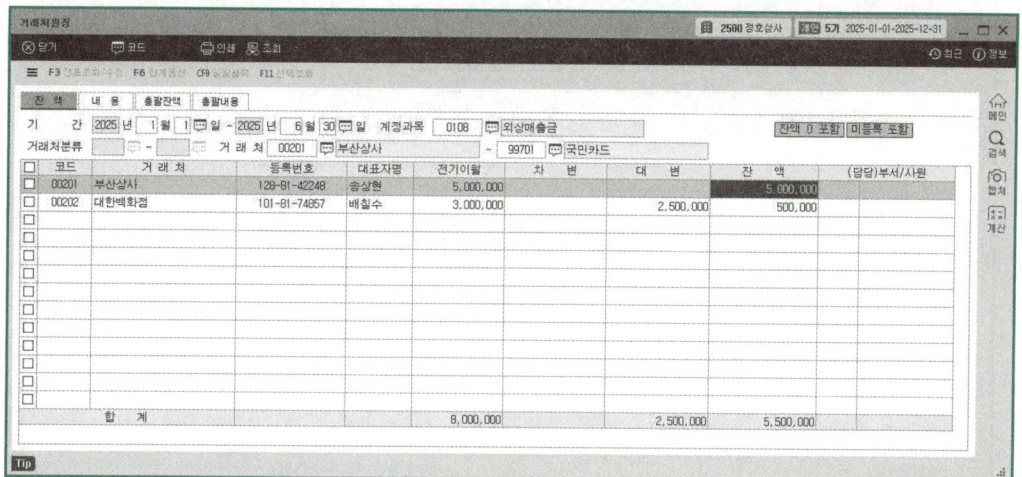

· 거래처별로 계정과목을 조회하려면 반드시 거래처원장에서 조회하여야 한다.
· 계정과목을 조회하고자 할 때 "말일" 현재를 조회하려면 내용에서 조회하는 것 보다 잔액에서 조회를 하는게 한눈에 볼 수 있어 더 편리하다. 메인화면에서[장부관리] → [거래처원장] 클릭 후 잔액의 마우스를 클릭하면 된다.
· 회사 전체 거래처를 조회하려면 거래처 코드에서 Enter↵ 키를 연속으로 치면 된다.

② 현대상회의 3월말 현재 미지급금 잔액 : 2,000,000원

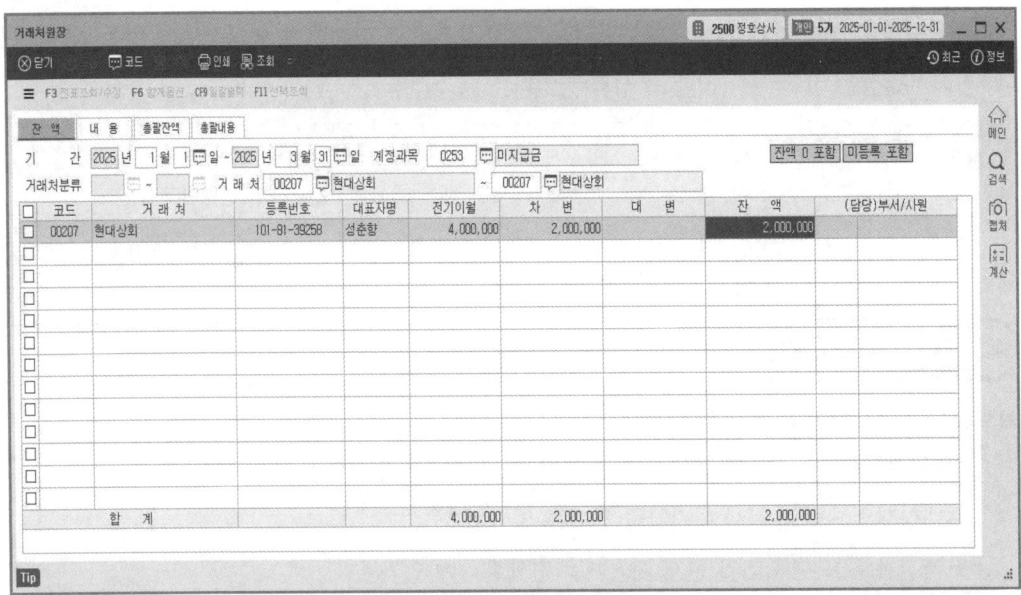

③ 고려전자(주)의 1월 5일 현재 지급어음 잔액 : 36,000,000원

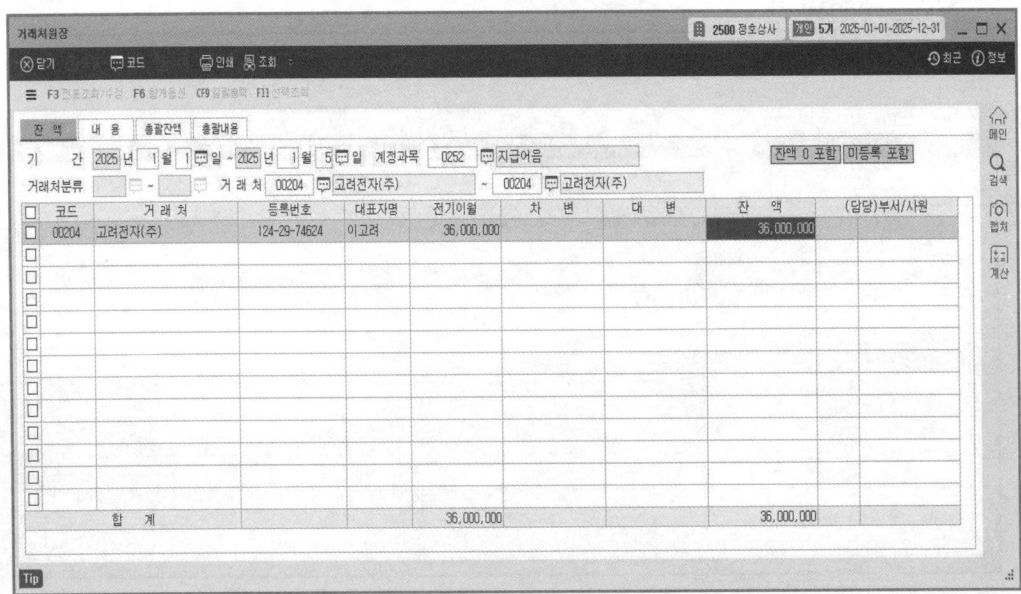

02. 거래처별계정과목별원장

거래처별계정과목별원장은 조회하는 모든 거래처와 관련한 계정과목별 전기이월 차변, 대변 잔액을 보여주는 장부이다.

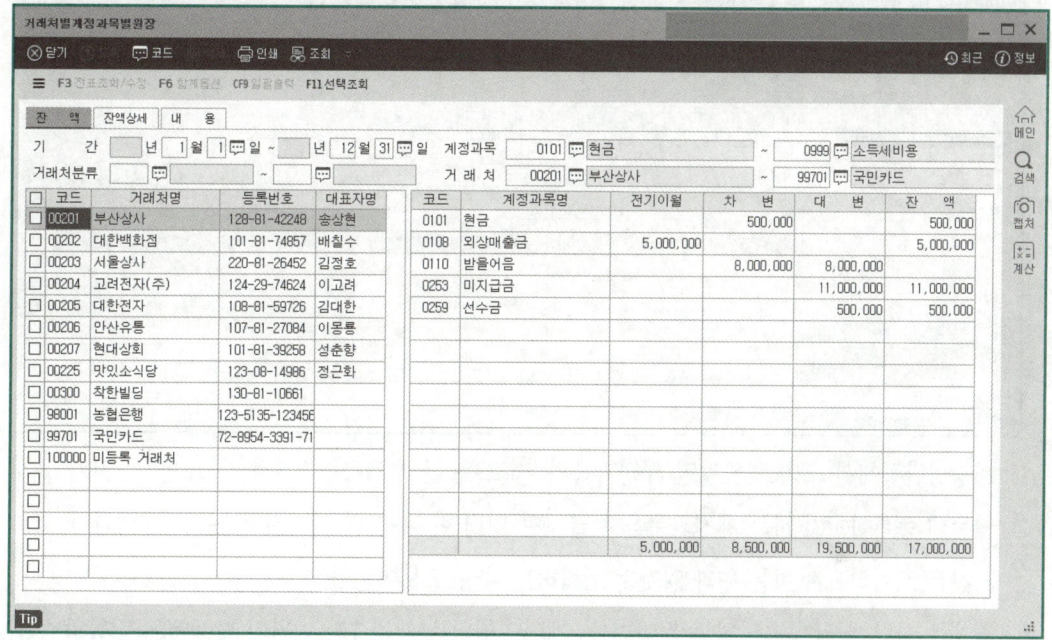

03. 계정별원장

계정별원장은 각 계정의 거래내역을 일자별로 기록한 장부이다. 그러나 현금계정(현금출납장)의 거래내역은 현금출납장에서 조회하므로, 여기에서는 현금 이외의 계정과목에 대한 정보를 조회한다. 조회하고자 하는 계정과목은 하나만 입력하여 조회 할 수도 있고, 일정범위로도 조회할 수 있다.

실습예제

① 1월부터 5월까지 외상매출금 회수한 금액은 얼마인가?
② 4월 중 보통예금 출금 건수와 총금액은 얼마인가?

따라하기

① 1월부터 5월까지 외상매출금 회수금액 : 2,500,000원

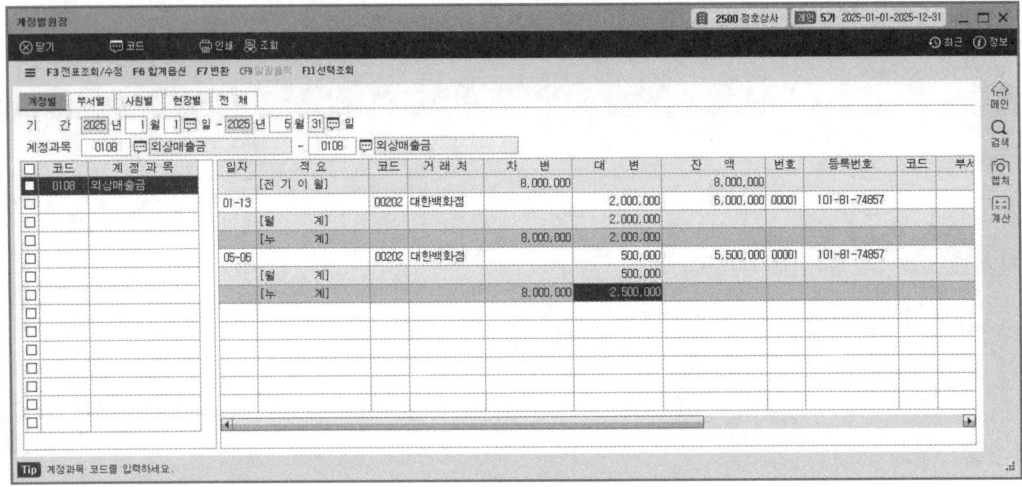

· 계정별원장에서 조회를 하려면 계정과목의 F2 또는 를 선택하면 "계정코드도움" 상자가 표시되는데 등록하고자 하는 계정과목을 두글자만 입력 한 다음 원하는 계정과목을 선택한다.
· 기간은 조회하고자 하는 월과 일자를 입력하면 내용을 보여준다.
· 월계는 한달에 월계를 말하는 것이며, 누계란 2월의 누계는 1월, 2월의 합계액 → 3월의 누계는 1월, 2월, 3월의 합계액이다.

② 4월 중 보통예금 출금 건수와 총금액 : 4건, 5,245,000원

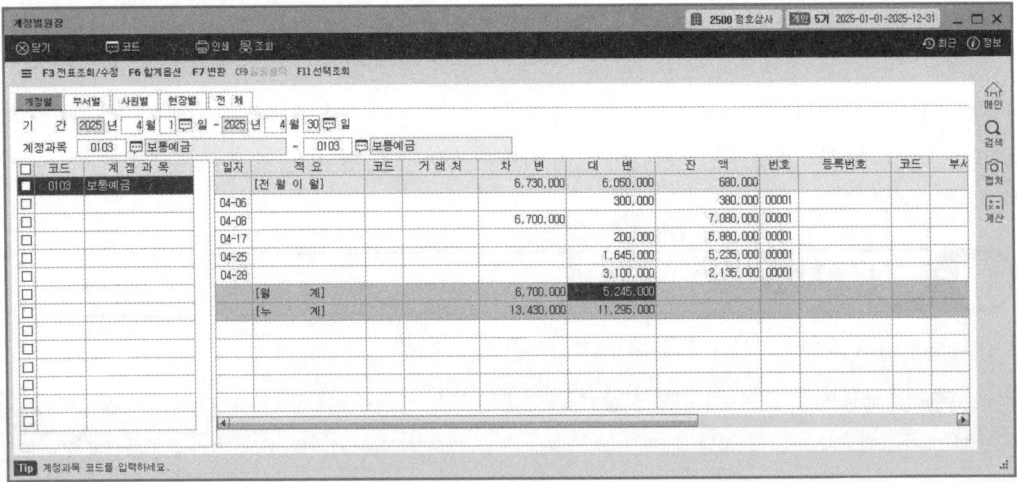

· 계정별원장은 거래일자별로 내용을 세부적으로 알고 싶을 때 조회한다.
· 거래처와 관계없이 회사 전체의 계정과목을 조회하려면 계정별원장에서 조회한다.

04. 현금출납장

현금출납장은 현금의 입금과 출금을 상세히 기록 계산하는 보조기입장으로 현금의 입·출금 거래내역이 날짜순으로 기록된 장부이다. 따라서 현금출납장은 매일 매일의 현금의 입·출금 내역과 현금의 장부상 시재액에 관한 정보를 제공한다. 현금계정이 차변으로 회계처리 된 것은 입금에, 대변계정으로 처리된 것은 출금에서 조회된다.

실습예제

① 1월부터 3월까지의 누적현금지급액은 얼마인가?
② 1월부터 2월까지의 입금액은 얼마인가?
③ 2월 28일의 현재 현금잔액은 얼마인가?

따라하기

① 1월부터 3월까지의 누적현금지급액 : 6,225,000원

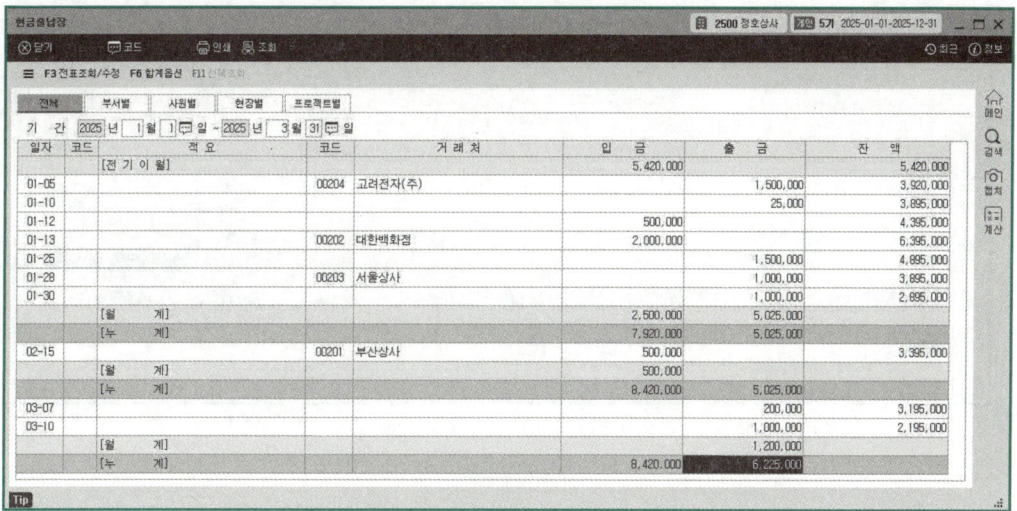

- 현금은 유입이나 유출이 중요하므로 별도로 현금출납장이 있다.
- 현금의 지출액, 현금의 입금액, 현금의 잔액은 현금출납장에서 조회 하는게 가장 편리하다.

② 1월부터 2월까지의 입금액 : 3,000,000원

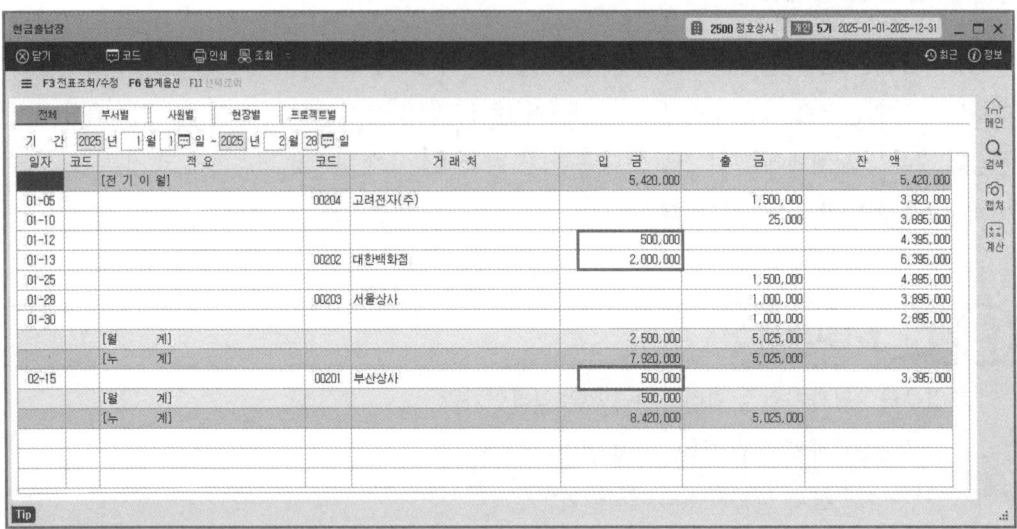

③ 2월 28일의 현재 현금잔액 : 3,395,000원

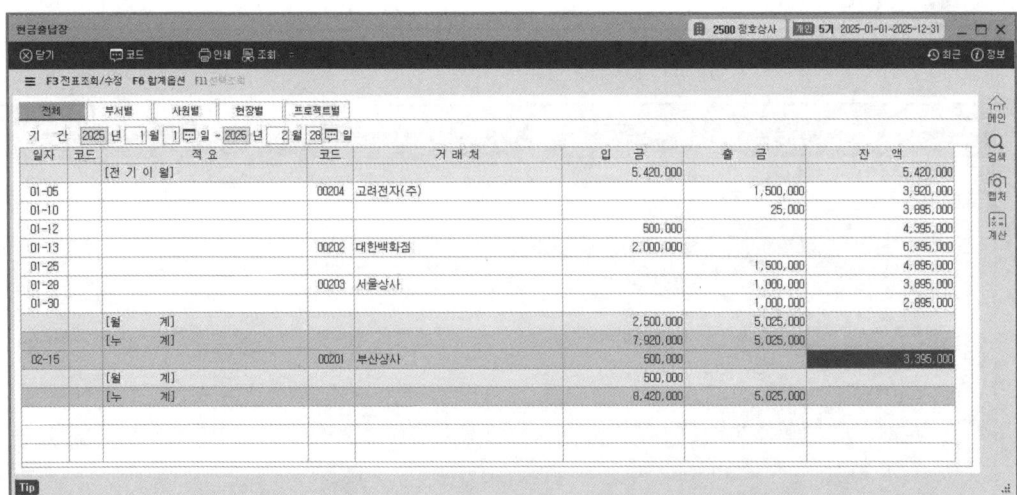

05. 일계표(월계표)

[일/월계표]는 하나의 창에 일계표와 월계표의 각 탭으로 구성되어 있으며, 조회일 또는 월간의 각 계정별 대체전표 및 현금전표의 내역을 조회할 수 있다. 기간을 입력하는 경우 일계표는 조회하고자 하는 월, 일을, 월계표는 조회하고자 하는 해당 월을 입력한다.

실습예제

정호상사의 일계표를 조회 하시오.
① 1월 1일에서 1월 25일까지 판매비및일반관리비 중 현금 지출액은 얼마인가?
② 1월 6일에서 1월 25일까지 판매비와관리비 중 대체거래 지출액은 얼마인가?
③ 1월 1일에서 1월 15일까지 외상매출금 회수한 금액얼마인가?

따라하기

① 1월 1일~1월 25일까지 판매비및일반관리비 중 현금지출액 : 25,000원

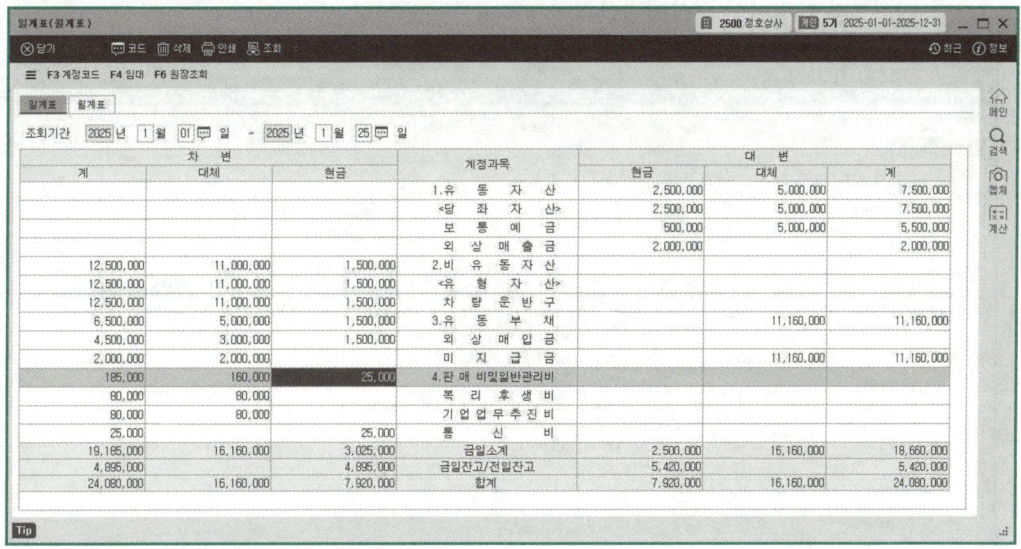

· 일계표에서 조회는 한 달이 되지 않는 계정과목을 조회하고자 하는 경우 사용한다.
· 일/월계표에서 일계표를 마우스로 클릭하고 조회하고자 하는 월과 일자를 입력한다.
· 제조경비 중 현금지출액이란 경비가 발생할 때 현금으로 지급하고, 전표입력시 현금전표를 선택하여 입력한 경우다.

② 1월 6일~1월 25일까지 판매비와관리비 중 대체거래 지출액 : 160,000원

판매비와관리비 중 대체거래 지출액이란 경비가 발생할 때 현금으로 지급하지 않고, 현금이외의 다른 방법으로 지급하고, 전표입력시 대체전표를 선택하여 입력한 경우다.

③ 1월 1일~1월 15일까지 외상매출금 회수액 : 2,000,000원

외상매출금을 회수하면 자산이 감소한다. 거래의 8요소에서 자산의 감소는 대변에서 발생하므로 대변에 있는 금액을 조회한다.

실습예제

정호상사의 월계표를 조회 하시오.
① 1월 중 현금으로 지급한 외상매입금은 얼마인가?
② 7월 한 달간 현금으로 지급된 판매비와 관리비는 얼마인가?
③ 4월부터 12월까지 상품 매입액은 얼마인가?
④ 4월에 발생된 영업외비용 총액은 얼마인가?

따라하기

① 1월 중 현금으로 지급한 외상매입금 : 1,500,000원

차 변			계정과목	대 변		
계	대체	현금		현금	대체	계
2,000,000		2,000,000	1.유 동 자 산	2,500,000	5,000,000	7,500,000
2,000,000		2,000,000	<당 좌 자 산>	2,500,000	5,000,000	7,500,000
1,000,000		1,000,000	당 좌 예 금			
			보 통 예 금	500,000	5,000,000	5,500,000
			외 상 매 출 금	2,000,000		2,000,000
1,000,000		1,000,000	단 기 대 여 금			
12,500,000	11,000,000	1,500,000	2.비 유 동 자 산			
12,500,000	11,000,000	1,500,000	<유 형 자 산>			
12,500,000	11,000,000	1,500,000	차 량 운 반 구			
6,500,000	5,000,000	1,500,000	3.유 동 부 채		11,160,000	11,160,000
4,500,000	3,000,000	1,500,000	외 상 매 입 금			
2,000,000	2,000,000		미 지 급 금		11,160,000	11,160,000
185,000	160,000	25,000	4.판 매 비및일반관리비			
80,000	80,000		복 리 후 생 비			
21,185,000	16,160,000	5,025,000	금월소계	2,500,000	16,160,000	18,660,000
2,895,000		2,895,000	금월잔고/전월잔고	5,420,000		5,420,000
24,080,000	16,160,000	7,920,000	합계	7,920,000	16,160,000	24,080,000

· 월계표에서 조회는 한 달 이상이 되는 계정과목을 조회하고자 하는 경우 사용한다.
· 일/월계표에서 월계표를 마우스로 클릭하고 조회하고자 하는 월을 입력한다.
· 외상매입금을 지급하면 부채가 감소한다. 거래의 8요소에서 부채의 감소는 차변에서 발생하므로 차변에 있는 금액을 조회한다.

② 7월 한 달간 현금으로 지급된 판매비와 관리비 : 15,000원

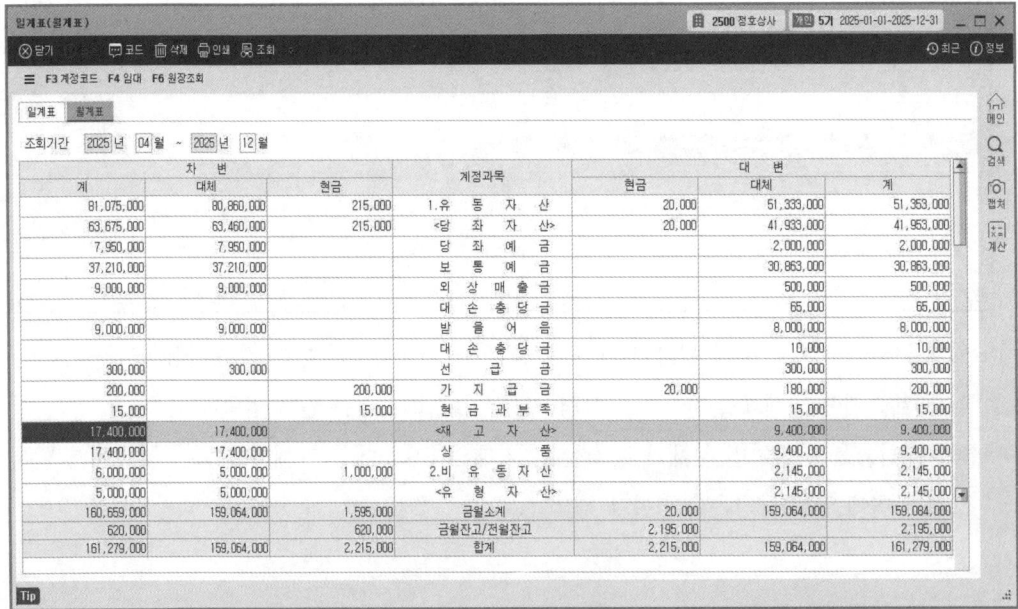

· 판매비와 관리비란 본사에서 발생한 비용의 합계액을 말한다.
· 거래의 8요소에서 비용의 발생은 차변에서 발생하므로 차변에 있는 금액을 조회한다.

③ 4월부터 12월까지 상품 매입액 : 17,400,000원

상품을 매입하면 자산이 증가한다. 거래의 8요소에서 자산의 증가는 차변에서 발생 하므로 차변에 있는 금액을 조회한다.

④ 4월에 발생된 영업외비용 총액 : 300,000원

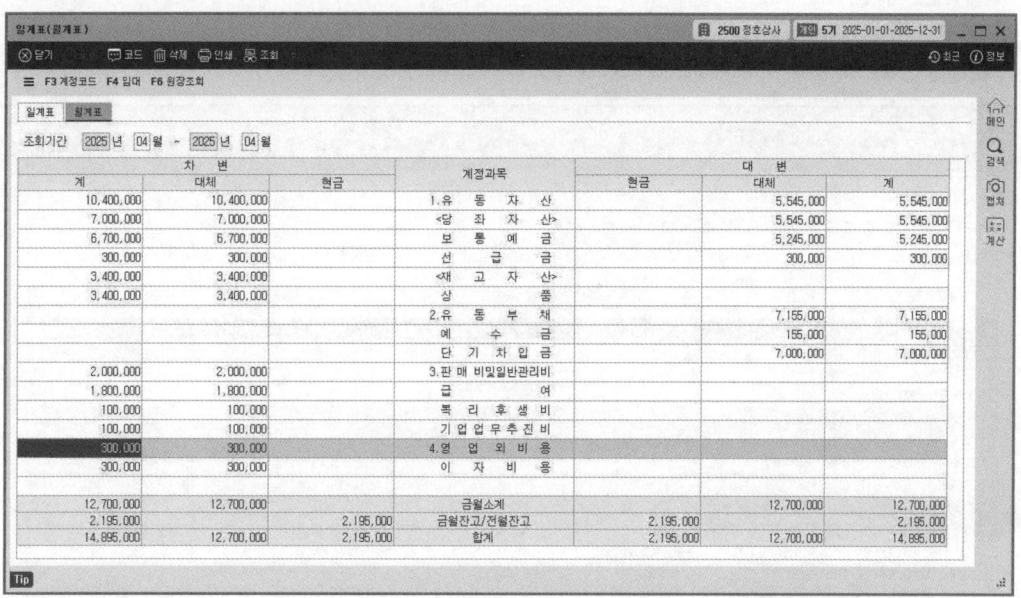

- 영업외비용이란 영업활동외의 활동에서 발생한 비용을 말한다.
- 모든 계정과목을 조회할 때 거래의 8요소의 대입해서 조회를 하면 된다.
- 회계처리뿐만 아니라 장부조회를 할 때도 거래의 8요소를 정확하게 이해하고 있지 않으면 차변에서 조회해야 할지 대변에서 조회해야 할지 잘 모르게 된다. 그러므로 거래의 8요소를 잘 알아두는게 중요하다.

06. 분개장

분개장은 전 계정에 대한 분개내역을 날짜순으로 조회한다.

07. 총계정원장

총계정원장은 [일반전표입력]에 입력된 자료에 의하여 계정과목별 집계현황을 보여준다. 총계정원장은 각 계정별로 차변 대변에 기록된 금액을 날짜순으로 조회하며, 월별과 일별 탭으로 구분된다.

실습예제

정호상사의 총계정원장을 조회 하시오.

① 5월~12월 중 상품매출 금액이 가장 많이 발생한 달과 공급가액은 얼마인가?

② 1월~5월 중 보통예금이 가장 많이 지출된 월과 금액은 얼마인가?

따라하기

① 5월~12월 중 상품매출 금액이 가장 많이 발생한 달과 공급가액 : 12월, 10,000,000원

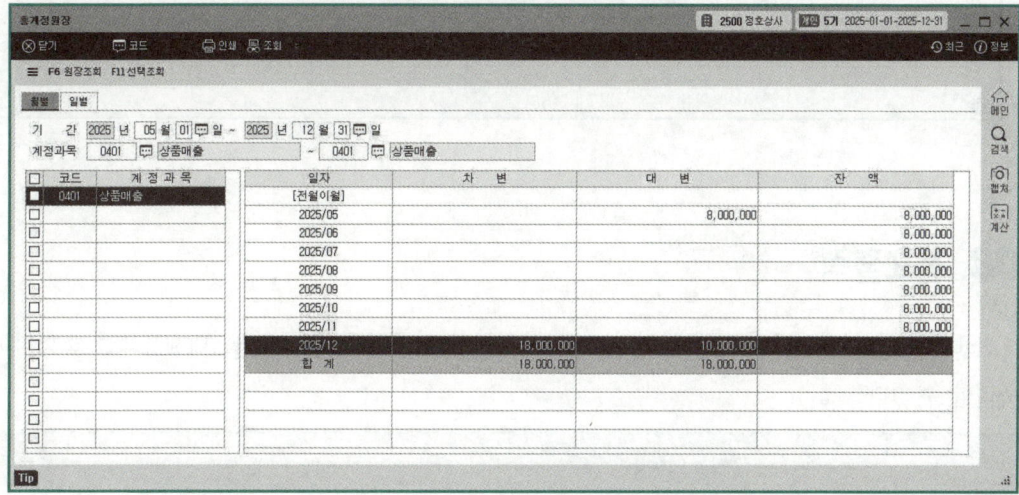

· 총계정원장은 계정과목을 조회할 때 가장 큰 달 또는 전월과 대비해서 금액을 조회하고자 하는 경우 유용하다.

· 계정별원장에서도 조회는 가능하지만 월별로 한 눈에 볼 수 있어 조회가 편리하다.

② 1월~5월 중 보통예금이 가장 많이 지출된 월과 금액 : 5월, 25,618,000

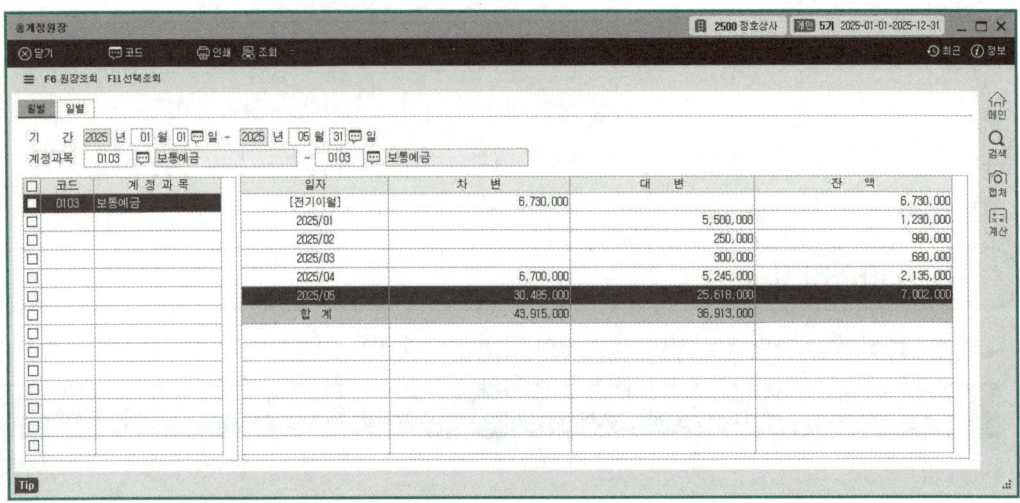

08..전표출력

전표출력은 [일반전표입력]에 입력된 자료에 의하여 입금전표, 출금전표, 대체전표를 조회하고 출력할 수 있다.

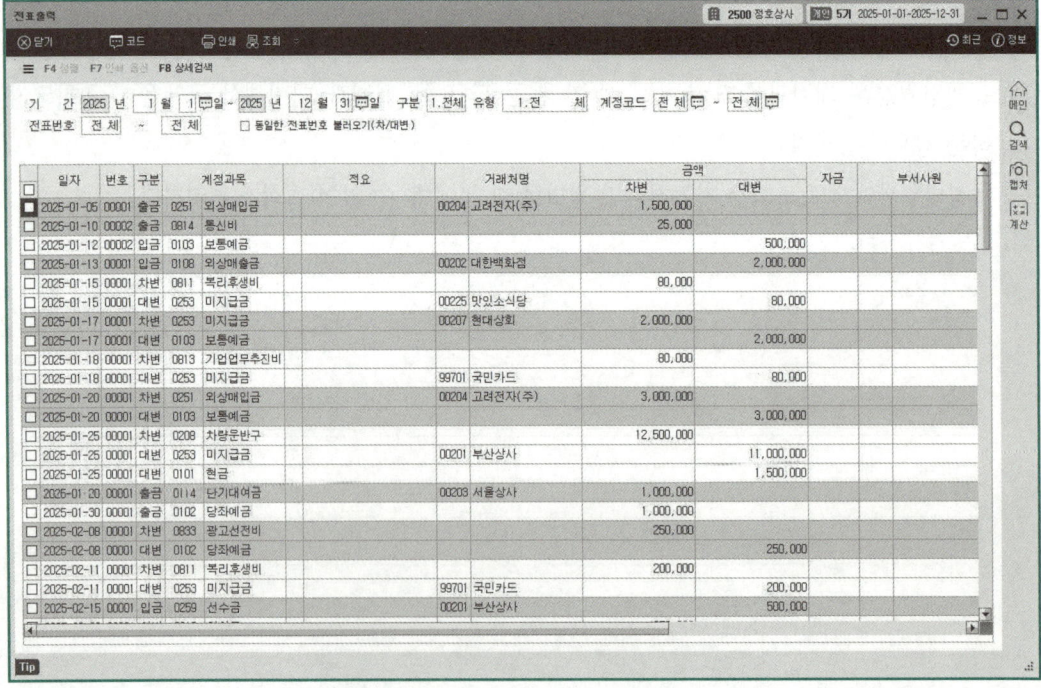

116회 이론시험

다음 문제를 보고 알맞은 것을 골라 │ **이론문제 답안작성** │ 메뉴에 입력하시오. (객관식 문항당 2점)

기본전제

문제에서 한국채택국제회계기준을 적용하도록 하는 전제조건이 없는 경우, 일반기업회계기준을 적용한다.

01 다음 중 혼합거래에 해당하는 것으로 옳은 것은?

① 임대차 계약을 맺고, 당월 분 임대료 500,000원을 현금으로 받았다.
② 단기대여금 회수금액 300,000원과 그 이자 3,000원을 현금으로 받았다.
③ 단기차입금에 대한 이자 80,000원을 현금으로 지급하였다.
④ 상품 400,000원을 매입하고 대금 중 100,000원은 현금으로, 나머지 잔액은 외상으로 하였다.

02 다음 중 재고자산의 원가를 결정하는 방법에 해당하는 것은?

① 선입선출법   ② 정률법   ③ 생산량비례법   ④ 정액법

03 다음 중 결산 재무상태표에 표시할 수 없는 계정과목은 무엇인가?

① 단기차입금   ② 인출금   ③ 임차보증금   ④ 선급비용

04 다음의 자료를 바탕으로 유형자산 처분손익을 계산하면 얼마인가?

· 취득가액 : 10,000,000원
· 처분 시까지의 감가상각누계액 : 8,000,000원
· 처분가액 : 5,000,000원

① 처분이익 2,000,000원   ② 처분이익 3,000,000원
③ 처분손실 3,000,000원   ④ 처분손실 5,000,000원

05 개인기업인 신나라상사의 기초자본금이 200,000원일 때, 다음 자료를 통해 알 수 있는 당기순이익은 얼마인가?

· 기업 경영주의 소득세를 납부 : 50,000원
· 추가 출자금 : 40,000원
· 기말자본금 : 350,000원

① 150,000원　② 160,000원　③ 210,000원　④ 290,000원

06 다음 본오물산의 거래내역을 설명하는 계정과목으로 가장 바르게 짝지어진 것은?

(가) 공장 부지로 사용하기 위한 토지의 구입 시 발생한 취득세
(나) 본오물산 직원 급여 지급 시 발생한 소득세 원천징수액

	(가)	(나)
①	세금과공과	예수금
②	토지	예수금
③	세금과공과	세금과공과
④	토지	세금과공과

07 다음 중 판매비와관리비에 해당하지 않는 것은?

① 이자비용　　　　② 차량유지비
③ 통신비　　　　　④ 기업업무추진비

08 다음 중 정상적인 영업 과정에서 판매를 목적으로 보유하는 재고자산에 대한 예시로 옳은 것은?

① 홍보 목적 전단지
② 접대 목적 선물세트
③ 제품과 상품
④ 기부 목적 쌀

09 다음은 자본적 지출과 수익적 지출의 예시이다. 각 빈칸에 들어갈 말로 바르게 짝지어진 것은?

- 태풍에 파손된 유리 창문을 교체한 것은 (㉠)적 지출
- 자동차 엔진오일의 교체는 (㉡)적 지출

① ㉠ 자본, ㉡ 수익
② ㉠ 자본, ㉡ 자본
③ ㉠ 수익, ㉡ 자본
④ ㉠ 수익, ㉡ 수익

10 다음과 같은 결합으로 이루어진 거래로 가장 옳은 것은?

(차) 부채의 감소   (대) 자산의 감소

① 외상매입금 4,000,000원을 보통예금 계좌에서 지급한다.
② 사무실의 전기요금 300,000원을 현금으로 지급한다.
③ 거래처 대표의 자녀 결혼으로 100,000원의 화환을 보낸다.
④ 사무실에서 사용하던 냉장고를 200,000원에 처분한다.

11 다음 중 계정과목의 분류가 다른 것은?

① 예수금   ② 미지급비용   ③ 선급비용   ④ 선수금

12 기간 경과 분 이자수익이 당기에 입금되지 않았다. 기말 결산 시 해당 내용을 회계처리 하지 않았을 때 당기 재무제표에 미치는 영향으로 가장 옳은 것은?

① 자산의 과소계상   ② 부채의 과대계상
③ 수익의 과대계상   ④ 비용의 과소계상

13 다음의 자료를 이용하여 순매출액을 계산하면 얼마인가?

· 당기 상품 매출액 : 300,000원
· 상품매출과 관련된 부대비용 : 5,000원
· 상품매출 환입액 : 10,000원

① 290,000원　　② 295,000원　　③ 305,000원　　④ 319,000원

14 다음의 내용이 설명하는 계정과목으로 올바른 것은?

기간이 경과되어 보험료, 이자, 임차료 등의 비용이 발생하였으나 약정된 지급일이 되지 않아 지급하지 아니한 금액에 사용하는 계정과목이다.

① 가지급금　　② 예수금　　③ 미지급비용　　④ 선급금

15 다음의 자료를 바탕으로 현금및현금성자산의 금액을 계산하면 얼마인가?

· 보통예금 : 500,000원
· 당좌예금 : 700,000원
· 1년 만기 정기예금 : 1,000,000원
· 단기매매증권 : 500,000원

① 1,200,000원　　② 1,500,000원　　③ 1,700,000원　　④ 2,200,000원

116회 실무시험

하늘상사(회사코드:1164)는 유아용 의류를 판매하는 개인기업으로 당기(제10기)의 회계기간은 2025.1.1.~2025.12.31.이다. 전산세무회계 수험용 프로그램을 이용하여 다음 물음에 답하시오.

기본전제

· 문제에서 한국채택국제회계기준을 적용하도록 하는 전제조건이 없는 경우, 일반기업회계기준을 적용하여 회계처리 한다.
· 문제의 풀이와 답안작성은 제시된 문제의 순서대로 진행한다.

문제1 다음은 하늘상사의 사업자등록증이다. [회사등록] 메뉴에 입력된 내용을 검토하여 누락분은 추가 입력하고 잘못된 부분을 정정하시오(단, 주소 입력 시 우편번호는 입력하지 않아도 무방함). (6점)

사업자등록증
(일반과세자)

등록번호 : 628-26-01035

상　　　호 : 하늘상사
성　　　명 : 최은우　　　　　생 년 월 일 : 1988 년 10 월 17 일
개 업 연 월 일 : 2016 년 03 월 01 일
사업장소재지 : 서울특별시 강남구 논현로 56 (개포동 1228-4)

사업의 종류 : 업태 도소매　　　　종목 유아용 의류

발 급 사 유 : 신규
공 동 사 업 자 :

사업자 단위 과세 적용사업자 여부 : 여( ) 부(v)
전자세금계산서 전용 전자우편주소 :

2022년 03 월 01 일
삼 성 세 무 서 장

문제 2 다음은 하늘상사의 전기분 손익계산서이다. 입력되어 있는 자료를 검토하여 오류 부분은 정정하고 누락된 부분은 추가 입력하시오. (6점)

손익계산서

회사명 : 하늘상사   제9기 : 2024.1.1. ~ 2024.12.31.   (단위 : 원)

과목	금액	과목	금액
Ⅰ 매 출 액	665,000,000	Ⅴ 영 업 이 익	129,500,000
상 품 매 출	665,000,000	Ⅵ 영 업 외 수 익	240,000
Ⅱ 매 출 원 가	475,000,000	이 자 수 익	210,000
상 품 매 출 원 가	475,000,000	잡 이 익	30,000
기 초 상 품 재 고 액	19,000,000	Ⅶ 영 업 외 비 용	3,000,000
당 기 상 품 매 입 액	472,000,000	기 부 금	3,000,000
기 말 상 품 재 고 액	16,000,000	Ⅷ 소득세차감전순이익	126,740,000
Ⅲ 매 출 총 이 익	190,000,000	Ⅸ 소 득 세 등	0
Ⅳ 판 매 비 와 관 리 비	60,500,000	Ⅹ 당 기 순 이 익	126,740,000
급 여	30,000,000		
복 리 후 생 비	2,500,000		
기 업 업 무 추 진 비	8,300,000		
통 신 비	420,000		
감 가 상 각 비	5,200,000		
임 차 료	12,000,000		
차 량 유 지 비	1,250,000		
소 모 품 비	830,000		

문제 3 다음 자료를 이용하여 입력하시오. (6점)

[1] 다음의 신규 거래처를 [거래처등록] 메뉴에서 추가 입력하시오(단, 우편번호 입력은 생략함). (3점)

코드	거래처명	대표자명	사업자등록번호	유형	사업장소재지	업태	종목
00308	뉴발상사	최은비	113-09-67896	동시	서울 송파구 법원로 11길 11	도매및소매업	신발 도매업

[2] 거래처별 초기이월의 올바른 채권과 채무 잔액은 다음과 같다. [거래처별초기이월] 메뉴의 자료를 검토하여 오류가 있으면 올바르게 삭제 또는 수정, 추가 입력을 하시오. (3점)

계정과목	거래처명	금액
외상매출금	스마일상사	20,000,000원
미수금	슈프림상사	10,000,000원
단기차입금	다온상사	23,000,000원

문제 4 [일반전표입력] 메뉴를 이용하여 다음의 거래 자료를 입력하시오. (24점)

입력시 유의사항

· 적요의 입력은 생략한다.
· 부가가치세는 고려하지 않는다.
· 채권·채무와 관련된 거래는 별도의 요구가 없는 한 반드시 기등록된 거래처코드를 선택하는 방법으로 거래처명을 입력한다.
· 회계처리 시 계정과목은 별도의 제시가 없는 한 등록된 계정과목 중 가장 적절한 과목으로 한다.

[1] 07월 25일 경리부 직원 류선재로부터 아래의 청첩장을 받고 축의금 300,000원을 사규에 따라 현금으로 지급하였다. (3점)

[2] 08월 04일 영동상사로부터 상품 4,000,000원을 매입하고 대금 중 800,000원은 당좌수표로 지급하고, 잔액은 어음을 발행하여 지급하였다. (3점)

[3] 08월 25일 하나상사에 상품 1,500,000원을 판매하는 계약을 하고, 계약금으로 상품 대금의 20%가 보통예금 계좌에 입금되었다. (3점)

[4] 10월 01일 운영자금을 확보하기 위하여 기업은행으로부터 50,000,000원을 5년 후에 상환하는 조건으로 차입하고, 차입금은 보통예금 계좌로 이체받았다. (3점)

[5] 10월 31일 영업부 과장 송해나의 10월분 급여를 보통예금 계좌에서 이체하여 지급하였다 (단, 하나의 전표로 처리하되, 공제 항목은 구분하지 않고 하나의 계정과목으로 처리할 것). (3점)

급여명세서

귀속연월: 2025년 10월
지급연월: 2025년 10월 31일

성명	송해나

세부 내역

지급		공제	
급여 항목	지급액(원)	공제 항목	공제액(원)
기본급	2,717,000	소득세	49,100
		지방소득세	4,910
		국민연금	122,260
		건강보험	96,310
		장기요양보험	12,470
		고용보험	24,450
		공제액 계	309,500
지급액 계	2,717,000	실지급액	2,407,500

계산 방법

구분	산출식 또는 산출방법	지급금액(원)
기본급	209시간×13,000원/시간	2,717,000

[6] 11월 13일 가나상사에 상품을 판매하고 받은 어음 2,000,000원을 즉시 할인하여 은행으로부터 보통예금 계좌로 입금받았다(단, 매각거래이며, 할인율은 5%로 한다). (3점)

[7] 11월 22일 거래처 한올상사에서 상품 4,000,000원을 외상으로 매입하고 인수 운임 150,000원(당사 부담)은 현금으로 지급하였다(단, 하나의 전표로 입력할 것). (3점)

[8] 12월 15일 다음과 같이 우리컨설팅에서 영업부 서비스교육을 진행하고 교육훈련비 대금 중 500,000원은 보통예금 계좌에서 이체하여 지급하고 잔액은 외상으로 하였다. 단, 원천징수세액은 고려하지 않는다. (3점)

권		호			거래명세표(거래용)				
2025년	12월	15일							
			공급자	사업자등록번호		109-02-*****			
하늘상사 귀하				상 호	우리컨설팅		성 명	김우리	㊞
				사 업 장 소 재 지	서울특별시 양천구 신정중앙로 86				
아래와 같이 계산합니다.				업 태	서비스		종 목	컨설팅, 강의	
합계금액					일백만 원정 (₩ 1,000,000)				

월일	품 목	규 격	수 량	단 가	공 급 대 가
12월 15일	영업부 서비스 교육		1	1,000,000원	1,000,000원
	계				1,000,000원
전잔금	없음		합	계	1,000,000원
입 금	500,000원	잔금	500,000원		
비 고					

문제5 [일반전표입력] 메뉴에 입력된 내용 중 다음의 오류가 발견되었다. 입력된 내용을 검토하고 수정 또는 삭제, 추가 입력하여 올바르게 정정하시오. (6점)

입력시 유의사항

· 적요의 입력은 생략한다.
· 부가가치세는 고려하지 않는다.
· 채권·채무와 관련된 거래는 별도의 요구가 없는 한 반드시 기등록된 거래처코드를 선택하는 방법으로 거래처명을 입력한다.
· 회계처리 시 계정과목은 별도의 제시가 없는 한 등록된 계정과목 중 가장 적절한 과목으로 한다.

[1] 08월 22일 만중상사로부터 보통예금 4,000,000원이 입금되어 선수금으로 처리한 내용은 전기에 대손 처리하였던 만중상사의 외상매출금 4,000,000원이 회수된 것이다. (3점)

[2] 09월 15일 광고선전비로 계상한 130,000원은 거래처의 창립기념일 축하를 위한 화환 대금이다. (3점)

문제 6 다음의 결산정리사항을 입력하여 결산을 완료하시오. (12점)

입력시 유의사항

· 적요의 입력은 생략한다.
· 부가가치세는 고려하지 않는다.
· 채권 · 채무와 관련된 거래는 별도의 요구가 없는 한 반드시 기등록된 거래처코드를 선택하는 방법으로 거래처명을 입력한다.
· 회계처리 시 계정과목은 별도의 제시가 없는 한 등록된 계정과목 중 가장 적절한 과목으로 한다.

[1] 회사의 자금 사정으로 인하여 영업부의 12월분 전기요금 1,000,000원을 다음 달에 납부하기로 하였다. (3점)

[2] 기말 현재 현금과부족 30,000원은 영업부 컴퓨터 수리비를 지급한 것으로 밝혀졌다. (3점)

[3] 12월 1일에 국민은행으로부터 100,000,000원을 연 이자율 12%로 차입하였다(차입기간 : 2025.12.01.~2030.11.30.). 매월 이자는 다음 달 5일에 지급하기로 하고, 원금은 만기 시에 상환한다. 기말수정분개를 하시오(단, 월할 계산할 것). (3점)

[4] 결산을 위해 재고자산을 실사한 결과 기말상품재고액은 15,000,000원이었다. (3점)

문제 7 다음 사항을 조회하여 답안을 이론문제 답안작성 메뉴에 입력하시오. (10점)

[1] 상반기(1월~6월) 중 기업업무추진비(판매비와일반관리비)를 가장 많이 지출한 월(月)과 그 금액은 얼마인가? (3점)

[2] 5월까지의 직원급여 총 지급액은 얼마인가? (3점)

[3] 6월 말 현재 외상매출금 잔액이 가장 많은 거래처의 상호와 그 외상매출금 잔액은 얼마인가? (4점)

115회 이론시험

다음 문제를 보고 알맞은 것을 골라 │이론문제 답안작성│ 메뉴에 입력하시오. (객관식 문항당 2점)

기본전제
문제에서 한국채택국제회계기준을 적용하도록 하는 전제조건이 없는 경우, 일반기업회계기준을 적용한다.

01 다음 자료에 의하여 기말결산 시 재무상태표상에 현금및현금성자산으로 표시될 장부금액은 얼마인가?

- 서울은행에서 발행한 자기앞수표 30,000원
- 당좌개설보증금 50,000원
- 취득 당시 만기가 3개월 이내에 도래하는 금융상품 70,000원

① 50,000원　　② 80,000원　　③ 100,000원　　④ 120,000원

02 다음 자료는 회계의 순환과정의 일부이다. (가), (나), (다)에 들어갈 순환과정의 순서로 옳은 것은?

거래 발생 → (가) → 전기 → 수정 전 시산표 작성 → (나) → 수정 후 시산표 작성 → (다) → 결산보고서 작성

	(가)	(나)	(다)
①	분개	각종 장부 마감	결산 정리 분개
②	분개	결산 정리 분개	각종 장부 마감
③	각종 장부 마감	분개	결산 정리 분개
④	결산 정리 분개	각종 장부 마감	분개

03 다음은 개인기업인 서울상점의 손익 계정이다. 이를 통해 알 수 있는 내용이 아닌 것은?

	손익		
12/31 상품매출원가	120,000원	12/31 상 품 매 출	260,000원
급　　　여	40,000원	이 자 수 익	10,000원
보 험 료	30,000원		
자 본 금	80,000원		
	270,000원		270,000원

① 당기분 보험료는 30,000원이다.
② 당기분 이자수익은 10,000원이다.
③ 당기의 매출총이익은 140,000원이다.
④ 당기의 기말 자본금은 80,000원이다.

04 다음 중 재무상태표의 계정과목으로만 짝지어진 것은?
① 미지급금, 미지급비용
② 외상매출금, 상품매출
③ 감가상각누계액, 감가상각비
④ 대손충당금, 대손상각비

05 다음 중 결산 시 차기이월로 계정을 마감하는 계정과목에 해당하는 것은?
① 이자수익　　② 임차료　　③ 통신비　　④ 미수금

06 다음 중 일반적으로 유형자산의 취득원가에 포함시킬 수 없는 것은?
① 설치비
② 취득세
③ 취득 시 발생한 운송비
④ 보유 중에 발생한 수선유지비

07 다음 중 판매비와관리비에 해당하는 것을 모두 고른 것은?

| 가. 이자비용 | 나. 유형자산처분손실 |
| 다. 복리후생비 | 라. 소모품비 |

① 가, 나 ② 가, 다
③ 나, 다 ④ 다, 라

08 다음 중 계정의 잔액 표시가 올바른 것은?

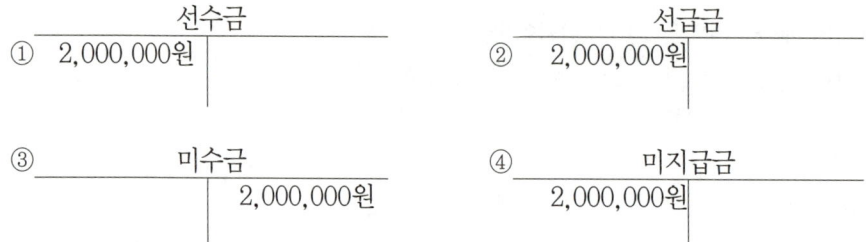

09 다음 중 일반기업회계기준상 재고자산의 평가 방법으로 인정되지 않는 것은?

① 개별법 ② 선입선출법 ③ 가중평균법 ④ 연수합계법

10 상품 매출에 대한 계약을 하고 계약금 100,000원을 받아 아래와 같이 회계처리 할 때, 다음 빈칸에 들어갈 계정과목으로 가장 옳은 것은?

(차) 현금 100,000원 (대) (　　　) 100,000원

① 선수금 ② 선급금 ③ 상품매출 ④ 외상매출금

11 다음은 재무제표의 종류에 대한 설명이다. 아래의 보기 중 (가), (나)에서 각각 설명하는 재무제표의 종류로 모두 옳은 것은?

· (가) : 일정 시점 현재 기업이 보유하고 있는 자산, 부채, 자본에 대한 정보를 제공하는 재무보고서
· (나) : 일정 기간 동안 기업의 경영성과에 대한 정보를 제공하는 재무보고서

	(가)	(나)
①	재무상태표	손익계산서
②	잔액시산표	손익계산서
③	재무상태표	현금흐름표
④	잔액시산표	현금흐름표

12 다음 중 원칙적으로 감가상각을 하지 않는 유형자산은?

① 기계장치 ② 차량운반구 ③ 건설중인자산 ④ 건물

13 다음 자료를 이용하여 상품의 당기 순매입액을 계산하면 얼마인가?

· 당기에 상품 50,000원을 외상으로 매입하였다.
· 매입할인을 8,000원 받았다.

① 42,000원   ② 47,000원   ③ 50,000원   ④ 52,000원

14 다음의 자료를 이용하여 기말자본을 계산하면 얼마인가?

· 기초자본 300,000원   · 당기순이익 160,000원   · 기말자본 (?)원

① 140,000원   ② 230,000원   ③ 300,000원   ④ 460,000원

15 다음 중 수익과 비용에 대한 설명으로 옳지 않은 것은?

① 급여는 영업비용에 해당한다.
② 소득세는 영업외비용에 해당한다.
③ 유형자산의 감가상각비는 영업비용에 해당한다.
④ 이자수익은 영업외수익에 해당한다.

115회 실무시험

슈리상사(회사코드:1154)는 신발을 판매하는 개인기업으로서 당기(제16기)의 회계기간은 2025.1.1.~2025.12.31.이다. 전산세무회계 수험용 프로그램을 이용하여 다음 물음에 답하시오.

기본전제

· 문제에서 한국채택국제회계기준을 적용하도록 하는 전제조건이 없는 경우, 일반기업회계기준을 적용하여 회계처리 한다.
· 문제의 풀이와 답안작성은 제시된 문제의 순서대로 진행한다.

문제1 다음은 슈리상사의 사업자등록증이다. [회사등록] 메뉴에 입력된 내용을 검토하여 누락분은 추가입력하고 잘못된 부분은 정정하시오(단, 우편번호 입력은 생략할 것). (6점)

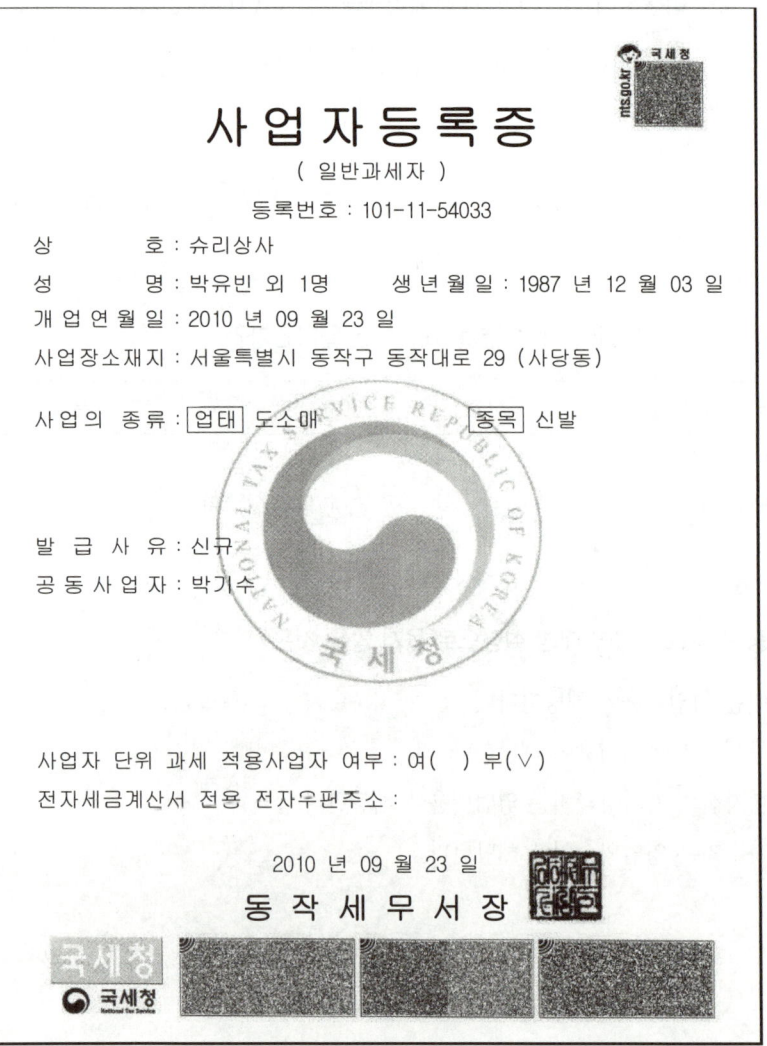

문제 2 다음은 슈리상사의 전기분 손익계산서이다. 입력되어 있는 자료를 검토하여 오류 부분은 정정하고 누락된 부분은 추가 입력하시오. (6점)

손 익 계 산 서

회사명 : 슈리상사　　　제15기 2024.1.1.~2024.12.31.　　　(단위 : 원)

과　　　목	금　　　액	과　　　목	금　　　액
매　　출　　액	350,000,000	영　업　이　익	94,500,000
상　품　매　출	350,000,000	영　업　외　수　익	2,300,000
매　출　원　가	150,000,000	이　자　수　익	700,000
상 품 매 출 원 가	150,000,000	잡　　이　　익	1,600,000
기 초 상 품 재 고 액	10,000,000	영　업　외　비　용	6,800,000
당 기 상 품 매 입 액	190,000,000	이　자　비　용	6,500,000
기 말 상 품 재 고 액	50,000,000	잡　　손　　실	300,000
매　출　총　이　익	200,000,000	소득세차감전순이익	90,000,000
판 매 비 와 관 리 비	105,500,000	소　득　세　등	0
급　　　　　여	80,000,000	당　기　순　이　익	90,000,000
복　리　후　생　비	6,300,000		
여　비　교　통　비	2,400,000		
임　　차　　료	12,000,000		
수　　선　　비	1,200,000		
수　수　료　비　용	2,700,000		
광　고　선　전　비	900,000		

문제 3 다음 자료를 이용하여 입력하시오. (6점)

[1] [계정과목및적요등록] 메뉴에서 판매비와관리비의 상여금 계정에 다음 내용의 적요를 등록하시오. (3점)

현금적요 No.2 : 명절 특별 상여금 지급

[2] 슈리상사의 거래처별 초기이월 채권과 채무잔액은 다음과 같다. 자료에 맞게 추가입력이나 정정 및 삭제하시오. (3점)

계정과목	거래처	잔액	계
외상매출금	희은상사	6,000,000원	34,800,000원
	폴로전자	15,800,000원	
	예진상회	13,000,000원	
지급어음	슬기상회	6,000,000원	17,000,000원
	효은유통	7,600,000원	
	주언상사	3,400,000원	

문제 4 [일반전표입력] 메뉴를 이용하여 다음의 거래 자료를 입력하시오. (24점)

입력시 유의사항

· 적요의 입력은 생략한다.
· 부가가치세는 고려하지 않는다.
· 채권·채무와 관련된 거래는 별도의 요구가 없는 한 반드시 기등록된 거래처코드를 선택하는 방법으로 거래처명을 입력한다.
· 회계처리 시 계정과목은 별도의 제시가 없는 한 등록된 계정과목 중 가장 적절한 과목으로 한다.

[1] 07월 29일 사무실에서 사용하는 노트북을 수리하고 대금은 국민카드로 결제하였다(단, 해당 지출은 수익적 지출에 해당함). (3점)

```
           카드매출전표
   카드종류 : 국민카드
   카드번호 : 1234-5678-11**-2222
   거래일시 : 2025.07.29. 11:11:12
   거래유형 : 신용승인
   금    액 : 150,000원
   결제방법 : 일시불
   승인번호 : 12341234
   은행확인 : 신한은행

   가맹점명 : 규은전자
           -이하생략-
```

[2] 08월 18일 농협은행으로부터 차입한 금액에 대한 이자 900,000원을 보통예금 계좌에서 지급하였다. (3점)

[3] 08월 31일 당사에서 보관 중이던 섬미상사 발행 당좌수표로 넥사상사의 외상매입금 3,000,000원을 지급하였다. (3점)

[4] 09월 20일 청소년의 날을 맞아 소년소녀가장을 돕기 위해 현금 500,000원을 방송국에 기부하였다. (3점)

[5] 10월 15일 사무실로 이용 중인 동작빌딩 임대차계약을 아래와 같이 임차보증금만 인상하는 것으로 재계약하고, 인상된 임차보증금을 보통예금 계좌에서 이체하여 지급하였다. 종전 임대차계약의 임차보증금은 170,000,000원이며, 갱신 후 임대차계약서는 아래와 같다. (3점)

부동산 임대차(월세) 계약서

본 부동산에 대하여 임대인과 임차인 쌍방은 다음과 같이 합의하여 임대차(월세)계약을 체결한다.

1. 부동산의 표시

소재지	서울특별시 동작구 동작대로 29 (사당동)					
건물	구조	철근콘크리트	용도	사무실	면적	100㎡
임대부분	상동 소재지 전부					

2. 계약내용

제 1 조 위 부동산의 임대차계약에 있어 임차인은 보증금 및 차임을 아래와 같이 지불하기로 한다.

보증금	일금 일억팔천만 원정 (₩ 180,000,000)
차 임	일금 육십만 원정 (₩ 600,000)은 매월 말일에 지불한다.

제 2 조 임대인은 위 부동산을 임대차 목적대로 사용·수익할 수 있는 상태로 하여 2025년 10월 15일까지 임차인에게 인도하며, 임대차기간은 인도일로부터 24개월로 한다.

...중략...

임대인 : 동작빌딩 대표   이주인   (인)

임차인 : 슈리상사 대표 박유빈 외 1명 (인)

[6] 11월 04일 보유하고 있던 기계장치(취득원가 20,000,000원)를 광운상사에 10,000,000원에 매각하고 그 대금은 보통예금 계좌로 입금받았다(단, 11월 4일까지 해당 기계장치의 감가상각누계액은 10,000,000원이다). (3점)

[7] 12월 01일 영업부 출장용 자동차를 30,000,000원에 구입하면서 동시에 아래와 같이 취득세를 납부하였다. 차량운반구 구매액과 취득세는 모두 보통예금 계좌에서 지출하였다(단, 하나의 전표로 입력할 것). (3점)

대전광역시	차량취득세납부영수증			납 부 (납 입) 서		납세자보관용 영수증	
납세자	슈리상사						
주소	서울특별시 동작구 동작대로 29 (사당동)						
납세번호	기관번호 1234567		세목 10101501		납세년월기 202512	과세번호 0124751	
과세내역	차번	222머8888		년식	2025	과 세 표 준 액	
	목적	신규등록(일반등록)		특례	세율특례없음		30,000,000
	차명	에쿠스					
	차종	승용자동차		세율	70/1000		
세목	납 부 세 액		납부할 세액 합계			전용계좌로도 편리하게 납부!!	
취 득 세	2,100,000					우리은행	1620-441829-64-125
가산세	0		2,100,000원			신한은행	5563-04433-245814
지방교육세	0					하나은행	1317-865254-74125
농어촌특별세	0		신고납부기한			국민은행	44205-84-28179245
합계세액	2,100,000		2025. 12. 31. 까지			기업은행	5528-774145-58-247
지방세법 제6조~22조, 제30조의 규정에 의하여 위와 같이 신고하고 납부합니다.						■전용계좌 납부안내 (뒷면참조)	
담당자			위의 금액을 영수합니다.				
한대교	납부장소 : 전국은행(한국은행제외) 우체국 농협					2025년 12월 01일	수납인

[8] 12월 10일 거래처 직원의 결혼식에 보내기 위한 축하 화환을 주문하고 대금은 현금으로 지급하면서 아래와 같은 현금영수증을 수령하였다. (3점)

현금영수증			
승인번호	구매자 발행번호		발행방법
G54782245	101-11-54033		지출증빙
신청구분	발행일자		취소일자
사업자번호	2025.12.10.		-
상품명			
축하3단화환			
구분	주문번호		상품주문번호
일반상품	2025121054897		2025121085414
판매자 정보			
판매자상호		대표자명	
스마일꽃집		김다림	
사업자등록번호		판매자전화번호	
201-91-41674		032-459-8751	
판매자사업장주소			
인천시 계양구 방축로 106			
금액			
공급가액		1 0 0 0 0 0	
부가세액			
승인금액		1 0 0 0 0 0	

문제 5 [일반전표입력] 메뉴에 입력된 내용 중 다음의 오류가 발견되었다. 입력된 내용을 검토하고 수정 또는 삭제, 추가 입력하여 올바르게 정정하시오. (6점)

입력시 유의사항

· 적요의 입력은 생략한다.
· 부가가치세는 고려하지 않는다.
· 채권·채무와 관련된 거래는 별도의 요구가 없는 한 반드시 기등록된 거래처코드를 선택하는 방법으로 거래처명을 입력한다.
· 회계처리 시 계정과목은 별도의 제시가 없는 한 등록된 계정과목 중 가장 적절한 과목으로 한다.

---

[1] 10월 25일 본사 건물의 외벽 방수 공사비 5,000,000원을 수익적 지출로 처리해야 하나, 자본적 지출로 잘못 처리하였다. (3점)

[2] 11월 10일 보통예금 계좌에서 신한은행으로 이체한 1,000,000원은 장기차입금을 상환한 것이 아니라 이자비용을 지급한 것이다. (3점)

문제 6 다음의 결산정리사항을 입력하여 결산을 완료하시오. (12점)

입력시 유의사항

· 적요의 입력은 생략한다.
· 부가가치세는 고려하지 않는다.
· 채권·채무와 관련된 거래는 별도의 요구가 없는 한 반드시 기등록된 거래처코드를 선택하는 방법으로 거래처명을 입력한다.
· 회계처리 시 계정과목은 별도의 제시가 없는 한 등록된 계정과목 중 가장 적절한 과목으로 한다.

---

[1] 결산일 현재 임대료(영업외수익) 미수분 300,000원을 결산정리분개 하였다. (3점)

[2] 단기투자목적으로 2개월 전에 ㈜자유로의 주식 100주를 주당 6,000원에 취득하였다. 기말 현재 이 주식의 공정가치는 주당 4,000원이다. (3점)

[3] 2025년 10월 1일에 영업부 출장용 차량의 보험료(보험기간 : 2025.10.01.~2026.09.30.) 600,000원을 현금으로 지급하면서 전액 보험료로 처리하였다. 기말수정분개를 하시오(단, 월할 계산할 것). (3점)

[4] 12월 31일 당기분 차량운반구에 대한 감가상각비 600,000원과 비품에 대한 감가상각비 500,000원을 계상하였다. (3점)

문제 7 다음 사항을 조회하여 답안을 이론문제 답안작성 메뉴에 입력하시오. (10점)

[1] 6월 30일 현재 당좌자산의 금액은 얼마인가? (3점)

[2] 상반기(1~6월) 중 광고선전비(판) 지출액이 가장 적은 달의 지출액은 얼마인가? (3점)

[3] 6월 말 현재 거래처 유화산업의 ①외상매출금과 ②받을어음의 잔액을 각각 순서대로 적으시오. (4점)

114회 이론시험

다음 문제를 보고 알맞은 것을 골라 [이론문제 답안작성] 메뉴에 입력하시오. (객관식 문항당 2점)

기본전제
문제에서 한국채택국제회계기준을 적용하도록 하는 전제조건이 없는 경우, 일반기업회계기준을 적용한다.

01 다음은 계정의 기록 방법에 대한 설명이다. 아래의 (가)와 (나)에 각각 들어갈 내용으로 옳게 짝지어진 것은?

- 부채의 감소는 (가)에 기록한다.
- 수익의 증가는 (나)에 기록한다.

	(가)	(나)
①	대변	대변
②	차변	차변
③	차변	대변
④	대변	차변

02 다음은 한국상점(회계기간 : 매년 1월 1일~12월 31일)의 현금 관련 자료이다. 아래의 (가)에 들어갈 계정과목으로 옳은 것은?

- 01월 30일 - 장부상 현금 잔액 400,000원 - 실제 현금 잔액 500,000원
- 12월 31일 - 결산 시까지 현금과부족 계정 잔액의 원인이 밝혀지지 않음.

현금과부족			
7/1 이자수익	70,000원	1/30 현금	100,000원
(가)	30,000원		
	100,000원		100,000원

① 잡손실　　② 잡이익　　③ 현금과부족　　④ 현금

03 다음 중 거래의 결과로 인식할 비용의 분류가 나머지와 다른 것은?

① 영업부 사원의 당월분 급여 2,000,000원을 현금으로 지급하다.
② 화재로 인하여 창고에 보관하던 상품 500,000원이 소실되다.
③ 영업부 사무실 건물에 대한 월세 200,000원을 현금으로 지급하다.
④ 종업원의 단합을 위해 체육대회행사비 50,000원을 현금으로 지급하다.

04 다음의 자료를 이용하여 계산한 당기 중 외상으로 매출한 금액(에누리하기 전의 금액)은 얼마인가?

· 외상매출금 기초잔액 : 400,000원   · 외상매출금 당기 회수액 : 600,000원
· 외상매출금 중 에누리액 : 100,000원   · 외상매출금 기말잔액 : 300,000원

① 300,000원   ② 400,000원   ③ 500,000원   ④ 600,000원

05 다음 중 아래의 자료에서 설명하는 특징을 가진 재고자산의 단가 결정방법으로 옳은 것은?

· 실제 재고자산의 물량 흐름과 괴리가 발생하는 경우가 많다.
· 일반적으로 기말재고액이 과소 계상되는 특징이 있다.

① 개별법   ② 가중평균법   ③ 선입선출법   ④ 후입선출법

06 다음은 한국제조가 당기 중 처분한 기계장치 관련 자료이다. 기계장치의 취득가액은 얼마인가?

· 유형자산처분이익 : 7,000,000원   · 처분가액 : 12,000,000원   · 감가상각누계액 : 5,000,000원

① 7,000,000원   ② 8,000,000원   ③ 9,000,000원   ④ 10,000,000원

07 다음의 자료를 참고하여 기말자본을 구하시오.

· 당기총수익 2,000,000원   · 기초자산 1,700,000원
· 당기총비용 1,500,000원   · 기초자본 1,300,000원

① 1,200,000원   ② 1,500,000원   ③ 1,800,000원   ④ 2,000,000원

08 다음 중 손익의 이연을 처리하기 위해 사용하는 계정과목을 모두 고른 것은?

> 가. 선급비용　　　나. 선수수익　　　다. 대손충당금　　　라. 잡손실

① 가, 나　　② 가, 다　　③ 나, 다　　④ 다, 라

09 다음 중 재고자산의 종류에 해당하지 않는 것은?

① 상품　　② 재공품　　③ 반제품　　④ 비품

10 다음 중 아래의 (가)와 (나)에 각각 들어갈 부채 항목의 계정과목으로 옳게 짝지어진 것은?

> · 현금 등 대가를 미리 받았으나 수익이 실현되는 시점이 차기 이후에 속하는 경우 (가)(으)로 처리한다.
> · 일반적인 상거래 외의 거래와 관련하여 발생한 현금 수령액 중 임시로 보관하였다가 곧 제3자에게 다시 지급해야 하는 경우 (나)(으)로 처리한다.

	(가)	(나)
①	선급금	예수금
②	선수수익	예수금
③	선수수익	미수수익
④	선급금	미수수익

11 다음 중 회계상 거래에 해당하는 것은?

① 직원 1명을 신규 채용하고 근로계약서를 작성했다.
② 매장 임차료를 종전 대비 5% 인상하기로 임대인과 구두 협의했다.
③ 제품 100개를 주문한 고객으로부터 제품 50개 추가 주문을 받았다.
④ 사업자금으로 차입한 대출금에 대한 1개월분 대출이자가 발생하였다.

12 다음 중 아래의 회계처리에 대한 설명으로 가장 적절한 것은?

| (차) 현금 10,000원 (대) 외상매출금 10,000원 |

① 상품을 판매하고 현금 10,000원을 수령하였다.
② 지난달에 판매한 상품이 환불되어 현금 10,000원을 환불하였다.
③ 지난달에 판매한 상품에 대한 대금 10,000원을 수령하였다.
④ 상품을 판매하고 대금 10,000원을 다음달에 받기로 하였다.

13 다음 중 일반기업회계기준에서 규정하고 있는 재무제표의 종류로 올바르지 않은 것은?

① 시산표   ② 손익계산서   ③ 자본변동표   ④ 현금흐름표

14 ㈜서울은 직접 판매와 수탁자를 통한 위탁판매도 하고 있다. 기말 현재 재고자산의 현황이 아래와 같을 때, 기말 재고자산 가액은 얼마인가?

- ㈜서울의 창고에 보관 중인 재고자산 가액 : 500,000원
- 수탁자에게 위탁판매를 요청하여 수탁자 창고에 보관 중인 재고자산 가액 : 100,000원
- 수탁자의 당기 위탁판매 실적에 따라 ㈜서울에 청구한 위탁판매수수료 : 30,000원

① 400,000원   ② 470,000원   ③ 570,000원   ④ 600,000원

15 다음 자료를 이용하여 당기 매출총이익을 구하시오.

- 기초 재고자산 : 200,000원
- 재고자산 당기 매입액 : 1,000,000원
- 기말 재고자산 : 300,000원
- 당기 매출액 : 2,000,000원
- 판매 사원에 대한 당기 급여 총지급액 : 400,000원

① 600,000원   ② 700,000원   ③ 1,000,000원   ④ 1,100,000원

114회 실무시험

두일상사(회사코드:1144)는 사무용가구를 판매하는 개인기업으로 당기(제12기) 회계기간은 2025.1.1.~2025.12.31.이다. 전산세무회계 수험용 프로그램을 이용하여 다음 물음에 답하시오.

기본전제

· 문제에서 한국채택국제회계기준을 적용하도록 하는 전제조건이 없는 경우, 일반기업회계기준을 적용하여 회계처리 한다.
· 문제의 풀이와 답안작성은 제시된 문제의 순서대로 진행한다.

문제1 다음은 두일상사의 사업자등록증이다. [회사등록] 메뉴에 입력된 내용을 검토하여 누락분은 추가입력하고 잘못된 부분은 정정하시오(단, 우편번호 입력은 생략할 것). (6점)

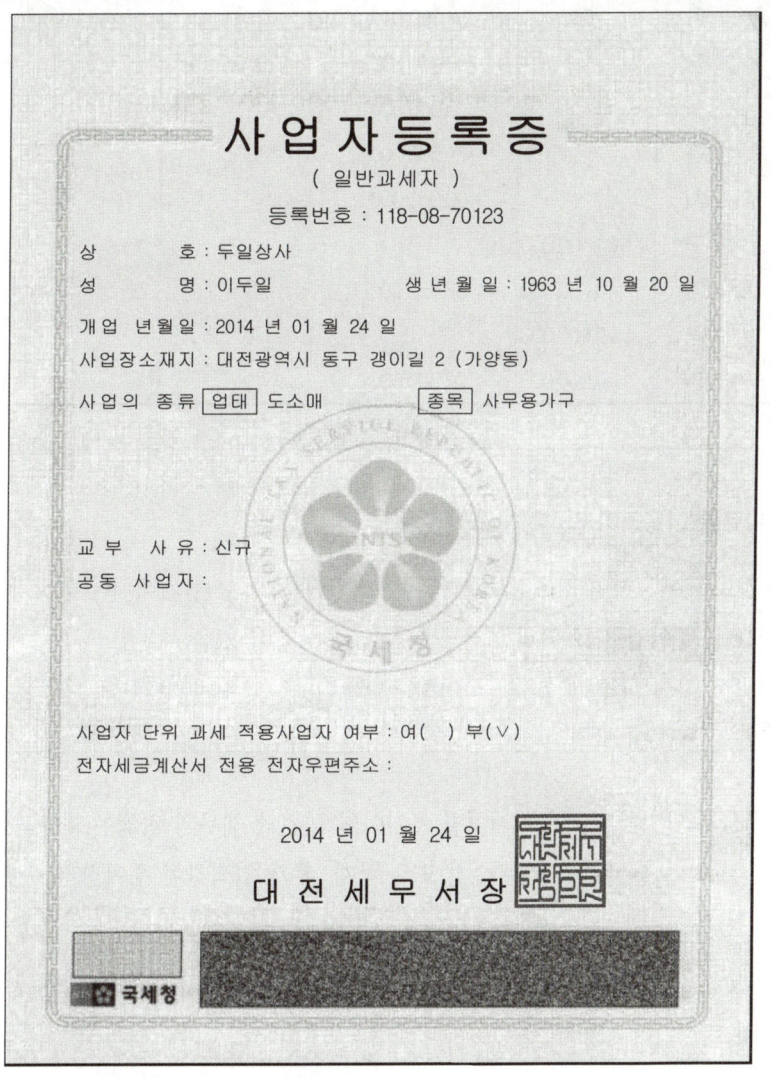

문제 2 다음은 두일상사의 전기분 재무상태표이다. 입력되어 있는 자료를 검토하여 오류 부분은 정정하고 누락된 부분은 추가 입력하시오. (6점)

재 무 상 태 표

회사명 : 두일상사　　　　　　　제11기 2024.12.31. 현재　　　　　　　(단위 : 원)

과　　　목	금	액	과　　　목	금	액
현　　　　　금		60,000,000	외 상 매 입 금		55,400,000
당 좌 예 금		45,000,000	지 급 어 음		90,000,000
보 통 예 금		53,000,000	미 지 급 금		78,500,000
외 상 매 출 금	90,000,000		단 기 차 입 금		45,000,000
대 손 충 당 금	900,000	89,100,000	장 기 차 입 금		116,350,000
받 을 어 음	65,000,000		자 본 금		156,950,000
대 손 충 당 금	650,000	64,350,000	(당기순이익 :		
단 기 대 여 금		50,000,000	46,600,000)		
상　　　　　품		3,000,000			
소 모 품		500,000			
토　　　　　지		100,000,000			
차 량 운 반 구	64,500,000				
감가상각누계액	10,750,000	53,750,000			
비　　　　　품	29,500,000				
감가상각누계액	6,000,000	23,500,000			
자 산 총 계		542,200,000	부채와자본총계		542,200,000

문제 3 다음 자료를 이용하여 입력하시오. (6점)

[1] 다음의 자료를 이용하여 기초정보관리의 [거래처등록] 메뉴를 거래처(금융기관)를 추가로 등록하시오(단, 주어진 자료 외의 다른 항목은 입력할 필요 없음). (3점)

- 코드 : 98100
- 거래처명 : 케이뱅크 적금
- 유형 : 정기적금
- 계좌번호 : 1234-5678-1234
- 계좌개설은행 : 케이뱅크
- 계좌개설일 : 2025년 7월 1일

[2] 외상매출금과 단기차입금의 거래처별 초기이월 채권과 채무의 잔액은 다음과 같다. 입력된 자료를 검토하여 잘못된 부분은 수정 또는 삭제, 추가 입력하여 주어진 자료에 맞게 정정하시오. (3점)

계정과목	거래처명	잔액	계
외상매출금	태양마트	34,000,000원	90,000,000원
	㈜애옹전자	56,000,000원	
단기차입금	은산상사	20,000,000원	45,000,000원
	세연상사	22,000,000원	
	일류상사	3,000,000원	

문제 4 [일반전표입력] 메뉴를 이용하여 다음의 거래 자료를 입력하시오. (24점)

입력시 유의사항

· 적요의 입력은 생략한다.
· 부가가치세는 고려하지 않는다.
· 채권·채무와 관련된 거래는 별도의 요구가 없는 한 반드시 기등록된 거래처코드를 선택하는 방법으로 거래처명을 입력한다.
· 회계처리 시 계정과목은 별도의 제시가 없는 한 등록된 계정과목 중 가장 적절한 과목으로 한다.

[1] 07월 03일 거래처 대전상사로부터 차입한 단기차입금 8,000,000원의 상환기일이 도래하여 당좌수표를 발행하여 상환하다. (3점)

[2] 07월 10일 관리부 직원들이 시내 출장용으로 사용하는 교통카드를 충전하고, 대금은 현금으로 지급하였다. (3점)

Seoul Metro
서울메트로
[교통카드 충전영수증]

역 사 명 : 평촌역
장 비 번 호 : 163
카 드 번 호 : 5089-3466-5253-6694
결 제 방 식 : 현금
충 전 일 시 : 2025.07.10.

충전전잔액	:	500원
충 전 금 액	:	50,000원
충전후잔액	:	50,500원

대표자명   이춘덕
사업자번호   108-12-16395
주소   서울특별시 서초구 반포대로 21

[3] 08월 05일 능곡가구의 파산으로 인하여 외상매출금 5,000,000원이 회수할 수 없는 것으로 판명되어 대손처리하기로 하였다. 단, 8월 5일 현재 대손충당금 잔액은 900,000원이다. (3점)

[4] 08월 13일 사업용 부지로 사용하기 위한 토지를 매입하면서 발생한 부동산중개수수료를 현금으로 지급하고 아래의 현금영수증을 발급받았다. (3점)

	유성부동산		
305-42-23567			김유성
대전광역시 유성구 노은동로 104			TEL : 1577-0000
	현금영수증(지출증빙용)		
구매 2025/08/13		거래번호 : 12341234-123	
상품명	수량	단가	금액
중개수수료		1,000,000원	1,000,000원
	공 급 대 가		1,000,000원
	합 계		1,000,000원
	받은금액		1,000,000원

[5] 09월 25일 임대인에게 800,000원(영업부 사무실 임차료 750,000원 및 건물관리비 50,000원)을 보통예금 계좌에서 이체하여 지급하였다(단, 하나의 전표로 입력할 것). (3점)

[6] 10월 24일 정풍상사에 판매하기 위한 상품의 상차작업을 위해 일용직 근로자를 고용하고 일당 100,000원을 현금으로 지급하였다. (3점)

[7] 11월 15일 아린상사에서 상품을 45,000,000원에 매입하기로 계약하고, 계약금은 당좌수표를 발행하여 지급하였다. 계약금은 매입 금액의 10%이다. (3점)

[8] 11월 23일 영업부에서 사용할 차량을 구입하고, 대금은 국민카드(신용카드)로 결제하였다. (3점)

```
        신용카드매출전표

        20,000,000원

        결제정보
        카드        국민카드(7890-4321-1000-2949)
        거래유형                         신용승인
        승인번호                         75611061
        이용구분                             일시불
        은행확인                         KB국민은행

        가맹점 정보
        가맹점명                          오지자동차
        사업자등록번호               203-71-61019
        대표자명                              박미래
        본 매출표는 신용카드 이용에 따른 증빙용으로
        국민카드사에서 발급한 것임을 확인합니다.
```

문제 5 [일반전표입력] 메뉴에 입력된 내용 중 다음의 오류가 발견되었다. 입력된 내용을 검토하고 수정 또는 삭제, 추가 입력하여 올바르게 정정하시오. (6점)

입력시 유의사항

· 적요의 입력은 생략한다.
· 부가가치세는 고려하지 않는다.
· 채권·채무와 관련된 거래는 별도의 요구가 없는 한 반드시 기등록된 거래처코드를 선택하는 방법으로 거래처명을 입력한다.
· 회계처리 시 계정과목은 별도의 제시가 없는 한 등록된 계정과목 중 가장 적절한 과목으로 한다.

[1] 08월 16일 보통예금 계좌에서 출금된 1,000,000원은 임차료(판)가 아닌 경의상사에 지급한 임차보증금으로 확인되었다. (3점)

[2] 09월 30일 사업용 토지에 부과된 재산세 300,000원을 보통예금 계좌에서 이체하여 납부하고, 이를 토지의 취득가액으로 회계처리한 것으로 확인되었다. (3점)

문제6 다음의 결산정리사항을 입력하여 결산을 완료하시오. (12점)

> **입력시 유의사항**
> · 적요의 입력은 생략한다.
> · 부가가치세는 고려하지 않는다.
> · 채권·채무와 관련된 거래는 별도의 요구가 없는 한 반드시 기등록된 거래처코드를 선택하는 방법으로 거래처명을 입력한다.
> · 회계처리 시 계정과목은 별도의 제시가 없는 한 등록된 계정과목 중 가장 적절한 과목으로 한다.

[1] 포스상사로부터 차입한 단기차입금에 대한 기간경과분 당기 발생 이자는 360,000원이다. 필요한 회계처리를 하시오. (3점)

[2] 기말 현재 가지급금 잔액 500,000원은 ㈜디자인가구의 외상매입금 지급액으로 판명되었다. (3점)

[3] 영업부의 당기 소모품 내역이 다음과 같다. 결산일에 필요한 회계처리를 하시오(단, 소모품 구입 시 전액 자산으로 처리하였다). (3점)

소모품 기초잔액	소모품 당기구입액	소모품 기말잔액
500,000원	200,000원	300,000원

[4] 매출채권(외상매출금 및 받을어음) 잔액에 대하여만 2%의 대손충당금을 보충법으로 설정하시오(단, 기타 채권에 대하여는 대손충당금을 설정하지 않는다). (3점)

문제7 다음 사항을 조회하여 답안을 이론문제 답안작성 메뉴에 입력하시오. (10점)

[1] 4월 말 현재 지급어음 잔액은 얼마인가? (3점)

[2] 5월 1일부터 5월 31일까지 기간의 외상매출금 회수액은 모두 얼마인가? (3점)

[3] 상반기(1월~6월) 중 복리후생비(판)의 지출이 가장 적은 월(月)과 그 월(月)의 복리후생비(판) 금액은 얼마인가? (4점)

113회 이론시험

다음 문제를 보고 알맞은 것을 골라 이론문제 답안작성 메뉴에 입력하시오. (객관식 문항당 2점)

기본전제
문제에서 한국채택국제회계기준을 적용하도록 하는 전제조건이 없는 경우, 일반기업회계기준을 적용한다.

01 다음의 거래 내용을 보고 결합관계를 적절하게 나타낸 것은?

전화요금 50,000원이 보통예금 계좌에서 자동이체되다.

	차변	대변
①	자산의 증가	자산의 감소
②	부채의 감소	수익의 발생
③	자본의 감소	부채의 증가
④	비용의 발생	자산의 감소

02 다음 중 총계정원장의 잔액이 항상 대변에 나타나는 계정과목은 무엇인가?

① 임대료수입 ② 보통예금 ③ 수수료비용 ④ 외상매출금

03 다음 중 기말상품재고액 30,000원을 50,000원으로 잘못 회계처리한 경우 재무제표에 미치는 영향으로 옳은 것은?

① 재고자산이 과소 계상된다.
② 매출원가가 과소 계상된다.
③ 매출총이익이 과소 계상된다.
④ 당기순이익이 과소 계상된다.

04 다음 중 유동성배열법에 의하여 나열할 경우 재무상태표상 가장 위쪽(상단)에 표시되는 계정과목은 무엇인가?

① 영업권
② 장기대여금
③ 단기대여금
④ 영업활동에 사용하는 건물

05 다음 중 감가상각을 해야 하는 자산으로만 짝지은 것은 무엇인가?

① 건물, 토지
② 차량운반구, 기계장치
③ 단기매매증권, 구축물
④ 재고자산, 건설중인자산

06 회사의 재산 상태가 다음과 같은 경우 순자산(자본)은 얼마인가?

· 현금 300,000원	· 선급금 200,000원	· 매입채무 100,000원
· 대여금 100,000원	· 재고자산 800,000원	· 사채 300,000원

① 1,000,000원 ② 1,100,000원 ③ 1,200,000원 ④ 1,600,000원

07 다음 중 일정 시점의 재무상태를 나타내는 재무보고서의 계정과목으로만 연결된 것은?

① 선급비용, 급여
② 현금, 선급비용
③ 매출원가, 선수금
④ 매출채권, 이자비용

08 다음 중 현금및현금성자산 계정과목으로 처리할 수 없는 것은?

① 보통예금 ② 우편환증서 ③ 자기앞수표 ④ 우표

09 다음 자료에 의한 매출채권의 기말 대손충당금 잔액은 얼마인가?

- 기초 매출채권 : 500,000원
- 당기 매출액 : 2,000,000원 (판매시점에 전액 외상으로 판매함)
- 당기 중 회수한 매출채권 : 1,500,000원
- 기말 매출채권 잔액에 대하여 1%의 대손충당금을 설정하기로 한다.

① 0원　　　　② 5,000원　　　　③ 10,000원　　　　④ 15,000원

10 다음 자료에서 부채의 합계액은 얼마인가?

- 직원에게 빌려준 금전 : 150,000원
- 선지급금 : 120,000원
- 선수금 : 70,000원
- 선급비용 : 50,000원
- 선수수익 : 30,000원

① 100,000원　　　② 120,000원　　　③ 150,000원　　　④ 180,000원

11 다음 자료는 회계의 순환과정의 일부이다. (가), (나), (다)의 순서로 옳은 것은?

거래 발생 → (가) → 전기 → 수정 전 시산표 작성 → (나) → 수정 후 시산표 작성 → (다) → 결산보고서 작성

	(가)	(나)	(다)
①	분개	각종 장부 마감	결산 정리 분개
②	분개	결산 정리 분개	각종 장부 마감
③	각종 장부 마감	분개	결산 정리 분개
④	결산 정리 분개	각종 장부 마감	분개

12 다음 중 재고자산의 취득원가를 구할 때 차감하는 계정과목이 아닌 것은?

① 매입할인　　② 매입환출　　③ 매입에누리　　④ 매입부대비용

13 다음 중 영업외비용에 해당하지 않는 것은?

① 보험료　　　② 기부금　　　③ 이자비용　　　④ 유형자산처분손실

14 다음 재고자산의 단가결정방법 중 선입선출법에 대한 설명으로 적절하지 않은 것은?

① 물가상승 시 이익이 과대계상된다.
② 물량흐름과 원가흐름이 대체로 일치한다.
③ 물가상승 시 기말재고자산이 과소평가된다.
④ 기말재고자산이 현행원가에 가깝게 표시된다.

15 다음과 같이 사업에 사용할 토지를 무상으로 취득한 경우, 토지의 취득가액은 얼마인가?

· 무상으로 취득한 토지의 공정가치 : 1,000,000원
· 토지 취득 시 발생한 취득세 : 40,000원

① 0원　　　　　　　　　　② 40,000원
③ 1,000,000원　　　　　　④ 1,040,000원

113회 실무시험

엔시상사(회사코드:1134)는 문구 및 잡화를 판매하는 개인기업으로 당기(제8기) 회계기간은 2025.1.1.~2025.12.31.이다. 전산세무회계 수험용 프로그램을 이용하여 다음 물음에 답하시오.

기본전제

· 문제에서 한국채택국제회계기준을 적용하도록 하는 전제조건이 없는 경우, 일반기업회계기준을 적용하여 회계처리 한다.
· 문제의 풀이와 답안작성은 제시된 문제의 순서대로 진행한다.

문제1 다음은 엔시상사의 사업자등록증이다. [회사등록] 메뉴에 입력된 내용을 검토하여 누락분은 추가입력하고 잘못된 부분은 정정하시오(단, 우편번호 입력은 생략할 것). (6점)

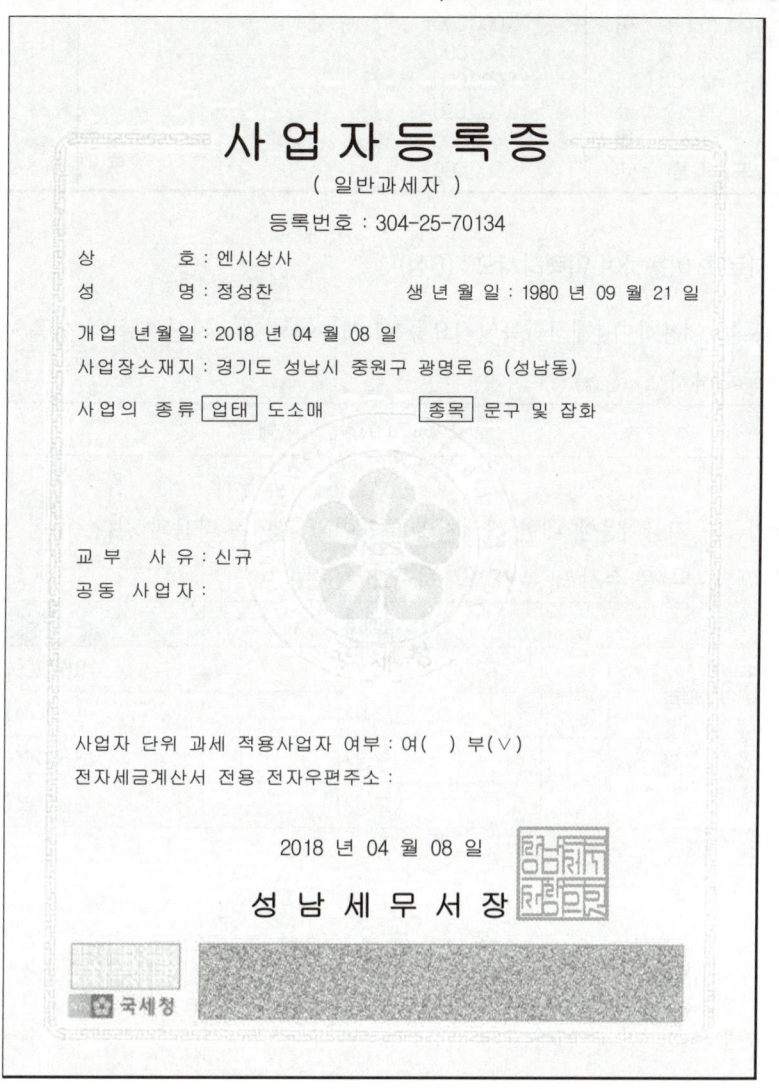

문제 2 다음은 엔시상사의 전기분 손익계산서이다. 입력되어 있는 자료를 검토하여 오류 부분은 정정하고 누락된 부분은 추가 입력하시오. (6점)

손 익 계 산 서

회사명 : 엔시상사 　　　　　제7기 2024.1.1.~2024.12.31. 　　　　　(단위 : 원)

과　　　　　　목	금　　액	과　　　　　　목	금　　액
Ⅰ. 매　　　　출　　　　액	100,000,000	Ⅴ. 영　　업　　이　　익	10,890,000
상　　품　　매　　출	100,000,000	Ⅵ. 영　업　외　수　익	610,000
Ⅱ. 매　　　　출　　원　　가	60,210,000	이　　자　　수　　익	610,000
상　품　매　출　원　가	60,210,000	Ⅶ. 영　업　외　비　용	2,000,000
기　초　상　품　재　고　액	26,000,000	이　　자　　비　　용	2,000,000
당　기　상　품　매　입　액	38,210,000	Ⅷ. 소득세차감전순이익	9,500,000
기　말　상　품　재　고　액	4,000,000	Ⅸ. 소　　득　　세　　등	0
Ⅲ. 매　　출　　총　　이　　익	39,790,000	Ⅹ. 당　기　순　이　익	9,500,000
Ⅳ. 판　매　비　와　관　리　비	28,900,000		
급　　　　　　　　　　여	20,000,000		
복　　리　　후　　생　　비	4,900,000		
여　　비　　교　　통　　비	1,000,000		
임　　　　차　　　　료	2,300,000		
운　　　　반　　　　비	400,000		
소　　모　　품　　비	300,000		

문제 3 다음 자료를 이용하여 입력하시오. (6점)

[1] 다음 자료를 이용하여 [계정과목및적요등록] 메뉴에서 재고자산 항목의 상품 계정에 적요를 추가로 등록하시오. (3점)

현금적요 3. 수출용 상품 매입

[2] 외상매입금과 지급어음에 대한 거래처별 초기이월 자료는 다음과 같다. 주어진 자료를 검토하여 누락된 부분을 수정 및 추가 입력하시오. (3점)

계정과목	거래처	잔액
외상매입금	엘리상사	3,000,000원
	동오상사	10,000,000원
지급어음	디오상사	3,500,000원
	망도상사	3,000,000원

문제4 [일반전표입력] 메뉴를 이용하여 다음의 거래 자료를 입력하시오. (24점)

입력시 유의사항

· 적요의 입력은 생략한다.
· 부가가치세는 고려하지 않는다.
· 채권·채무와 관련된 거래는 별도의 요구가 없는 한 반드시 기등록된 거래처코드를 선택하는 방법으로 거래처명을 입력한다.
· 회계처리 시 계정과목은 별도의 제시가 없는 한 등록된 계정과목 중 가장 적절한 과목으로 한다.

[1] 08월 10일 매출거래처 수민상회에 대한 외상매출금을 현금으로 회수하고, 아래의 입금표를 발행하여 교부하였다. (3점)

입 금 표
(공급자 보관용)

작성일 : 2025년 08월 10일   지급일 : 2025년 08월 10일

공급자 (수령인)	상 호	엔시상사	대표자명	정성찬
	사업자등록번호	304-25-70134		
	사업장소재지	경기도 성남시 중원구 광명로 6		
공급받는자 (지급인)	상 호	수민상회	대표자명	이수민
	사업자등록번호	307-02-67153		
	사업장소재지	대구광역시 북구 칠성시장로7길 17-18		
금액	십	억	천	백 2	십 4	만 0	천 0	백 0	십 0	일 0

(내용)
외상매출금 현금 입금

위 금액을 정히 영수합니다.

[2] 08월 25일 거래처 대표로부터 아래와 같은 모바일 청첩장을 받고, 축의금 200,000원을 현금으로 지급하였다. (3점)

[3] 09월 02일 영업부 직원의 고용보험료 220,000원을 보통예금 계좌에서 납부하였다. 납부한 금액 중 100,000원은 직원부담분이고, 나머지는 회사부담분으로 직원부담분은 직원의 8월 귀속 급여에서 공제한 상태이다(단, 하나의 전표로 처리하고 회사부담분은 복리후생비 계정으로 처리할 것). (3점)

[4] 09월 20일 유형자산인 토지에 대한 재산세 500,000원을 현금으로 납부하였다. (3점)

납세자보관용		2025년09월(토지분)	재산세 도시지역분 지방교육세	고지서

전자납부번호
11500-1-12452-124234

구 분	납기 내 금액	납기 후 금액
합 계	500,000	515,000
납부기한	2025.09.30.까지	2025.10.31.까지

납 세 자 : 엔시상사
주 소 지 : 경기도 성남시 중원구 광명로 6
과 세 대 상 : 경기도 성남시 중원구 성남동 1357

※이 영수증은 과세증명서로 사용 가능
위의 금액을 납부하시기 바랍니다.
2025년 9월 10일

[5] 09월 25일 상품 매입대금으로 가은상사에 발행하여 지급한 약속어음 3,500,000원의 만기가 도래하여 보통예금 계좌에서 이체하여 상환하다. (3점)

[6] 10월 05일 다음과 같이 상품을 판매하고 대금 중 4,000,000원은 자기앞수표로 받고 잔액은 외상으로 하였다. (3점)

5권		10호		거래명세표(보관용)			
2025년 10월 05일			공급자	사업자등록번호	304-25-70134		
한능협 귀하				상 호	엔시상사	성 명	정성찬 ㉑
				사업장소재지	경기도 성남시 중원구 광명로 6		
아래와 같이 계산합니다.				업 태	도소매	종 목	문구및잡화
합계금액				일천만 원정(₩	10,000,000		)
월일	품 목		규 격	수 량	단 가	공 급 대 가	
10/05	만년필			4	2,500,000원	10,000,000원	
	계					10,000,000원	
전잔금	없음			합	계	10,000,000원	
입금	4,000,000원		잔금	6,000,000원	인수자	강아영 ㉑	
비고							

[7] 10월 20일 영업부 사무실의 10월분 수도요금 30,000원과 소모품비 100,000원을 삼성카드로 결제하였다. (3점)

[8] 11월 10일 정기예금 이자 100,000원이 발생하여 원천징수세액을 차감한 금액이 보통예금으로 입금되었으며, 다음과 같이 원천징수영수증을 받았다(단, 원천징수세액은 선납세금 계정을 이용하고 하나의 전표로 입력할 것). (3점)

이자소득 원천징수영수증

✓ 소득자 보관용
☐ 발행자 보관용
☐ 발행자 보고용

※관리번호

징수의무자	법인명(상호)	농협은행		
소 득 자	성명(상호)	사업자등록번호		계좌번호
	정성찬(엔시상사)	304-25-70134		904-480-511166
	주소	경기도 성남시 중원구 광명로 6		

지급일	이자율	지급액 (소득금액)	세율	원천징수세액		
				소득세	지방소득세	계
2025/11/10	1%	100,000원	14%	14,000원	1,400원	15,400원

위의 원천징수세액(수입금액)을 정히 영수(지급)합니다.

2025년 11월 10일
징수(보고)의무자 농협은행

문제 5 [일반전표입력] 메뉴에 입력된 내용 중 다음의 오류가 발견되었다. 입력된 내용을 검토하고 수정 또는 삭제, 추가 입력하여 올바르게 정정하시오. (6점)

입력시 유의사항

· 적요의 입력은 생략한다.
· 부가가치세는 고려하지 않는다.
· 채권·채무와 관련된 거래는 별도의 요구가 없는 한 반드시 기등록된 거래처코드를 선택하는 방법으로 거래처명을 입력한다.
· 회계처리 시 계정과목은 별도의 제시가 없는 한 등록된 계정과목 중 가장 적절한 과목으로 한다.

[1] 08월 06일 보통예금 계좌에서 이체한 6,000,000원은 사업용카드 중 신한카드의 미지급금을 결제한 것으로 회계처리 하였으나 하나카드의 미지급금을 결제한 것으로 확인되었다. (3점)

[2] 10월 25일 구매부 직원의 10월분 급여 지급액에 대한 회계처리 시 공제 항목에 대한 회계처리를 하지 않고 급여액 총액을 보통예금 계좌에서 이체하여 지급한 것으로 잘못 회계처리 하였다(단, 하나의 전표로 처리하되, 공제 항목은 항목별로 구분하지 않는다). (3점)

2025년 10월분 급여명세서

사원명 : 박민정 부 서 : 구매부
입사일 : 2021.10.25. 직 급 : 대리

지급내역	지급액	공제내역	공제액
기 본 급 여	4,200,000원	국 민 연 금	189,000원
직 책 수 당	0원	건 강 보 험	146,790원
상 여 금	0원	고 용 보 험	37,800원
특 별 수 당	0원	소 득 세	237,660원
자 가 운 전 보 조 금	0원	지 방 소 득 세	23,760원
교 육 지 원 수 당	0원	기 타 공 제	0원
지 급 액 계	4,200,000원	공 제 액 계	635,010원
귀하의 노고에 감사드립니다.		차 인 지 급 액	3,564,990원

문제 6 다음의 결산정리사항을 입력하여 결산을 완료하시오. (12점)

― 입력시 유의사항 ―

· 적요의 입력은 생략한다.
· 부가가치세는 고려하지 않는다.
· 채권·채무와 관련된 거래는 별도의 요구가 없는 한 반드시 기등록된 거래처코드를 선택하는 방법으로 거래처명을 입력한다.
· 회계처리 시 계정과목은 별도의 제시가 없는 한 등록된 계정과목 중 가장 적절한 과목으로 한다.

[1] 4월 1일에 영업부 사무실의 12개월분 임차료(임차기간 : 2025.4.1.~2026.3.31.) 24,000,000원을 보통예금 계좌에서 이체하여 지급하고 전액 자산계정인 선급비용으로 회계처리하였다. 기말수정분개를 하시오(단, 월할 계산할 것). (3점)

[2] 기말 외상매출금 중 미국 BRIZ사의 외상매출금 20,000,000원(미화 $20,000)이 포함되어 있다. 결산일 현재 기준환율은 1$당 1,100원이다. (3점)

[3] 기말 현재 현금과부족 중 15,000원은 판매 관련 등록면허세를 현금으로 납부한 것으로 밝혀졌다. (3점)

[4] 결산을 위하여 창고의 재고자산을 실사한 결과, 기말상품재고액은 4,500,000원이다. (3점)

문제 7 다음 사항을 조회하여 답안을 │이론문제 답안작성│ 메뉴에 입력하시오. (10점)

[1] 상반기(1월~6월) 중 어룡상사에 대한 외상매입금 지급액은 얼마인가? (3점)

[2] 상반기(1월~6월) 동안 지출한 복리후생비(판) 금액은 모두 얼마인가? (3점)

[3] 6월 말 현재 유동자산과 유동부채의 차액은 얼마인가? (4점)

112회 이론시험

다음 문제를 보고 알맞은 것을 골라 [이론문제 답안작성] 메뉴에 입력하시오. (객관식 문항당 2점)

기본전제
문제에서 한국채택국제회계기준을 적용하도록 하는 전제조건이 없는 경우, 일반기업회계기준을 적용한다.

01 다음 중 손익계산서에 대한 설명으로 옳지 않은 것은?

① 재무제표의 종류에 속한다.
② 재산법을 이용하여 당기순손익을 산출한다.
③ 일정한 기간의 경영성과를 나타내는 보고서이다.
④ 손익계산서 등식은 '총비용=총수익+당기순손실' 또는 '총비용+당기순이익=총수익' 이다.

02 다음의 자료를 통해 알 수 있는 외상매입금 당기 지급액은 얼마인가?

· 기초 외상매입금 60,000원   · 당기 외상매입액 300,000원
· 외상매입금 중 매입환출 30,000원   · 기말 외상매입금 120,000원

① 150,000원   ② 180,000원   ③ 210,000원   ④ 360,000원

03 다음 중 영업이익에 영향을 미치지 않는 것은?

① 이자비용   ② 매출원가   ③ 기업업무추진비   ④ 세금과공과

04 다음 중 결산 수정분개의 대상 항목 또는 유형으로 적합하지 않은 것은?

① 유형자산의 처분
② 수익과 비용의 이연과 예상
③ 현금과부족 계정 잔액의 정리
④ 매출채권에 대한 대손충당금 설정

05 다음 중 유형자산이 아닌 것은?

① 공장용 토지　　② 영업부서용 차량　　③ 상품보관용 창고　　④ 본사 건물 임차보증금

06 다음 중 유동성이 가장 높은 자산을 고르시오.

① 재고자산　　② 당좌자산　　③ 유형자산　　④ 기타비유동자산

07 다음 자료를 이용하여 단기매매증권처분손익을 계산하면 얼마인가?

・매도금액 : 2,000,000원　　・장부금액 : 1,600,000원　　・처분 시 매각 수수료 : 100,000원

① (−)400,000원　　② (−)300,000원　　③ 300,000원　　④ 400,000원

08 다음 중 재고자산에 해당하지 않는 것은?

① 원재료
② 판매 목적으로 보유 중인 부동산매매업자의 건물
③ 상품
④ 상품매입 계약을 체결하고 지급한 선급금

09 다음 중 대손충당금 설정 대상에 해당하는 계정과목으로 옳은 것은?

① 받을어음　　② 지급어음　　③ 미지급금　　④ 선수금

10 다음 손익계정의 자료를 이용하여 매출총이익을 계산한 것으로 옳은 것은?

손익	
매입 600,000	매출 800,000

① 5,000원　　② 195,000원　　③ 200,000원　　④ 795,000원

11 다음 중 일반기업회계준상 재무제표에 해당하는 것으로만 구성된 것은?

① 재무상태표, 손익계산서 ② 주기, 시산표
③ 손익계산서, 시산표 ④ 재무상태표, 총계정원장

12 다음은 기말 재무상태표상 계정별 잔액이다. 이 회사의 기말자본은 얼마인가?

| · 현금 100,000원 | · 선수금 300,000원 | · 단기차입금 100,000원 |
| · 상품 1,000,000원 | · 외상매입금 200,000원 | |

① 300,000원 ② 500,000원 ③ 800,000원 ④ 1,100,000원

13 다음 중 감가상각에 대한 설명으로 틀린 것은?

① 자산이 사용가능한 때부터 감가상각을 시작한다.
② 정액법은 내용연수 동안 매년 일정한 상각액을 인식하는 방법이다.
③ 자본적 지출액은 감가상각비를 계산하는 데 있어 고려 대상이 아니다.
④ 정률법으로 감가상각하는 경우 기말 장부가액은 우하향 그래프의 곡선 형태를 나타낸다.

14 다음 중 아래의 자료와 같은 결합관계가 나타날 수 있는 회계상 거래를 고르시오.

| (차) 자산의 증가 | (대) 수익의 발생 |

① 판매용 물품 300,000원을 외상으로 매입하였다.
② 전월에 발생한 외상매출금 100,000원을 현금으로 회수하였다.
③ 직원 가불금 300,000원을 보통예금 계좌에서 인출하여 지급하였다.
④ 당사의 보통예금에 대한 이자 300,000원이 해당 보통예금 계좌로 입금되었다.

15 다음 중 아래 계정별원장의 ( ) 안에 들어갈 계정과목으로 가장 적합한 것은?

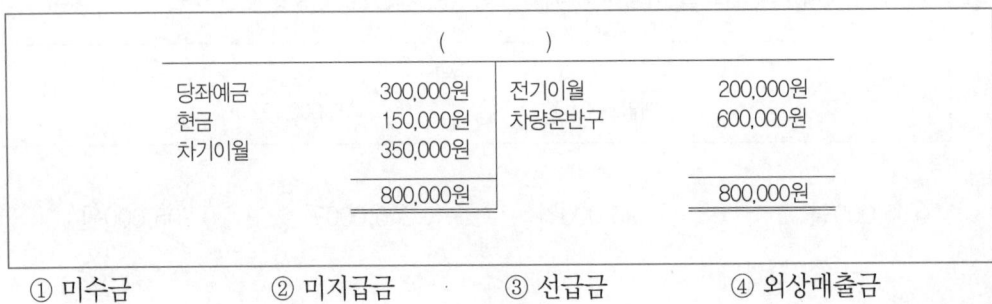

① 미수금 ② 미지급금 ③ 선급금 ④ 외상매출금

112회 실무시험

합격물산(코드번호:1124)은 문구 및 잡화를 판매하는 개인기업으로 당기(제14기) 회계기간은 2025.1.1.~2025.12.31.이다. 전산세무회계 수험용 프로그램을 이용하여 다음 물음에 답하시오.

> **기본전제**
> · 문제에서 한국채택국제회계기준을 적용하도록 하는 전제조건이 없는 경우, 일반기업회계기준을 적용하여 회계처리 한다.
> · 문제의 풀이와 답안작성은 제시된 문제의 순서대로 진행한다.

문제1 다음은 합격물산의 사업자등록증이다. [회사등록] 메뉴에 입력된 내용을 검토하여 누락분은 추가입력하고 잘못된 부분은 정정하시오(단, 우편번호 입력은 생략할 것). (6점)

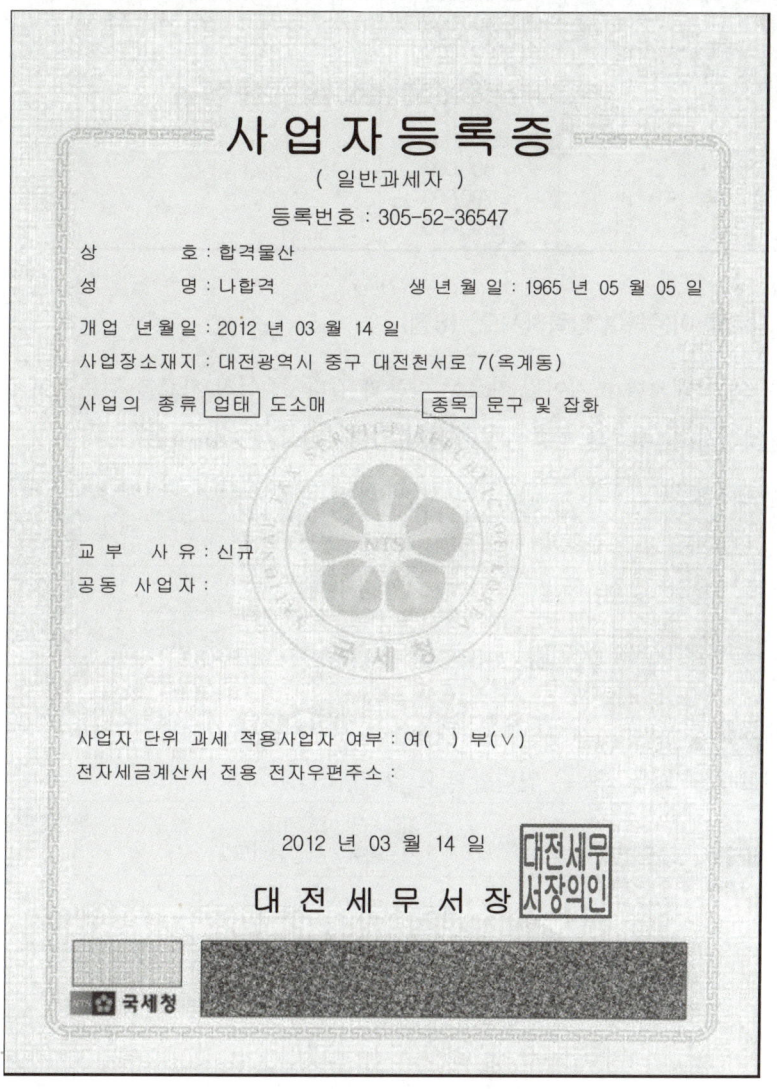

문제 2 다음은 합격물산의 전기분 손익계산서이다. 입력되어 있는 자료를 검토하여 오류 부분은 정정하고 누락된 부분은 추가 입력하시오. (6점)

손익계산서

회사명 : 합격물산   제13기 2024.1.1. ~ 2024.12.31.   (단위 : 원)

과　　　　　목	금　　액	과　　　　　목	금　　액
Ⅰ 매　　출　　액	237,000,000	Ⅴ 영　업　이　익	47,430,000
상　품　매　출	237,000,000	Ⅵ 영　업　외　수　익	670,000
Ⅱ 매　　출　　원　　가	153,000,000	이　　자　　수　　익	600,000
상　품　매　출　원　가	153,000,000	잡　　　이　　　익	70,000
기　초　상　품　재　고　액	20,000,000	Ⅶ 영　업　외　비　용	17,000,000
당　기　상　품　매　입　액	150,000,000	기　　부　　금	5,000,000
기　말　상　품　재　고　액	17,000,000	유　형　자　산　처　분　손　실	12,000,000
Ⅲ 매　　출　　총　　이　　익	84,000,000	Ⅷ 소　득　세　차　감　전　순　이　익	31,100,000
Ⅳ 판　매　비　와　관　리　비	36,570,000	Ⅸ 소　　득　　세　　등	0
급　　　　　　여	20,400,000	Ⅹ 당　　기　　순　　이　　익	31,100,000
복　　리　　후　　생　　비	3,900,000		
기　업　업　무　추　진　비	4,020,000		
통　　　신　　　비	370,000		
감　　가　　상　　각　　비	5,500,000		
임　　　　차　　　　료	500,000		
차　　량　　유　　지　　비	790,000		
소　　　모　　　품　　　비	1,090,000		

문제 3 다음 자료를 이용하여 입력하시오. (6점)

[1] 합격물산의 거래처별 초기이월 자료는 다음과 같다. 주어진 자료를 검토하여 잘못된 부분은 오류를 정정하고, 누락된 부분은 추가하여 입력하시오. (3점)

계정과목	거래처명	금액
받을어음	아진상사	5,000,000원
외상매입금	대영상사	20,000,000원
예수금	대전세무서	300,000원

[2] 다음 자료를 이용하여 [거래처등록] 메뉴에서 거래처(신용카드)를 추가로 등록하시오(단, 주어진 자료 외의 다른 항목은 입력할 필요 없음). (3점)

- 거래처코드 : 99603
- 거래처명 : BC카드
- 유형 : 매입
- 카드번호 : 1234-5678-1001-2348
- 카드종류 : 사업용카드

문제 4 [일반전표입력] 메뉴를 이용하여 다음의 거래 자료를 입력하시오. (24점)

입력시 유의사항

· 적요의 입력은 생략한다.
· 부가가치세는 고려하지 않는다.
· 채권·채무와 관련된 거래는 별도의 요구가 없는 한 반드시 기등록된 거래처코드를 선택하는 방법으로 거래처명을 입력한다.
· 회계처리 시 계정과목은 별도의 제시가 없는 한 등록된 계정과목 중 가장 적절한 과목으로 한다.

---

[1] 08월 09일 ㈜모닝으로부터 상품 2,000,000원을 구매하는 계약을 하고, 상품 대금의 10%를 계약금으로 지급하는 약정에 따라 계약금 200,000원을 현금으로 지급하였다. (3점)

[2] 08월 20일 상품 운반용 중고 화물차를 7,000,000원에 구매하면서 전액 삼성카드로 결제하고, 취득세 300,000원은 보통예금 계좌에서 이체하였다. (3점)

[3] 09월 25일 영업사원 김예진의 9월 급여를 보통예금 계좌에서 이체하여 지급하였으며, 급여 내역은 다음과 같다(단, 하나의 전표로 처리하되, 공제항목은 구분하지 않고 하나의 계정과목으로 처리할 것). (3점)

2025년 9월 급여내역

이름	김예진	지급일	2025년 9월 25일
기 본 급 여	3,500,000원	소 득 세	150,000원
직 책 수 당	200,000원	지 방 소 득 세	15,000원
상 여 금		고 용 보 험	33,300원
특 별 수 당		국 민 연 금	166,500원
자가운전보조금		건 강 보 험	131,160원
		장기요양보험료	16,800원
급 여 계	3,700,000원	공 제 합 계	512,760원
노고에 감사드립니다.		지 급 총 액	3,187,240원

[4] 10월 02일 민족 최대의 명절 추석을 맞이하여 영업부의 거래처와 당사의 영업사원들에게 보낼 선물 세트를 각각 2,000,000원과 1,000,000원에 구입하고 삼성카드로 결제하였다. (3점)

```
카드매출전표
카드종류            신용/삼성카드
카드번호            1250-4121-2412-1114
거래일자            2025.10.02.10:30:51
일시불/할부                     일시불
승인번호                     69117675
이용내역
상품명                     추석선물세트
단가                         20,000원
수량                            150개
결제금액                   3,000,000원
가맹점정보
가맹점명                      하나로유통
사업자등록번호             130-52-12349
가맹점번호                   163732104
대표자명                         김현숙
전화번호                  031-400-3240
       위의 거래내역을 확인합니다.
              Samsung Card
```

[5] 11월 17일 다음은 ㈜새로운에 상품을 판매하고 발급한 거래명세표이다. 대금 중 12,000,000원은 당좌예금 계좌로 입금되었고, 잔액은 ㈜새로운이 발행한 약속어음으로 받았다. (3점)

거래명세표

㈜새로운 귀하			등록번호				
			상 호	합격물산	대 표	나합격	
			업 태	도소매업	종 목	문구 및 잡화	
발행일	2025.11.17.	거래번호	001	주 소	대전광역시 중구 대전천서로 7(옥계동)		
				전 화	042-677-1234	팩 스	042-677-1235
NO.	품명	규격	수량	단가	금액	비고	
1	A상품	5'	100	350,000	35,000,000		
총계					35,000,000		
결제계좌	은행명	계좌번호	예금주	담당자	전화	042-677-1234	
	농협은행	123-456-789-10	나합격		이메일	allpass@nate.com	

[6] 12월 01일 사업장 건물의 엘리베이터 설치 공사를 하고 공사대금 15,000,000원은 보통예금 계좌에서 지급하였다(단, 엘리베이터 설치 공사는 건물의 자본적 지출로 처리할 것). (3점)

[7] 12월 27일 세무법인으로부터 세무 컨설팅을 받고 수수료 300,000원을 현금으로 지급하였다. (3점)

[8] 12월 29일 현금 시재를 확인한 결과 실제 잔액이 장부상 잔액보다 30,000원 많은 것을 발견하였으나 그 원인이 파악되지 않았다. (3점)

문제 5 [일반전표입력] 메뉴에 입력된 내용 중 다음의 오류가 발견되었다. 입력된 내용을 검토하고 수정 또는 삭제, 추가 입력하여 올바르게 정정하시오. (6점)

입력시 유의사항

· 적요의 입력은 생략한다.
· 부가가치세는 고려하지 않는다.
· 채권·채무와 관련된 거래는 별도의 요구가 없는 한 반드시 기등록된 거래처코드를 선택하는 방법으로 거래처명을 입력한다.
· 회계처리 시 계정과목은 별도의 제시가 없는 한 등록된 계정과목 중 가장 적절한 과목으로 한다.

[1] 07월 10일 거래처 하진상사로부터 보통예금 계좌로 입금된 200,000원에 대하여 외상매출금을 회수한 것으로 처리하였으나 당일에 체결한 매출 계약 건에 대한 계약금이 입금된 것이다. (3점)

[2] 11월 25일 세금과공과 200,000원으로 회계처리한 것은 회사 대표의 개인 소유 주택에 대한 재산세 200,000원을 회사 현금으로 납부한 것이다. (3점)

문제 6 다음의 결산정리사항을 입력하여 결산을 완료하시오. (12점)

입력시 유의사항

· 적요의 입력은 생략한다.
· 부가가치세는 고려하지 않는다.
· 채권·채무와 관련된 거래는 별도의 요구가 없는 한 반드시 기등록된 거래처코드를 선택하는 방법으로 거래처명을 입력한다.
· 회계처리 시 계정과목은 별도의 제시가 없는 한 등록된 계정과목 중 가장 적절한 과목으로 한다.

[1] 상품보관을 위하여 임차한 창고의 월(月)임차료는 500,000원으로 임대차계약 기간은 2025년 12월 1일부터 2026년 11월 30일까지이며, 매월 임차료는 다음 달 10일에 지급하기로 계약하였다. (3점)

[2] 당기 말 현재 단기대여금에 대한 당기분 이자 미수액은 300,000원이다. (3점)

[3] 결산일 현재 마이너스통장인 보통예금(기업은행) 계좌의 잔액이 (−)800,000원이다. (3점)

[4] 보유 중인 비품에 대한 당기분 감가상각비를 계상하다(취득일 2024년 1월 1일, 취득원가 55,000,000원, 잔존가액 0원, 내용연수 10년, 정액법 상각, 상각률 10%). (3점)

문제 7 다음 사항을 조회하여 답안을 이론문제 답안작성 메뉴에 입력하시오. (10점)

[1] 1월부터 5월까지 기간 중 현금의 지출이 가장 많은 달(月)은? (3점)

[2] 상반기(1월~6월) 중 현금으로 지급한 급여(판매비및일반관리비)액은 얼마인가? (3점)

[3] 6월 1일부터 6월 30일까지 외상매출금을 받을어음으로 회수한 금액은 얼마인가? (4점)

111회 이론시험

다음 문제를 보고 알맞은 것을 골라 [이론문제 답안작성] 메뉴에 입력하시오. (객관식 문항당 2점)

기본전제
문제에서 한국채택국제회계기준을 적용하도록 하는 전제조건이 없는 경우, 일반기업회계기준을 적용한다.

01 다음 중 복식부기와 관련된 설명이 아닌 것은?
① 차변과 대변이라는 개념이 존재한다.
② 대차평균의 원리가 적용된다.
③ 모든 거래에 대해 이중으로 기록하여 자기검증기능이 있다.
④ 재산 등의 증감변화에 대해 개별 항목의 변동만 기록한다.

02 다음의 내용이 설명하는 계정과목으로 옳은 것은?

> 재화의 생산, 용역의 제공, 타인에 대한 임대 또는 자체적으로 사용할 목적으로 보유하는 물리적 형체가 있는 자산으로서, 1년을 초과하여 사용할 것이 예상되는 자산을 말한다.

① 건물   ② 사채   ③ 보험차익   ④ 퇴직급여

03 다음 괄호 안에 들어갈 내용으로 올바른 것은?

> 현금및현금성자산은 취득 당시 만기가 (   ) 이내에 도래하는 금융상품을 말한다.

① 1개월   ② 3개월   ③ 6개월   ④ 1년

04 다음 중 일반기업회계기준에 의한 회계의 특징으로 볼 수 없는 것은?
① 복식회계   ② 영리회계   ③ 재무회계   ④ 단식회계

05 다음 중 재고자산에 대한 설명으로 틀린 것은?

① 판매를 위하여 보유하고 있는 상품 또는 제품은 재고자산에 해당한다.
② 판매와 관련하여 발생한 수수료는 판매비와관리비로 비용처리 한다.
③ 판매되지 않은 재고자산은 매입한 시점에 즉시 당기 비용으로 인식한다.
④ 개별법은 가장 정확하게 매출원가와 기말재고액을 결정하는 방법이다.

06 다음의 자료가 설명하는 내용의 계정과목으로 올바른 것은?

> 금전을 수취하였으나 그 내용이 확정되지 않은 경우에 임시로 사용하는 계정과목이다.

① 미지급비용　② 미지급금　③ 가수금　④ 외상매입금

07 다음은 영업활동 목적으로 거래처 직원과 함께 식사하고 받은 현금영수증이다. 이를 회계처리할 경우 차변에 기재할 계정과목으로 옳은 것은?

```
# Easy Check
KICC
여신금융협회 : 02-2011-0777

              현 금 영 수 증
가맹점명 :    망향비빔국수    대표자 :   이명환
사업자번호 :  145-54-45245   전화번호 : 031-542-4524
주소 :        경기도 안양시 만안구
---------------------------------------------
거래유형 :                              지출증빙
거래종류 :                              승인거래
식별번호 :                           855-12-01853
취소시 원거래일자 :
거래일시 :                             2025/06/29
---------------------------------------------
공급가액 :                             20,000원
부가세 :                                2,000원
봉사료 :
합계 :                                 22,000원
승인번호 :                           1245345225
          현금영수증 문의(국세청) : 126
          http://현금영수증.kr
```

① 기부금　② 기업업무추진비　③ 복리후생비　④ 세금과공과

08 재고자산은 그 평가방법에 따라 금액이 달라질 수 있다. 다음 중 평가방법에 따른 기말재고자산 금액의 변동이 매출원가와 매출총이익에 미치는 영향으로 옳은 것은?

① 기말재고자산 금액이 감소하면 매출원가도 감소한다.
② 기말재고자산 금액이 감소하면 매출총이익은 증가한다.
③ 기말재고자산 금액이 증가하면 매출원가도 증가한다.
④ 기말재고자산 금액이 증가하면 매출총이익이 증가한다.

09 다음 중 판매비와관리비에 해당하는 계정과목은 모두 몇 개인가?

| · 기부금 | · 세금과공과 | · 이자비용 | · 보험료 |
| · 미수금 | · 미지급비용 | · 선급비용 | |

① 1개 ② 2개 ③ 3개 ④ 4개

10 다음 중 아래의 잔액시산표에 대한 설명으로 옳은 것은?

잔액시산표

일산상사　　2025.1.1.~2025.12.31.　　(단위 : 원)

차변	원면	계정과목	대변
220,000	1	현금	
700,000	2	건물	
	3	외상매입금	90,000
	4	자본금	820,000
	5	이자수익	60,000
50,000	6	급여	
970,000			970,000

① 당기의 기말자본금은 820,000원이다.
② 유동자산의 총합계액은 900,000원이다.
③ 판매비와관리비는 130,000원이다.
④ 당기순이익은 10,000원이다.

11 다음 중 회계상 거래와 관련하여 자산의 증가와 자산의 감소가 동시에 발생하는 거래로 옳은 것은?

① 영업용 차량을 현금 1,000,000원을 주고 구입하였다.
② 사무실 월세 1,000,000원을 현금으로 지급하였다.
③ 정기예금 이자 1,000,000원을 현금으로 수령하였다.
④ 상품을 1,000,000원에 외상으로 구입하였다.

12 다음은 서울상사의 수익적 지출 및 자본적 지출에 관한 내용이다. 다음 중 성격이 나머지와 다른 하나는 무엇인가?

① 사무실 유리창이 깨져서 새로운 유리창을 구입하여 교체하였다.
② 기계장치의 경미한 수준의 부속품이 마모되어 해당 부속품을 교체하였다.
③ 상가 건물의 편의성을 높이기 위해 엘리베이터를 설치하였다.
④ 사업장의 벽지가 찢어져서 외주업체를 통하여 다시 도배하였다.

13 다음은 합격물산의 세금 납부내역이다. 이에 대한 회계처리 시 (A)와 (B)의 차변 계정과목으로 주어진 자료에서 가장 바르게 짝지은 것은?

| (A) 합격물산 대표자의 소득세 납부 | (B) 합격물산 사옥에 대한 건물분 재산세 납부 |

	(A)	(B)
①	세금과공과	세금과공과
②	세금과공과	인출금
③	인출금	세금과공과
④	인출금	건물

14 다음은 합격물산의 당기 말 부채계정 잔액의 일부이다. 재무상태표에 표시될 매입채무는 얼마인가?

| · 선수금 10,000원 | · 지급어음 20,000원 | · 외상매입금 30,000원 |
| · 단기차입금 40,000원 | · 미지급금 50,000원 | |

① 50,000원 ② 60,000원 ③ 100,000원 ④ 110,000원

15 다음의 자료에서 기초자본은 얼마인가?

· 기초자본 (?)   · 총수익 100,000원   · 기말자본 200,000원   · 총비용 80,000원

① 170,000원   ② 180,000원   ③ 190,000원   ④ 200,000원

111회 실무시험

파라상사(코드번호 : 1114)는 문구 및 잡화를 판매하는 개인기업으로 당기(제14기)의 회계기간은 2025.1.1.~2025.12.31.이다. 전산세무회계 수험용 프로그램을 이용하여 다음 물음에 답하시오.

기본전제

· 문제에서 한국채택국제회계기준을 적용하도록 하는 전제조건이 없는 경우, 일반기업회계기준을 적용하여 회계처리 한다.
· 문제의 풀이와 답안작성은 제시된 문제의 순서대로 진행한다.

문제1 다음은 파라상사의 사업자등록증이다. [회사등록] 메뉴에 입력된 내용을 검토하여 누락분은 추가입력하고 잘못된 부분은 정정하시오(주소 입력 시 우편번호는 입력하지 않아도 무방함). (6점)

사업자등록증
(일반과세자)

등록번호 : 855-12-01853

상　　　호 : 파라상사
성　　　명 : 박연원　　　　　생 년 월 일 : 1966 년 07 월 22 일
개 업 연 월 일 : 2012 년 02 월 02 일
사업장소재지 : 경기도 안양시 동안구 귀인로 237 (평촌동)

사 업 의 종 류 : 업태　도소매　　　종목　문구 및 잡화

발 급 사 유 : 신규
공 동 사 업 자 :

사업자 단위 과세 적용사업자 여부 : 여( ) 부(∨)
전자세금계산서 전용 전자우편주소 :

2012년 02 월 02 일
동안양세무서장

문제2 다음은 파라상사의 전기분 재무상태표이다. 입력되어 있는 자료를 검토하여 오류부분은 정정하고 누락된 부분은 추가 입력하시오. (6점)

재 무 상 태 표

회사명 : 파라상사　　　　　　　제13기 2024.12.31. 현재　　　　　　　(단위 : 원)

과　　　　목	금	액	과　　　　목	금	액
현　　　　　금		2,500,000	외 상 매 입 금		50,000,000
당 좌 예 금		43,000,000	지 급 어 음		8,100,000
보 통 예 금		50,000,000	미 지 급 금		29,000,000
외 상 매 출 금	20,000,000		단 기 차 입 금		5,000,000
대 손 충 당 금	900,000	19,100,000	장 기 차 입 금		10,000,000
받 을 어 음	4,900,000		자 본 금		49,757,000
대 손 충 당 금	43,000	4,857,000	(당 기 순 이 익		
미 　 수 　 금		600,000	:8,090,000)		
상　　　　　품		7,000,000			
장 기 대 여 금		2,000,000			
차 량 운 반 구	10,000,000				
감 가 상 각 누 계 액	2,000,000	8,000,000			
비　　　　　품	7,600,000				
감 가 상 각 누 계 액	2,800,000	4,800,000			
임 차 보 증 금		10,000,000			
자 　 산 　 총 　 계		151,857,000	부채와 자본총계		151,857,000

문제3 다음 자료를 이용하여 입력하시오. (6점)

[1] 파라상사의 외상매입금과 미지급금에 대한 거래처별 초기이월 잔액은 다음과 같다. 입력된 자료를 검토하여 잘못된 부분은 삭제 또는 수정, 추가 입력하여 주어진 자료에 맞게 정정하시오. (3점)

계정과목	거래처	잔액
외상매입금	고래전자	12,000,000원
	건우상사	11,000,000원
	석류상사	27,000,000원
미지급금	앨리스상사	25,000,000원
	용구상사	4,000,000원

[2] 다음의 내용을 [계정과목및적요등록] 메뉴를 이용하여 보통예금 계정과목에 현금적요를 등록하시오. (3점)

> 현금적요 : 적요No.5, 미수금 보통예금 입금

문제 4 [일반전표입력] 메뉴를 이용하여 다음의 거래 자료를 입력하시오. (24점)

입력시 유의사항

· 적요의 입력은 생략한다.
· 부가가치세는 고려하지 않는다.
· 채권·채무와 관련된 거래는 별도의 요구가 없는 한 반드시 기등록된 거래처코드를 선택하는 방법으로 거래처명을 입력한다.
· 회계처리 시 계정과목은 별도의 제시가 없는 한 등록된 계정과목 중 가장 적절한 과목으로 한다.

[1] 07월 13일 전기에 대손 처리하였던 나마상사의 외상매출금 2,000,000원이 회수되어 보통예금 계좌로 입금되었다. (3점)

[2] 08월 01일 남선상사에 대한 외상매입금 2,000,000원을 지급하기 위하여 오름상사로부터 상품판매대금으로 받은 약속어음을 배서양도하였다. (3점)

[3] 08월 31일 창고가 필요하여 다음과 같이 임대차계약을 체결하고 임차보증금을 보통예금 계좌에서 이체하여 지급하였다(단, 보증금의 거래처를 기재할 것). (3점)

부동산 월세 계약서

본 부동산에 대하여 임대인과 임차인 쌍방은 다음과 같이 합의하여 임대차계약을 체결한다.

1. 부동산의 표시

소재지	부산광역시 동래구 금강로73번길 6 (온천동)					
건물	구조	철근콘크리트	용도	창고	면적	50m²
임대부분	상동 소재지 전부					

2. 계약내용

제 1 조 위 부동산의 임대차계약에 있어 임차인은 보증금 및 차임을 아래와 같이 지불하기로 한다.

보증금	일금 이천만원 원정 (₩ 20,000,000원) (보증금은 2025년 8월 31일에 지급하기로 한다.)
차 임	일금 삼십만원 원정 (₩ 300,000원) 은 익월 10일에 지불한다.

제 2 조 임대인은 위 부동산을 임대차 목적대로 사용·수익할 수 있는 상태로 하여 2025년 08월 31일까지 임차인에게 인도하며, 임대차기간은 인도일로부터 2027년 08월 30일까지 24개월로 한다.

...중략...

(갑) 임대인 : 온천상가 대표 김온천 (인)

(을) 임차인 : 파라상사 대표 박연원 (인)

[4] 09월 02일 대표자가 개인적인 용도로 사용할 목적으로 컴퓨터를 구입하고 사업용카드(삼성카드)로 결제하였다. (3점)

```
                    웅장컴퓨터
1,500,000원
카드종류       신용카드
카드번호       1351-1234-5050-9990
거래일자       2025.09.02. 11:11:34
일시불/할부    일시불
승인번호       48556494

   [상품명]              [금액]
   컴퓨터                1,500,000원

              합 계 액    1,500,000원
              받은금액    1,500,000원
가맹점정보
가맹점명       웅장컴퓨터
사업자등록번호  105-21-32549
가맹점번호     23721275
대표자명       진영기
전화번호       02-351-0000
          이용해주셔서 감사합니다.
    교환/환불은 영수증을 지참하여 일주일 이내 가능합니다.
                              삼성카드
```

[5] 09월 16일 만안상사에 당사가 보유하고 있던 차량운반구(취득원가 10,000,000원, 처분 시까지의 감가상각누계액 2,000,000원)를 9,000,000원에 매각하고 대금은 만안상사 발행 자기앞수표로 받았다. (3점)

[6] 09월 30일 기업 운영자금을 확보하기 위하여 10,000,000원을 우리은행으로부터 2년 후에 상환하는 조건으로 차입하고, 차입금은 보통예금 계좌로 이체받았다. (3점)

[7] 10월 02일 거래처 포스코상사로부터 상품을 2,000,000원에 외상으로 매입하고, 상품 매입과정 중에 발생한 운반비 200,000원(당사가 부담)은 현금으로 지급하였다. (3점)

[8] 10월 29일 신규 채용한 영업부 신입사원들이 사용할 컴퓨터 5대를 주문하고, 견적서 금액의 10%를 계약금으로 보통예금 계좌에서 송금하였다. (3점)

견 적 서

공급자	사업자번호	206-13-30738			견적번호 : 효은-01112 아래와 같이 견적서를 발송 2025년 10월 29일	
	상 호	효은상사	대 표 자	김효은 (인)		
	소 재 지	서울시 성동구 행당로 133 (행당동)				
	업 태	도소매	종 목	컴퓨터		
	담 당 자	한슬기	전화번호	1599-7700		
품명	규격	수량(개)	단가(원)	금액(원)	비고
삼성 센스 시리즈	S-7	5	2,000,000	10,000,000	
	이하 여백				
합 계 금 액				10,000,000	

유효기간 : 견적 유효기간은 발행 후 15일
납 기 : 발주 후 3일
결제방법 : 현금결제 및 카드결제 가능
송금계좌 : KB국민은행 / 666-12-90238
기 타 : 운반비 별도

문제 5 [일반전표입력] 메뉴에 입력된 내용 중 다음의 오류가 발견되었다. 입력된 내용을 검토하고 수정 또는 삭제, 추가 입력하여 올바르게 정정하시오. (6점)

입력시 유의사항

· 적요의 입력은 생략한다.
· 부가가치세는 고려하지 않는다.
· 채권·채무와 관련된 거래는 별도의 요구가 없는 한 반드시 기등록된 거래처코드를 선택하는 방법으로 거래처명을 입력한다.
· 회계처리 시 계정과목은 별도의 제시가 없는 한 등록된 계정과목 중 가장 적절한 과목으로 한다.

---

[1] 10월 05일 자본적지출로 회계처리해야 할 영업점 건물 방화문 설치비 13,000,000원을 수익적지출로 회계처리 하였다. (3점)

[2] 10월 13일 사업용 신용카드(삼성카드)로 결제한 복리후생비 400,000원은 영업부의 부서 회식대가 아니라 영업부의 매출거래처 접대목적으로 지출한 것으로 확인되었다. (3점)

문제 6 다음의 결산정리사항을 입력하여 결산을 완료하시오. (12점)

입력시 유의사항

· 적요의 입력은 생략한다.
· 부가가치세는 고려하지 않는다.
· 채권·채무와 관련된 거래는 별도의 요구가 없는 한 반드시 기등록된 거래처코드를 선택하는 방법으로 거래처명을 입력한다.
· 회계처리 시 계정과목은 별도의 제시가 없는 한 등록된 계정과목 중 가장 적절한 과목으로 한다.

---

[1] 기말 결산일 현재까지 기간 경과분에 대한 미수이자 1,500,000원 발생하였는데 이와 관련하여 어떠한 회계처리도 되어있지 아니한 상태이다. (3점)

[2] 당기에 납부하고 전액 비용으로 처리한 영업부의 보험료 중 선급액 120,000원에 대한 결산분개를 하시오. (3점)

[3] 당기 중에 단기운용목적으로 ㈜기유의 발행주식 1,000주(1주당 액면금액 1,000원)를 1주당 1,500원에 취득하였으며, 기말 현재 공정가치는 1주당 1,600원이다. 단, 취득 후 주식의 처분은 없었다. (3점)

[4] 기말 매출채권(외상매출금, 받을어음) 잔액에 대하여만 1%를 보충법에 따라 대손충당금을 설정하시오. (3점)

문제 7 다음 사항을 조회하여 답안을 이론문제 답안작성 메뉴에 입력하시오. (10점)

[1] 3월(3월 1일~3월 31일) 중 외상 매출 건수는 총 몇 건인가? (3점)

[2] 6월 말 현재 거래처 자담상사에 대한 선급금 잔액은 얼마인가? (3점)

[3] 현금과 관련하여 상반기(1~6월) 중 입금액이 가장 많은 달의 그 입금액과 출금액이 가장 많은 달의 그 출금액과의 차액은 얼마인가? (단, 음수로 입력하지 말 것) (4점)

110회 이론시험

다음 문제를 보고 알맞은 것을 골라 [이론문제 답안작성] 메뉴에 입력하시오. (객관식 문항당 2점)

> **기본전제**
> 문제에서 한국채택국제회계기준을 적용하도록 하는 전제조건이 없는 경우, 일반기업회계기준을 적용한다.

01 다음 중 아래의 거래 요소가 나타나는 거래로 옳은 것은?

> 비용의 발생-자산의 감소

① 임대차 계약을 맺고, 당월분 임대료 500,000원을 현금으로 받다.
② 상품 400,000원을 매입하고 대금은 외상으로 하다.
③ 단기차입금에 대한 이자 80,000원을 현금으로 지급하다.
④ 토지 80,000,000원을 구입하고 대금은 보통예금 계좌로 이체하다.

02 다음 중 유동부채에 해당하지 않는 것은?

① 유동성장기부채　② 선급비용　③ 단기차입금　④ 예수금

03 다음 중 아래의 (가)와 (나)에 각각 들어갈 내용으로 옳은 것은?

> 단기매매증권을 취득하면서 발생한 수수료는 [(가)](으)로 처리하고, 차량운반구를 취득하면서 발생한 취득세는 [(나)](으)로 처리한다.

	(가)	(나)
①	수수료비용	차량운반구
②	단기매매증권	차량운반구
③	수수료비용	세금과공과
④	단기매매증권	수수료비용

04 다음 계정별원장에 기입된 거래를 보고 (A) 안에 들어갈 수 있는 계정과목으로 가장 적절한 것은?

(A)	
09/15 200,000원 기말 1,600,000원	기초 1,500,000원 09/10 300,000원

① 받을어음 ② 외상매입금 ③ 광고선전비 ④ 미수금

05 다음 중 유형자산의 취득원가를 구성하는 항목이 아닌 것은?
① 재산세
② 취득세
③ 설치비
④ 정상적인 사용을 위한 시운전비

06 다음 중 당좌자산에 해당하지 않는 것은?
① 현금및현금성자산 ② 매출채권 ③ 단기투자자산 ④ 당좌차월

07 다음은 인출금 계정과목의 특징에 대한 설명이다. 다음 중 아래의 (가)~(다)에 각각 관련 설명으로 모두 옳은 것은?

- 주로 기업주(사업주)의 (가)의 지출을 의미한다.
- (나)에서 사용되며 임시계정에 해당한다.
- (다)에 대한 평가계정으로 보고기간 말에 (다)으로 대체되어 마감한다.

	(가)	(나)	(다)
①	개인적 용도	개인기업	자본금 계정
②	사업적 용도	법인기업	자본금 계정
③	개인적 용도	법인기업	자산 계정
④	사업적 용도	개인기업	자산 계정

08 다음 중 손익계산서와 관련된 계정과목이 아닌 것은?
① 임차료 ② 선급비용 ③ 임대료 ④ 유형자산처분이익

09 다음 중 미지급비용에 대한 설명으로 가장 적절한 것은?

① 당기의 수익에 대응되는 지급된 비용

② 당기의 수익에 대응되는 미지급된 비용

③ 당기의 수익에 대응되지 않지만 지급된 비용

④ 당기의 수익에 대응되지 않지만 미지급된 비용

10 12월 말 결산일 현재 손익계산서상 당기순이익은 300,000원이었으나, 아래의 사항이 반영되어 있지 않음을 확인하였다. 아래 사항을 반영한 후의 당기순이익은 얼마인가?

> 손익계산서에 보험료 120,000원이 계상되어 있으나 해당 보험료 중 선급보험료 해당액은 30,000원으로 확인되었다.

① 210,000원   ② 270,000원   ③ 330,000원   ④ 390,000원

11 다음 지출내역 중 영업외비용의 합계액은 얼마인가?

> · 영업용 자동차 보험료 : 5,000원
> · 대손이 확정된 외상매출금의 대손상각비 : 2,000원
> · 10년 만기 은행 차입금의 이자 : 3,000원
> · 사랑의열매 기부금 : 1,000원

① 1,000원   ② 3,000원   ③ 4,000원   ④ 6,000원

12 다음 중 판매비와관리비에 해당하는 계정과목이 아닌 것은?

① 기업업무추진비   ② 세금과공과   ③ 광고선전비   ④ 기타의대손상각비

13 다음은 회계의 순환과정을 나타낸 것이다. 아래의 (가)에 들어갈 용어로 옳은 것은?

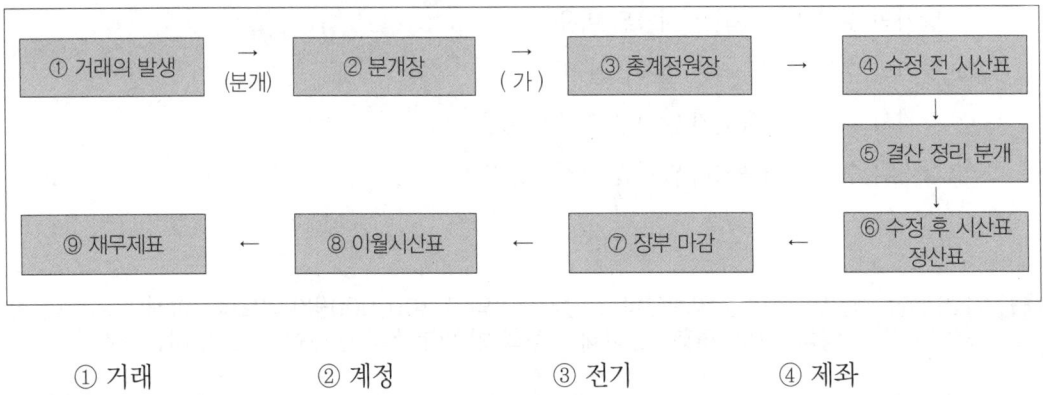

① 거래　　② 계정　　③ 전기　　④ 제좌

14 다음 자료에서 설명하고 있는 (A)와 (B)에 각각 들어갈 용어로 바르게 짝지은 것은 무엇인가?

일정 시점의 기업의 (A) 을(를) 나타낸 표를 재무상태표라 하고, 일정 기간의 기업의 (B) 을(를) 나타낸 표를 손익계산서라 한다.

	(A)	(B)
①	재무상태	경영성과
②	경영성과	재무상태
③	거래의 이중성	대차평균의 원리
④	대차평균의 원리	거래의 이중성

15 다음 중 상품에 대한 재고자산의 원가를 결정하는 방법에 해당하지 않는 것은?

① 개별법　　② 총평균법　　③ 선입선출법　　④ 연수합계법

110회 실무시험

수호상사(코드번호 : 1104)는 전자제품을 판매하는 개인기업으로 당기(제16기)의 회계기간은 2025.1.1.~2025.12.31.이다. 전산세무회계 수험용 프로그램을 이용하여 다음 물음에 답하시오.

기본전제

· 문제에서 한국채택국제회계기준을 적용하도록 하는 전제조건이 없는 경우, 일반기업회계기준을 적용하여 회계처리 한다.
· 문제의 풀이와 답안작성은 제시된 문제의 순서대로 진행한다.

문제1 다음은 수호상사의 사업자등록증이다. [회사등록] 메뉴에 입력된 내용을 검토하여 누락분은 추가입력하고 잘못된 부분은 정정하시오(주소 입력 시 우편번호는 입력하지 않아도 무방함). (6점)

사업자등록증
(일반과세자)
등록번호 : 417-26-00528

상　　　호 : 수호상사
성　　　명 : 김선호　　　　　생 년 월 일 : 1969 년 09 월 13 일
개 업 연 월 일 : 2010 년 09 월 14 일
사업장소재지 : 대전광역시 동구 대전로 987(삼성동)

사 업 의 종 류 : 업태 도소매　　　　종목 전자제품

발 급 사 유 : 신규
공 동 사 업 자 :

사업자 단위 과세 적용사업자 여부 : 여( ) 부(∨)
전자세금계산서 전용 전자우편주소 :

2010년 09월 14 일
대 전 세 무 서 장

문제 2 다음은 수호상사의 전기분 손익계산서이다. 입력되어 있는 자료를 검토하여 오류부분은 정정하고 누락된 부분은 추가 입력하시오. (6점)

손익계산서

회사명 : 수호상사   제15기 2024.1.1. ~ 2024.12.31.   (단위 : 원)

과　　　　　목	금　　액	과　　　　　목	금　　액
Ⅰ 매　　출　　액	257,000,000	Ⅴ 영　업　이　익	18,210,000
상　품　매　출	257,000,000	Ⅵ 영　업　외　수　익	3,200,000
Ⅱ 매　출　원　가	205,000,000	이　자　수　익	200,000
상 품 매 출 원 가	205,000,000	임　대　료	3,000,000
기 초 상 품 재 고 액	20,000,000	Ⅶ 영　업　외　비　용	850,000
당 기 상 품 매 입 액	198,000,000	이　자　비　용	850,000
기 말 상 품 재 고 액	13,000,000	Ⅷ 소득세차감전순이익	20,560,000
Ⅲ 매　출　총　이　익	52,000,000	Ⅸ 소　득　세　등	0
Ⅳ 판 매 비 와 관 리 비	33,790,000	Ⅹ 당　기　순　이　익	20,560,000
급　　　　　여	24,000,000		
복　리　후　생　비	1,100,000		
기 업 업 무 추 진 비	4,300,000		
감　가　상　각　비	500,000		
보　　험　　료	700,000		
차　량　유　지　비	2,300,000		
소　　모　품　　비	890,000		

문제 3 다음 자료를 이용하여 입력하시오. (6점)

[1] 다음 자료를 이용하여 기초정보관리의 [거래처등록] 메뉴에서 거래처(금융기관)를 추가로 등록하시오. (단, 주어진 자료 외의 다른 항목은 입력할 필요 없음.) (3점)

· 거래처코드 : 98006　　　　　· 거래처명 : 한경은행　　　　　· 유형 : 보통예금
· 계좌번호 : 1203-4562-49735　· 사업용 계좌 : 여

[2] 수호상사의 외상매출금과 외상매입금의 거래처별 초기이월 채권과 채무잔액은 다음과 같다. 입력된 자료를 검토하여 잘못된 부분은 수정 또는 삭제, 추가 입력하여 주어진 자료에 맞게 정정하시오. (3점)

계정과목	거래처	잔액	계
외상매출금	믿음전자	20,000,000원	35,000,000원
	우진전자	10,000,000원	
	㈜형제	5,000,000원	
외상매입금	중소상사	12,000,000원	28,000,000원
	숭실상회	10,000,000원	
	국보상사	6,000,000원	

문제4 [일반전표입력] 메뉴를 이용하여 다음의 거래 자료를 입력하시오. (24점)

입력시 유의사항

· 적요의 입력은 생략한다.
· 부가가치세는 고려하지 않는다.
· 채권·채무와 관련된 거래는 별도의 요구가 없는 한 반드시 기등록된 거래처코드를 선택하는 방법으로 거래처명을 입력한다.
· 회계처리 시 계정과목은 별도의 제시가 없는 한 등록된 계정과목 중 가장 적절한 과목으로 한다.

[1] 07월 16일 우와상사에 상품 3,000,000원을 판매하기로 계약하고, 계약금 600,000원을 보통예금 계좌로 입금받았다. (3점)

[2] 08월 04일 당사의 영업부에서 장기간 사용할 목적으로 비품을 구입하고 대금은 BC카드(신용카드)로 결제하였다(단, 미지급금 계정을 사용하여 회계처리할 것). (3점)

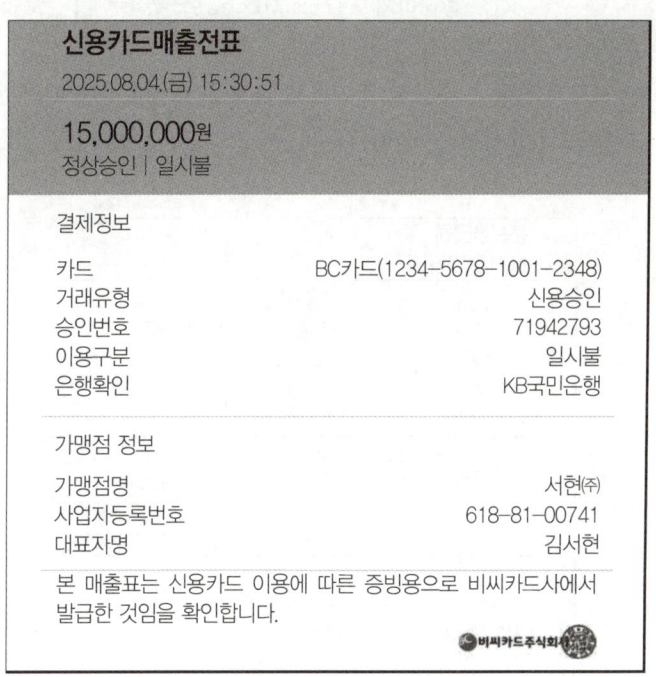

[3] 08월 25일 영업용 차량운반구에 대한 자동차세 120,000원을 현금으로 납부하다. (3점)

[4] 09월 06일 거래처 수분상사의 외상매출금 중 1,800,000원이 예정일보다 빠르게 회수되어 할인금액 2%를 제외한 금액을 당좌예금 계좌로 입금받았다(단, 매출할인 계정을 사용할 것). (3점)

[5] 09월 20일 영업부 직원들을 위한 간식을 현금으로 구매하고 아래의 현금영수증을 수취하였다. (3점)

```
[고객용]
        현금 매출 전표
간식천국    378-62-00158
이재철   TEL : 1577-0000
대구광역시 동구 안심로 15
2025/09/20 11:53:48   NO : 18542
노나머거본파이      5      50,000
에너지파워드링크    30     150,000
합계수량/금액      35     200,000
받 을 금 액        2 0 0 , 0 0 0
현    금            2 0 0 , 0 0 0
       현금영수증(지출증빙)
거 래 자   : 417-26-00528
번   호   : G141080158
승인번호   : 현금영수증문의☎126-1-
전화번호     1
홈페이지   : https://hometax.go.kr
```

[6] 10월 05일 당사의 상품을 홍보할 목적으로 홍보용 포스트잇을 제작하고 사업용카드(삼성카드)로 결제하였다. (3점)

```
홍보물닷컴
500,000원
─────────────────────────────
카드종류      신용카드
카드번호      8504-1245-4545-0506
거래일자      2025.10.05. 15:29:45
일시불/할부    일시불
승인번호      28516480
     [상품명]           [금액]
     홍보용 포스트잇     500,000원
              합 계 액   500,000원
              받은금액   500,000원
가맹점정보
가맹점명      홍보물닷컴
사업자등록번호  305-35-65424
가맹점번호    23721275
대표자명      엄하진
전화번호      051-651-0000
       이용해주셔서 감사합니다.
  교환/환불은 영수증을 지참하여 일주일 이내 가능합니다.
                              삼성카드
```

[7] 10월 13일 대전시 동구청에 태풍 피해 이재민 돕기 성금으로 현금 500,000원을 기부하였다. (3점)

[8] 11월 01일 영업부 직원의 국민건강보험료 회사부담분 190,000원과 직원부담분 190,000원을 보통예금 계좌에서 이체하여 납부하였다(단, 회사부담분은 복리후생비 계정을 사용할 것). (3점)

문제 5 [일반전표입력] 메뉴에 입력된 내용 중 다음의 오류가 발견되었다. 입력된 내용을 검토하고 수정 또는 삭제, 추가 입력하여 올바르게 정정하시오. (6점)

입력시 유의사항
- 적요의 입력은 생략한다.
- 부가가치세는 고려하지 않는다.
- 채권·채무와 관련된 거래는 별도의 요구가 없는 한 반드시 기등록된 거래처코드를 선택하는 방법으로 거래처명을 입력한다.
- 회계처리 시 계정과목은 별도의 제시가 없는 한 등록된 계정과목 중 가장 적절한 과목으로 한다.

[1] 08월 16일 운반비로 계상한 50,000원은 무선상사로부터 상품 매입 시 당사 부담의 운반비를 지급한 것이다. (3점)

[2] 09월 30일 농협은행에서 차입한 장기차입금을 상환하기 위하여 보통예금 계좌에서 11,000,000원을 지급하고 이를 모두 차입금 원금을 상환한 것으로 회계처리 하였으나 이 중 차입금 원금은 10,000,000원이고, 나머지 1,000,000원은 차입금에 대한 이자로 확인되었다. (3점)

문제 6 다음의 결산정리사항을 입력하여 결산을 완료하시오. (12점)

입력시 유의사항
- 적요의 입력은 생략한다.
- 부가가치세는 고려하지 않는다.
- 채권·채무와 관련된 거래는 별도의 요구가 없는 한 반드시 기등록된 거래처코드를 선택하는 방법으로 거래처명을 입력한다.
- 회계처리 시 계정과목은 별도의 제시가 없는 한 등록된 계정과목 중 가장 적절한 과목으로 한다.

[1] 영업부에서 사용하기 위하여 소모품을 구입하고 자산으로 처리한 금액 중 당기 중에 사용한 금액은 70,000원이다. (3점)

[2] 기말 현재 가수금 잔액 200,000원은 강원상사의 외상매출금 회수액으로 판명되었다. (3점)

[3] 결산일까지 현금과부족 100,000원의 원인이 판명되지 않았다. (3점)

[4] 당기분 차량운반구에 대한 감가상각비 600,000원과 비품에 대한 감가상각비 500,000원을 계상하다. (3점)

문제 7 다음 사항을 조회하여 답안을 `이론문제 답안작성` 메뉴에 입력하시오. (10점)

[1] 6월 말 현재 외상매출금 잔액이 가장 적은 거래처의 상호와 그 외상매출금 잔액은 얼마인가? (3점)

[2] 상반기(1~6월) 중 복리후생비(판) 지출액이 가장 많은 달의 지출액은 얼마인가? (3점)

[3] 6월 말 현재 차량운반구의 장부가액은 얼마인가? (4점)

109회 이론시험

다음 문제를 보고 알맞은 것을 골라 이론문제 답안작성 메뉴에 입력하시오. (객관식 문항당 2점)

기본전제

문제에서 한국채택국제회계기준을 적용하도록 하는 전제조건이 없는 경우, 일반기업회계기준을 적용한다.

01 다음 중 거래의 종류와 해당 거래의 연결이 올바르지 않은 것은?

① 교환거래 : 상품 1,000,000원을 매출하기로 계약하고 매출대금의 10%를 현금으로 받다.
② 손익거래 : 당월분 사무실 전화요금 50,000원과 전기요금 100,000원이 보통예금 계좌에서 자동으로 이체되다.
③ 손익거래 : 사무실을 임대하고 1년치 임대료 600,000원을 보통예금 계좌로 입금받아 수익 계정으로 처리하다.
④ 혼합거래 : 단기차입금 1,000,000원과 장기차입금 2,000,000원을 보통예금 계좌에서 이체하여 상환하다.

02 다음 중 결산 시 대손상각 처리를 할 수 있는 계정과목에 해당하지 않는 것은?

① 받을어음   ② 미수금   ③ 외상매출금   ④ 단기차입금

03 다음 중 현금 계정으로 처리할 수 없는 것은?

① 자기앞수표   ② 당사 발행 당좌수표
③ 우편환증서   ④ 배당금지급통지표

04 다음 자료에서 상품의 순매입액은 얼마인가?

· 당기상품매입액 50,000원   · 상품매입할인 3,000원
· 상품매입과 관련된 취득부대비용 2,000원   · 상품매출에누리 5,000원

① 44,000원   ② 47,000원   ③ 49,000원   ④ 52,000원

05 다음의 거래요소 중 차변에 올 수 있는 거래요소는 무엇인가?

① 수익의 발생　　② 비용의 발생　　③ 자산의 감소　　④ 부채의 증가

06 다음 중 외상매출금 계정이 대변에 기입될 수 있는 거래를 모두 찾으시오.

> 가. 상품을 매출하고 대금을 한 달 후에 지급받기로 했을 때
> 나. 외상매출금이 보통예금으로 입금되었을 때
> 다. 외상매출금을 현금으로 지급받았을 때
> 라. 외상매입한 상품 대금을 한 달 후에 보통예금으로 지급했을 때

① 가, 나　　② 나, 다　　③ 다, 라　　④ 가, 라

07 다음 중 재무상태표상 기말재고자산이 50,000원 과대계상 되었을 때 나타날 수 없는 것은?

① 당기순이익 50,000원 과소계상
② 매출원가 50,000원 과소계상
③ 영업이익 50,000원 과대계상
④ 차기이월되는 재고자산 50,000원 과대계상

08 다음 자료를 이용하여 영업이익을 계산하면 얼마인가?

> · 매출액 20,000,000원　　· 복리후생비 300,000원
> · 매출원가 14,000,000원　· 유형자산처분손실 600,000원
> · 이자비용 300,000원　　　· 급여 2,000,000원

① 2,800,000원　② 3,100,000원　③ 3,700,000원　④ 4,000,000원

09 다음 자료에 의한 기말 현재 대손충당금 잔액은 얼마인가?

> · 기말 매출채권 : 20,000,000원
> · 기말 매출채권 잔액에 대하여 1%의 대손충당금을 설정하기로 한다.

① 200,000원　② 218,000원　③ 250,000원　④ 320,000원

10 다음 중 일반기업회계기준상 유형자산의 감가상각방법으로 인정되지 않는 것은?

① 선입선출법 ② 정률법 ③ 연수합계법 ④ 생산량비례법

11 다음의 지출내역 중 판매비와관리비에 해당하는 것을 모두 고른 것은?

| 가. 출장 여비교통비 | 나. 거래처 대표자의 결혼식 화환 구입비 |
| 다. 차입금 이자 | 라. 유형자산처분이익 |

① 가, 나 ② 나, 다 ③ 가, 라 ④ 다, 라

12 다음 중 자본잉여금에 해당하지 않는 것은?

① 주식발행초과금 ② 감자차익
③ 자기주식처분이익 ④ 임의적립금

13 다음 중 유동부채에 해당하는 항목의 합계금액으로 적절한 것은?

· 유동성장기부채 4,000,000원   · 장기차입금 5,000,000원
· 미지급비용 1,400,000원   · 선급비용 2,500,000원
· 예수금 500,000원   · 외상매입금 3,300,000원

① 5,200,000원 ② 9,200,000원 ③ 11,700,000원 ④ 16,700,000원

14 다음 중 당좌자산에 해당하지 않는 항목은?

① 매출채권 ② 현금 ③ 선급비용 ④ 건설중인자산

15 다음 중 유형자산에 대한 추가적인 지출이 발생했을 때 당기 비용으로 처리할 수 있는 거래를 고르시오.

① 건물의 피난시설을 설치하기 위한 지출
② 내용연수를 연장시키는 지출
③ 건물 내부의 조명기구를 교체하는 지출
④ 상당한 품질향상을 가져오는 지출

| 109회 | 실 무 시 험 |

정금상사(코드번호:1094)는 신발을 판매하는 개인기업으로 당기(제16기)의 회계기간은 2025.1.1.~2025.12.31.이다. 전산세무회계 수험용 프로그램을 이용하여 다음 물음에 답하시오.

기본전제

· 문제에서 한국채택국제회계기준을 적용하도록 하는 전제조건이 없는 경우, 일반기업회계기준을 적용하여 회계처리 한다.
· 문제의 풀이와 답안작성은 제시된 문제의 순서대로 진행한다.

문제1 다음은 정금상사의 사업자등록증이다. [회사등록] 메뉴에 입력된 내용을 검토하여 누락분은 추가입력하고 잘못된 부분을 정정하시오(주소 입력 시 우편번호는 입력하지 않아도 무방함). (6점)

사업자등록증

(일반과세자)

등록번호 : 646-04-01031

상 호 : 정금상사
성 명 : 최종효   생 년 월 일 : 1992 년 11 월 19 일
개 업 연 월 일 : 2010 년 06 월 01 일
사업장소재지 : 서울특별시 강동구 천호대로 1057

사업의 종류 : 업태 도소매   종목 신발

발 급 사 유 : 신규
공 동 사 업 자 :

사업자 단위 과세 적용사업자 여부 : 여( ) 부(∨)
전자세금계산서 전용 전자우편주소 :

2010년 06월 01일
강 동 세 무 서 장

문제2 다음은 정금상사의 전기분 손익계산서이다. 입력되어 있는 자료를 검토하여 오류부분을 정정하고 누락된 부분을 추가 입력하시오. (6점)

손 익 계 산 서

회사명 : 정금상사 제15기 2024.1.1.~2024.12.31. (단위 : 원)

과 목	금 액	과 목	금 액
Ⅰ. 매 출 액	120,000,000	Ⅴ. 영 업 이 익	4,900,000
상 품 매 출	120,000,000	Ⅵ. 영 업 외 수 익	800,000
Ⅱ. 매 출 원 가	90,000,000	이 자 수 익	800,000
상 품 매 출 원 가	90,000,000	Ⅶ. 영 업 외 비 용	600,000
기 초 상 품 재 고 액	30,000,000	이 자 비 용	600,000
당 기 상 품 매 입 액	80,000,000	Ⅷ. 소득세차감전순이익	5,100,000
기 말 상 품 재 고 액	20,000,000	Ⅸ. 소 득 세 등	0
Ⅲ. 매 출 총 이 익	30,000,000	Ⅹ. 당 기 순 이 익	5,100,000
Ⅳ. 판 매 비 와 관 리 비	25,100,000		
급 여	18,000,000		
복 리 후 생 비	5,000,000		
여 비 교 통 비	600,000		
기 업 업 무 추 진 비	300,000		
소 모 품 비	500,000		
광 고 선 전 비	700,000		

문제3 다음 자료를 이용하여 입력하시오. (6점)

[1] [계정과목및적요등록] 메뉴에서 판매비와관리비의 기업업무추진비 계정에 다음 내용의 적요를 등록하시오. (3점)

> 현금적요 No.5 : 거래처 명절선물 대금 지급

[2] 정금상사의 외상매출금과 단기대여금에 대한 거래처별 초기이월 잔액은 다음과 같다. 입력된 자료를 검토하여 잘못된 부분은 수정 또는 삭제, 추가 입력하여 주어진 자료에 맞게 정정하시오. (3점)

계정과목	거래처	잔액	합계
외상매출금	㈜사이버나라	45,000,000원	68,000,000원
	세계상회	23,000,000원	
단기대여금	㈜해일	10,000,000원	13,000,000원
	부림상사	3,000,000원	

문제 4 [일반전표입력] 메뉴를 이용하여 다음의 거래 자료를 입력하시오. (24점)

입력시 유의사항

· 적요의 입력은 생략한다.
· 부가가치세는 고려하지 않는다.
· 채권·채무와 관련된 거래는 별도의 요구가 없는 한 반드시 기등록된 거래처코드를 선택하는 방법으로 거래처명을 입력한다.
· 회계처리 시 계정과목은 별도의 제시가 없는 한 등록된 계정과목 중 가장 적절한 과목으로 한다.

---

[1] 08월 01일 단기매매목적으로 ㈜바이오의 발행주식 10주를 1주당 200,000원에 취득하였다. 대금은 취득과정에서 발생한 별도의 증권거래수수료 12,000원을 포함하여 보통예금 계좌에서 전액을 지급하였다. ㈜바이오의 발행주식 1주당 액면가액은 1,000원이다. (3점)

[2] 09월 02일 푸름상회에서 판매용 신발을 매입하고 대금 중 5,000,000원은 푸름상회에 대한 외상매출금과 상계하여 처리하고 잔액은 외상으로 하다. (3점)

거래명세표(거래용)

권		호	
2025년	09 월	02 일	

정금상사 귀하	사업자등록번호	109-02-57411
	상 호	푸름상회 성 명 나푸름 ㊞
	사업장소재지	서울특별시 서초구 명달로 105
아래와 같이 계산합니다.	업 태	도소매 종 목 신발

합계금액	구백육십만 원정 (₩ 9,600,000)

월일	품 목	규격	수량	단가	공급대가
09월 02일	레인부츠		12	800,000원	9,600,000원
계					9,600,000원

전잔금	없음		합 계		9,600,000원
입 금	5,000,000원	잔 금	4,600,000원	인수자	최종효 ㊞
비 고	판매대금 5,000,000원은 외상대금과 상계처리하기로 함.				

[3] 10월 05일 업무용 모니터(비품)를 구입하고 현금 550,000원을 다음과 같이 지급하다. (3점)

현금영수증(지출증빙용) CASH RECEIPT	
사업자등록번호	108-81-11116
현금영수증가맹점명	㈜성실산업
대표자	김성실
주소	서울 관악 봉천 458
전화번호	02-220-2223

품명	모니터	승인번호	12345
거래일시	2025.10.5	취소일자	

단위		백		천		원	
금액 AMOUNT		5	5	0	0	0	0
봉사료 TIPS							
합계 TOTAL		5	5	0	0	0	0

[4] 10월 20일 영업부 직원의 건강보험료 회사부담분 220,000원과 직원부담분 220,000원을 보통예금 계좌에서 이체하여 납부하다(단, 하나의 전표로 처리하고, 회사부담분 건강보험료는 복리후생비 계정을 사용할 것). (3점)

[5] 11월 01일 광고 선전을 목적으로 불특정 다수에게 배포할 판촉물을 제작하고 제작대금 990,000원은 당좌수표를 발행하여 지급하다. (3점)

[6] 11월 30일 좋은은행에 예치한 1년 만기 정기예금의 만기가 도래하여 원금 10,000,000원과 이자 500,000원이 보통예금 계좌로 입금되다. (3점)

[7] 12월 05일 본사 영업부에 비치된 에어컨을 수리하고 수리비 330,000원을 신용카드(하나카드)로 결제하다. (3점)

[8] 12월 15일 에스파파상사로부터 상품을 25,000,000원에 매입하기로 계약하고, 계약금 1,000,000원을 보통예금 계좌에서 이체하여 지급하다. (3점)

문제 5 [일반전표입력] 메뉴에 입력된 내용 중 다음의 오류가 발견되었다. 입력된 내용을 검토하고 수정 또는 삭제, 추가 입력하여 올바르게 정정하시오. (6점)

───── 입력시 유의사항 ─────
· 적요의 입력은 생략한다.
· 부가가치세는 고려하지 않는다.
· 채권·채무와 관련된 거래는 별도의 요구가 없는 한 반드시 기등록된 거래처코드를 선택하는 방법으로 거래처명을 입력한다.
· 회계처리 시 계정과목은 별도의 제시가 없는 한 등록된 계정과목 중 가장 적절한 과목으로 한다.

[1] 10월 27일 기업주가 사업 확장을 위하여 좋은은행에서 만기 1년 이내의 대출 10,000,000원을 단기차입하여 보통예금 계좌에 입금하였으나 이를 자본금으로 처리하였음을 확인하다. (3점)

[2] 11월 16일 보통예금 계좌에서 지급한 198,000원은 거래처에 선물하기 위해 구입한 신발이 아니라 판매를 목적으로 구입한 신발의 매입대금이었음이 확인되었다. (3점)

문제 6 다음의 결산정리사항을 입력하여 결산을 완료하시오. (12점)

───── 입력시 유의사항 ─────
· 적요의 입력은 생략한다.
· 부가가치세는 고려하지 않는다.
· 채권·채무와 관련된 거래는 별도의 요구가 없는 한 반드시 기등록된 거래처코드를 선택하는 방법으로 거래처명을 입력한다.
· 회계처리 시 계정과목은 별도의 제시가 없는 한 등록된 계정과목 중 가장 적절한 과목으로 한다.

[1] 구입 시 자산으로 처리한 소모품 중 결산일 현재 사용한 소모품비는 550,000원이다. (3점)

[2] 2025년 7월 1일에 영업부의 1년치 보증보험료(보험기간:2025.07.01.~2026.06.30.) 1,200,000원을 보통예금 계좌에서 이체하면서 전액 비용계정인 보험료로 처리하였다. 기말 수정분개를 하시오(단, 월할계산할 것). (3점)

[3] 현금과부족 계정으로 처리한 현금초과액 50,000원에 대한 원인이 결산일 현재까지 밝혀지지 않았다. (3점)

[4] 외상매출금 및 받을어음 잔액에 대하여만 1%의 대손충당금을 보충법으로 설정하시오(단, 기타 채권에 대하여는 대손충당금을 설정하지 않도록 한다). (3점)

문제 7 다음 사항을 조회하여 답안을 │ 이론문제 답안작성 │ 메뉴에 입력하시오. (10점)

[1] 상반기(1월~6월) 중 현금의 지출이 가장 많은 월(月)은 몇 월(月)이며, 그 금액은 얼마인가? (4점)

[2] 6월 30일 현재 유동부채의 금액은 얼마인가? (3점)

[3] 상반기(1월~6월) 중 복리후생비(판)의 지출이 가장 많은 월(月)과 적은 월(月)의 차액은 얼마인가? (단, 반드시 양수로 입력할 것) (3점)

108회 이론시험

다음 문제를 보고 알맞은 것을 골라 [이론문제 답안작성] 메뉴에 입력하시오. (객관식 문항당 2점)

> **기본전제**
> 문제에서 한국채택국제회계기준을 적용하도록 하는 전제조건이 없는 경우, 일반기업회계기준을 적용한다.

01 다음 중 일정기간의 회계정보를 제공하는 재무제표가 아닌 것은?

① 현금흐름표　　② 손익계산서　　③ 재무상태표　　④ 자본변동표

02 다음 중 계정의 잔액 표시가 잘못된 것을 고르시오.

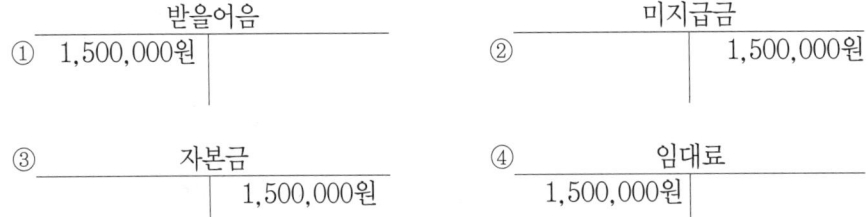

03 다음은 당기의 재고자산 관련 자료이다. 당기의 상품 매출원가는 얼마인가?

· 기초상품재고액 10,000원　　· 당기상품매입액 30,000원
· 상품매입에누리 1,000원　　· 기말상품재고액 5,000원

① 34,000원　　② 35,000원　　③ 39,000원　　④ 40,000원

04 12월 말 결산법인의 당기 취득 기계장치 관련 자료가 다음과 같다. 이를 바탕으로 당기 손익계산서에 반영될 당기의 감가상각비는 얼마인가?

· 7월 1일 기계장치를 1,000,000원에 취득하였다.
· 7월 1일 기계장치 취득 즉시 수익적지출 100,000원이 발생하였다.
· 위 기계장치의 잔존가치는 0원, 내용연수는 5년, 상각방법은 정액법이다. 단, 월할상각할 것.

① 100,000원　　② 110,000원　　③ 200,000원　　④ 220,000원

05 다음 자료에서 당기말 재무제표에 계상될 보험료는 얼마인가? 단, 회계연도는 매년 1월 1일부터 12월 31일까지이다.

> · 11월 1일 화재보험에 가입하고, 보험료 600,000원을 현금으로 지급하였다.
> · 보험기간은 가입시점부터 1년이며, 기간계산은 월할로 한다.
> · 이외 보험료는 없는 것으로 한다.

① 50,000원　　② 100,000원　　③ 300,000원　　④ 600,000원

06 다음 중 재무상태표에 표시되는 매입채무 계정에 해당하는 것으로만 짝지어진 것은?

① 미수금, 미지급금　　　　② 가수금, 가지급금
③ 외상매출금, 받을어음　　④ 외상매입금, 지급어음

07 다음 중 계정과목의 분류가 올바른 것은?

① 유동자산 : 차량운반구　　② 비유동자산 : 당좌예금
③ 유동부채 : 단기차입금　　④ 비유동부채 : 선수수익

08 다음 중 현금및현금성자산에 포함되지 않는 것은?

① 우편환증서　　② 배당금지급통지서　　③ 당좌차월　　④ 자기앞수표

09 다음 중 상품 매입계약에 따른 계약금을 미리 지급한 경우에 사용하는 계정과목으로 옳은 것은?

① 가지급금　　② 선급금　　③ 미지급금　　④ 지급어음

10 다음 자료에서 부채의 합계액은 얼마인가?

> · 외상매입금 3,000,000원　　· 선수수익 500,000원　　· 단기대여금 4,000,000원
> · 미지급비용 2,000,000원　　· 선급비용 1,500,000원　　· 미수수익 1,000,000원

① 5,500,000원　　② 6,000,000원　　③ 6,500,000원　　④ 12,000,000원

11 다음 중 아래 빈칸에 들어갈 내용으로 적절한 것은?

> 유동자산은 보고기간종료일로부터 (   )년 이내에 현금화 또는 실현될 것으로 예상되는 자산을 의미한다.

① 1   ② 2   ③ 3   ④ 5

12 다음 자료에서 당기 외상매출금 기말잔액은 얼마인가?

· 외상매출금 기초잔액   3,000,000원
· 외상매출금 당기 발생액   7,000,000원
· 외상매출금 당기 회수액   1,000,000원

① 0원   ② 3,000,000원   ③ 5,000,000원   ④ 9,000,000원

13 다음 중 재고자산에 대한 설명으로 적절하지 않은 것은?

① 재고자산은 정상적인 영업과정에서 판매를 위하여 보유하거나 생산과정에 있는 자산 및 생산 또는 서비스 제공과정에 투입될 원재료나 소모품의 형태로 존재하는 자산을 말한다.
② 재고자산의 취득원가는 취득과 직접적으로 관련되어 있으며 정상적으로 발생되는 기타원가를 포함한다.
③ 선입선출법은 먼저 구입한 상품이 먼저 판매된다는 가정하에 매출원가 및 기말재고액을 구하는 방법이다.
④ 개별법은 상호 교환될 수 있는 재고자산 항목인 경우에만 사용 가능하다.

14 다음 중 수익의 이연에 해당하는 계정과목으로 옳은 것은?

① 선급비용   ② 미지급비용   ③ 선수수익   ④ 미수수익

15 다음 중 기말재고자산을 과대평가하였을 때 나타나는 현상으로 옳은 것은?

	매출원가	당기순이익
①	과대계상	과소계상
②	과소계상	과대계상
③	과대계상	과대계상
④	과소계상	과소계상

108회 실무시험

지우상사(코드번호:1084)는 사무기기를 판매하는 개인기업으로 당기(제15기) 회계기간은 2025.1.1.~2025.12.31.이다. 전산세무회계 수험용 프로그램을 이용하여 다음 물음에 답하시오.

기본전제

· 문제에서 한국채택국제회계기준을 적용하도록 하는 전제조건이 없는 경우, 일반기업회계기준을 적용하여 회계처리 한다.
· 문제의 풀이와 답안작성은 제시된 문제의 순서대로 진행한다.

문제1 다음은 지우상사의 사업자등록증이다. [회사등록] 메뉴에 입력된 내용을 검토하여 누락분은 추가입력하고 잘못된 부분은 정정하시오(주소 입력 시 우편번호는 입력하지 않아도 무방함). (6점)

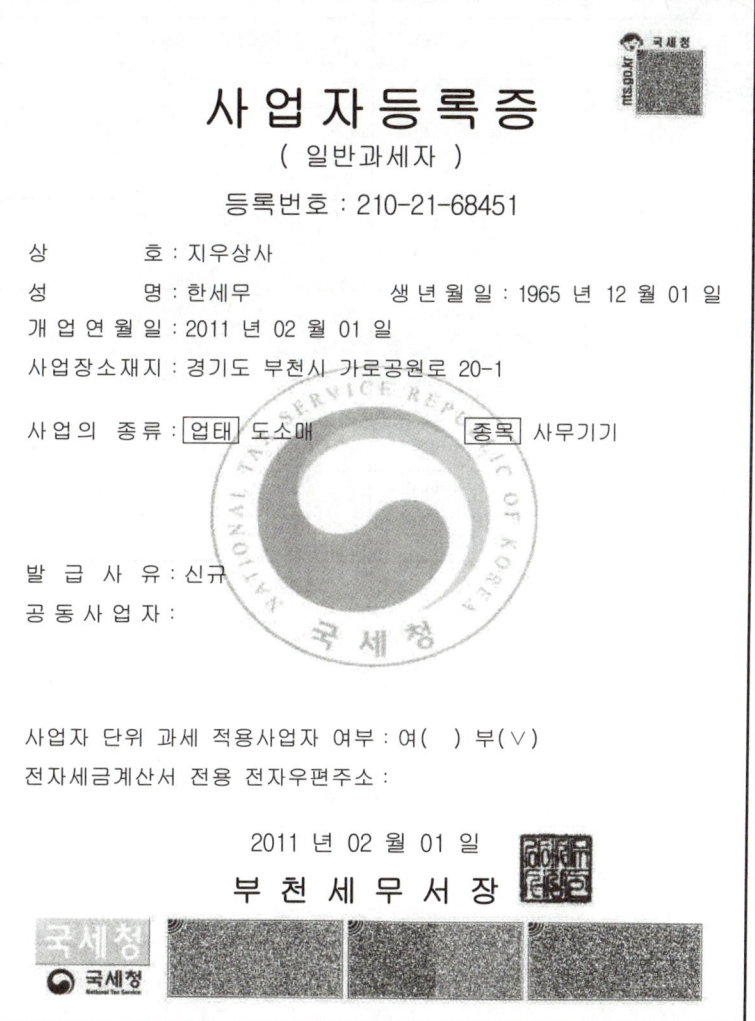

문제 2 지우상사의 전기분 손익계산서는 다음과 같다. 입력되어 있는 자료를 검토하여 오류부분은 정정하고 누락된 부분은 추가 입력하시오. (6점)

손 익 계 산 서

회사명 : 지우상사   제14기 2024년 1월 1일부터 2024년 12월 31일까지   (단위 : 원)

과 목	금 액	과 목	금 액
Ⅰ. 매출액	125,500,000	Ⅴ. 영업이익	11,850,000
1. 상품매출	125,500,000	Ⅵ. 영업외수익	500,000
Ⅱ. 매출원가	88,800,000	1. 이자수익	500,000
상품매출원가	88,800,000	Ⅶ. 영업외비용	1,200,000
1. 기초상품재고액	12,300,000	1. 이자비용	1,200,000
2. 당기상품매입액	79,000,000	Ⅷ. 소득세차감전이익	11,150,000
3. 기말상품재고액	2,500,000	Ⅸ. 소득세등	0
Ⅲ. 매출총이익	36,700,000	Ⅹ. 당기순이익	11,150,000
Ⅳ. 판매비와관리비	24,850,000		
1. 급여	14,500,000		
2. 복리후생비	1,200,000		
3. 여비교통비	800,000		
4. 기업업무추진비	750,000		
5. 수도광열비	1,100,000		
6. 감가상각비	3,950,000		
7. 임차료	1,200,000		
8. 차량유지비	550,000		
9. 수수료비용	300,000		
10. 광고선전비	500,000		

문제 3 다음 자료를 이용하여 입력하시오. (6점)

[1] 다음 자료를 이용하여 [계정과목및적요등록] 메뉴에서 판매비및일반관리비 항목의 여비교통비 계정과목에 적요를 추가로 등록하시오. (3점)

대체적요 NO. 3 : 직원의 국내출장비 예금 인출

[2] [거래처별초기이월] 메뉴의 계정과목별 잔액은 다음과 같다. 주어진 자료를 검토하여 잘못된 부분은 오류를 정정하고, 누락된 부분은 추가 입력하시오. (3점)

계정과목	거래처명	금액
외상매입금	라라무역	23,200,000원
	양산상사	35,800,000원
단기차입금	㈜굿맨	36,000,000원

문제 4 [일반전표입력] 메뉴를 이용하여 다음의 거래 자료를 입력하시오. (24점)

입력시 유의사항

· 적요의 입력은 생략한다.
· 부가가치세는 고려하지 않는다.
· 채권 · 채무와 관련된 거래는 별도의 요구가 없는 한 반드시 기등록된 거래처코드를 선택하는 방법으로 거래처명을 입력한다.
· 회계처리 시 계정과목은 별도의 제시가 없는 한 등록된 계정과목 중 가장 적절한 과목으로 한다.

[1] 07월 15일 태영상사에 상품을 4,000,000원에 판매하고 판매대금 중 20%는 태영상사가 발행한 6개월 만기 약속어음으로 받았으며, 나머지 판매대금은 8월 말에 받기로 하였다. (3점)

[2] 08월 25일 큰손은행으로부터 아래와 같이 사업확장을 위한 자금을 차입하고 보통예금 계좌로 송금받았다. (3점)

차입금액	자금용도	연이자율	차입기간	이자 지급 방법
15,000,000원	시설자금	7%	3년	만기 일시 지급

[3] 09월 05일 영업부 사무실의 8월분 인터넷이용료 50,000원과 수도요금 40,000원을 삼성카드로 결제하였다. (3점)

[4] 10월 05일 명절을 맞이하여 과일세트 30박스를 싱싱과일에서 구입하여 매출거래처에 선물하였고, 아래와 같이 영수증을 받았다. (3점)

```
               영수증
        싱싱과일  105-91-3*****
        대 표 자     김 민 정
        경기도 부천시 중동 *** 1층
       품목     수량    단가     금액
       과일세트   30   10,000   300,000

       합계금액        ₩    300,000
         결제구분           금액
         현    금         300,000원
         받은금액         300,000원
         미 수 금            -
            ***감사합니다***
```

[5] 10월 24일 새로운 창고를 건축하기 위하여 토지를 50,000,000원에 취득하면서 취득세 2,300,000원을 포함한 총 52,300,000원을 현금으로 지급하였다. (3점)

[6] 11월 02일 온나라상사의 파산으로 인하여 외상매출금을 회수할 수 없게 됨에 따라 온나라 상사의 외상매출금 3,000,000원 전액을 대손처리하기로 하다. 11월 2일 현재 대손충당금 잔액은 900,000원이다. (3점)

[7] 11월 30일 영업부 대리 김민정의 11월분 급여를 보통예금 계좌에서 이체하여 지급하였다 (단, 하나의 전표로 처리하되, 공제항목은 구분하지 않고 하나의 계정과목으로 처리할 것). (3점)

2025년 11월분 급여명세서

사 원 명 : 김민정　　　　부　서 : 영업부
입 사 일 : 2024.10.01.　　직　급 : 대리

지급내역	지급액	공제내역	공제액
기 본 급 여	4,200,000원	국 민 연 금	189,000원
직 책 수 당	0원	건 강 보 험	146,790원
상 여 금	0원	고 용 보 험	37,800원
특 별 수 당	0원	소 득 세	237,660원
자가운전보조금	0원	지 방 소 득 세	23,760원
교 육 지 원 수 당	0원	기 타 공 제	0원
지 급 액 계	4,200,000원	공 제 액 계	635,010원
귀하의 노고에 감사드립니다.		차 인 지 급 액	3,564,990원

[8] 12월 15일 대한상사의 외상매입금 7,000,000원 중 2,000,000원은 현금으로 지급하고 잔액은 보통예금 계좌에서 이체하였다. (3점)

문제 5 [일반전표입력] 메뉴에 입력된 내용 중 다음의 오류가 발견되었다. 입력된 내용을 검토하고 수정 또는 삭제, 추가 입력하여 올바르게 정정하시오. (6점)

입력시 유의사항

· 적요의 입력은 생략한다.
· 부가가치세는 고려하지 않는다.
· 채권·채무와 관련된 거래는 별도의 요구가 없는 한 반드시 기등록된 거래처코드를 선택하는 방법으로 거래처명을 입력한다.
· 회계처리 시 계정과목은 별도의 제시가 없는 한 등록된 계정과목 중 가장 적절한 과목으로 한다.

---

[1] 08월 20일 두리상사에서 상품을 35,000,000원에 매입하기로 계약하고 현금으로 지급한 계약금 3,500,000원을 선수금으로 입금 처리하였음이 확인된다. (3점)

[2] 09월 16일 보통예금 계좌에서 나라은행으로 이체한 4,000,000원은 이자비용을 지급한 것이 아니라 단기차입금을 상환한 것이다. (3점)

문제 6 다음의 결산정리사항을 입력하여 결산을 완료하시오. (12점)

입력시 유의사항

· 적요의 입력은 생략한다.
· 부가가치세는 고려하지 않는다.
· 채권·채무와 관련된 거래는 별도의 요구가 없는 한 반드시 기등록된 거래처코드를 선택하는 방법으로 거래처명을 입력한다.
· 회계처리 시 계정과목은 별도의 제시가 없는 한 등록된 계정과목 중 가장 적절한 과목으로 한다.

---

[1] 2025년 4월 1일에 하나은행으로부터 30,000,000원을 12개월간 차입하고, 이자는 차입금 상환시점에 원금과 함께 일시 지급하기로 하였다. 적용이율은 연 5%이며, 차입기간은 2025.04.01.~2026.03.31.이다. 관련된 결산분개를 하시오(단 이자는 월할계산할 것). (3점)

[2] 결산일 현재 예금에 대한 기간경과분 발생이자는 15,000원이다. (3점)

[3] 기말 현재 영업부의 비품에 대한 2024년 당기분 감가상각비는 1,700,000원이다. (3점)

[4] 결산을 위하여 창고의 재고자산을 실사한 결과 기말상품재고액은 6,500,000원이다. (3점)

문제 7 다음 사항을 조회하여 답안을 〔이론문제 답안작성〕 메뉴에 입력하시오. (10점)

[1] 2분기(4월~6월)에 수석상사에 발행하여 교부한 지급어음의 총 합계액은 얼마인가? (단, 전기이월 금액은 제외할 것) (3점)

[2] 상반기(1월~6월)의 보통예금 입금액은 총 얼마인가? (단, 전기이월 금액은 제외할 것) (3점)

[3] 상반기(1월~6월) 중 기업업무추진비(판매비와일반관리비)를 가장 적게 지출한 월(月)과 그 금액은 얼마인가? (4점)

107회 이론시험

다음 문제를 보고 알맞은 것을 골라 [이론문제 답안작성] 메뉴에 입력하시오. (객관식 문항당 2점)

> **기본전제**
> 문제에서 한국채택국제회계기준을 적용하도록 하는 전제조건이 없는 경우, 일반기업회계기준을 적용한다.

01 다음 중 회계상 거래에 해당하는 것은?

① 판매점 확장을 위하여 직원을 채용하고 근로계약서를 작성하다.
② 사업확장을 위하여 은행에서 운영자금을 차입하기로 결정하다.
③ 재고 부족이 예상되어 판매용 상품을 추가로 주문하다.
④ 당사 데이터센터의 화재로 인하여 서버용 PC가 소실되다.

02 다음 중 거래요소의 결합 관계가 잘못 짝지어진 것은?

① (차) 자본의 감소   (대) 자산의 증가
② (차) 수익의 소멸   (대) 자산의 감소
③ (차) 비용의 발생   (대) 부채의 증가
④ (차) 부채의 감소   (대) 자본의 증가

03 다음의 거래 중 비용이 발생하지 않는 것은?

① 업무용 자동차에 대한 당기분 자동차세 100,000원을 현금으로 납부하다.
② 적십자회비 100,000원을 현금으로 납부하다.
③ 상공회의소 회비 100,000원을 현금으로 납부하다.
④ 전월에 급여 지급 시 원천징수한 근로소득세를 현금으로 납부하다.

04 다음 계정과목 중 증가 시 재무상태표상 대변 항목이 아닌 것은?

① 자본금　　　② 선수이자　　　③ 선급금　　　④ 외상매입금

05 다음의 자료에서 당좌자산의 합계액은 얼마인가?

·현금 300,000원	·보통예금 800,000원	·외상매입금 400,000원
·외상매출금 200,000원	·단기매매증권 500,000원	

① 1,700,000원　　② 1,800,000원　　③ 2,000,000원　　④ 2,200,000원

06 다음 자료에서 설명하는 계정과목으로 옳은 것은?

> 상품 판매대금을 조기에 수취함에 따른 계약상 약정에 의한 일정 대금의 할인

① 매출채권처분손실　② 매출환입　　③ 매출할인　　④ 매출에누리

07 다음 중 일반적인 상거래에서 발생한 것으로 아직 회수되지 않은 경우의 회계처리 시 계정과목으로 올바른 것은?

① 미수수익　　② 선수수익　　③ 미수금　　④ 외상매출금

08 다음 자료에서 기말자본은 얼마인가?

·기초자본 1,000,000원	·총비용 5,000,000원	·총수익 8,000,000원

① 2,000,000원　　② 3,000,000원　　③ 4,000,000원　　④ 8,000,000원

09 다음은 당기 손익계산서의 일부를 발췌한 자료이다. 당기 매출액을 구하시오.

매출액	기초상품재고액	당기총매입액	기말상품재고액	매출총이익
? 원	25,000,000원	168,000,000원	15,000,000원	172,000,000원

① 350,000,000원　　② 370,000,000원　　③ 372,000,000원　　④ 382,000,000원

10 다음 자료의 ( ) 안에 들어갈 계정과목으로 가장 적절한 것은?

> ( )은 기업의 주된 영업활동인 상품 등을 판매하고 이에 대한 대금으로 상대방으로부터 수취한 어음이다.

① 지급어음　　② 받을어음　　③ 외상매출금　　④ 선수금

11 다음은 차량운반구의 처분과 관련된 자료이다. 차량운반구의 처분가액은 얼마인가?

> · 취득가액 : 16,000,000원　　· 감가상각누계액 : 9,000,000원　　· 유형자산처분손실 : 1,000,000원

① 6,000,000원　　② 7,000,000원　　③ 8,000,000원　　④ 14,000,000원

12 다음 중 일정 시점의 재무상태를 나타내는 재무보고서의 계정과목으로만 짝지어진 것이 아닌 것은?

① 외상매입금, 선수금　　② 임대료, 이자비용
③ 선급금, 외상매출금　　④ 선수금, 보통예금

13 다음 중 아래의 빈칸에 들어갈 내용으로 적절한 것은?

> 현금및현금성자산은 통화 및 타인발행수표 등 통화대용증권과 당좌예금, 보통예금 및 큰 거래비용 없이 현금으로 전환이 용이하고, 이자율 변동에 따른 가치변동의 위험이 경미한 금융상품으로서 취득 당시 만기일 또는 상환일이 (　　) 이내인 것을 말한다.

① 1개월　　② 2개월　　③ 3개월　　④ 6개월

14 재고자산의 단가 결정방법 중 아래의 자료에서 설명하는 특징을 가진 것은?

> · 실제 물량 흐름과 유사하다.
> · 현행수익에 과거원가가 대응된다.
> · 기말재고가 가장 최근에 매입한 상품의 단가로 계상된다.

① 선입선출법　　② 후입선출법　　③ 총평균법　　④ 개별법

15 다음 중 영업외수익에 해당하는 항목으로 적절한 것은?

① 미수수익　　② 경상개발비　　③ 외환차손　　④ 이자수익

107회 실무시험

태형상사(코드번호 : 1074)는 사무기기를 판매하는 개인기업으로 당기(제11기) 회계기간은 2025.1.1.~2025.12.31.이다. 전산세무회계 수험용 프로그램을 이용하여 다음 물음에 답하시오.

기본전제

· 문제에서 한국채택국제회계기준을 적용하도록 하는 전제조건이 없는 경우, 일반기업회계기준을 적용하여 회계처리 한다.
· 문제의 풀이와 답안작성은 제시된 문제의 순서대로 진행한다.

문제 1 다음은 태형상사의 사업자등록증이다. [회사등록] 메뉴에 입력된 내용을 검토하여 누락분은 추가입력하고 잘못된 부분은 정정하시오(주소 입력 시 우편번호는 입력하지 않아도 무방함). (6점)

사업자등록증
(일반과세자)

등록번호 : 107-36-25785

상　　　호 : 태형상사
성　　　명 : 김상수　　　생 년 월 일 : 1968 년 10 월 26 일
개 업 연 월 일 : 2015 년 01 월 02 일
사업장소재지 : 서울특별시 서초구 명달로 105 (서초동)

사업의 종류 : 업태 도소매　　종목 사무기기

발 급 사 유 : 신규
공 동 사 업 자 :

사업자 단위 과세 적용사업자 여부 : 여( ) 부(∨)
전자세금계산서 전용 전자우편주소 :

2015 년 01 월 02 일
서 초 세 무 서 장

문제 2 다음은 태형상사의 전기분 재무상태표이다. 입력되어 있는 자료를 검토하여 오류부분은 정정하고 누락된 부분은 추가 입력하시오. (6점)

재 무 상 태 표

회사명 : 태형상사 제10기 2024.12.31. 현재 (단위 : 원)

과 목	금	액	과 목	금	액
현 금		10,000,000	외 상 매 입 금		8,000,000
당 좌 예 금		3,000,000	지 급 어 음		6,500,000
보 통 예 금		10,500,000	미 지 급 금		3,700,000
외 상 매 출 금	5,400,000		예 수 금		700,000
대 손 충 당 금	100,000	5,300,000	단 기 차 입 금		10,000,000
받 을 어 음	9,000,000		자 본 금		49,950,000
대 손 충 당 금	50,000	8,950,000			
미 수 금		4,500,000			
상 품		12,000,000			
차 량 운 반 구	22,000,000				
감 가 상 각 누 계 액	12,000,000	10,000,000			
비 품	7,000,000				
감 가 상 각 누 계 액	2,400,000	4,600,000			
임 차 보 증 금		10,000,000			
자 산 총 계		78,850,000	부채및자본총계		78,850,000

문제 3 다음 자료를 이용하여 입력하시오. (6점)

[1] 다음 자료를 이용하여 [기초정보관리]의 [거래처등록] 메뉴에서 거래처(금융기관)를 추가 등록하시오(단, 주어진 자료 외의 다른 항목은 입력할 필요 없음). (3점)

· 거래처코드 : 98005   · 거래처명 : 신한은행   · 사업용 계좌 : 여
· 계좌번호 : 110-081-834009   · 계좌개설일 : 2025.01.01   · 유형 : 보통예금

[2] 태형상사의 거래처별 초기이월 자료는 다음과 같다. 주어진 자료를 검토하여 잘못된 부분은 오류를 정정하고, 누락된 부분은 추가 입력하시오. (3점)

계정과목	거래처	금액	합계
받을어음	기우상사	3,500,000원	9,000,000원
	하우스컴	5,500,000원	
지급어음	모두피씨	4,000,000원	6,500,000원
	하나로컴퓨터	2,500,000원	

문제 4 다음의 거래 자료를 [일반전표입력] 메뉴를 이용하여 입력하시오. (24점)

입력시 유의사항

· 적요의 입력은 생략한다.
· 부가가치세는 고려하지 않는다.
· 채권·채무와 관련된 거래는 별도의 요구가 없는 한 반드시 기등록된 거래처코드를 선택하는 방법으로 거래처명을 입력한다.
· 회계처리 시 계정과목은 별도의 제시가 없는 한 등록된 계정과목 중 가장 적절한 과목으로 한다.

---

[1] 07월 05일 세무은행으로부터 10,000,000원을 3개월간 차입하고, 선이자 300,000원을 제외한 잔액이 당사 보통예금 계좌에 입금되었다(단, 선이자는 이자비용으로 처리하고, 하나의 전표로 입력할 것). (3점)

[2] 07월 07일 다음은 상품을 매입하고 받은 거래명세표이다. 대금은 전액 외상으로 하였다. (3점)

권	호			거래명세표(공급받는자 보관용)				
2025년 7월 7일		공급자	사업자등록번호	105-21-32549				
태형상사 귀하			상 호	대림전자	성 명	김포스	㉾	
			사업장소재지	서울특별시 강남구 강남대로160길 25 (신사동)				
아래와 같이 계산합니다.			업 태	도소매	종 목	사무기기		
합계금액			삼백구십육만	원정 (₩ 3,960,000)				
월 일	품 목		규 격	수 량	단 가	공 급 대 가		
7월 7일	사무기기		270mm	120개	33,000원	3,960,000원		
전잔금	없음			합		계	3,960,000원	
입 금	0원		잔 금	3,960,000원	인수자	김상수	㉾	
비 고								

[3] 08월 03일 국제전자의 외상매출금 20,000,000원 중 15,000,000원은 보통예금 계좌로 입금되고 잔액은 국제전자가 발행한 어음으로 수취하였다. (3점)

[4] 08월 10일 취약계층의 코로나19 치료 지원을 위하여 한국복지협의회에 현금 1,000,000원을 기부하다. (3점)

[5] 09월 01일 영업부에서 매출거래처의 대표자 결혼식을 축하하기 위하여 화환을 구입하고 현금으로 결제하였다. (3점)

NO.	영수증 (공급받는자용)				
			태형상사		귀하
공급자	사업자등록번호	109-92-21345			
	상 호	해피해피꽃	성 명		김남길
	사업장소재지	서울시 강동구 천호대로 1037 (천호동)			
	업 태	도소매	종 목		꽃
작성일자		금액합계		비고	
2025.09.01.		49,000원			
공급내역					
월/일	품명		수량	단가	금액
9/1	축하3단화환		1	49,000원	49,000원
합계			₩		49,000
위 금액을 영수함					

[6] 09월 10일 영업부 사원의 급여 지급 시 공제한 근로자부담분 국민연금보험료 150,000원과 회사부담분 국민연금보험료 150,000원을 보통예금 계좌에서 이체하여 납부하다 (단, 하나의 전표로 처리하고, 회사부담분 국민연금보험료는 세금과공과로 처리한다). (3점)

[7] 10월 11일 매출처 미래전산에 판매용 PC를 4,800,000원에 판매하기로 계약하고, 판매대금의 20%를 현금으로 미리 수령하였다. (3점)

[8] 11월 25일 전월분(10월 1일~10월 31일) 비씨카드 사용대금 500,000원을 보통예금 계좌에서 이체하여 지급하다(단, 미지급금 계정을 사용할 것). (3점)

문제 5 [일반전표입력] 메뉴에 입력된 내용 중 다음의 오류가 발견되었다. 입력된 내용을 검토하고 수정 또는 삭제, 추가 입력하여 올바르게 정정하시오. (6점)

입력시 유의사항

· 적요의 입력은 생략한다.
· 부가가치세는 고려하지 않는다.
· 채권·채무와 관련된 거래는 별도의 요구가 없는 한 반드시 기등록된 거래처코드를 선택하는 방법으로 거래처명을 입력한다.
· 회계처리 시 계정과목은 별도의 제시가 없는 한 등록된 계정과목 중 가장 적절한 과목으로 한다.

[1] 07월 29일 자본적지출로 처리해야 할 본사 건물 엘리베이터 설치대금 30,000,000원을 보통예금으로 지급하면서 수익적지출로 잘못 처리하였다. (3점)

[2] 11월 23일 대표자 개인 소유 주택의 에어컨 설치 비용 1,500,000원을 회사 보통예금 계좌에서 이체하여 지급하고 비품으로 계상하였다. (3점)

문제 6 다음의 결산정리사항을 입력하여 결산을 완료하시오. (12점)

입력시 유의사항

· 적요의 입력은 생략한다.
· 부가가치세는 고려하지 않는다.
· 채권·채무와 관련된 거래는 별도의 요구가 없는 한 반드시 기등록된 거래처코드를 선택하는 방법으로 거래처명을 입력한다.
· 회계처리 시 계정과목은 별도의 제시가 없는 한 등록된 계정과목 중 가장 적절한 과목으로 한다.

[1] 영업부에서 소모품 구입 시 당기 비용(소모품비)으로 처리한 금액 중 기말 현재 미사용한 금액은 30,000원이다. (3점)

[2] 단기투자목적으로 1개월 전에 ㈜동수텔레콤의 주식 50주(주당 액면금액 5,000원)를 주당 10,000원에 취득했는데, 기말 현재 이 주식의 공정가치는 주당 12,000원이다. (3점)

[3] 보험기간이 만료된 자동차보험을 10월 1일 갱신하고, 보험료 360,000원(보험기간 : 2025년 10월 1일 ~2026년 9월 30일)을 보통예금 계좌에서 이체하여 납부하고 전액 비용으로 처리하였다(단, 보험료는 월할 계산한다). (3점)

[4] 단기차입금에 대한 이자비용 미지급액 중 2025년 귀속분은 600,000원이다. (3점)

문제7 다음 사항을 조회하여 답안을 이론문제 답안작성 메뉴에 입력하시오. (10점)

[1] 상반기(1월~6월) 동안 지출한 기업업무추진비(판) 금액은 얼마인가? (3점)

[2] 1월 말의 미수금 장부가액은 전기 말에 대비하여 얼마나 증가하였는가? (3점)

[3] 5월 말 현재 외상매출금 잔액이 가장 많은 거래처의 거래처코드와 잔액은 얼마인가? (4점)

106회 이론시험

다음 문제를 보고 알맞은 것을 골라 **이론문제 답안작성** 메뉴에 입력하시오. (객관식 문항당 2점)

기본전제

문제에서 한국채택국제회계기준을 적용하도록 하는 전제조건이 없는 경우, 일반기업회계기준을 적용한다.

01 다음 중 일반기업회계기준상 회계의 목적에 대한 설명으로 가장 거리가 먼 것은?

① 미래 자금흐름 예측에 유용한 회계 외 비화폐적 정보의 제공
② 경영자의 수탁책임 평가에 유용한 정보의 제공
③ 투자 및 신용의사결정에 유용한 정보의 제공
④ 재무상태, 경영성과, 현금흐름 및 자본변동에 관한 정보의 제공

02 다음 중 보기의 거래에 대한 분개로 틀린 것은?

① 차용증서를 발행하고 현금 1,000,000원을 단기차입하다.
   (차) 현금 1,000,000원   (대) 단기차입금 1,000,000원
② 비품 1,000,000원을 외상으로 구입하다.
   (차) 비품 1,000,000원   (대) 외상매입금 1,000,000원
③ 상품매출 계약금으로 현금 1,000,000원을 수령하다.
   (차) 현금 1,000,000원   (대) 선수금 1,000,000원
④ 직원부담분 건강보험료와 국민연금 1,000,000원을 현금으로 납부하다.
   (차) 예수금 1,000,000원 (대) 현금 1,000,000원

03 다음 중 일정기간 동안 기업의 경영성과를 나타내는 재무보고서의 계정과목으로만 짝지어진 것은?

① 매출원가, 외상매입금   ② 매출액, 미수수익
③ 매출원가, 기부금   ④ 선급비용, 기부금

04. 다음 중 거래의 8요소와 그 예시가 적절한 것을 모두 고른 것은?

> 가. 자산증가/자산감소 : 기계장치 100,000원을 구입하고, 대금은 보통예금으로 지급하다.
> 나. 자산증가/자본증가 : 현금 100,000원을 출자하여 회사를 설립하다.
> 다. 자산증가/부채증가 : 은행으로부터 100,000원을 차입하고 즉시 보통예금으로 수령하다.
> 라. 부채감소/자산감소 : 외상매입금 100,000원을 현금으로 지급하다.

① 가, 나   ② 가, 나, 다   ③ 가, 다, 라   ④ 가, 나, 다, 라

05. 다음의 잔액시산표에서 (가), (나)에 각각 들어갈 금액으로 옳은 것은?

잔액시산표
안산㈜   2025.12.31.   단위 : 원

차변	계정과목	대변
100,000	현 금	
700,000	건 물	
	외상매입금	90,000
	자 본 금	(나)
	이 자 수 익	40,000
50,000	급 여	
(가)		(가)

	(가)	(나)
①	140,000원	740,000원
②	850,000원	740,000원
③	140,000원	720,000원
④	850,000원	720,000원

06. 다음 중 결산 시 손익으로 계정을 마감하는 계정과목에 해당하는 것은?

① 이자수익   ② 자본금   ③ 미지급금   ④ 외상매출금

07 다음과 같은 특징을 가진 자산이 아닌 것은?

> · 보고기간 종료일로부터 1년 이상 장기간 사용 가능한 자산
> · 타인에 대한 임대 또는 자체적으로 사용할 목적의 자산
> · 물리적 형태가 있는 자산

① 상품 판매 및 전시를 위한 상가
② 상품 판매를 위한 재고자산
③ 상품 운반을 위한 차량운반구
④ 상품 판매를 위한 상가에 설치한 시스템에어컨

08 다음은 ㈜무릉의 재무제표 정보이다. 이를 이용하여 2025 회계연도 말 부채합계를 구하면 얼마인가?

구분	2024년 12월 31일	2025년 12월 31일
자산합계	8,500,000원	11,000,000원
부채합계	4,000,000원	?
2025 회계연도 중 자본변동내역	당기순이익 800,000원	

① 3,700,000원 ② 4,700,000원 ③ 5,700,000원 ④ 6,200,000원

09 다음 중 재고자산과 관련된 지출 금액으로서 재고자산의 취득원가에서 차감하는 것은?

① 매입운임 ② 매출운반비 ③ 매입할인 ④ 급여

10 2025년 1월 1일 취득한 건물(내용연수 10년)을 정액법에 의하여 기말에 감가상각한 결과, 당기 감가상각비는 9,000원이었다. 건물의 잔존가치가 5,000원이라고 할 때 취득원가는 얼마인가?

① 100,000원 ② 95,000원 ③ 90,000원 ④ 85,000원

11 다음 중 유동자산에 속하지 않는 것은?

① 외상매출금 ② 선급비용 ③ 기계장치 ④ 상품

12 다음 자료에서 당기 기말손익계산서에 계상되는 임대료는 얼마인가?

> · 당기 임대료로 3,600,000원을 현금으로 받다.
> · 당기에 받은 임대료 중 차기에 속하는 금액은 900,000원이다.

① 900,000원　　② 2,700,000원　　③ 3,600,000원　　④ 4,500,000원

13 급여 지급 시 총급여 300,000원 중 근로소득세 10,000원을 차감하고 290,000원을 현금으로 지급하였다. 이 거래에서 나타날 유동부채 계정으로 적합한 것은?

① 예수금　　② 미수금　　③ 가수금　　④ 선수금

14 다음의 결산일 현재 계정별원장 중 자본금 원장에 대한 설명으로 옳지 않은 것은?

	자본금	
12/31 차기이월　　2,900,000원	01/01 전기이월　　2,000,000원
	12/31 손익　　　　　900,000원

① 기초자본금은 2,000,000원이다.
② 당기순이익 900,000원이 발생되었다.
③ 차기의 기초자본금은 2,900,000원이다.
④ 결산일 자본금 원장은 손익 2,000,000원으로 마감되었다.

15 다음 중 세금과공과 계정을 사용하여 회계처리하는 거래는 무엇인가?

① 본사 업무용 건물의 재산세를 현금으로 납부하다.
② 급여 지급 시 근로소득세를 원천징수 후 잔액을 현금으로 지급하다.
③ 차량운반구를 취득하면서 취득세를 현금으로 지급하다.
④ 회사 대표자의 소득세를 현금으로 납부하다.

106회 실무시험

백제상사(코드번호:1064)는 사무용품을 판매하는 개인기업이다. 당기(제14기)의 회계기간은 2025.1.1.~2025.12.31.이다. 전산세무회계 수험용 프로그램을 이용하여 다음 물음에 답하시오.

기본전제

- 문제에서 한국채택국제회계기준을 적용하도록 하는 전제조건이 없는 경우, 일반기업회계기준을 적용하여 회계처리 한다.
- 문제의 풀이와 답안작성은 제시된 문제의 순서대로 진행한다.

문제1 다음은 백제상사의 사업자등록증이다. [회사등록] 메뉴에 입력된 내용을 검토하여 누락분은 추가 입력하고 잘못된 부분은 정정하시오(주소 입력 시 우편번호는 입력하지 않아도 무방함). (6점)

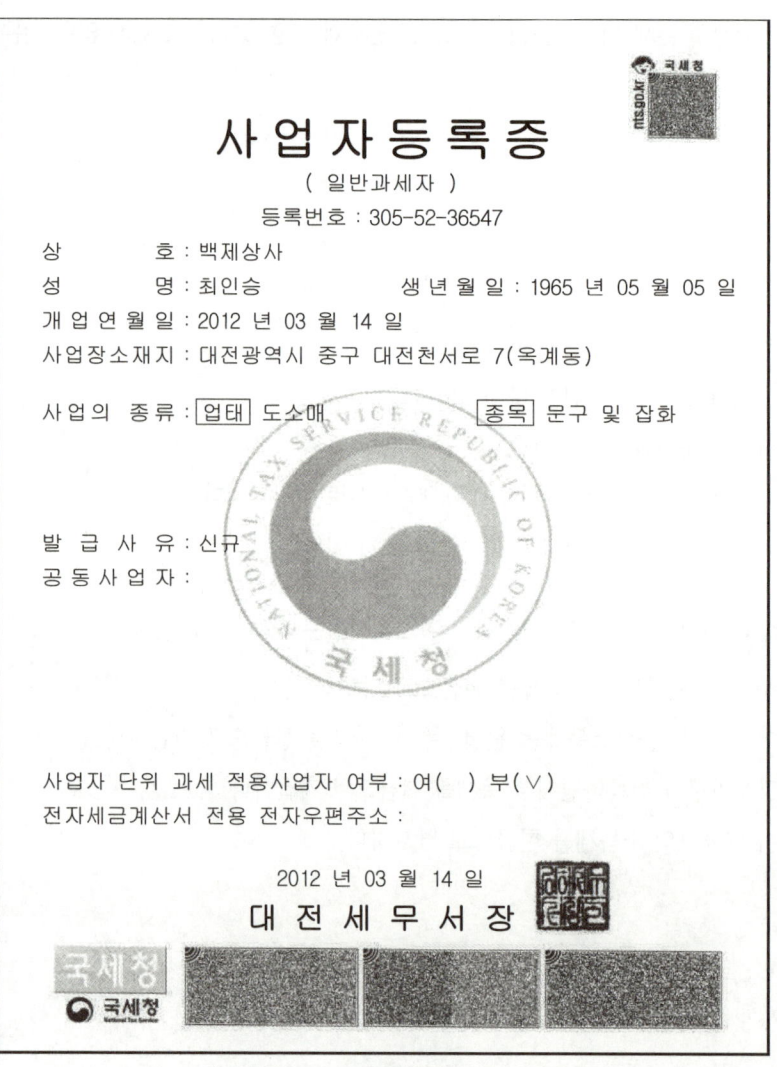

문제 2 다음은 백제상사의 [전기분재무상태표]이다. 입력되어 있는 자료를 검토하여 오류 부분은 정정하고 누락된 부분은 추가 입력하시오. (6점)

재 무 상 태 표

회사명 : 백제상사　　　　　　제13기 2024.12.31. 현재　　　　　　(단위 : 원)

과　　　　목	금	액	과　　　　목	금	액
현　　　　　금		45,000,000	외 상 매 입 금		58,000,000
당 좌 예 금		30,000,000	지 급 어 음		70,000,000
보 통 예 금		23,000,000	미 지 급 금		49,000,000
외 상 매 출 금	40,000,000		단 기 차 입 금		80,000,000
대 손 충 당 금	400,000	39,600,000	장 기 차 입 금		17,500,000
받 을 어 음	60,000,000		자 본 금		418,871,290
대 손 충 당 금	520,000	59,480,000	(당기순이익 :		
단 기 대 여 금		10,000,000	10,000,000)		
상　　　　　품		90,000,000			
토　　　　　지		274,791,290			
건　　　　　물	30,000,000				
감 가 상 각 누 계 액	2,500,000	27,500,000			
차 량 운 반 구	50,000,000				
감 가 상 각 누 계 액	14,000,000	36,000,000			
비　　　　　품	60,000,000				
감 가 상 각 누 계 액	2,000,000	58,000,000			
자 산 총 계		693,371,290	부 채 와 자 본 총 계		693,371,290

문제 3 다음 자료를 이용하여 입력하시오. (6점)

[1] 거래처의 사업자등록증이 다음과 같이 정정되었다. 확인하여 변경하시오. (3점)

고구려상사 (코드 : 01111)	· 대표자명 : 이재천　　· 사업자등록번호 : 365-35-12574 · 업태 : 도소매　　· 종목 : 잡화　　· 유형 : 동시 · 사업장소재지 : 경기도 남양주시 진접읍 장현로 83

[2] 백제상사의 거래처별 초기이월 자료는 다음과 같다. 주어진 자료를 검토하여 잘못된 부분은 오류를 정정하고, 누락된 부분은 추가하여 입력하시오. (3점)

계정과목	거래처명	금액(원)	계정과목	거래처명	금액(원)
외상매출금	고려상사	18,000,000원	외상매입금	조선상사	22,000,000원
	부여상사	9,000,000원		신라상사	17,000,000원
	발해상사	13,000,000원		가야상사	19,000,000원

문제 4 다음의 거래 자료를 [일반전표입력] 메뉴를 이용하여 입력하시오. (24점)

입력시 유의사항

· 적요의 입력은 생략한다.
· 부가가치세는 고려하지 않는다.
· 채권·채무와 관련된 거래는 별도의 요구가 없는 한 반드시 기등록된 거래처코드를 선택하는 방법으로 거래처명을 입력한다.
· 회계처리 시 계정과목은 별도의 제시가 없는 한 등록된 계정과목 중 가장 적절한 과목으로 한다.

---

[1] 07월 09일 영업부에서 사용할 차량 45,000,000원을 구입하고 당좌수표를 발행하여 지급하다. (3점)

[2] 07월 10일 진영상사로부터 상품 1,000,000원(1,000개, 1개당 1,000원)을 매입하기로 계약하고, 계약금으로 상품 대금의 10%를 보통예금 계좌에서 이체하여 지급하다. (3점)

[3] 07월 25일 광주상사에 대한 상품 외상매입금 900,000원을 약정기일보다 빠르게 현금 지급하고, 외상매입금의 1%를 할인받다(단, 할인금액은 매입할인으로 처리한다). (3점)

[4] 08월 25일 보유하고 있던 건물(취득원가 30,000,000원)을 하나상사에 29,000,000원에 매각하다. 대금 중 10,000,000원은 보통예금 계좌로 받고, 잔액은 다음 달 10일에 수령하기로 하다. 단, 8월 25일까지 해당 건물의 감가상각누계액은 2,500,000원이다. (3점)

[5] 10월 13일 발해상사에 상품을 2,300,000원에 판매하고 대금 중 1,200,000원은 동점 발행 약속어음을 수령하였으며, 잔액은 2개월 후에 받기로 하다. (3점)

[6] 10월 30일 직원의 결혼식에 보내기 위한 축하화환을 멜리꽃집에서 주문하고 대금은 현금으로 지급하면서 아래와 같은 현금영수증을 수령하다. (3점)

현금영수증		
승인번호	구매자 발행번호	발행방법
G54782245	305-52-36547	지출증빙
신청구분	발행일자	취소일자
사업자번호	2025.10.30.	-
상품명		
축하3단화환		
구분	주문번호	상품주문번호
일반상품	2025103054897	2025103085414

판매자 정보	
판매자상호	대표자명
멜리꽃집	김나리
사업자등록번호	판매자전화번호
201-17-45670	032-459-8751
판매자사업장주소	
인천시 계양구 방축로 106, 75-3	

금액		
공급가액		100,000
부가세액		
봉사료		
승인금액		100,000

[7] 10월 31일 거래처 가야상사 직원인 정가야 씨의 결혼식 모바일 청첩장을 문자메시지로 받고 축의금 200,000원을 보통예금 계좌에서 지급하다. (3점)

[8] 11월 10일 회사의 사내 게시판에 부착할 사진을 우주사진관에서 현상하고, 대금은 현대카드로 결제하다. (3점)

```
            카드매출전표

카드종류 : 현대카드
카드번호 : 1234-4512-20**-9965
거래일시 : 2025.11.10. 09:30:51
거래유형 : 신용승인
금    액 : 30,000원
결제방법 : 일시불
승인번호 : 12345539
은행확인 : 신한은행
--------------------------------
가맹점명 : 우주사진관
          -이하생략-
```

문제 5 [일반전표입력] 메뉴에 입력된 내용 중 다음의 오류가 발견되었다. 입력된 내용을 검토하고 수정 또는 삭제, 추가 입력하여 올바르게 정정하시오. (6점)

입력시 유의사항

· 적요의 입력은 생략한다.
· 부가가치세는 고려하지 않는다.
· 채권·채무와 관련된 거래는 별도의 요구가 없는 한 반드시 기등록된 거래처코드를 선택하는 방법으로 거래처명을 입력한다.
· 회계처리 시 계정과목은 별도의 제시가 없는 한 등록된 계정과목 중 가장 적절한 과목으로 한다.

[1] 09월 08일 거래처 신라상사의 단기차입금 25,000,000원을 보통예금 계좌에서 이체하여 상환한 것으로 회계처리하였으나 실제로는 거래처 조선상사에 대한 외상매입금 25,000,000원을 보통예금 계좌에서 이체하여 지급한 것으로 확인되었다. (3점)

[2] 11월 21일 당사가 현금으로 지급한 축의금 200,000원은 매출거래처 직원의 축의금이 아니라 대표자 개인이 부담해야 할 대표자 동창의 결혼축의금으로 판명되었다. (3점)

문제6 다음의 결산정리사항을 입력하여 결산을 완료하시오. (12점)

입력시 유의사항

· 적요의 입력은 생략한다.
· 부가가치세는 고려하지 않는다.
· 채권·채무와 관련된 거래는 별도의 요구가 없는 한 반드시 기등록된 거래처코드를 선택하는 방법으로 거래처명을 입력한다.
· 회계처리 시 계정과목은 별도의 제시가 없는 한 등록된 계정과목 중 가장 적절한 과목으로 한다.

---

[1] 기말 외상매입금 중에는 미국 ABC사의 외상매입금 11,000,000원(미화 $10,000)이 포함되어 있는데, 결산일 현재의 적용환율은 미화 1$당 1,250원이다. (3점)

[2] 결산일 현재 실제 현금 보관액이 장부가액보다 66,000원 많음을 발견하였으나, 그 원인을 알 수 없다. (3점)

[3] 기말 현재 단기차입금에 대한 이자 미지급액 125,000원을 계상하다. (3점)

[4] 당기분 비품 감가상각비는 250,000원, 차량운반구 감가상각비는 1,200,000원이다. 모두 영업부서에서 사용한다. (3점)

문제7 다음 사항을 조회하여 답안을 이론문제 답안작성 메뉴에 입력하시오. (10점)

[1] 6월 말 현재 외상매출금 잔액이 가장 많은 거래처와 금액은 얼마인가? (4점)

[2] 1월부터 3월까지의 판매비와관리비 중 소모품비 지출액이 가장 많은 월의 금액과 가장 적은 월의 금액을 합산하면 얼마인가? (3점)

[3] 6월 말 현재 받을어음의 회수가능금액은 얼마인가? (3점)

105회 이론시험

다음 문제를 보고 알맞은 것을 골라 **이론문제 답안작성** 메뉴에 입력하시오. (객관식 문항당 2점)

> **기본전제**
> 문제에서 한국채택국제회계기준을 적용하도록 하는 전제조건이 없는 경우, 일반기업회계기준을 적용한다.

01 다음 중 일반기업회계기준에서 규정하고 있는 재무제표가 아닌 것은?

① 합계잔액시산표 ② 재무상태표
③ 손익계산서   ④ 주석

02 다음 중 일정 시점의 재무상태를 나타내는 재무보고서의 계정과목으로만 짝지어진 것이 아닌 것은?

① 보통예금, 현금   ② 선급비용, 선수수익
③ 미수수익, 미지급비용 ④ 감가상각비, 급여

03 다음 거래요소의 결합관계와 거래의 종류에 맞는 거래내용은?

거래요소 결합관계	거래의 종류
자산의 증가 – 부채의 증가	교환거래

① 업무용 컴퓨터 1,500,000원을 구입하고 대금은 나중에 지급하기로 하다.
② 거래처로부터 외상매출금 500,000원을 현금으로 받다.
③ 거래처에 외상매입금 1,000,000원을 현금으로 지급하다.
④ 이자비용 150,000원을 현금으로 지급하다.

04 아래의 괄호 안에 각각 들어갈 계정과목으로 옳은 것은?

〈거래〉
· 05월 10일 ㈜무릉으로부터 상품 350,000원을 매입하고, 대금은 당좌수표를 발행하여 지급하다.
· 05월 20일 ㈜금강에 상품 500,000원을 공급하고, 대금은 매입처 발행 당좌수표로 받다.

〈분개〉
5월 10일 (차) 상품   350,000원   (대) [㉠]   350,000원
5월 20일 (차) [㉡]   500,000원   (대) 상품매출   500,000원

① ㉠ : 당좌예금,   ㉡ : 당좌예금
② ㉠ : 당좌예금,   ㉡ : 현금
③ ㉠ : 현금,   ㉡ : 현금
④ ㉠ : 현금,   ㉡ : 당좌예금

05 다음 자료를 이용하여 당기 외상 매출액을 계산하면 얼마인가?

· 외상매출금 기초잔액   300,000원   · 외상 매출금 기말잔액   400,000원
· 당기외상매출금 회수액   700,000원

① 300,000원   ② 700,000원   ③ 800,000원   ④ 1,200,000원

06 다음의 자산 항목을 유동성이 높은 순서대로 바르게 나열한 것은?

· 상품   · 토지   · 개발비   · 미수금

① 미수금 – 개발비 – 상품 – 토지
② 미수금 – 상품 – 토지 – 개발비
③ 상품 – 토지 – 미수금 – 개발비
④ 상품 – 미수금 – 개발비 – 토지

07 다음의 회계정보를 이용하여 기말의 상품매출총이익을 계산하면 얼마인가?

· 기초상품재고액	4,000,000원	· 기말상품재고액	6,000,000원
· 당기상품매입액	10,000,000원	· 매입에누리	100,000원
· 당기상품매출액	11,000,000원		

① 3,100,000원 ② 4,100,000원
③ 7,900,000원 ④ 9,100,000원

08 다음의 회계자료에 의한 당기총수익은 얼마인가?

| · 기초자산 | 800,000원 | · 기초자본 | 600,000원 |
| · 당기총비용 | 1,100,000원 | · 기말자본 | 1,000,000원 |

① 1,200,000원 ② 1,300,000원
③ 1,400,000원 ④ 1,500,000원

09 다음 중 유동자산이 아닌 것은?

① 당좌예금 ② 현금
③ 영업권 ④ 상품

10 다음 중 상품의 매입원가에 가산하지 않는 것은?

① 상품을 100,000원에 매입하다.
② 상품 매입 시 발생한 하역비 100,000원을 지급하다.
③ 상품 매입 시 발생한 운임 100,000원을 지급하다.
④ 매입한 상품에 하자가 있어 100,000원에 해당하는 상품을 반품하다.

11 건물 일부 파손으로 인해 유리창 교체 작업(수익적지출)을 하고, 아래와 같이 회계처리한 경우 발생하는 효과로 다음 중 옳은 것은?

> (차) 건물 6,000,000원   (대) 보통예금 6,000,000원

① 부채의 과대계상 ② 자산의 과소계상
③ 순이익의 과대계상 ④ 비용의 과대계상

12 다음 중 잔액시산표에서 그 대칭 관계가 옳지 않은 것은?

	차변	대변
①	대여금	차입금
②	임대보증금	임차보증금
③	선급금	선수금
④	미수금	미지급금

13 다음 거래에서 개인기업의 자본금계정에 영향을 미치지 않는 거래는?

① 현금 1,000,000원을 거래처에 단기대여하다.
② 사업주가 단기대여금 1,000,000원을 회수하여 사업주 개인 용도로 사용하다.
③ 결산 시 인출금 계정의 차변 잔액 1,000,000원을 정리하다.
④ 사업주의 자택에서 사용할 에어컨 1,000,000원을 회사 자금으로 구입하다.

14 다음 중 손익계산서상의 판매비와일반관리비 항목에 속하지 않는 계정과목은?

① 기업업무추진비 ② 세금과공과
③ 임차료   ④ 이자비용

15 다음 중 영업손익과 관련이 없는 거래는 무엇인가?

① 영업부 급여 500,000원을 현금으로 지급하다.
② 상품광고를 위하여 250,000원을 보통예금으로 지급하다.
③ 수재민을 위하여 100,000원을 현금으로 기부하다.
④ 사무실 전기요금 150,000원을 현금으로 지급하다.

105회 실무시험

무한상사(코드번호 : 1054)는 가전제품을 판매하는 개인기업으로 당기(제15기) 회계기간은 2025.1.1.~2025.12.31.이다. 전산세무회계 수험용 프로그램을 이용하여 다음 물음에 답하시오.

기본전제

· 문제에서 한국채택국제회계기준을 적용하도록 하는 전제조건이 없는 경우, 일반기업회계기준을 적용하여 회계처리 한다.
· 문제의 풀이와 답안작성은 제시된 문제의 순서대로 진행한다.

문제1 다음은 무한상사의 사업자등록증이다. [회사등록] 메뉴에 입력된 내용을 검토하여 누락분은 추가입력하고 잘못된 부분은 정정하시오(주소 입력 시 우편번호는 입력하지 않아도 무방함). (6점)

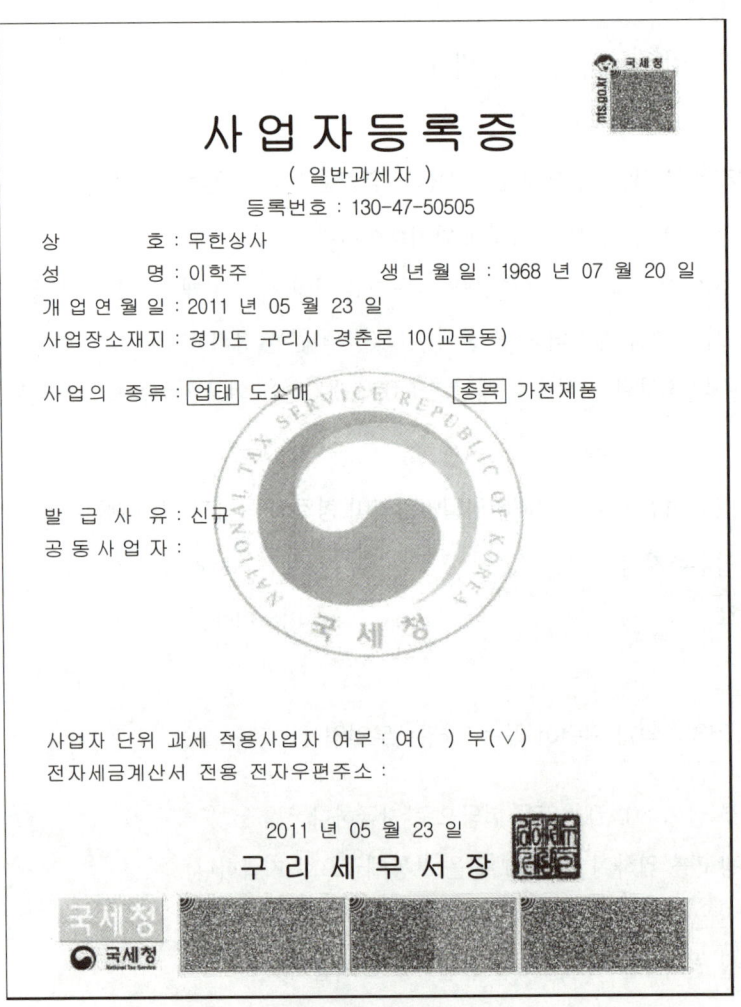

문제 2 | 다음은 무한상사의 전기분 손익계산서이다. 입력되어 있는 자료를 검토하여 오류 부분은 정정하고 누락된 부분은 추가 입력하시오. (6점)

손익계산서

회사명 : 무한상사 제14기 2024.1.1.~2024.12.31. (단위 : 원)

과 목	금 액	과 목	금 액
매 출 액	**300,000,000**	**영 업 이 익**	**44,200,000**
상 품 매 출	300,000,000	**영 업 외 수 익**	**5,800,000**
매 출 원 가	**191,200,000**	이 자 수 익	2,200,000
상 품 매 출 원 가	191,200,000	임 대 료	3,600,000
기 초 상 품 재 고 액	13,000,000	**영 업 외 비 용**	**7,500,000**
당 기 상 품 매 입 액	180,000,000	이 자 비 용	4,500,000
기 말 상 품 재 고 액	1,800,000	기 부 금	3,000,000
매 출 총 이 익	**108,800,000**	**소득세차감전순이익**	**42,500,000**
판 매 비 와 관 리 비	**64,600,000**	**소 득 세 등**	**0**
급 여	34,300,000	**당 기 순 이 익**	**42,500,000**
복 리 후 생 비	5,700,000		
여 비 교 통 비	2,440,000		
임 차 료	12,000,000		
차 량 유 지 비	3,500,000		
소 모 품 비	3,400,000		
광 고 선 전 비	3,260,000		

문제 3 | 다음 자료를 이용하여 입력하시오. (6점)

[1] 무한상사의 거래처별 초기이월 채권과 채무의 잔액은 다음과 같다. 주어진 자료를 검토하여 잘못된 부분을 정정하거나 추가 입력하시오(거래처코드를 사용할 것). (3점)

계정과목	거래처명	금액(원)
외상매출금	월평상사	45,000,000원
지급어음	도륜상사	150,000,000원
단기차입금	선익상사	80,000,000원

[2] 다음 자료를 이용하여 [기초정보관리]의 [거래처등록] 메뉴에서 신용카드를 추가로 등록하시오(주어진 자료 외의 다른 항목은 입력할 필요 없음). (3점)

| · 코드 : 99871 | · 거래처명 : 씨엔제이카드 | · 유형 : 매입 |
| · 카드번호 : 1234-5678-9012-3452 | · 카드종류(매입) : 3.사업용카드 | |

문제 4 다음의 거래 자료를 [일반전표입력] 메뉴를 이용하여 입력하시오. (24점)

── 입력시 유의사항 ──
· 적요의 입력은 생략한다.
· 부가가치세는 고려하지 않는다.
· 채권·채무와 관련된 거래는 별도의 요구가 없는 한 반드시 기등록된 거래처코드를 선택하는 방법으로 거래처명을 입력한다.
· 회계처리 시 계정과목은 별도의 제시가 없는 한 등록된 계정과목 중 가장 적절한 과목으로 한다.

[1] 07월 2일 성심상사로부터 상품을 6,000,000원에 매입하고, 매입대금 중 5,500,000원은 어음(만기일 12월 31일)을 발행하여 지급하고, 나머지는 현금 지급하였다. (3점)

[2] 08월 5일 토지를 매각처분하면서 발생한 부동산중개수수료를 대전부동산에 현금으로 지급하고 아래의 현금영수증을 받다. (3점)

대전부동산

305-42-23567   김승환
대전광역시 유성구 노은동 63   TEL : 1577-5974

현금영수증(지출증빙용)

구매 2025/08/05/13:25   거래번호 : 11106011-114

상품명	수량	단가	금액
수수료		3,500,000원	3,500,000원
202508051325001			
	공 급 대 가		3,500,000원
	합 계		3,500,000원
	받 은 금 액		3,500,000원

[3] 08월 19일 탄방상사에서 단기 차입한 20,000,000원 및 단기차입금 이자 600,000원을 보통예금으로 지급하다(단, 하나의 전표로 입력할 것). (3점)

[4] 08월 20일 판매용 노트북 15,000,000원과 업무용 노트북 1,000,000원을 다복상사에서 구입하였다. 대금은 모두 보통예금으로 지급하였다(단, 하나의 전표로 입력할 것). (3점)

[5] 08월 23일 4월 1일 내용을 알 수 없는 출금 500,000원이 발견되어 가지급금으로 처리하였는데, 이는 거래처 소리상사에게 지급한 외상대금으로 판명되었다(가지급금 거래처는 입력하지 않아도 무방함). (3점)

[6] 10월 10일 고구려상사에서 매입하기로 계약한 상품 3,000,000원을 인수하고, 10월 1일에 지급한 계약금 300,000원을 차감한 잔액은 외상으로 하다(단, 하나의 전표로 입력할 것). (3점)

[7] 11월 18일 영업부가 사용하는 업무용 차량의 유류를 현금으로 구입하고, 다음의 영수증을 받다. (3점)

NO.	**영수증**(공급받는자용)			
			무한상사	귀하
공급자	사업자등록번호	126-01-18454		
	상　　　호	SK주유소	성　명	김중수
	사업장소재지	경기도 구리시 동구릉로 100		
	업　　　태	도소매업	종　목	주유소
작성일자		금액합계		비고
2025.11.18.		30,000원		
공급내역				
월/일	품명	수량	단가	금액
11/18	일반휘발유	15L	2,000원	30,000원
합계			30,000원	
위 금액을 영수함				

[8] 12월 20일 영업부 업무용 차량에 대한 아래의 공과금을 현대카드로 납부하였다. (3점)

	2025-2기 년분 자동차세 세액 신고납부서			납세자 보관용 영수증	
납세자	무한상사				
주 소	경기도 구리시 경춘로 10				
납세번호	기관번호	제목	납세년월기	과세번호	
과세대상	45조4079 (비영업용, 1998cc)	구 분	자동차세	지방교육세	납부할 세액 합계
		당초산출세액	199,800	59,940	
과세기간	2025.07.01. ~2025.12.31.	선납공제액(10%)			259,740 원
		요일제감면액(5%)			
		납부할세액	199,800	59,940	

〈납부장소〉

위의 금액을 영수합니다.
2025 년 12 월 20 일

*수납인이 없으면 이 영수증은 무효입니다 *공무원은 현금을 수납하지 않습니다.

문제 5 [일반전표입력] 메뉴에 입력된 내용 중 다음의 오류가 발견되었다. 입력된 내용을 검토하고 수정 또는 삭제, 추가 입력하여 올바르게 정정하시오. (6점)

입력시 유의사항

· 적요의 입력은 생략한다.
· 부가가치세는 고려하지 않는다.
· 채권·채무와 관련된 거래는 별도의 요구가 없는 한 반드시 기등록된 거래처코드를 선택하는 방법으로 거래처명을 입력한다.
· 회계처리 시 계정과목은 별도의 제시가 없는 한 등록된 계정과목 중 가장 적절한 과목으로 한다.

---

[1] 11월 05일 영업부 직원의 10월분 급여에서 원천징수하였던 근로소득세 110,000원을 보통예금으로 납부하면서 세금과공과로 회계처리 하였음이 확인되다. (3점)

[2] 11월 28일 상품 매입 시 당사가 부담한 것으로 회계처리한 운반비 35,000원은 판매자인 양촌상사가 부담한 것으로 판명되다. (3점)

문제 6 다음의 결산정리사항을 입력하여 결산을 완료하시오. (12점)

입력시 유의사항

· 적요의 입력은 생략한다.
· 부가가치세는 고려하지 않는다.
· 채권·채무와 관련된 거래는 별도의 요구가 없는 한 반드시 기등록된 거래처코드를 선택하는 방법으로 거래처명을 입력한다.
· 회계처리 시 계정과목은 별도의 제시가 없는 한 등록된 계정과목 중 가장 적절한 과목으로 한다.

---

[1] 회사의 자금사정으로 인하여 영업부의 12월분 급여 1,000,000원을 다음 달 5일에 지급하기로 하였다. (3점)

[2] 결산일 현재 영업부에서 사용한 소모품비는 200,000원이다(단, 소모품 구입 시 전액 자산으로 처리하였다). (3점)

[3] 기말 현재 현금과부족 70,000원은 단기차입금에 대한 이자 지급액으로 판명되었다. (3점)

[4] 2022년 1월 1일에 취득하였던 비품에 대한 당기분 감가상각비를 계상하다(취득원가 65,500,000원, 잔존가액 15,500,000원, 내용연수 10년, 정액법). (3점)

문제 7 다음 사항을 조회하여 답안을 │이론문제 답안작성│ 메뉴에 입력하시오. (10점)

[1] 5월 말 현재 외상매입금의 잔액이 가장 많은 거래처와 금액은 얼마인가? (3점)

[2] 전기 말과 비교하여 당기 6월 말 현재 외상매출금의 대손충당금 증감액은 얼마인가? (단, 증가 또는 감소 여부를 기재할 것) (3점)

[3] 6월 말 현재 유동자산과 유동부채의 차액은 얼마인가? (단, 음수로 기재하지 말 것) (4점)

MEMO

MEMO

MEMO

MEMO

MEMO

2025 개정판

한국세무사회 국가공인자격시험

CLASS
전산회계 2급

www.nanumclass.com

나눔클래스는 정확하고 신속한 지식과 정보를 독자분들께 제공하고자 최선의 노력을 다하고 있습니다. 그러나 본서가 모든 경우에 완벽성을 갖는 것은 아니므로 최대한 주의를 기울이시고 필요한 경우 전문가와 사전 논의를 하시기 바랍니다. 본서의 수록내용은 특정사안에 대한 구체적인 의견 제시가 될 수 없으므로 본서의 적용결과에 대해서 당사는 책임을 지지 않습니다.

www.nanumclass.com

JINSIMCLASS

NCS 국가직무능력표준
National Competency Standards

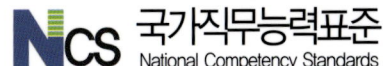

2025 개정판

한국세무사회 국가공인자격시험

KcLep[케이 렙]
수험용프로그램 다운로드
license.kacpta.or.kr

기초데이타는 LG U+ 웹하드에서 제공
www.webhard.co.kr [ID:class1234 / PW:1234]

해답편

CLASS 전산회계 2급

손현삼 | 임순덕

NANUM CLASS 나눔클래스

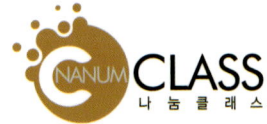

이론문제 해답

CHAPTER 01 회계의 개념과 순환과정

1. ④	2. ②	3. ④	4. ①	5. ④	6. ③	7. ①	8. ④	9. ④	10. ②
11. ③	12. ③	13. ③	14. ②	15. ①	16. ②	17. ②	18. ④	19. ①	20. ④
21. ③	22. ①	23. ③	24. ③	25. ②	26. ②	27. ②	28. ①	29. ①	30. ③
31. ③	32. ④	33. ④	34. ②	35. ①					

2. ② 부기는 기록, 계산하는 방법에 따라 단식부기와 복식부기로 분류된다. 복식부기는 일정한 원리나 원칙에 따라 현금이나 재화의 증감은 물론 손익의 발생을 조직적으로 기록, 계산하는 부기로 대차평균의 원리에 의하여 오류를 자동으로 검증하는 자기검증기능이 있다.
3. ④ 단식부기는 일정한 원리원칙이 없이 재산의 증가 감소를 중심으로 기록하며 손익의 원인을 계산하지 않는 기장방법이다.
4. ① 법인기업은 설립시 작성되는 정관에서 설정한 기간을 말한다. 한편 자산 및 자본의 증감변화를 기록 및 계산하기 위해 설정한 장소적 범위는 회계단위, 계정이다.
5. ④ 발생주의는 손익계산서 작성 기준
6. ③ 자산과 부채는 유동성이 큰 항목부터 배열하는 것을 원칙으로 한다.
7. ① 현금(당좌자산), 상품(재고자산), 비품(유형자산), 영업권(무형자산) 순으로 배열
8. ④ 회계기간은 손익계산서에 포함되어야 하는 사항이며 재무상태표에는 '보고기간종료일'이 표시되어야 한다.
9. ④
   ① 손익계산서에 대한 설명이다.
   ② 자본변동표에 대한 설명이다.
   ③ 현금흐름표에 대한 설명이다.
11. ③
    자산총계(930,000원)=미수금(550,000원)+외상매출금(250,000원)+선급금(130,000원)
    부채총계(630,000원)=자산총계(930,000원)-자본금(300,000원)
    단기차입금(480,000원)=부채총액(630,000원)-미지급비용(150,000원)
14. ② 기초자산(600,000원)-기초부채(200,000원) = 기초자본(400,000원)
    총수익(900,000원)-총비용(700,000원) = 당기순이익(200,000원)
    기초자본(400,000원)+당기순이익(200,000원)= 기말자본(600,000원)
    기말자산(800,000원)-기말자본(600,000원) = 기말부채(200,000원)
15. ① 기말자본은 기초자본에서 당기순이익을 더하여 계산한다. 총비용 = 기초자본(300,000원) + 총수익(250,000원) - 기말자본(350,000원) = 200,000원.
16. ② 수익과 비용은 총액으로 기재함을 원칙으로 한다.(총액주의)
17. ② 수익은 실현주의에 따라 인식하며, 비용은 수익비용대응의 원칙으로 인식한다.
19. ① 비용의 발생
20. ④ 주문, 근로계약, 지급하기로 한 거래는 회계상 거래에 해당되지 않는다.
21. ③ 주문, 보관, 계약, 위탁 등은 기업의 자산, 부채, 자본에 증감 변화를 가져오지 않으므로 회계상 거래에 해당되지 않는다.
22. ① (차) 현금(자산의 증가) (대) 임대보증금(부채의 증가)
23. ③
    ① (차) 기부금(비용의 발생) 500,000원(대) 보통예금(자산의 감소) 500,000원
    ② (차) 현금(자산의 증가) 100,000,000원(대) 자본금(자본의 증가) 100,000,000원

③ (차) 임차보증금(자산의 증가) 5,000,000원 (대) 당좌예금(자산의 감소) 5,000,000원
④ (차) 비품(자산의 증가) 2,000,000원 (대) 미지급금(부채의 증가) 2,000,000원

24. ③ 단기차입금-부채, 현금-자산에 해당하며 단기차입금과 현금이 둘다 감소한 경우이다.
26. ② 외상매출금은 차변 증가 항목이다.
27. ②(가)는 '전기'를 말하며, ㄷ. 은 분개에 대한 설명이다.
28. ① 시산표는 총계정원장의 기록이 정확한지 여부를 검증하는 계정잔액목록표이다.
29. ① 시산표는 기업에서 발생한 모든 거래가 분개장에서 총계정원장에 정확히 전기되었는가를 확인하기 위하여 작성하는 계정 집계표를 말한다.
30. ③ 상품은 자산계정이므로 차변에, 자본금은 자본계정이므로 대변에, 이자수익은 수익 계정이므로 대변에 기장되면 차변과 대변합계액은 780,000원이 기록된다.
31. ③ 시산표는 대차평균의 원리에 의하여 총계정원장까지의 전기가 올바르게 되었는지 확인하기 위하여 작성하는 계정집계표이다. 그러므로 차변과 대변금액이 다를 경우 확인이 가능하다.
33~34   ④ 주요부 : 분개장, 총계정원장
보조원장 : 상품재고장, 매출처원장, 매입처원장, 가지급원장, 전도금원장
보조기입장 : 현금출납장, 당좌예금출납장, 받을어음기입장, 지급어음기입장, 매입장, 매출장

CHAPTER 02   당좌자산

1. 실무시험대비 분개연습 해답

문항	분개			
1	(차) 현금	5,000,000	(대) 보통예금	5,000,000
2	(차) 당좌예금	2,000,000	(대) 현 금	2,000,000
3	(차) 현금과부족	10,000	(대) 현 금	10,000
4	(차) 단기매매증권 수수료비용	1,800,000 100,000	(대) 보통예금	1,900,000
5	(차) 보통예금	990,000	(대) 단기매매증권 단기매매증권처분이익	500,000 490,000
6	(차) 복리후생비	200,000	(대) 미지급금	200,000
7	(차) 보통예금 수수료비용	9,950,000 50,000	(대) 받을어음	10,000,000
8	(차) 당 좌 예 금 매출채권처분손실	385,000 15,000	(대) 받을어음	400,000
9	(차) 대손충당금 대손상각비(판)	525,000 175,000	(대) 외상매출금	700,000
10	(차) 교육훈련비	3,000,000	(대) 예 수 금 보통예금	132,000 2,868,000

2. 연습문제해답

1.	②	2.	②	3.	①	4.	④	5.	④
6.	③	7.	②	8.	①	9.	④	10.	③
11.	②	12.	③	13.	④	14.	④	15.	③
16.	②	17.	②	18.	①	19.	③	20.	③
21.	④	22.	③	23.	②	24.	③	25.	①
26.	②	27.	④	28.	①	29.	①	30.	②

1. ② 상품, 선급금, 현금, 당좌예금은 유동자산이다.
2. ② 기계장치는 비유동자산에 해당된다.
3. ① 현금, 보통예금, 당좌예금은 '현금및현금성자산', 받을어음은 '매출채권', 단기매매증권과 단기대여금은 '단기투자자산'으로 표시한다.
4. ④ 당좌자산에는 현금및현금성자산, 단기투자자산, 매출채권, 선급비용, 이연법인세자산 등이 있다. 재공품은 재고자산에 해당한다.
5. ④ 자기앞수표, 타인발행수표, 일람출급어음은 현금으로 분류되고, 취득당시 만기가 3개월 이내에 도래하는 채권은 현금성자산으로 분류한다.
6. ③ 현금 및 현금성자산에는 현금, 당좌예금, 보통예금, 현금성자산, 소액현금 등이 포함된다. 그러므로 현금 120,000원, 보통예금 150,000원, 당좌예금 180,000원이 현금 및 현금성자산에 합산되어 기록된다.
7. ② 자기앞수표는 회계상 현금으로 처리한다.
8. ① 당점 발행 당좌수표는 당좌예금 계정으로 처리한다.
9. ④ 회계기간 중에 현금의 실제잔액과 장부잔액과의 차이가 발생 시 원인이 밝혀질 때까지 한시적으로 처리하는 계정과목이다.
10. ③ 이 경우 현금과부족계정이라는 임시계정으로 대체하였다가 차후에 그 원인을 파악하여 본 계정으로 대체한다.
11. ② 동점발행수표는 현금계정으로 처리한다.
12. ③ 수표발행시 당좌예금잔액을 초과하여 발행할수 있는데 이를 당좌차월이라 하고 재무상태표는 단기차입금 계정으로 표기한다.
13. ④ 단기매매증권을 취득하는 경우 액면금액이 아닌 취득금액(구입가격)으로 단기매매증권 계정의 차변에 기입하고, 취득시 제비용은 수수료비용 계정의 차변에 기입하여 비용으로 처리한다. 또한 처분시에 발생하는 수수료는 처분금액(매가)에서 직접 차감한다.
14. ④ 장부가액보다 공정가액이 낮은 경우 단기매매증권평가손실이 발생한다.
15. ③ 공장용건물은 일반상거래가 아니므로 미수금으로 계상한다.
16. ② 일반적인 상거래에서 발생하는 채권(채무) → 외상매출금(외상매입금), 받을어음(지급어음)일반적인 상거래 이외에서 발생하는 채권(채무) → 미수금(미지급금)
17. ②① 받을어음/외상매출금, ②외상매입금/받을어음, ③지급어음/현금, ④상품/지급어음
18. ① 만기도래 전 받을어음을 할인할 경우 할인금액은 매출채권처분손실계정으로 처리한다.
20. ③ 지급어음은 부채계정 과목으로 대손충당금 설정대상이 아니고 보통예금이나 현금및현금성자산은 채권이 아니므로 대손충당금 설정대상이 아니다.
21. ④ 대손충당금은 채권에 대한 차감적 평가계정으로 재무상태표에 표시된다.
22. ③ 전기에 대손처리한 매출채권을 당기에 회수한 경우 대손처리 시 분개를 고려하지 않고 대손충당금을 증가시킨다.
23. ② 결산일 대손추산액 : 외상매출금 10,000,000원 × 대손율 1% = 100,000원 - 대손충당금 50,000원 = 50,000원 (추가설정)
24. ③ 3/15 (차변) 대손충당금 100,000 (대변) 외상매출금 100,000으로 당기 중 대손확정액은 100,000원이다.
25. ① 대여금에 대한 대손상각비는 기타대손상각비계정으로 영업외비용에 속하며, 보고식 손익계산서에서 영업이익에 영향을 미치나 당기순이익에는 같아진다. 그리고, 매출총이익은 매출액과 매출원가의 관계이므로 기타대손상각비는 관련이없다.
26. ② 미수금은 발생기준을 적용하기 때문에 기록되는 계정이 아니라 영업활동 이외의 채권이 발생하는 경우에 기록하는 계정과목이다.
27. ④
   ① 외상매출금은 상품을 외상으로 매출한 경우 사용하는 계정
   ② 외상매입금은 상품을 외상으로 매입하고 사용하는 계정
   ③ 받을어음은 상품을 외상으로 매출하고 약속어음을 받은 경우 사용하는 계정
   ④ 미지급금은 재고자산이외의 물품을 구매하고 대금을 나중에 지급하는 경우 사용하는 계정
28. ① 가지급금은 자산계정에 속한다(임시계정)

29. ① 예수금이란 제3자에게 지급하기 위하여 일시적으로 보관하고 있는 금액
30. ② (차) 현금 XXX (대) 선수금 XXX은 상품 매출 시 계약금으로 먼저 받은 금액이다.

CHAPTER 03 재고자산

1. 실무시험대비 분개연습 해답

문항	분개							
1	(차)	상 품	1,050,000	(대)	외 상 매 입 금 현 금			1,000,000 50,000
2	(차)	상 품	300,000	(대)	현 금 외 상 매 입 금			100,000 200,000
3	(차)	상 품	500,000	(대)	지 급 어 음			500,000
4	(차)	상 품	300,000	(대)	당 좌 예 금 당 좌 차 월			200,000 100,000
5	(차)	매 출 할 인 보 통 예 금	15,000 1,485,000	(대)	외 상 매 출 금			1,500,000

2. 연습문제해답

1.	③	2.	④	3.	①	4.	④	5.	②
6.	②	7.	③	8.	①	9.	④	10.	④
11.	①	12.	③	13.	①	14.	①	15.	①

1. ③ 판매용이므로 재고자산임.
2. ④ 재고자산의 매입원가는 매입금액에 매입운임, 하역료 및 보험료 등 취득과정에서 정상적으로 발생한 부대원가를 가산한 금액이다. 매입과 관련된 할인, 에누리 및 기타 유사한 항목은 매입원가에서 차감한다.
3. ① 총매입액에서 매입에누리와 매입환출, 매입할인은 차감한다.
4. ④ 매입에누리, 매입환출, 매입할인은 재고자산의 취득원가에서 차감한다.
5. ② 당기상품매입액(500,000원) = 총매입액(550,000원) - 매입할인(50,000원)
   매출원가(540,000원) = 기초상품재고액 + 당기상품매입액(500,000원) - 기말상품재고액(120,000원)
   ∴ 기초상품재고액은 160,000원
6. ② 기초 상품재고액 700,000원 + (당기 총매입액 1,200,000원 + 상품매입운반비20,000원 - 매입환출 및 에누리 150,000원) - 기말 상품재고액 400,000원 =1,370,000원
7. ③ 기초상품재고액 900,000원 + (당기총매입액 2,000,000원 + 상품매입운반비 50,000원 - 매입환출 및 에누리 100,000원 - 매입할인 50,000원) - 기말상품재고액 300,000원 = 2,500,000원
8. ① 재고자산의 단가 결정방법에는 개별법, 선입선출법, 후입선출법, 총평균법 등이 있 다.
9. ④ 물가상승기에 기말재고를 가장 크게 만드는 평가방법은 선입선출법이다.
10. ④ 기말상품재고수량은 당기매입분 200개이고 상품원가는 단위당 3,000원이므로 기 말상품재고액은 600,000원이다.
11. ① 선입선출법가정하의 출고수량 150개의 매출원가는 50,000원
    (출고수량 150개에 적용되는 단가 : 12/1일 100개×300원 + 12/10일 50개×400원)
    기말재고액 : (12/10일 150개×400원 + 12/27일 100개×500원) = 110,000원
12. ③ 원가흐름의 가정으로 후입선출법을 적용할 경우 나중에 구입한 것이 먼저 매출원 가를 구성하므로, 기말재고 금액을 계산하면 다음과 같다.
    · 9월 15일 : 매출 → 5일매입분 50개 + 1일매입분 50개.
    · 9월 30일 : 매출 → 25일매입분 100개.

∴ 기말재고로 남아 있는 매입분은 1일매입분 50개(@100)와 22일매입분 50개(@120)가 된다.
→ 50개 × @100 + 50개 × @120 = 11,000원

13. ① 기말재고액 = 30개 × @1,500* = 45,000 *(50개 × @1,000 + 250개 × @1,600) ÷ 300개 = @1,500
14. ① ·매출원가 = 15개 × @74* = 1,110 ·기말재고액 = 35개 × @74 = 2,590
    *(10개×@50 + 10개×@60 + 20개×@80 + 10개×@100) ÷ 50개 = @74
15. ① 기말재고자산 과대평가 시 매출원가 과소계상, 당기순이익 과대계상

CHAPTER 04 유형자산

1. 실무시험대비 분개연습 해답

문항	분개						
1	(차)	토 지	20,300,000	(대)	현 금 미 지 급 금		5,300,000 15,000,000
2	(차)	차 량 운 반 구	20,800,000	(대)	미 지 급 금 현 금		20,000,000 800,000
3	(차)	비 품	500,000	(대)	미 지 급 금		500,000
4	(차)	상 품 비 품	5,000,000 1,000,000	(대)	외 상 매 입 금 미 지 급 금		5,000,000 1,000,000
5	(차)	건 물 수 선 비	10,000,000 2,000,000	(대)	보 통 예 금 현 금		10,000,000 2,000,000
6	(차)	수 선 비	500,000	(대)	현 금		500,000
7	(차)	건 물	2,000,000	(대)	미 지 급 금		2,000,000
8	(차)	감 가 상 각 비	250,000	(대)	감 가 상 각 누 계 액		250,000
9	(차)	감 가 상 각 누 계 액 미 수 금 유 형 자 산 처 분 손 실	3,500,000 5,000,000 500,000	(대)	차 량 운 반 구		9,000,000
10	(차)	현 금 미 수 금 감 가 상 각 누 계 액	2,000,000 5,000,000 6,500,000	(대)	차 량 운 반 구 유 형 자 산 처 분 이 익		13,000,000 500,000

2. 연습문제해답

1. ②	2. ③	3. ②	4. ②	5. ④
6. ③	7. ②	8. ④	9. ①	10. ①
11. ③	12. ②	13. ①	14. ③	15. ①

1. ② 동일한 자산이라고 하더라도 보유하는 목적에 따라 재고자산, 투자자산 및 유형자산으로 구분할 수 있다.
2. ③ 일반기업회계기준[문단10.4] 유형자산'은 재화의 생산, 용역의 제공, 타인에 대한 임대 또는 자체적으로 사용할 목적으로 보유하는 물리적 형체가 있는 자산으로서, 1년을 초과하여 사용할 것이 예상되는 자산을 말한다.
3. ② 유형자산은 재화의 생산, 용역의 제공, 타인에 대한 임대 또는 자체적으로 사용할 목적으로 보유하는 물리적 형체가 있는 자산으로서, 1년을 초과하여 사용할 것이 예상되는 자산을 말한다.
4. ② 상품운반용 트럭(차량운반구)과 사무실용 책상(비품)은 유형자산에 해당하고, 판매용 컴퓨터(상품)는 재고자산, 투자목적용 건물(투자부동산)은 투자자산에 해당한다.
5. ④ 수선유지를 위한 지출은 수익적지출에 해당하므로 자산처리할 수 없고 비용으로 처리하여야 한다.
6. ③ 엘리베이터의 설치는 자본적지출로 처리한다. 타이어교체, 전선교체 및 소모성부품교체는 모두 수익적지출로 당기 비용 처리한다.

7. ② 유형자산의 사용 중 지출된 금액으로 인하여 가치가 증대되거나 내용연수가 연장되는 지출은 자본적지출로 해당 자산의 취득원가에 포함하며 원상회복, 현상유지를 위한 지출은 수익적지출로 수선비(비용)로 처리한다.
8. ④ 해설: 수익적지출로 처리하면 비용이 발생하게 되는데 이를 자본적지출로 처리하게 되면 자산이 증가하는 대신에 비용이 감소하게 된다.
   예) 수익적지출시 : 차변)수선비   대변)현금
       자본적지출시 : 차변)건물   대변)현금
9. ①정액법에 경우에는 잔존가액을 정률법에 경우에는 전기말까지의 감가상각누계액을 차감하여야 한다.
10. ① 이 차량의 장부가액은 취득가액에서 감가상각누계액을 차감한 11,000,000원이다.
11. ③ 유형자산처분이익 = 처분가액 - (취득가액 - 감가상각누계액)
    ∴ 처분가액은 17,000,000원이다.
12. ② 정액법에 의한 감가상각비는 취득가액에서 잔존가치를 차감한 금액을 내용년수로 나눈 금액이다. 따라서 감가상각비는 (5,000,000원 - 500,000원) ÷ 5년 = 900,000 원이다.
13. ① 정액감가상각비 = (취득원가 - 잔존가액) ÷ 내용연수
                    = (30,000,000원 - 0) ÷ 10 × 9/12
                    = 2,250,000원
14. ③ 정률법에 의한 당기 감가상각비
    정률법 = (취득원가 - 감가상각누계액) × 상각률
    20x1년 감가상각비: (20,000,000-0) × 20% = 4,000,000
    20x2년 감가상각비: (20,000,000-4,000,000) × 20% = 3,200,000
15. ① 차) 미수금   5,000,000   대) 차량운반구   20,000,000
        감가상각누계액 16,000,000   유형자산처분이익   1,000,000

CHAPTER 05 투자자산 · 무형자산 · 기타비유동자산

1. 실무시험대비 분개연습 해답

문항	분개								
1	(차)	투 자 부 동 산	5,000,000	(대)	당	좌	예	금	5,000,000
2	(차)	장 기 대 여 금	2,000,000	(대)	현			금	2,000,000
3	(차)	매 도 가 능 증 권	300,000	(대)	보	통	예	금	300,000
4	(차)	개 발 비	2,000,000	(대)	보	통	예	금	2,000,000
5	(차)	임 차 보 증 금	5,000,000	(대)	보	통	예	금	5,000,000

2. 연습문제해답

| 1. | ① | 2. | ③ | 3. | ② | 4. | ① | 5. | ② |

1. ① 소프트웨어는 무형자산에 속한다.
2. ③ 무형자산에 대한 설명이다.
3. ② 영업활동이나 경영활동의 판매목적으로 자산 취득하면 재고자산이며, 시세차익을 목적으로 자산 취득하면 투자자산계정으로 인식한다.
4. ① 무형자산을 합리적인 방법으로 상각방법을 정할 수 없는 경우에는 정액법으로 상각하여야 한다.
5. ② (차변) 매도가능증권 110,000원 (대변) 현금 110,000원으로 영업외비용과 만기보유증권은 관련이 없으며 투자자산(매도가능증권)은 110,000원 증가한다. 또한 유동자산은 자기앞수표의 지급으로 인해 110,000원 감소한다.

CHAPTER 06 부채

1. 실무시험대비 분개연습 해답

문항	분개									
1	(차)	보 통 예 금	2,000,000	(대)	선 수 금	2,000,000
2	(차)	미 지 급 금	500,000	(대)	현 금	500,000
3	(차)	단 기 차 입 금 이 자 비 용	35,000,000 2,000,000	(대)	보 통 예 금	37,000,000
4	(차)	미 지 급 금	3,000,000	(대)	당 좌 예 금	3,000,000
5	(차)	보 통 예 금	5,000,000	(대)	장 기 차 입 금	5,000,000
6	(차)	선 수 금	450,000	(대)	보 통 예 금	450,000
7	(차)	토 지	120,000,000	(대)	당 좌 예 금 단 기 차 입 금	85,000,000 35,000,000
8	(차)	인 출 금	1,000,000	(대)	미 지 급 금	1,000,000
9	(차)	외 상 매 입 금	2,000,000	(대)	받 을 어 음	2,000,000
10	(차)	퇴 직 급 여 충 당 부 채	2,500,000	(대)	예 수 금 보 통 예 금	33,000 2,467,000

2. 연습문제해답

1. ④   2. ①   3. ①   4. ②   5. ②
6. ①   7. ④   8. ④   9. ④   10. ③

1. ④ 퇴직급여충당부채는 비유동부채에 해당한다.
2. ① 당좌차월은 결산일에 단기차입금에 포함시켜야한다.
3. ① 비유동부채는 재무상태표일로부터 1년 이후에 걸쳐 만기가 도래하는 부채로 장기차입금은 비유동부채에 해당한다.
4. ② 미수금, 선급금, 외상매출금, 받을어음은 자산계정 이다.
5. ② 7,000,000원 = 2,000,000원(장기차입금) + 5,000,000원(퇴직급여충당부채)
6. ① 외상매입금 (기초잔액 600,000원 + 당기외상매입액 3,200,000원 - 기말잔액 400,000원) = 3,400,000원
7. ④ 과거에 당사가 발행한 어음이 만기가 되어 상환하는 경우는 차변에 지급어음을 차감하여야 한다.
    ① (차) 상품   1,000,000원   (대) 지급어음   1,000,000원
    ② (차) 상품   3,000,000원   (대) 받을어음   3,000,000원
    ③ (차) 외상매입금   5,000,000원   (대) 지급어음   5,000,000원
    ④ (차) 지급어음   6,000,000원   (대) 현금   6,000,000원
8. ④ 당사가 발행한 약속어음 중에 상거래 경우 지급어음계정으로, 상거래가 아닌 경우 미지급금계정으로 회계처리 함.
9. ④ 선수금은 상품계약대금을 미리 받은 금액으로 부채계정으로 대손처리가 불가능하 다.
10. ③ 예수금에 대한 설명이다. 미래에 특정한 사건에 의해 외부로 지출하여야 할 금액을 기업이 급여지급시 종업원으로부터 미리 받아 일시적으로 보관하는 금액을 처리하는 계정과목을 말한다.

CHAPTER 07 자본

1. 실무시험대비 분개연습 해답

문항			분개					
1	(차)	인　　출　　금	300,000	(대)	보　통　예　금	300,000
2	(차)	보　통　예　금	5,000,000	(대)	자　　본　　금	5,000,000
3	(차)	인　　출　　금	250,000	(대)	상　　　　　품	250,000
4	(차)	세　금　과　공　과	150,000	(대)	자　　본　　금	150,000
5	(차)	자　　본　　금	55,000	(대)	인　　출　　금	55,000

2. 연습문제해답

1. ③　　2. ①　　3. ②　　4. ①　　5. ②

1. ③
　① (차) 현금　5,000,000원　(대) 자본금 5,000,000원
　② (차) 현금　5,000,000원　(대) 자본금 5,000,000원
　③ (차) 자본금 3,000,000원　(대) 인출금 3,000,000원
　④ (차) 손익　　300,000원　(대) 자본금　 300,000원

2. ① 인출금은 개인기업에서 사용하며 자본금에 대한 평가계정으로 기말결산 시 자본금계정에 대체하는 임시계정이다.

3. ② 기초자본금 500,000원 - 인출금 50,000원 + 당기순이익100,000원=기말자본금 550,000원

4. ① 인출액 + 기말자본금 = 기초자본금 + 추가출자액 + 당기순이익
　　4,000,000원 + 10,000,000원 = 10,000,000원 + 추가출자액 + 2,000,000원

5. ② 기초자산(600,000원)-기초부채(200,000원) = 기초자본(400,000원)
　　총수익(900,000원)-총비용(700,000원) = 당기순이익(200,000원)
　　기초자본(400,000원)+당기순이익(200,000원)= 기말자본(600,000원)
　　기말자산(800,000원)-기말자본(600,000원) = 기말부채(200,000원)

CHAPTER 08 수익과 비용

1. 실무시험대비 분개연습 해답

문항			분개				
1	(차)	받　을　어　음	5,000,000	(대)	상　품　매　출	5,000,000
2	(차)	급　　　　　여	2,200,000	(대)	예　　수　　금	100,000
					보　통　예　금	2,100,000
3	(차)	통　　신　　비	6,300	(대)	현　　　　　금	6,300
4	(차)	도　서　인　쇄　비	15,000	(대)	현　　　　　금	15,000
5	(차)	차　량　유　지　비	150,000	(대)	현　　　　　금	150,000
6	(차)	수　　선　　비	150,000	(대)	보　통　예　금	150,000
7	(차)	교　육　훈　련　비	250,000	(대)	현　　　　　금	250,000
8	(차)	복　리　후　생　비	300,000	(대)	미　　지　　급　　금	300,000
9	(차)	광　고　선　전　비	1,000,000	(대)	보　통　예　금	1,000,000
10	(차)	세　금　과　공　과	365,000	(대)	보　통　예　금	365,000

11	(차)	복 리 후 생 비 기업업무추진비	200,000 300,000	(대)	미 지 급 금	500,000
12	(차)	대 손 충 당 금 대 손 상 각 비	500,000 2,500,000	(대)	외 상 매 출 금	3,000,000
13	(차)	보 통 예 금	1,480,000	(대)	단 기 매 매 증 권 단기매매증권처분이익	1,000,000 480,000
14	(차)	기 부 금	100,000	(대)	현 금	100,000
15	(차)	이 자 비 용	50,000	(대)	보 통 예 금	50,000

2. 연습문제해답

1.	①	2.	③	3.	④	4.	①	5.	③
6.	④	7.	④	8.	④	9.	②	10.	②
11.	①	12.	①	13.	④	14.	②	15.	②

1. ① 손익계산서 항목이다.
2. ③ 매출원가는 비용이기 때문에 손익계산서에 표시가 되며 ①,②,④는 재무상태표에 표시되는 항목이다.
3. ④ 기부금은 영업외비용
5. ③ 영업외수익은 이자수익, 배당금수익(주식배당액은 제외한다), 임대료, 단기투자자산처분이익, 단기투자자산평가이익, 외환차익, 외화환산이익, 지분법이익, 장기투자증권손상차손환입, 투자자산처분이익, 유형자산처분이익, 사채상환이익, 전기오류수정이익 등을 포함한다.
7. ④ 상품 매출 시 발생한 운반비는 비용이다.
8. ④ 기부금은 영업외비용 항목이다.
9. ② 판매비와관리비 = 급여 1,500,000원 + 복리후생비 600,000원 = 2,100,000원
10. ② 차입금 이자 지급액과 수재의연금 기부액은 영업외비용에 해당한다.
11. ① 대여금에 대한 대손상각비는 기타대손상각비 계정으로 영업외비용에 속하며, 보고식 손익계산서에서 영업이익에 영향을 미치나 당기순이익에는 같아진다. 그리고, 매출총이익은 매출액과 매출원가의 관계 이므로 기타대손상각비는 관련이 없다.
12. ① 재해손실, 잡손실만 영업외비용으로 이루어져 있다.
13. ④ 공장 건물 처분 손실은 영업외비용으로 처리한다.
14. ② A:수도광열비(판매비와 관리비) B:이자비용(영업외비용)
    C:급여(판매비와 관리비) D:여비교통비(판매비와 관리비)
15. ② · 판매비와관리비 : 잡비, 임차료, 대손상각비, 감가상각비
    · 무형자산 : 개발비
    · 영업외비용 : 재해손실, 기부금, 이자비용
    · 영업외수익 : 임대료

기출문제 해답

116회 기출문제

1. 이론시험

〈1〉	〈2〉	〈3〉	〈4〉	〈5〉	〈6〉	〈7〉	〈8〉	〈9〉	〈10〉	〈11〉	〈12〉	〈13〉	〈14〉	〈15〉
②	①	②	②	②	②	①	③	④	①	③	①	①	③	①

[1] ② 혼합거래는 같은 변에 재무상태표의 계정과 손익계산서의 계정이 동시에 발생한다. 대변에 자산의 감소와 수익의 발생이 동시에 나타나는 거래이므로 혼합거래에 해당한다.

[2] ① 정률법, 생산량비례법, 정액법은 유형자산의 감가상각방법이다.

[3] ② 결산 재무상태표에서는 미결산항목인 가수금, 가지급금, 현금과부족, 인출금을 다른 계정과목으로 처리한다.

[4] ② 처분이익 3,000,000원
 · 취득가액 10,000,000원 - 감가상각누계액 8,000,000원 = 장부가액 2,000,000원
 · 처분가액 5,000,000원 - 장부가액 2,000,000원 = 처분이익 3,000,000원

[5] ② 160,000원
 · 기초자본금 200,000원 + 당기순이익 - 인출금 50,000원 + 추가 출자금 40,000원 = 기말자본금 350,000원
 ∴ 당기순이익 = 160,000원

[6] ② 토지 구입 시 발생한 취득세는 토지의 취득원가에 포함시키고, 급여 지급 시 발생한 소득세 원천징수액은 예수금으로 처리한다.

[7] ① 이자비용은 영업외비용에 해당한다.

[8] ③ 제품과 상품
 · 재고자산이란 정상적인 영업 과정에서 판매를 위하여 보유하는 상품과 제품 등이다.

[9] ④ 파손된 유리의 대체, 자동차 엔진오일의 교체는 수익적 지출에 해당한다.

[10] ① (차) 외상매입금 4,000,000원 (대) 보통예금 4,000,000원으로 회계처리 한다.

[11] ③ 선급비용
 · 선급비용은 당좌자산에 해당한다.
 · 예수금, 미지급비용, 선수금은 유동부채에 해당한다.

[12] ① 회계처리를 안 했을 때의 영향은 수익의 과소계상과 자산의 과소계상이다.

[13] ① 290,000원
 · 순매출액은 총매출액에서 매출환입 및 에누리, 할인을 차감한 금액이다. 매출할 때 발생한 부대비용은 별도의 계정으로 처리한다.

[14] ③ 미지급비용에 대한 설명이다.

[15] ① 1,200,000원
  · 정기예금은 단기금융상품으로 분류되며, 단기매매증권은 단기투자증권으로 분류된다.

2. 실무시험

문제 1

[1] · [회사등록] > [기본사항] 탭> · 사업자등록번호 : 628-26-01132 → 628-26-01035
               · 종목 : 컴퓨터 부품 → 유아용 의류
               · 사업장관할세무서 : 212.강동 → 120.삼성

문제 2

[1] · [전기분손익계산서]> · 상품매출 : 656,000,000원 → 665,000,000원으로 수정
             · 기업업무추진비 : 8,100,000원 → 8,300,000원으로 수정
             · 임차료 : 12,000,000원 추가 입력

문제 3

[1] · [기초정보관리] > 거래처등록 > 일반거래처> · 거래처코드 : 00308
                       · 거래처명 : 뉴발상사
                       · 등록번호 : 113-09-67896
                       · 유형 : 3.동시
                       · 대표자 : 최은비
                       · 업태 : 도매및소매업
                       · 종목 : 신발 도매업
                       · 사업장주소 : 서울 송파구 법원로11길 11

[2] · [거래처별초기이월] > 외상매출금 > · 온컴상사 → 스마일상사로 거래처명 수정
                 (※ 또는 온컴상사를 삭제하고 스마일상사 20,000,000원 추가)
           > 미수금   > · 슈프림상사 : 1,000,000원 → 10,000,000원으로 금액 수정
           > 단기차입금 > · 다온상사 : 23,000,000원 추가 입력

문제 4

[1] 일반전표입력
    07.25. (차) 복리후생비(판)   300,000원   (대) 현금   300,000원
    또는 (출금) 복리후생비(판)   300,000원

[2] 일반전표입력
    08.04. (차) 상품   4,000,000원   (대) 당좌예금   800,000원
                                  지급어음(영동상사) 3,200,000원

[3] 일반전표입력
    08.25. (차) 보통예금   300,000원   (대) 선수금(하나상사)   300,000원

[4] 일반전표입력
    10.01. (차) 보통예금   50,000,000원   (대) 장기차입금(기업은행) 50,000,000원

[5] 일반전표입력
    10.31. (차) 급여(판)   2,717,000원   (대) 예수금   309,500원
                                  보통예금   2,407,500원

[6] 일반전표입력
　　11.13. (차) 보통예금　　　　1,900,000원　　(대) 받을어음(가나상사)　2,000,000원
　　　　　　　매출채권처분손실　　100,000원

[7] 일반전표입력
　　11.22. (차) 상품　　　　　　4,150,000원　　(대) 외상매입금(한올상사)　4,000,000원
　　　　　　　　　　　　　　　　　　　　　　　　현금　　　　　　　　　　150,000원

[8] 일반전표입력
　　12.15. (차) 교육훈련비(판)　1,000,000원　　(대) 보통예금　　　　　　　500,000원
　　　　　　　　　　　　　　　　　　　　　　　　미지급금(우리컨설팅)　　500,000원
　　　　　　　　　　　　　　　　　　　　　　　　(또는 미지급비용(우리컨설팅))

문제 5

[1] 일반전표입력
　・수정 전 : 08.22. (차) 보통예금　4,000,000원　(대) 선수금(만중상사)　4,000,000원
　・수정 후 : 08.22. (차) 보통예금　4,000,000원　(대) 대손충당금(109)　4,000,000원

[2] 일반전표입력
　・수정 전 : 09.15. (차) 광고선전비(판)　　130,000원　(대) 보통예금　　130,000원
　・수정 후 : 09.15. (차) 기업업무추진비(판)　130,000원　(대) 보통예금　　130,000원

문제 6

[1] 일반전표입력
　　12.31. (차) 수도광열비(판)　1,000,000원　(대) 미지급비용　　　　1,000,000원
　　　　　　　　　　　　　　　　　　　　　　　　또는 미지급금

[2] 일반전표입력
　　12.31. (차) 수선비(판)　　　30,000원　　(대) 현금과부족　　　　30,000원

[3] 일반전표입력
　　12.31. (차) 이자비용　　　1,000,000원　　(대) 미지급비용　　　1,000,000원
　　・100,000,000원 × 12% ÷ 12개월 = 1,000,000원

[4]
1. [결산자료입력]
　>기간 : 2025년 1월~2025년 12월
　>2.매출원가　　>상품매출원가　　>⑩ 기말 상품 재고액 15,000,000원 입력
　>F3 전표추가

2. 또는 일반전표입력
　　12.31.(결차) 상품매출원가　180,950,000원　(결대) 상품　　180,950,000원

문제 7

[1] 2월, 1,520,000원
　・총계정원장>기간 : 1월 1일 ~ 6월 30일>계정과목 : 813.기업업무추진비 조회

[2] 27,000,000원
　・[손익계산서]>기간 : 05월)계정과목 : 801.급여

[3] 다주상사, 46,300,000원
　・[거래처원장]>기간 : 1월 1일 ~ 6월 30일>계정과목 : 108.외상매출금

115회 기출문제

1. 이론시험

〈1〉	〈2〉	〈3〉	〈4〉	〈5〉	〈6〉	〈7〉	〈8〉	〈9〉	〈10〉	〈11〉	〈12〉	〈13〉	〈14〉	〈15〉
③	②	④	①	④	④	④	②	④	①	①	③	①	④	②

[1] ③ 100,000원
- 현금및현금성자산
    - 통화(주화, 지폐), 통화대용증권(자기앞수표 등)
    - 요구불예금(당좌예금, 보통예금 등)
    - 취득 당시 만기가 3개월 이내에 도래하는 금융상품
- 당좌개설보증금은 사용이 제한된 예금으로서 단기투자자산이다.

[2] ② 거래 발생 → 분개 → 전기 → 수정 전 시산표 작성 → 결산 정리 분개 → 수정 후 시산표 작성→ 각종 장부 마감 → 결산보고서 작성

[3] ④ · 매출총이익 : 매출액 260,000원-상품매출원가 120,000원=140,000원
     · 손익 계정의 자본금 80,000원은 당기순이익이다.

[4] ① 미지급금, 미지급비용 모두 부채에 해당한다.

[5] ④ 자산, 부채, 자본 항목에 속하는 계정과목은 차기이월로 마감한다.

[6] ④ 보유 중에 발생한 수선유지비는 당기 비용인 수선비로 처리한다.
- 유형자산의 취득원가를 구성하는 항목은 다음과 같다. (1) 설치장소 준비를 위한 지출 (2) 외부 운송 및 취급비 (3) 설치비 (4) 설계와 관련하여 전문가에게 지급하는 수수료 (5) 유형자산의 취득과 관련하여 국·공채 등을 불가피하게 매입하는 경우 당해 채권의 매입금액과 일반기업회계기준에 따라 평가한 현재가치와의 차액 (6) 자본화대상인 차입원가 (7) 취득세, 등록세 등 유형자산의 취득과 직접 관련된 제세공과금 (8) 해당 유형자산의 경제적 사용이 종료된 후에 원상회복을 위하여 그 자산을 제거, 해체하거나 또는 부지를 복원하는 데 소요될 것으로 추정되는 원가가 충당부채의 인식요건을 충족하는 경우 그 지출의 현재가치(이하 '복구원가'라 한다.) (9) 유형자산이 정상적으로 작동되는지 여부를 시험하는 과정에서 발생하는 원가. 단, 시험과정에서 생산된 재화(예 : 장비의 시험과정에서 생산된 시제품)의 순매각금액(매각금액에서 매각부대원가를 뺀 금액)은 당해 원가에서 차감한다.

[7] ④ 다, 라
- 이자비용과 유형자산처분손실은 영업외비용에 해당한다.

[8] ② 자산 항목의 잔액은 차변에 기록하고, 부채 항목의 잔액은 대변에 기록한다. 선급금은 자산 항목이므로 차변에 기록되는 것이 올바르다.

[9] ④ 연수합계법
- [일반기업회계기준 문단 7.12] 통상적으로 상호 교환될 수 없는 재고항목이나 특정 프로젝트별로 생산되는 제품 또는 서비스의 원가는 개별법을 사용하여 결정한다.
- [일반기업회계기준 문단 7.13] 문단 7.12가 적용되지 않는 재고자산의 단위원가는 선입선출법이나 가중평균법 또는 후입선출법을 사용하여 결정한다.

[10] ① 상품 판매에 대한 의무의 이행 없이 계약금을 먼저 받은 것은 부채에 해당한다.

[11] ① (가) 재무상태표, (나) 손익계산서에 대한 설명이다.

[12] ③ 건설중인자산은 원칙적으로 감가상각을 하지 않는다.

[13] ① 42,000원 = 당기 상품매입액 50,000원 - 매입할인 8,000원

[14] ④ 460,000원 = 기초자본 300,000원 + 당기순이익 160,000원

[15] ② 소득세는 영업외비용에 해당하지 않는다.

2. 실무시험

문제 1

[1] · [회사등록] >[기본사항] 탭> · 업태 수정입력 : 제조 → 도소매
　　　　　　　　　　　　　　　　· 종목 수정입력 : 금속제품 → 신발
　　　　　　　　　　　　　　　　· 개업연월일 : 2015년 9월 23일 → 2010년 9월 23일

문제 2

[1] · [전기분손익계산서]> · 매출원가>당기상품매입액 : 180,000,000원 → 190,000,000원으로 수정
　　　　　　　　　　　　· 판매비와관리비>수수료비용 : 2,000,000원 → 2,700,000원으로 수정
　　　　　　　　　　　　· 영업외비용>잡손실 : 300,000원 추가 입력

문제 3

[1] · [계정과목및적요등록] >판매비및일반관리비 >803.상여금 >현금적요 No.2 : 명절 특별 상여금 지급

[2] · [거래처별초기이월] >108.외상매출금> · 폴로전자 : 4,200,000원 → 15,800,000원으로 수정
　　　　　　　　　　　　　　　　　　　　 · 예진상회 : 2,200,000원 → 13,000,000원으로 수정
　　　　　　　　　　　>252.지급어음> · 주언상사 : 3,400,000원 추가 입력

문제 4

[1] 일반전표입력
　　07.29. (차) 수선비(판)　　　　　150,000원　　(대) 미지급금(국민카드)　　150,000원
　　　　　　　　　　　　　　　　　　　　　　　　　　　　(또는 미지급비용)

[2] 일반전표입력
　　08.18. (차) 이자비용　　　　　　900,000원　　(대) 보통예금　　　　　　　900,000원

[3] 일반전표입력
　　08.31. (차) 외상매입금(넥사상사) 3,000,000원　(대) 현금　　　　　　　　3,000,000원
　　　　　또는 출금전표 외상매입금(넥사상사) 3,000,000원

[4] 일반전표입력
　　09.20. (차) 기부금　　　　　　　500,000원　　(대) 현금　　　　　　　　　500,000원
　　　　　또는 출금전표 기부금　　　500,000원

[5] 일반전표입력
　　10.15. (차) 임차보증금(동작빌딩) 10,000,000원　(대) 보통예금　　　　　10,000,000원

[6] 일반전표입력
　　11.04. (차) 감가상각누계액(207) 10,000,000원　(대) 기계장치　　　　　20,000,000원
　　　　　　　보통예금　　　　　　10,000,000원

[7] 일반전표입력
　　12.01. (차) 차량운반구　　32,100,000원　　(대) 보통예금　　32,100,000원

[8] 일반전표입력
　　12.10. (차) 기업업무추진비(판)　　100,000원　　(대) 현금　　100,000원
　　　　또는 출금전표 기업업무추진비(판) 100,000원

문제 5

[1] 일반전표입력
　· 수정 전 : 10.25. (차) 건물　　5,000,000원　　(대) 현금　　5,000,000원
　· 수정 후 : 10.25. (차) 수선비(판)　　5,000,000원　　(대) 현금　　5,000,000원
　　　　또는 출금전표 수선비(판) 5,000,000원

[2] 일반전표입력
　· 수정 전 : 11.10. (차) 장기차입금(신한은행) 1,000,000원　　(대) 보통예금　　1,000,000원
　· 수정 후 : 11.10. (차) 이자비용　　1,000,000원　　(대) 보통예금　　1,000,000원

문제 6

[1] 일반전표입력
　　12.31. (차) 미수수익　　300,000원　　(대) 임대료　　300,000원

[2] 일반전표입력
　　12.31. (차) 단기매매증권평가손실　200,000원　　(대) 단기매매증권　　200,000원
　· 단기매매증권평가손실 : (6,000원-4,000원)×100주=200,000원

[3] 일반전표입력
　　12.31. (차) 선급비용　　450,000원　　(대) 보험료(판)　　450,000원
　· 선급비용 : 600,000원×9개월/12개월=450,000원

[4]
1. 일반전표입력
　　12.31. (차) 감가상각비(판)　　1,100,000원　　(대) 감가상각누계액(209)　600,000원
　　　　　　　　　　　　　　　　　　　　　　　　　감가상각누계액(213)　500,000원

2. 또는 [결산자료입력]
　>기간 : 2025년 01월~2025년 12월
　>4.판매비와 일반관리비　　>4). 감가상각비　>차량운반구 600,000원 입력
　　　　　　　　　　　　　　　　　　　　　　　>비품 500,000원 입력
　>F3 전표추가

문제 7

[1] 247,210,500원
　· [재무상태표]>기간 : 6월>당좌자산 잔액 확인
　· 상품은 재고자산이므로 포함하지 아니한다.

[2] 1,650,000원
　· [총계정원장]>기간 : 1월 1일~6월 30일>계정과목 : 광고선전비(833) 조회

[3] ① 10,500,000원, ② 500,000원
· [거래처별계정과목별원장] >기간 : 1월 1일~6월 30일
>계정과목 : 전체조회(101~999)
>거래처 : 유화산업(00111)
>계정과목별 잔액 확인

또는

· [거래처원장] >[총괄잔액] 탭 >기간 : 1월 1일~6월 30일
>계정과목 : 전체조회(101~999)
>거래처 : 유화산업(00111)
>계정과목별 잔액 확인

114회 기출문제

1. 이론시험

⟨1⟩	⟨2⟩	⟨3⟩	⟨4⟩	⟨5⟩	⟨6⟩	⟨7⟩	⟨8⟩	⟨9⟩	⟨10⟩	⟨11⟩	⟨12⟩	⟨13⟩	⟨14⟩	⟨15⟩
③	②	②	④	④	④	③	①	④	②	④	③	①	④	④

[1] ③ 부채의 감소는 차변, 수익의 증가는 대변에 기록한다.

[2] ② 잡이익
· 01월 30일 : (차) 현금   100,000원   (대) 현금과부족   100,000원
· 07월 01일 : (차) 현금과부족   70,000원   이자수익   70,000원
· 12월 31일 : (차) 현금과부족   30,000원   잡이익   30,000원

[3] ② 화재나 사고로 손실이 발생한 경우 영업외비용 항목인 재해손실 계정으로 처리한다.
· 급여(①), 임차료(③), 복리후생비(④)는 모두 판매비와관리비 항목에 해당한다.

[4] ④ 600,000원 =당기 회수액 600,000원+기말잔액 300,000원+에누리액 100,000원-기초잔액 400,000원

외상매출금			
기 초 잔 액	400,000원	당 기 회 수 액	600,000원
당 기 발 생 액	600,000원	에 누 리 액	100,000원
		기 말 잔 액	300,000원

[5] ④ 후입선출법의 특징을 설명한 자료들이다.

[6] ④ 10,000,000원 =처분가액 12,000,000원-유형자산처분이익 7,000,000원+감가상각누계액 5,000,000원
· 유형자산분이익 : 처분가액 12,000,000원-(취득가액 10,000,000원-감가상각누계액 5,000,000원)
  =7,000,000원

[7] ③ 1,800,000원 =기초자본 1,300,000원+당기총수익 2,000,000원-당기총비용 1,500,000원

[8] ① 손익을 이연하기 위한 계정과목은 선급비용과 선수수익이 있다.

[9] ④ 비품은 유형자산에 해당한다.

[10] ② (가) 선수수익, (나) 예수금

[11] ④ 이자비용 발생에 해당하며 영업외비용으로 인식한다.

[12] ③ 현금이 증가하고 외상매출금이 감소하는 분개로서 매출대금을 판매 즉시 수령하지 않고 외상으로 처리한 후, 현금을 수령한 시점에 발생한 분개이다.

[13] ① 시산표는 결산을 확정하기 전에 분개장으로부터 총계정원장의 각 계정으로 정확하게 전기되었는지를 확인하기 위해서 대차평균의 원리를 이용하여 작성하는 집계표이다.

[14] ④ 600,000원 =창고 보관 재고액 500,000원+위탁 재고자산 100,000원
· 수탁자에게 보내고 판매 후 남은 적송품도 회사의 재고자산이며, 위수탁판매 수수료는 판매관리비에 해당한다.

[15] ④ 1,100,000원 =매출액 2,000,000원-매출원가 900,000원
· 매출원가 : 200,000원+1,000,000원-300,000원=900,000원
· 매출총이익 : 2,000,000원-900,000원=1,100,000원
· 판매사원에 대한 급여는 판매관리비로 분류한다.

2. 실무시험

문제 1

[1] [회사등록] > · 대표자명 정정 : 안병남 → 이두일
· 개업연월일 수정 : 2016년 10월 05일 → 2014년 01월 24일
· 관할세무서 수정 : 508.안동 → 305.대전

문제 2

[1] [전기분재무상태표] > · 받을어음 : 69,300,000원 → 65,000,000원으로 수정
· 감가상각누계액(209) : 11,750,000원 → 10,750,000원으로 수정
· 장기차입금 116,350,000원 추가 입력

문제 3

[1] [거래처등록]>[금융기관] 탭> · 코드 : 98100
· 거래처명 : 케이뱅크 적금
· 유형 : 3.정기적금
· 계좌번호 : 1234-5678-1234
· 계좌개설은행 : 089.케이뱅크
· 계좌개설일 : 2024-07-01

[2] [거래처별초기이월]>외상매출금> · 태양마트 : 15,000,000원 → 34,000,000원으로 수정
>단기차입금> · 은산상사 : 35,000,000원 → 20,000,000원으로 수정
· 종로상사 5,000,000원 삭제 → 일류상사 3,000,000원 추가

문제 4

[1] 일반전표입력
07.03. (차) 단기차입금(대전상사) 8,000,000원   (대) 당좌예금   8,000,000원

[2] 일반전표입력
07.10. (차) 여비교통비(판)   50,000원   (대) 현금   50,000원
또는 출금전표 여비교통비(판) 50,000원

[3] 일반전표입력
08.05. (차) 대손충당금(109)   900,000원   (대) 외상매출금(능곡가구) 5,000,000원
대손상각비   4,100,000원

[4] 일반전표입력
　　08.13. (차) 토지　　　　　　　1,000,000원　　　(대) 현금　　　　　　1,000,000원
　　　　　또는 출금전표 토지 1,000,000원

[5] 일반전표입력
　　09.25. (차) 임차료(판)　　　　　750,000　　　　(대) 보통예금　　　　800,000원
　　　　　　　건물관리비(판)　　　　50,000

[6] 일반전표입력
　　10.24. (차) 잡급(판)　　　　　　100,000원　　　(대) 현금　　　　　　100,000원
　　　　　또는 출금전표 잡급(판) 100,000원

[7] 일반전표입력
　　11.15. (차) 선급금(아린상사)　　4,500,000원　　(대) 당좌예금　　　　4,500,000원

[8] 일반전표입력
　　11.23. (차) 차량운반구　　　　　20,000,000원　 (대) 미지급금(국민카드)　20,000,000원

문제 5

[1] 일반전표입력
　　· 수정 전 : 08.16. (차) 임차료(판)　　　　　1,000,000원　　　(대) 보통예금 1,000,000원
　　· 수정 후 : 08.16.　　　임차보증금(경의상사) 1,000,000원　　(대) 보통예금 1,000,000원

[2] 일반전표입력
　　· 수정 전 : 09.30. (차) 토지　　　　　　　　300,000원　　　(대) 보통예금　　　300,000원
　　· 수정 후 : 09.30. (차)세금과공과(판)　　　300,000원　　　(대) 보통예금　　　300,000원

문제 6

[1] 일반전표입력
　　12.31.(차) 이자비용　　　　　　360,000원　　　(대) 미지급비용　　　　360,000원

[2] 일반전표입력
　　12.31. (차) 외상매입금(㈜디자인가구) 500,000원　(대) 가지급금　　　　　500,000원

[3] 일반전표입력
　　12.31. (차) 소모품비(판)　　　　400,000원　　　(대) 소모품　　　　　　400,000원

[4]
1. [결산자료입력]>F8대손상각>추가설정액>·108.외상매출금3,081,400원 입력>결산반영>F3전표추가
　　　　　　　　　　　　　　　　　　　·110.받을어음 : 1,350,000원 입력
2. 또는 [결산자료입력]>4.판매비와일반관리비>5).대손상각>·외상매출금 3,081,400원 입력>F3전표추가
　　　　　　　　　　　　　　　　　　　·받을어음 1,350,000원 입력
3. 또는 일반전표입력
　　12.31. (차) 대손상각비(판)　　4,431,400원　　(대) 대손충당금(109)　3,081,400원
　　　　　　　　　　　　　　　　　　　　　　　　　　대손충당금(111)　1,350,000원
　　· 대손충당금(109) : 외상매출금 154,070,000원×2%-0원=3,081,400원
　　· 대손충당금(111) : 받을어음 100,000,000원×2%-650,000원=1,350,000원

문제 7

[1] 130,000,000원
· [재무상태표]>기간 : 04월>계정과목 : 252.지급어음 금액 확인

[2] 60,000,000원
· [일계표]>기간 : 5월1일~5월31일>계정과목 : 108.외상매출금 대변 조회

[3] 5월, 300,000원
· [총계정원장]>기간 : 1월 1일~6월 30일>계정과목 : 복리후생비(811)>월별 차변 금액 확인

113회 기출문제

1. 이론시험

⟨1⟩	⟨2⟩	⟨3⟩	⟨4⟩	⟨5⟩	⟨6⟩	⟨7⟩	⟨8⟩	⟨9⟩	⟨10⟩	⟨11⟩	⟨12⟩	⟨13⟩	⟨14⟩	⟨15⟩
④	①	②	③	②	①	②	④	③	①	②	④	①	③	④

[1] ④ (차)통신비   50,000원(비용의 발생)   (대) 보통예금   50,000원(자산의 감소)

[2] ① 대변에 잔액이 남는 계정은 부채계정, 자본계정, 수익계정이다.

[3] ② 기말상품재고액이 과대계상이므로 매출원가는 과소 계상된다.
· 매출원가=기초상품재고액+당기상품순매입액－기말상품재고액
· 기말상품재고액은 차기이월 상품이므로 재고자산은 과대계상 된다.
· 매출원가가 과소계상이면 매출총이익(매출액－매출원가)은 과대계상 된다.
· 매출총이익이 과대이므로 당기순이익도 과대계상된다.

[4] ③ 단기대여금은 유동자산 중 당좌자산에 해당한다.
· 유동성배열법에 의하여 재무상태표를 작성할 경우, 유동성이 높은 자산부터 나열하므로 비유동자산인 영업권(무형자산), 장기대여금(투자자산), 건물(유형자산)은 유동자산(당좌자산)인 단기대여금보다 아래에 나타난다.

[5] ② 유형자산 중 토지와 건설중인자산을 제외한 모든 유형자산은 감가상각을 해야 한다.

[6] ① 1,000,000원 =자산 1,400,000원－부채 400,000원
· 자산 : 현금 300,000원+대여금 100,000원+선급금 200,000원+재고자산 800,000원=1,400,000원
· 부채 : 매입채무 100,000원+사채 300,000원=400,000원

재무상태표

현　　　금	300,000	매 입 채 무	100,000
대 여 금	100,000	사　　　채	300,000
선 급 금	200,000	자 본 금	1,000,000
재 고 자 산	800,000		
	1,400,000		1,400,000

[7] ② 일정 시점의 기업이 보유하고 있는 자산, 부채, 자본에 대한 정보를 제공하는 재무보고서는 재무상태표이다. 보기 중 매출원가, 이자비용, 급여는 일정 기간 동안의 기업 경영 성과에 대한 정보를 제공하는 손익계산서를 구성하는 계정과목이다.

[8] ④ 우표는 비용에 해당하며, 통신비 계정으로 처리한다.

[9] ③ 10,000원 = 기말 매출채권 1,000,000원×1%
· 기말 매출채권 : 기초 매출채권 500,000원+당기 매출액 2,000,000원−당기 회수액 1,500,000원 = 1,000,000원

[10] ① 100,000원 = 선수금 70,000원+선수수익 30,000원
· 선수금과 선수수익이 부채계정에 해당하고 그 외 계정은 자산계정에 해당한다.

[11] ② 거래 발생 → 분개 → 전기 → 수정 전 시산표 작성 → 결산 정리 분개 → 수정 후 시산표 작성 → 각종 장부 마감 → 결산보고서 작성

[12] ④ 매입부대비용은 재고자산 취득원가에 가산하는 계정으로 차감하는 계정이 아니다.

[13] ① 보험료는 판매비와관리비로 영업외비용에 해당하지 않는다.

[14] ③ 후입선출법에 대한 설명이다.

[15] ④ 1,040,000원 = 토지 1,000,000원+취득세 40,000원
· 무상으로 취득한 자산의 취득가액은 공정가치로 하며, 취득 과정에서 발생한 취득세, 수수료 등은 취득원가에 가산한다.

2. 실무시험

문제 1
[1] [회사등록] > · 대표자명 : 최연제→정성찬 수정
· 종목 : 스포츠 용품→문구 및 잡화 수정
· 개업연월일 : 2018-07-14→2018-04-08 수정

문제 2
[1] [전기분손익계산서] > · 급여 10,000,000원 → 20,000,000원으로 수정
· 임차료 2,100,000원 → 2,300,000원으로 수정
· 통신비 400,000원 → 운반비 400,000원으로 수정

문제 3
[1] [계정과목및적요등록] > 146.상품 > 현금적요 > · 적요No : 3
· 적요 : 수출용 상품 매입

[2] [거래처별 초기이월] > · 외상매입금 > 동오상사 10,000,000원 추가 입력
· 지급어음 > · 디오상사 3,000,000원 → 3,500,000원으로 수정
· 망도상사 3,000,000원 추가 입력

문제 4
[1] 일반전표입력
08.10. (차) 현금　　　　　　　2,400,000원　　(대) 외상매출금(수민상회)　2,400,000원
또는 입금전표 외상매출금(수민상회) 2,400,000원

[2] 일반전표입력
08.25. (차) 기업업무추진비(판)　200,000원　　(대) 현금　　　　　　　　200,000원
또는 출금전표 기업업무추진비(판)　200,000원

[3] 일반전표입력
09.02. (차) 예수금　　　　　　　100,000원　　(대) 보통예금　　　　　　220,000원
　　　　복리후생비(판)　　　120,000원

[4] 일반전표입력
　　09.20. (차) 세금과공과(판)　　　500,000원　　(대) 현금　　　　500,000원
　　　　　또는 출금전표 세금과공과(판) 500,000원

[5] 일반전표입력
　　09.25. (차) 지급어음(가은상사)　3,500,000원　　(대) 보통예금　　3,500,000원

[6] 일반전표입력
　　10.05. (차) 현금　　　　　　　4,000,000원　　(대) 상품매출　　10,000,000원
　　　　　 외상매출금(한능협)　　6,000,000원

[7] 일반전표입력
　　10.20. (차) 수도광열비(판)　　　30,000원　　(대) 미지급금(삼성카드)　130,000원
　　　　　 소모품비(판)　　　　　100,000원　　　　(또는 미지급비용)

[8] 일반전표입력
　　11.10. (차) 선납세금　　　　　　15,400원　　(대) 이자수익　　　100,000원
　　　　　 보통예금　　　　　　　84,600원

문제 5

[1] 일반전표입력
　・수정 전 : 08.06. (차) 미지급금(신한카드) 6,000,000원　(대) 보통예금　6,000,000원
　・수정 후 : 08.06. (차) 미지급금(하나카드) 6,000,000원　(대) 보통예금　6,000,000원

[2] 일반전표입력
　・수정 전 : 10.25. (차) 급여　　　4,200,000원　(대) 보통예금　　4,200,000원
　・수정 후 : 10.25. (차) 급여　　　4,200,000원　　　예수금　　　　635,010원
　　　　　　　　　　　　　　　　　　　　　　　　　　보통예금　　3,564,990원

문제 6

[1] 일반전표입력
　　12.31. (차) 임차료(판)　　　　18,000,000원　(대) 선급비용　　18,000,000원
　　・24,000,000원×9/12=18,000,000원

[2] 일반전표입력
　　12.31. (차) 외상매출금(미국 BRIZ사)2,000,000원　(대) 외화환산이익　2,000,000원
　　・외화환산이익 : (1,100원×$20,000)-20,000,000원=2,000,000원

[3] 일반전표입력
　　12.31. (차) 세금과공과(판)　　　15,000원　(대) 현금과부족　　15,000원

[4]
1. [결산자료입력]>기간 : 2025년 01월~2025년 12월
　　　　　　　>2. 매출원가
　　　　　　　　>⑩ 기말 상품 재고액 결산반영금액란 4,500,000원 입력>F3전표추가
2. 또는 일반전표입력
　　12.31. (결차) 상품매출원가　129,100,000원　(결대) 상품　　129,100,000원
　　・매출원가 : 기초상품재고액 4,000,000원+당기상품매입액 129,600,000원-기말상품재고액 4,500,000원
　　　=129,100,000원

문제 7

[1] 4,060,000원
　・[거래처원장]>기간 : 1월 1일 ~ 년 6월 30일
　　　　>계정과목 : 0251.외상매입금
　　　　>거래처 : 00120.어룡상사 차변 합계

[2] 4,984,300원
　・[총계정원장]>[월별] 탭
　　　　>기간 : 01월 01일 ~ 06월 30일
　　　　>계정과목 : 0811.복리후생비(판) 차변 합계

[3] 86,188,000원
　=유동자산 280,188,000원-유동부채 194,000,000원
　・[재무상태표]>기간 : 06월 조회

112회 기출문제

1. 이론시험

〈1〉	〈2〉	〈3〉	〈4〉	〈5〉	〈6〉	〈7〉	〈8〉	〈9〉	〈10〉	〈11〉	〈12〉	〈13〉	〈14〉	〈15〉
②	③	①	①	④	②	③	④	①	③	①	②	③	④	②

[1] ② 손익계산서의 총비용과 총수익을 비교하여 당기순손익을 구하는 방법은 손익법이며, 재산법은 기초자본과 기말자본을 비교하여 당기순이익을 계산하는 방법이다.

[2] ③ 210,000원
　=기초 외상매입금 60,000원+당기 외상매입액 300,000원-매입환출 30,000원-기말 외상매입금 120,000원

외상매입금

매입환출	30,000원	기초액	60,000원
지급액	210,000원	외상매입액	300,000원
기말액	120,000원		
	360,000원		360,000원

[3] ① 이자비용은 영업외비용에 속한다.

[4] ① 유형자산의 처분은 결산 수정분개의 대상 항목이 아니다.

[5] ④ 본사 건물 임차보증금은 유형자산에 속하지 않는 기타비유동자산이다.

[6] ② 당좌자산
　・유동성이 높은 순서는 당좌자산>재고자산>유형자산>기타비유동자산 순이다.

[7] ③ 300,000원 =처분가액 1,900,000원-장부가액 1,600,000원
　・처분가액 : 매도금액 2,000,000원-매각 수수료 100,000원=1,900,000원

[8] ④ 선급금은 당좌자산이다.

[9] ① 매출채권(외상매출금, 받을어음)에 대해서 대손충당금 설정이 가능하다.
· 지급어음, 미지급금, 선수금은 모두 부채 항목이다.

[10] ③ 200,000원 = 순매출액 800,000원 - 매출원가 600,000원
· 손익계정의 매입은 매출원가를 의미하며, 매출은 순매출액을 의미한다.

[11] ① 재무제표는 재무상태표, 손익계산서, 현금흐름표, 자본변동표로 구성되며, 주석을 포함한다.
[12] ② 500,000원 = 자산 1,100,000원 - 부채 600,000원
· 자산 : 현금 100,000원 + 상품 1,000,000원 = 1,100,000원
· 부채 : 선수금 300,000원 + 외상매입금 200,000원 + 단기차입금 100,000원 = 600,000원

[13] ③ 자본적 지출액은 취득원가에 가산되며 감가상각을 통해 비용으로 처리된다.

[14] ④
　　　　(차) 보통예금(자산의 증가)　　　300,000원　　(대) 이자수익(수익의 발생)　　300,000원

[15] ② 전기이월 잔액이 대변에 표시되는 계정은 부채 또는 자본이다. 보기 항목 중 미지급금(부채)만이 적합하다. 미수금, 선급금, 외상매출금은 모두 자산계정이다.

2. 실무시험

문제 1

[1]
[기초정보관리]>[회사등록]> · 사업자등록번호 : 350-52-35647 → 305-52-36547
　　　　　　　　　　　　　· 사업장주소 : 부산광역시 해운대구 중동 777
　　　　　　　　　　　　　　　　　　　　→ 대전광역시 중구 대전천서로 7(옥계동)
　　　　　　　　　　　　　· 종목 : 신발 의류 잡화 → 문구 및 잡화

문제 2

[1]
[전기분재무제표]>[전기분손익계산서]> · 401.상품매출>227,000,000원 → 237,000,000원
　　　　　　　　　　　　　　　　　　 · 812.여비교통비 → 0811.복리후생비
　　　　　　　　　　　　　　　　　　 · 970.유형자산처분손실 12,000,000원 추가 입력

문제 3

[1]
[거래처별초기이월]> · 받을어음 : 아진상사 2,000,000원 → 5,000,000원
　　　　　　　　　 · 외상매입금 : 대영상사 15,000,000원 → 20,000,000원
　　　　　　　　　 · 예수금 : 대전세무서 300,000원 추가 입력

[2]
[기초정보관리]>[거래처등록]>[신용카드] 탭> · 거래처코드 : 99603
　　　　　　　　　　　　　　　　　　　　　· 거래처명 : BC카드
　　　　　　　　　　　　　　　　　　　　　· 유형 : 2.매입
　　　　　　　　　　　　　　　　　　　　　· 카드번호 : 1234-5678-1001-2348
　　　　　　　　　　　　　　　　　　　　　· 카드종류 : 3.사업용카드

문제 4

[1] 일반전표입력
　　08.09. (차) 선급금(㈜모닝)　　　200,000원　　(대) 현금　　　200,000원
　　　　　또는 출금전표 선급금(㈜모닝) 200,000원

[2] 일반전표입력
　　08.20. (차)차량운반구　　　　7,300,000원　　(대) 미지급금(삼성카드)　7,000,000원
　　　　　　　　　　　　　　　　　　　　　　　　　　　보통예금　　　　　　　300,000원

[3] 일반전표입력
　　09.25. (차) 급여(판)　　　　3,700,000원　　(대) 예수금　　　　　　　512,760원
　　　　　　　　　　　　　　　　　　　　　　　　　　　보통예금　　　　　3,187,240원

[4] 일반전표입력
　　10.02. (차) 기업업무추진비(판)　2,000,000원　(대) 미지급금(삼성카드)　3,000,000원
　　　　　　　복리후생비(판)　　　1,000,000원　　　(또는 미지급비용)

[5] 일반전표입력
　　11.17. (차) 당좌예금　　　　12,000,000원　　(대) 상품매출　　　　35,000,000원
　　　　　　　받을어음(㈜새로운) 23,000,000원

[6] 일반전표입력
　　12.01. (차) 건물　　　　　　15,000,000원　　(대) 보통예금　　　　15,000,000원

[7] 일반전표입력
　　12.27. (차) 수수료비용(판)　　300,000원　　(대) 현금　　　　　　　300,000원
　　　　또는 출금전표 수수료비용(판) 300,000원

[8] 일반전표입력
　　12.29. (차) 현금　　　　　　　30,000원　　(대) 현금과부족　　　　　30,000원
　　　　또는 입금전표 현금과부족　30,000원

문제 5

[1] 일반전표입력 수정
　・수정 전 : 07.10. (차) 보통예금　　200,000원　　(대) 외상매출금(하진상사)　200,000원
　・수정 후 : 07.10. (차) 보통예금　　200,000원　　(대) 선수금(하진상사)　　200,000원

[2] 일반전표입력 수정
　・수정 전 : 11.25. (차) 세금과공과　200,000원　　(대) 현금　200,000원
　・수정 후 : 11.25. (차) 인출금　　　200,000원　　(대) 현금　200,000원
　　　　　　　　　　　(또는 자본금)
　　또는 출금전표　인출금　　　200,000원
　　　　　　　　(또는 자본금)

문제 6

[1] 일반전표입력
　　12.31. (차) 임차료(판)　　　500,000원　　(대) 미지급비용　　　　500,000원

[2] 일반전표입력
　　12.31. (차) 미수수익　　　　300,000원　　(대) 이자수익　　　　　300,000원

[3] 일반전표입력
　　12.31. (차) 보통예금　　　　800,000원　　(대) 단기차입금(기업은행)　800,000원

[4]
1. [결산자료입력]>4. 판매비와일반관리비 >4). 감가상각비 > ·비품 결산반영금액란 5,500,000원 입력>F3전표추가
2. 일반전표입력
  12.31. (차) 감가상각비   5,500,000원   (대) 감가상각누계액(비품)   5,500,000원
   · 2025년 12월 31일 : 55,000,000원×0.1=5,500,000원

문제 7
[1] 2월
   · [현금출납장]>기간 : 2025년 1월 1일~2025년 5월 31일>1월 8,364,140원
                                                    2월 36,298,400원
                                                    3월 7,005,730원
                                                    4월 7,248,400원
                                                    5월 14,449,010원

[2] 12,000,000원
   · [일(월)계표]>[월계표] 탭>조회기간 : 2025년 01월~2025년 06월 조회
            >6.판매비및일반관리비>급여 차변 현금액

[3] 5,000,000원
   · [계정별원장]>[계정별] 탭>기간 : 2025년 6월 1일~2025년 6월 30일>계정과목 : 0110.받을어음 조회

111회 기출문제

1. 이론시험

〈1〉	〈2〉	〈3〉	〈4〉	〈5〉	〈6〉	〈7〉	〈8〉	〈9〉	〈10〉	〈11〉	〈12〉	〈13〉	〈14〉	〈15〉
④	①	②	④	③	③	②	④	②	④	①	③	③	①	②

[1] ④ 단식부기에 대한 설명이다.

[2] ① [일반기업회계기준 문단 10.4] '유형자산'은 재화의 생산, 용역의 제공, 타인에 대한 임대 또는 자체적으로 사용할 목적으로 보유하는 물리적 형체가 있는 자산으로서, 1년을 초과하여 사용할 것이 예상되는 자산을 말한다.

[3] ② 3개월
   · [일반기업회계기준 문단 2.35] 현금및현금성자산은 통화 및 타인발행수표 등 통화대용증권과 당좌예금, 보통예금 및 큰 거래비용 없이 현금으로 전환이 용이하고 이자율 변동에 따른 가치변동의 위험이 경미한 금융상품으로서 취득 당시 만기일(또는 상환일)이 3개월 이내인 것을 말한다.

[4] ④ 단식회계 : 일정한 원칙이 없이 작성하는 회계
   · 복식회계 : 일정한 원칙에 따라 재화의 증감과 손익을 계상하는 회계
   · 영리회계 : 영리를 목적으로 손익을 계상하는 회계
   · 재무회계 : 기업 외부의 이해관계자들에게 유용한 정보를 제공하기 위한 회계

[5] ③ 판매하여 수익을 인식한 기간에 매출원가(비용)로 인식한다.

[6] ③ 가수금

[7] ② 기업업무추진비 :
　　· 회계처리 : (차) 기업업무추진비　　22,000원　　(대) 현금　　　　22,000원
　　· 기부금 : 사회단체나 종교단체 등에 납부한 성금 등(업무와 관련 없이 지출)
　　· 복리후생비 : 종업원의 복리후생을 위하여 지출하는 비용
　　· 세금과공과 : 재산세, 자동차세, 면허세, 상공회의소회비, 적십자회비, 기타 등

[8] ④ 기말재고자산 금액이 증가하면 매출원가가 감소하고, 매출총이익은 증가한다.
　　· 매출원가＝기초재고액＋당기 매입액－기말재고액
　　· 매출총이익＝순매출액－매출원가

구분	매출원가	매출총이익
기말재고 감소	증가	감소
기말재고 증가	감소	증가

[9] ② 2개, 보험료, 세금과공과
　　· 자산항목 : 미수금, 선급비용
　　· 부채항목 : 미지급비용
　　· 영업외비용 : 이자비용, 기부금

[10] ④ 기초자본금 820,000원＋당기순이익 10,000원＝기말자본금 830,000원
　　· 기말자본금 : 유동자산(현금) 220,000원＋비유동자산(건물) 700,000원－부채(외상매입금) 90,000원
　　　＝830,000원
　　· 당기순이익 : 기말자본금 830,000원－기초자본금 820,000원＝10,000원

[11] ① (차) 차량운반구　　1,000,000원(자산 증가)　(대) 현금　　　1,000,000원(자산 감소)
　　② (차) 임차료　　　　1,000,000원(비용 발생)　(대) 현금　　　1,000,000원(자산 감소)
　　③ (차) 현금　　　　　1,000,000원(자산 증가)　(대) 이자수익　1,000,000원(수익 발생)
　　④ (차) 상품　　　　　1,000,000원(자산 증가)　(대) 외상매입금 1,000,000원(부채 증가)

[12] ③ 자본적지출에 해당한다.
　　· ①, ②, ④은 수익적지출에 해당한다.
　　· [일반기업회계기준 문단 10.14] 유형자산의 취득 또는 완성 후의 지출이 문단 10.5의 인식기준을 충족하는 경우(예 : 생산능력 증대, 내용연수 연장, 상당한 원가절감 또는 품질향상을 가져오는 경우)에는 자본적 지출로 처리하고, 그렇지 않은 경우(예 : 수선유지를 위한 지출)에는 발생한 기간의 비용으로 인식한다.

[13] ③ 개인기업의 대표자 소득세 납부는 인출금으로, 사옥 건물에 대한 재산세는 세금과공과로 처리한다.

[14] ① 50,000원 ＝지급어음 20,000원＋외상매입금 30,000원

[15] ② 180,000원
　　· 기말자본 : 기초자본(?)＋총수익 100,000원－총비용 80,000원＝200,000원
　　· 기초자본 : 기말자본 200,000원－총수익 100,000원＋총비용 80,000원

2. 실무시험

문제 1

[1]
[회사등록]>[기본사항] 탭> · 대표자명 수정 : 이기호 → 박연원
　　　　　　　　　　　　　· 업태 수정 : 제조 → 도소매
　　　　　　　　　　　　　· 개업연월일 수정 : 2017.08.02. → 2012.02.02.

문제 2

[1]
[전기분재무상태표] > · 미수금 600,000원 추가입력
　　　　　　　　　· 지급어음 810,000원 → 8,100,000원으로 수정
　　　　　　　　　· 단기차입금 500,000원 → 5,000,000원으로 수정

문제 3

[1]
[전기분재무제표] > [거래처별초기이월] > · 외상매입금 > · 고래전자 10,000,000원→12,000,000원으로 수정
　　　　　　　　　　　　　　　　　　　　　· 석류상사 27,000,000원 추가입력
　　　　　　　　　　　　　　　　　· 미지급금 > · 앨리스상사 2,500,000원→25,000,000원으로 수정

[2]
[계정과목및적요등록] > 103.보통예금 > 현금적요No.5 : 미수금 보통예금 입금

문제 4

[1] 일반전표입력
　　07.13. (차) 보통예금　　　　　　2,000,000원　　(대) 대손충당금(109)　　2,000,000원

[2] 일반전표입력
　　08.01. (차) 외상매입금(남선상사) 2,000,000원　　(대) 받을어음(오름상사)　2,000,000원

[3] 일반전표입력
　　08.31. (차) 임차보증금(온천상가)20,000,000원　　(대) 보통예금　　　　　20,000,000원

[4] 일반전표입력
　　09.02. (차) 인출금　　　　　　　1,500,000원　　(대) 미지급금(삼성카드)　1,500,000원
　　　　　　또는 자본금

[5] 일반전표입력
　　09.16. (차) 현금　　　　　　　　9,000,000원　　(대) 차량운반구　　　　10,000,000원
　　　　　　감가상각누계액(209)　　2,000,000원　　　　유형자산처분이익　　1,000,000원

[6] 일반전표입력
　　09.30. (차) 보통예금　　　　　 10,000,000원　　(대) 장기차입금(우리은행) 10,000,000원

[7] 일반전표입력
　　10.02. (차) 상품　　　　　　　　2,200,000원　　(대) 외상매입금(포스코상사) 2,000,000원
　　　　　　　　　　　　　　　　　　　　　　　　　　　현금　　　　　　　　　200,000원

[8] 일반전표입력
　　10.29. (차) 선급금(효은상사)　　1,000,000원　　(대) 보통예금　　　　　　1,000,000원

문제 5

[1] 일반전표입력 수정
　· 수정 전 : 10.05. (차) 수선비(판)　　　1,300,000원　　(대) 현금　1,300,000원
　· 수정 후 : 10.05. (차) 건물　13,000,000원　　(대) 현금　13,000,000원
　　　　또는 출금전표　건물　　13,000,000원

[2] 일반전표입력 수정
　· 수정 전 : 10.13. (차) 복리후생비(판)　　　400,000원　　(대) 미지급금(삼성카드) 400,000원
　· 수정 후 : 10.13. (차) 기업업무추진비(판)　　400,000원　　(대) 미지급금(삼성카드)　400,000원

문제 6

[1] 일반전표입력
　　12.31.(차) 미수수익　　　　　1,500,000원　　(대) 이자수익　　　　　1,500,000원

[2] 일반전표입력
　　12.31.(차) 선급비용　　　　　　120,000원　　(대) 보험료(판)　　　　　120,000원

[3] 일반전표입력
　　12.31.(차) 단기매매증권　　　　100,000원　　(대) 단기매매증권평가이익　100,000원
　　· 단기매매증권평가이익 : (기말 공정가치 1,600원-취득원가 1,500원)×1,000주=100,000원

[4]
1. [결산자료입력]>F8대손상각>· 외상매출금 323,500원 입력 >결산반영 후 F3전표추가
　　　　　　　　　　　　　　　· 받을어음　240,000원 입력
2. 또는 일반전표입력
　　12.31.(차) 대손상각비　　　　　563,500원　　(대) 대손충당금(외상매출금)　323,500원
　　　　　　　　　　　　　　　　　　　　　　　　　　　대손충당금(받을어음)　　240,000원
　　· 외상매출금 : 322,350,000원×1%-2,900,000원=323,500원
　　· 받을어음 : 28,300,000원×1%-43,000원=240,000원

문제 7

[1] 3건 또는 4건
　　· [계정별원장]>기간 : 03월 01일~03월 31일>계정과목 : 108.외상매출금 조회>차변 건수 확인
　　· 또는 [계정별원장]>기간 : 03월 01일~03월 31일>계정과목 : 108.외상매출금 조회>차변 건수 확인
　　　　　　　　　　　　　　　　　　　　　　　　　>계정과목 : 110.받을어음 조회>차변 건수 확인

[2] 5,200,000원
　　· [거래처원장]>기간 : 01월 01일~06월 30일>계정과목 : 131.선급금>거래처 : 1010.자담상사>잔액 확인

[3] 23,400,000원 =5월 입금액 44,000,000원-2월 출금액 20,600,000원
　　· [총계정원장]>기간 : 01월 01일~06월 30일>계정과목 : 101.현금 조회
　　· 월별 입금액 및 월별 출금액 확인 : 입금액 5월 44,000,000원-출금액 2월 20,600,000원

110회 기출문제

1. 이론시험

〈1〉	〈2〉	〈3〉	〈4〉	〈5〉	〈6〉	〈7〉	〈8〉	〈9〉	〈10〉	〈11〉	〈12〉	〈13〉	〈14〉	〈15〉
③	②	①	②	①	④	①	②	②	③	③	④	③	①	④

[1]　③ (차) 이자비용(비용의 발생)　　　80,000원　　(대) 현금(자산의 감소)　　　　80,000원
　　① (차) 현금(자산의 증가)　　　　　500,000원　　(대) 임대료수익(수익의 발생)　500,000원
　　② (차) 상품(자산의 증가)　　　　　400,000원　　(대) 외상매입금(부채의 발생)　400,000원
　　④ (차) 토지(자산의 증가)　　　　80,000,000원　　(대) 보통예금(자산의 감소)　80,000,000원

[2]　② 선급비용은 유동자산에 해당한다.

[3]　① 단기매매증권 취득 시 발생한 수수료는 별도의 비용으로 처리하고, 차량운반구 취득 시 발생한 취득세는 차량운반구의

[4] ② 기초잔액이 대변에 기록되는 항목은 부채 또는 자본 항목이다. 보기 중 외상매입금만 부채 항목이다.
· 자산 : 받을어음, 미수금
· 비용 : 광고선전비

[5] ① 재산세는 유형자산의 보유기간 중 발생하는 지출로써 취득원가를 구성하지 않고 지출 즉시 비용으로 처리한다.

[6] ④ 당좌차월은 단기차입금으로 유동부채에 해당한다. 당좌차월, 단기차입금 및 유동성장기차입금 등은 보고기간 종료일로부터 1년 이내에 결제되어야 하므로 영업주기와 관계없이 유동부채로 분류한다. 또한 비유동부채 중 보고기간 종료일로부터 1년 이내에 자원의 유출이 예상되는 부분은 유동부채로 분류한다.

[7] ① 인출금 계정은 개인기업의 사업주가 개인적 용도로 지출한 금액을 처리하는 임시계정으로 결산기일에 자본금 계정으로 대체하여 마감한다.

[8] ② 선급비용은 자산에 해당하므로 재무상태표상 계정과목에 해당한다.

[9] ② 미지급비용이란 당기의 수익에 대응되는 비용으로서 아직 지급되지 않은 비용을 말한다.

[10] ③ 330,000원 = 수정 전 당기순이익 300,000원 + 차기분 보험료 30,000원
(차) 선급보험료(자산증가)   30,000원   (대) 보험료(비용감소)   30,000원

[11] ③ 4,000원 = 10년 만기 은행 차입금 이자 3,000원 + 사랑의열매 기부금 1,000원

[12] ④ 기타의대손상각비는 영업외비용에 해당한다.

[13] ③ 전기란 분개장의 거래 기록을 해당 계정의 원장에 옮겨 적는 것을 말한다.

[14] ①
· 재무상태표 : 일정 시점 현재 기업의 재무상태(자산, 부채, 자본)를 나타내는 보고서
· 손익계산서 : 일정 기간 동안의 기업의 경영성과(수익, 비용)를 나타내는 보고서
· 거래의 이중성 : 회계상 거래를 장부에 기록할 때 거래내용을 차변 요소와 대변 요소로 구분하여 각각 기록해야 한다는 것
· 대차평균의 원리 : 거래의 이중성에 따라 기록된 모든 회계상 거래는 차변과 대변의 금액이 항상 일치해야 한다는 것

[15] ④ [일반기업회계기준 문단 10.40] 연수합계법은 유형자산의 감가상각방법의 종류이다. 재고자산의 원가결정방법으로는 개별법, 선입선출법, 후입선출법, 이동평균법, 총평균법이 있다.

2. 실무시험

문제 1
[기초정보관리]>[회사등록]> · 종목 : 문구및잡화 → 전자제품
· 개업연월일 : 2010-01-05 → 2010-09-14
· 사업장관할세무서 : 145.관악 → 305.대전

문제 2
[전기분재무제표]>[전기분손익계산서]> · 급여(801) : 20,000,000원 → 24,000,000원
· 복리후생비(811) : 1,500,000원 → 1,100,000원
· 잡이익(930) 3,000,000원 삭제 → 임대료(904) 3,000,000원 추가입력

문제 3
[1] [거래처등록]>[금융기관] 탭> · 거래처코드 : 98006
· 거래처명 : 한경은행
· 유형 : 1.보통예금
· 계좌번호 : 1203-4562-49735
· 사업용 계좌 : 1.여

[2] [거래처별초기이월] > · 외상매출금 > · 믿음전자 : 15,000,000원 → 20,000,000원
· 리트상사 5,000,000원 삭제 → ㈜형제 5,000,000원 추가입력
· 외상매입금 > · 중소상사 : 1,000,000원 → 12,000,000원

문제 4

[1] 일반전표입력
07.16. (차) 보통예금　　　　　600,000원　　(대) 선수금(우와상사)　　600,000원

[2] 일반전표입력
08.04. (차) 비품　　　　　　15,000,000원　　(대) 미지급금(BC카드)　15,000,000원

[3] 일반전표입력
08.25. (차) 세금과공과(판)　　120,000원　　(대) 현금　　　　　　　　120,000원
또는 출금전표 세금과공과(판)　120,000원

[4] 일반전표입력
09.06. (차) 당좌예금　　　　1,764,000원　　(대) 외상매출금(수분상사)　1,800,000원
　　　매출할인(403)　　　36,000원

[5] 일반전표입력
09.20. (차) 복리후생비(판)　　200,000원　　(대) 현금　　　　　　　　200,000원
또는 출금전표　복리후생비(판)　200,000원

[6] 일반전표입력
10.05. (차) 광고선전비(판)　　500,000원　　(대) 미지급금(삼성카드)　　500,000원
　　　　　　　　　　　　　　　　　　　(또는 미지급비용)

[7] 일반전표입력
10.13. (차) 기부금　　　　　　500,000원　　(대) 현금　　　　　　　　500,000원
또는 출금전표　기부금　　　　500,000원

[8] 일반전표입력
11.01. (차) 예수금　　　　　　190,000원　　(대) 보통예금　　　　　　380,000원
　　　복리후생비(판)　　190,000원

문제 5

[1] 일반전표입력 수정
· 수정 전 : 08.16. (차) 운반비　　50,000원　　(대) 현금　　50,000원
· 수정 후 : 08.16. (차) 상품　　　50,000원　　(대) 현금　　50,000원
　　　　　　　또는 출금전표　상품　50,000원
※ 상품 매입 시 발생한 당사 부담 운반비는 상품계정으로 처리한다.

[2] 일반전표입력 수정
· 수정 전 : 09.30. (차) 장기차입금(농협은행)　11,000,000원　(대) 보통예금　11,000,000원
· 수정 후 : 09.30. (차) 장기차입금(농협은행)　10,000,000원　(대) 보통예금　11,000,000원
　　　　　　　이자비용　　　　　1,000,000원

문제 6

[1] 일반전표입력
12.31. (차) 소모품비(판)　　70,000원　　(대) 소모품　　　　70,000원

[2] 일반전표입력
  12.31. (차) 가수금   200,000 원 (대) 외상매출금(강원상사) 200,000원

[3] 일반전표입력
  12.31. (차) 현금과부족 100,000원 (대) 잡이익   100,000원
[4]
1. [결산자료입력]>4.판매비와일반관리비>4).감가상각비> · 차량운반구 결산반영금액란 600,000원 입력
                 · 비품 결산반영금액란 500,000원 입력
     >F3진표추가
2. 또는 일반전표입력
  12.31. (차) 감가상각비 1,100,000원 (대) 감가상각누계액(209) 600,000원
                 감가상각누계액(213) 500,000원

문제 7

[1] 드림상사, 4,200,000원
  · [거래처원장]>기간 : 2025년 01월 01일~2025년 06월 30일>계정과목 : 108.외상매출금

[2] 2,524,000원
  · [총계정원장]>[월별] 탭>기간 : 2025년 01월 01일~2025년 06월 30일>계정과목 : 811.복리후생비

[3] 16,000,000원
  =차량운반구 22,000,000원-차량운반구 감가상각누계액 6,000,000원
  · [재무상태표]>기간 : 2025년 06월

109회 기출문제

1. 이론시험

〈1〉	〈2〉	〈3〉	〈4〉	〈5〉	〈6〉	〈7〉	〈8〉	〈9〉	〈10〉	〈11〉	〈12〉	〈13〉	〈14〉	〈15〉
④	④	②	③	②	②	①	③	①	①	①	④	②	④	③

[1] ④ 교환거래에 해당하고 회계처리는 아래와 같다.
    (차) 단기차입금(부채의 감소) 1,000,000원 (대) 보통예금(자산의 감소) 3,000,000원
      장기차입금(부채의 감소) 2,000,000원
  · 혼합거래는 하나의 거래에서 교환거래와 손익거래가 동시에 발생하는 거래이다.

[2] ④ 결산 시 대손상각 처리가 가능한 계정과목은 채권에 해당하는 계정과목이다. 단기차입금 계정은 채무에 해당하는
   계정과목이므로 대손처리가 불가능한 계정이다.

[3] ② 당사 발행 당좌수표는 당좌예금 계정으로 처리한다.

[4] ③ 순매입액 49,000원 =당기매입액 50,000원+취득부대비용 2,000원-매입할인 3,000원

[5] ② 자산의 증가, 부채의 감소, 비용의 발생 등은 차변항목이다.

[6] ② 외상매출금이 대변에 기입되는 거래는 외상매출금을 현금이나 보통예금 등으로 회수한 때이다.

[7] ① 기말재고자산이 과대계상되면 매출원가가 과소계상되고 당기순이익은 과대계상된다.

[8] ③ 3,700,000원 = 매출액 20,000,000원 - 매출원가 14,000,000원 - 급여 2,000,000원 - 복리후생비 300,000원
※ 이자비용과 유형자산처분손실은 영업외비용이므로 영업이익을 계산할 때 반영하지 않는다.

[9] ① 200,000원 = 기말 매출채권 20,000,000원 × 1%

[10] ① [일반기업회계기준 문단 10.40] 유형자산의 감가상각방법에는 정액법, 체감잔액법(예를 들면, 정률법 등), 연수합계법, 생산량비례법 등이 있다.

[11] ① 출장 여비교통비와 거래처 대표자의 결혼식 화환 구입비(기업업무추진비)가 판매비와관리비에 해당한다.
· 지급이자 : 영업외비용
· 유형자산처분이익 : 영업외수익

[12] ④ 임의적립금은 이익잉여금에 해당한다.

[13] ② 9,200,000원 = 유동성장기부채 4,000,000원 + 미지급비용 1,400,000원 + 예수금 500,000원 + 외상매입금 3,300,000원
· 선급비용은 당좌자산에 해당하고, 장기차입금은 비유동부채에 해당한다.

[14] ④ 건설중인자산은 유형자산에 해당한다.

[15] ③ 건물 내부의 조명기구를 교체하는 지출은 수선유지를 위한 수익적지출에 해당하며 이는 자본적지출에 해당하지 않으므로 발생한 기간의 비용으로 인식한다.

2. 실무시험

문제 1

[기초정보관리] > [회사등록] > [기본사항] 탭 > · 사업자등록번호 : 646-40-01031→646-04-01031
· 종목 : 식료품→신발
· 사업장관할세무서 : 508.안동→212.강동

문제 2

[전기분재무제표] > [전기분손익계산서] > · 여비교통비 500,000원→600,000원으로 수정
· 광고선전비 600,000원→700,000원으로 수정
· 기부금 600,000원→이자비용 600,000원으로 수정

문제 3

[1] [계정과목및적요등록] > 판매비및일반관리비 > 기업업무추진비(판) > 현금적요 No.5 : 거래처 명절선물 대금 지급

[2] [거래처별초기이월] > · 외상매출금 > · ㈜사이버나라 20,000,000원→45,000,000원으로 수정
· 단기대여금 > · ㈜해일 20,000,000원→10,000,000원으로 수정
· 부림상사 30,000,000원→3,000,000원으로 수정

문제 4

[1] 일반전표입력
08.01. (차) 단기매매증권   2,000,000원   (대) 보통예금   2,012,000원
        수수료비용(984)   12,000원

[2] 일반전표입력
09.02. (차)   상품   9,600,000원   (대) 외상매출금(푸름상회)   5,000,000원
                                                외상매입금(푸름상회)   4,600,000원

[3] 일반전표입력
10.05. (차) 비품   550,000원   (대) 현금   550,000원

또는 출금전표 비품　　　550,000원

[4] 일반전표입력
　　10.20. (차) 예수금　　　220,000원　　　(대) 보통예금 440,000원
　　　　　　복리후생비(판) 220,000원

[5] 일반전표입력
　　11.01. (차) 광고선전비(판) 990,000원　　　(대) 당좌예금　　　990,000원

[6] 일반전표입력
　　11.30. (차) 보통예금　　　10,500,000원　　(대) 정기예금　　10,000,000원
　　　　　　　　　　　　　　　　　　　　　　　　이자수익　　　500,000원

[7] 일반전표입력
　　12.05. (차) 수선비(판)　　330,000원　　　(대) 미지급금(하나카드)　330,000원
　　　　　　　　　　　　　　　　　　　　　　(또는 미지급비용)

[8] 일반전표입력
　　12.15. (차) 선급금(에스파파상사)　1,000,000원　　(대) 보통예금　1,000,000원

문제 5

[1] 일반전표입력
　　・수정 전 : 10.27. (차) 보통예금　　10,000,000원　　(대) 자본금　　　10,000,000원
　　・수정 후 : 10.27. (차) 보통예금　　10,000,000원　　(대) 단기차입금(좋은은행) 10,000,000원

[2] 일반전표입력
　　・수정 전 : 11.16. (차) 기업업무추진비(판)　198,000원　　(대) 보통예금　198,000원
　　・수정 후 : 11.16. (차) 상품　　　　　　　198,000원　　(대) 보통예금　198,000원

문제 6

[1] 일반전표입력
　　12.31. (차) 소모품비(판)　550,000원　　(대) 소모품　　550,000원

[2] 일반전표입력
　　12.31. (차) 선급비용　　　600,000원　　(대) 보험료(판)　600,000원
　　　・선급비용 : 1,200,000원×6개월/12개월=600,000원

[3] 일반전표입력
　　12.31. (차) 현금과부족　　50,000 원　　(대) 잡이익　　50,000원

[4]
1. [결산자료입력]>F8 대손상각
　　　　　　　　>추가설정액
　　　　　　　　> ・108.외상매출금 : 1,281,200원 입력
　　　　　　　　　・110.받을어음 : 467,000원 입력
　　　　　　　　>결산반영
　　　　　　　　>F3전표추가
2. 또는 [결산자료입력]>4. 판매비와 일반관리비
　　　　　　　　　　>5). 대손상각
　　　　　　　　　　> ・외상매출금 1,281,200원 입력
　　　　　　　　　　　・받을어음 467,000원 입력
　　　　　　　　　　>F3전표추가
3. 또는 일반전표입력

12.31. (차) 대손상각비(판) 1,748,200원 (대) 대손충당금(109) 1,281,200원
　　　　　　　　　　　　　　　　　　　　　　　대손충당금(111)   467,000원

　　　・대손충당금(109) : 외상매출금 128,120,000원×1%=1,281,200원
　　　・대손충당금(111) : 받을어음 46,700,000원×1%=467,000원

문제 7

[1] 4월, 24,150,000원
　　・[총계정원장]>기간 : 1월 1일~6월 30일>계정과목 : 101.현금 조회

[2] 158,800,000원
　　・[재무상태표]>기간 : 6월>유동부채 잔액 확인

[3] 1,320,000원 = 2월 1,825,000원 - 6월 505,000원
　　・[총계정원장]>기간 : 1월 1일~6월 30일>계정과목 : 811.복리후생비 조회

108회 기출문제

1. 이론시험

〈1〉	〈2〉	〈3〉	〈4〉	〈5〉	〈6〉	〈7〉	〈8〉	〈9〉	〈10〉	〈11〉	〈12〉	〈13〉	〈14〉	〈15〉
③	④	①	①	②	④	③	③	②	①	①	④	④	③	②

[1]　③ 재무상태표는 일정시점의 재무상태를 나타내는 재무제표이다.

[2]　④ 자산 항목과 비용 항목은 잔액이 차변에 발생하고, 부채 항목 및 자본 항목과 수익 항목의 잔액은 대변에 기록된다. 임대료는 수익 계정이므로 잔액이 대변에 발생한다.

[3]　① 매출원가 34,000원 = 기초상품재고 10,000원 + 당기순매입액 29,000원 - 기말상품재고 5,000원
　　・당기순매입액 : 당기매입액 30,000원 - 매입에누리 1,000원 = 29,000원

[4]　① 100,000원
　　= 취득원가 1,000,000원 × $\frac{1년}{5년}$ × $\frac{6월}{12월}$
　　・수익적지출은 감가상각대상금액이 아니다.

[5]　② 100,000원
　　= 600,000원 × $\frac{2월}{12월}$

[6]　④ 매입채무는 외상매입금과 지급어음의 통합계정이다.

[7]　③
　　・업무에 사용하기 위한 차량운반구는 유형자산으로 비유동자산에 해당한다.
　　・당좌예금은 당좌자산으로 유동자산에 해당한다.
　　・선수수익은 유동부채에 해당한다.

[8]　③ 당좌차월은 단기차입금 계정과목이다.

[9] ② 선급금

[10] ① 5,500,000원 =외상매입금 3,000,000원+선수수익 500,000원+미지급비용 2,000,000원

[11] ① 보고기간종료일로부터 1년 이내에 현금화 또는 실현될 것으로 예상되는 자산을 유동자산으로 분류한다.
[12] ④ 9,000,000원
     =기초 외상매출금 3,000,000원+당기 발생 외상매출금 7,000,000원−당기 회수 외상매출금 1,000,000원

[13] ④ 개별법은 통상적으로 상호 교환될 수 없는 재고자산 항목의 원가를 계산할 때 사용한다.

[14] ③ [일반기업회계기준 제2장 재무제표의 작성과 표시] 선수수익은 수익의 이연, 미수수익은 수익의 계상, 선급비용은 비용
     의 이연, 미지급비용은 비용의 계상에 해당한다.

[15] ② 기말재고자산을 과대평가할 경우, 매출원가는 과소계상되고 당기순이익은 과대계상된다.
     · 매출원가=기초재고+당기매입−기말재고

2. 실무시험

문제 1
[기초정보관리]>[회사등록]>[기본사항] 탭> · 업태 수정입력 : 제조 → 도소매
                                  · 종목 수정입력 : 의약품 → 사무기기
                                  · 사업장관할세무서 수정입력 : 621.금정 → 130.부천

문제 2
[전기분재무제표]>[전기분손익계산서]> · 기업업무추진비 수정입력 : 800,000원 → 750,000원
                                · 819.임차료 1,200,000원 추가입력
                                · 951.이자비용 1,200,000원 추가입력

문제 3
[1] [계정과목및적요등록]>812.여비교통비> · 적요NO. 3
                                    · 대체적요 : 직원의 국내출장비 예금 인출

[2] [거래처별초기이월]> · 외상매입금 : 라라무역 2,320,000원 → 23,200,000원으로 수정입력
                    · 외상매입금 : 양산상사 35,800,000원 추가입력
                    · 단기차입금 : ㈜굿맨 36,000,000원 추가입력

문제 4
[1] 일반전표입력
    07.15. (차) 받을어음(태영상사)   800,000원   (대) 상품매출   4,000,000원
           외상매출금(태영상사)   3,200,000원

[2] 일반전표입력
    08.25. (차) 보통예금   15,000,000원   (대) 장기차입금(큰손은행)   15,000,000원

[3] 일반전표입력
    09.05. (차) 통신비(판)   50,000원   (대) 미지급금(삼성카드)   90,000원
           수도광열비(판)   40,000원   (또는 미지급비용)

[4] 일반전표입력
    10.05. (차) 기업업무추진비(판)   300,000원   (대) 현금   300,000원
    또는 출금전표 기업업무추진비(판)   300,000원

[5] 일반전표입력
   10.24. (차) 토지   52,300,000원   (대) 현금   52,300,000원
   또는 출금전표 토지   52,300,000원

[6] 일반전표입력
   11.02. (차) 대손충당금(109)   900,000원   (대) 외상매출금(온나라상사)   3,000,000원
            대손상각비   2,100,000원

[7] 일반전표입력
   11.30. (차) 급여(판)   4,200,000원   (대) 예수금   635,010원
                                        보통예금   3,564,990원

[8] 일반전표입력
   12.15. (차) 외상매입금(대한상사)   7,000,000원   (대) 보통예금   5,000,000원
                                                        현금   2,000,000원

문제 5

[1] 일반전표입력
   수정 전 : 08.20. (차) 현금   3,500,000원   (대) 선수금(두리상사) 3,500,000원
   수정 후 : 08.20. (차) 선급금(두리상사) 3,500,000원   (대) 현금   3,500,000원
      또는 출금전표   선급금(두리상사) 3,500,000원

[2] 일반전표입력
   수정 전 : 09.16. (차) 이자비용   4,000,000원   (대) 보통예금   4,000,000원
   수정 후 : 09.16. (차) 단기차입금(나라은행) 4,000,000원   (대) 보통예금   4,000,000원

문제 6

[1] 일반전표입력
   12.31. (차) 이자비용   1,125,000원   (대) 미지급비용   1,125,000원
   · 이자비용 : $30,000,000원 \times 5\% \times \dfrac{9개월}{12개월} = 1,125,000원$

[2] 일반전표입력
   12.31. (차) 미수수익   15,000원   (대) 이자수익   15,000원

[3] 1. [결산자료입력] >기간 : 2025년 01월~2025년 12월
                >4. 판매비와 일반관리비
                >4). 감가상각비
                >비품 결산반영금액란 1,700,000원 입력>F3 전표추가
  2. 또는 일반전표입력
   12.31. (차) 감가상각비(판) 1,700,000원   (대) 감가상각누계액(213)   1,700,000원

[4] 1. [결산자료입력] >기간 : 2025년 01월~2025년 12월
                >2. 매출원가
                >⑩ 기말 상품 재고액 결산반영금액란 6,500,000원 입력>F3 전표추가
  2. 또는 일반전표입력
   12.31. (결차) 상품매출원가 187,920,000원   (결대) 상품   187,920,000원
   · 매출원가 : 기초상품재고액 2,500,000원 + 당기상품매입액 191,920,000원 − 기말상품재고액 6,500,000원 =
      187,920,000원

문제 7

[1] 30,000,000원
· 거래처원장＞기간 : 4월 1일~6월 30일＞계정과목 : 252.지급어음＞수석상사 대변 합계액

[2] 86,562,000원
· 총계정원장(또는 계정별원장)＞기간 : 1월 1일~6월 30일
　　　　　　　　　　　　　　　＞계정과목 : 103.보통예금
　　　　　　　　　　　　　　　＞차변 합계액-전기이월 35,000,000원

[3] 3월, 272,000원
· 총계정원장＞기간 : 1월 1일~6월 30일＞계정과목 : 813.기업업무추진비 조회

107회 기출문제

1. 이론시험

〈1〉	〈2〉	〈3〉	〈4〉	〈5〉	〈6〉	〈7〉	〈8〉	〈9〉	〈10〉	〈11〉	〈12〉	〈13〉	〈14〉	〈15〉
④	①	④	③	②	③	④	③	①	②	①	②	③	①	④

[1] ④ 재산 증감의 변화가 없는 계약, 의사결정, 주문 등은 회계상 거래에 해당하지 않는다.

[2] ① 거래의 8요소 중 자산의 증가는 차변에 기록하는 항목이다.

[3] ④ 급여 지급 시 전월에 원천징수한 근로소득세는 예수금 계정으로 처리한다.

[4] ③ 재무상태표상의 대변 항목은 부채와 자본으로, 선급금은 자산항목이다.

[5] ② 1,800,000원 ＝현금 300,000원＋보통예금 800,000원＋외상매출금 200,000원＋단기매매증권 500,000원

[6] ③ 매출할인

[7] ④ 외상매출금
· 정상적인 영업활동(일반적인 상거래)에서 발생한 판매대금의 미수액 : 외상매출금
· 유형자산을 처분하고 대금을 미회수했을 경우 : 미수금
· 수익 중 차기 이후에 속하는 금액이지만 그 대가를 미리 받은 경우 : 선수수익

[8] ③ 4,000,000원
＝기초자본 1,000,000원＋당기순이익 3,000,000원
· 당기순이익 : 총수익 8,000,000원－총비용 5,000,000원＝3,000,000원

[9] ① 350,000,000원
＝매출총이익 172,000,000원＋매출원가 178,000,000원
· 매출원가 : 기초상품재고액 25,000,000원＋당기총매입액 168,000,000원－기말상품재고액 15,000,000원
＝178,000,000원

[10] ② 받을어음에 대한 설명이다.

[11] ① 6,000,000원

=장부가액 7,000,000원-유형자산처분손실 1,000,000원
· 장부가액 : 취득가액 16,000,000원-감가상각누계액 9,000,000원=7,000,000원

[12] ② 일정 시점 현재 기업이 보유하고 있는 경제적 자원인 자산과 경제적 의무인 부채, 그리고 자본에 대한 정보를 제공하는 재무보고서는 재무상태표로, 임대료과 이자비용은 손익계산서 계정과목이다. 나머지 계정은 재무상태표 계정과목이다.

[13] ③ 3개월

[14] ① 선입선출법에 대한 설명이다.

[15] ④ 이자수익은 영업외수익에 해당한다.
· 미수수익 : 자산
· 경상개발비 : 판매비와관리비
· 외환차손 : 영업외비용

2. 실무시험

문제 1

[기초정보관리]>[회사등록]>[기본사항] 탭> · 사업자등록번호 정정 : 107-35-25785 → 107-36-25785
· 과세유형 수정 : 2.간이과세 → 1.일반과세
· 업태 수정 : 제조 → 도소매

문제 2

[전기분재무제표]>[전기분재무상태표]> · 대손충당금(109) 추가 : 100,000원
· 감가상각누계액(213) 수정 : 6,000,000원 → 2,400,000원
· 외상매입금 수정 : 11,000,000원 → 8,000,000원

문제 3

[1] [기초정보관리]>[거래처등록]>[금융기관] 탭> · 거래처코드 : 98005
· 거래처명 : 신한은행
· 유형 : 1.보통예금
· 계좌번호 : 110-081-834009
· 계좌개설일 : 2025-01-01
· 사업용 계좌 : 1.여

[2] [전기분재무제표]>[거래처별초기이월]> · 받을어음>하우스컴 5,500,000원 추가 입력
· 지급어음>모두피씨 2,500,000원 → 4,000,000원 수정
하나로컴퓨터 6,500,000원 → 2,500,000원 수정

문제 4

[1] 일반전표입력
07.05. (차) 보통예금　　　9,700,000원　　(대) 단기차입금(세무은행)　　10,000,000원
　　　　이자비용　　　　300,000원

[2] 일반전표입력
07.07. (차) 상품　　　　　3,960,000원　　(대) 외상매입금(대림전자)　　3,960,000원

[3] 일반전표입력
08.03. (차) 보통예금　　　15,000,000원　　(대) 외상매출금(국제전자)　　20,000,000원
　　　　받을어음(국제전자)　5,000,000원

[4] 일반전표입력
08.10. (차) 기부금　　　　1,000,000원　　(대) 현금　　1,000,000원
　또는 출금전표 기부금　1,000,000원

[5] 일반전표입력
　　09.01. (차) 기업업무추진비(판)　　　49,000원　　　(대) 현금　49,000원
　　　　또는 출금전표 기업업무추진비(판)　　49,000원

[6] 일반전표입력
　　09.10. (차) 예수금　　　　150,000원　　　(대) 보통예금　　300,000원
　　　　　　세금과공과(판)　150,000원

[7] 일반전표입력
　　10.11. (차) 현금　　　　960,000원　　　(대) 선수금(미래전산) 960,000원
　　　　또는 입금전표 선수금(미래전산) 960,000원

[8] 일반전표입력
　　11.25. (차) 미지급금(비씨카드) 500,000원　　(대) 보통예금　　500,000원

문제 5

[1] 일반전표입력
　　· 수정 전 : 07.29 (차) 수선비(판)　30,000,000원　(대) 보통예금　30,000,000원
　　· 수정 후 : 07.29 (차) 건물　　　30,000,000원　(대) 보통예금　30,000,000원

[2] 일반전표입력
　　· 수정 전 : 11.23. (차) 비품　　1,500,000원　(대) 보통예금　1,500,000원
　　· 수정 후 : 11.23. (차) 인출금　1,500,000원　(대) 보통예금　1,500,000원
　　　　　(또는 자본금)

문제 6

[1] 일반전표입력
　　12.31. (차) 소모품　　30,000원　　(대) 소모품비(판)　30,000원

[2] 일반전표입력
　　12.31. (차) 단기매매증권　100,000원　(대) 단기매매증권평가이익　100,000원

[3] 일반전표입력
　　12.31. (차) 선급비용　270,000원　(대) 보험료(판)　270,000원
　　· 당기분 보험료 : 360,000원×3/12=90,000원
　　· 차기분 보험료 : 360,000원×9/12=270,000원

[4] 일반전표입력
　　12.31. (차) 이자비용　600,000원　(대) 미지급비용　600,000원

문제 7

[1] 6,500,000원
　　· [총계정원장]>기간 : 1월 1일~6월 30일>계정과목 : 기업업무추진비(판)>합계금액 확인

[2] 550,000원 = 2025년 1월 5,050,000원 - 전기 말 4,500,000원
　　· [재무상태표]>기간 : 1월>미수금 금액 확인

[3] 거래처코드 : 00112(또는 112), 금액 : 36,500,000원
　　· [거래처원장]>기간 : 1월 1일~5월 31일>계정과목 : 외상매출금>거래처별 잔액 및 거래처코드 확인

106회 기출문제

1. 이론시험

⟨1⟩	⟨2⟩	⟨3⟩	⟨4⟩	⟨5⟩	⟨6⟩	⟨7⟩	⟨8⟩	⟨9⟩	⟨10⟩	⟨11⟩	⟨12⟩	⟨13⟩	⟨14⟩	⟨15⟩
①	②	③	④	④	①	②	③	③	②	③	②	①	④	①

[1] ① [일반기업회계기준 재무회계개념체계 제2장 재무보고의 목적]
· 투자 및 신용의사결정에 유용한 정보의 제공
· 미래 현금흐름 예측에 유용한 (화폐적)정보의 제공
· 재무상태, 경영성과, 현금흐름 및 자본변동에 관한 정보의 제공
· 경영자의 수탁책임 평가에 유용한 정보의 제공

[2] ② 주된 영업활동(상품 매매 등)이 아닌 비품을 외상으로 구입한 경우에는 미지급금 계정을 사용한다.

[3] ③ 일정기간 동안 기업의 경영성과에 대한 정보를 제공하는 재무보고서는 손익계산서로, 매출원가는 영업비용이고, 기부금은 영업외비용이다.

[4] ④ 모두 옳다.
가. (차) 기계장치 100,000   원(자산증가)   (대) 보통예금 100,000   원(자산감소)
나. (차) 현금 100,000   원(자산증가)   (대) 자본금 100,000   원(자본증가)
다. (차) 보통예금 100,000   원(자산증가)   (대) 차입금 100,000   원(부채증가)
라. (차) 외상매입금 100,000 원(부채감소)   (대) 현금 100,000   원(자산감소)

[5] ④ 잔액시산표 등식에 따라 기말자산과 총비용은 차변에 기말부채, 기초자본, 총수익은 대변에 잔액을 기재한다.

	잔액시산표	
안산㈜	2025.12.31.	단위 : 원
차변	계 정 과 목	대변
100,000	현　　　　금	
700,000	건　　　　물	
	외 상 매 입 금	90,000
	자　 본 　금	720,000
	이 자 수 익	40,000
50,000	급　　　　여	
850,000		850,000

[6] ① 결산 시 비용 계정과 수익 계정은 손익 계정으로 마감한다.

[7] ② 회사가 판매를 위하여 보유하고 있는 자산은 재고자산(상품)이다.
· 유형자산은 재화의 생산, 용역의 제공, 타인에 대한 임대 또는 자체적으로 사용할 목적으로 보유하는 물리적 형체가 있는 자산으로서, 1년을 초과하여 사용할 것이 예상되는 자산을 말한다.

[8] ③ 5,700,000원=기말자산 11,000,000원-기말자본 5,300,000원
· 기초자본 : 기초자산 8,500,000원-기초부채 4,000,000원=4,500,000원
· 기말자본 : 기초자본 4,500,000원+증자-감자+당기순이익 800,000원-배당=5,300,000원

[9] ③ 매입할인은 재고자산의 취득원가에서 차감한다.

[10] ② 95,000원=(감가상각 9,000원×내용연수 10년)+잔존가치 5,000원

[11] ③ 기계장치는 비유동자산인 유형자산에 속한다.

[12] ② 2,700,000원 = 임대료 수령액 3,600,000원 - 차기분 임대료 900,000원
· 수령시점 : (차) 현　　금　　3,600,000원　(대) 임 대 료　　3,600,000원
· 기말결산 : (차) 임 대 료　　　900,000원　(대) 선 수 수 익　　　900,000원

[13] ① 급여 지급 시 종업원이 부담해야 할 소득세 등을 회사가 일시적으로 받아두는 경우 예수금 계정을 사용한다.
· 회계처리 : (차) 급　　여　　　300,000원　(대) 예 수 금　　　 10,000원
　　　　　　　　　　　　　　　　　　　　　　　 현　　금　　　290,000원

[14] ④ 결산일 자본금 원장의 손익은 900,000원이며, 마감되는 차기이월액은 2,900,000원이다.

[15] ①
　① (차)　세금과공과　　　　　(대) 현　　금
　② (차)　급여　　　　　　　　(대) 예 수 금
　　　　　　　　　　　　　　　　　　현　　금
　③ (차)　차량운반구　　　　　(대) 현　　금
　④ (차)　인출금(또는 자본금)　(대) 현　　금

2. 실무시험

문제 1

[기초정보관리]

[회사등록] > · 사업장주소 : 대전광역시 서구 둔산동 86 → 대전광역시 중구 대전천서로 7(옥계동)
　　　　　　· 사업자등록번호 정정 : 350-22-28322 → 305-52-36547
　　　　　　· 종목 정정 : 의류 → 문구 및 잡화

문제 2

[전기분재무제표] 〉[전기분재무상태표] > · 외상매출금 : 4,000,000원 → 40,000,000원
　　　　　　　　　　　　　　　　　　　· 감가상각누계액(213) : 200,000원 → 2,000,000원
　　　　　　　　　　　　　　　　　　　· 토지 : 추가 입력 274,791,290원

문제 3

[1]　[거래처등록]>[일반거래처] 탭> · 유형 수정 : 매출→동시 · 종목 수정 : 전자제품 → 잡화
　　　　　　　　　　　　　　　　　· 주소 수정 : 서울 마포구 마포대로 33(도화동) → 경기도 남양주시 진접읍 장현로 83
[2]　[거래처별초기이월]> · 외상매출금> · 발해상사 10,000,000원 → 13,000,000원
　　　　　　　　　　　　· 외상매입금> · 신라상사 7,000,000원 → 17,000,000원
　　　　　　　　　　　　　　　　　　　· 가야상사 5,000,000원 → 19,000,000원

문제 4

[1] 일반전표입력
　　07.09.(차) 차량운반구　　45,000,000원　　(대) 당좌예금　　　　　45,000,000원

[2] 일반전표입력
　　07.10. (차) 선급금(진영상사) 100,000원　　(대) 보통예금　　　　　100,000 원

[3] 일반전표입력
　　07.25. (차) 외상매입금(광주상사) 900,000원　(대) 현금　　　　　　891,000원
　　　　　　　　　　　　　　　　　　　　　　　　매입할인(148)　　　　9,000원
　　　또는 (차) 외상매입금(광주상사)　9,000원　(대) 매입할인(148)　　9,000원
　　　출금전표 외상매입금(광주상사)　891,000원

[4] 일반전표입력
　　08.25. (차) 감가상각누계액(203)　　2,500,000원　　(대) 건물　　　　　　30,000,000원
　　　　　　　보통예금　　　　　　　10,000,000원　　　　유형자산처분이익　1,500,000원
　　　　　　　미수금(하나상사)　　　　19,000,000원

[5] 일반전표입력
　　10.13. (차) 받을어음(발해상사)　　1,200,000원　　(대) 상품매출　　　　2,300,000원
　　　　　　　외상매출금(발해상사)　　1,100,000원

[6] 일반전표입력
　　10.30. (차) 복리후생비(판) 100,000원　　(대) 현금　　100,000원
　　　　또는 출금전표 복리후생비(판) 100,000원

[7] 일반전표입력
　　10.31. (차) 기업업무추진비(판)　　200,000원　　(대) 보통예금　　200,000원

[8] 일반전표입력
　　11.10. (차) 도서인쇄비(판) 30,000원　　(대) 미지급금(현대카드) 30,000원
　　　　　　　　　　　　　　　　　　　　　　(또는 미지급비용)

문제 5

[1] 일반전표입력
　　· 수정 전 : 09.08. (차) 단기차입금(신라상사)　25,000,000원　　(대) 보통예금　25,000,000원
　　· 수정 후 : 09.08. (차) 외상매입금(조선상사)　25,000,000원　　(대) 보통예금　25,000,000원

[2] 일반전표입력
　　· 수정 전 : 11.21. (차) 기업업무추진비(판)　　200,000원　　(대) 현금　200,000원
　　· 수정 후 : 11.21. (차) 인출금　　　　　　　　200,000원　　(대) 현금　200,000원
　　　　　　　　　　(또는 자본금)
　　　　또는 출금전표 인출금 200,000원
　　　　　　　　　　(또는 자본금)

문제 6

[1] 일반전표입력
　　12.31. (차) 외화환산손실　1,500,000원　　(대) 외상매입금(미국 ABC사)　1,500,000원
　　· 외화환산손실 : (1,250원×$10,000)−11,000,000원=1,500,000원

[2] 일반전표입력
　　12.31. (차) 현금　　66,000원 (대) 잡이익　　66,000원
　　　또는 입금전표　　잡이익　66,000원

[3] 일반전표입력
　　12.31. (차) 이자비용　　125,000원　　(대) 미지급비용　　125,000원

[4] 1. [결산자료입력] > 4.판매비와일반관리
　　　　　　　　　　 > 4).감가상각비> · 차량운반구 결산반영금액란 1,200,000원 입력>F3전표추가
　　　　　　　　　　　　　　　　　　　 · 비품 결산반영금액란 250,000원 입력
　　2. 또는 일반전표입력
　　　12.31. (차) 감가상각비(판) 1,450,000원　　(대) 감가상각누계액(209)　　1,200,000원
　　　　　　　　　　　　　　　　　　　　　　　　　　감가상각누계액(213)　　　250,000원

문제 7

[1] 우리상사, 35,500,000원
　• [거래처원장]>기간 : 1월 1일~6월 30일>계정과목 : 외상매출금(108)>조회 후 거래처별 잔액 비교

[2] 361,650원 =1월 316,650원+2월 45,000원
　• [총계정원장]>기간 : 1월 1일~3월 31일>계정과목 : 소모품비(830) 조회

[3] 72,880,000원 =받을어음 73,400,000원-대손충당금 520,000원
　• [재무상태표]>기간 : 6월>받을어음 73,400,000원에서 받을어음 대손충당금 520,000원 차감

105회 기출문제

1. 이론시험

〈1〉	〈2〉	〈3〉	〈4〉	〈5〉	〈6〉	〈7〉	〈8〉	〈9〉	〈10〉	〈11〉	〈12〉	〈13〉	〈14〉	〈15〉
①	④	①	②	③	②	①	④	③	④	③	②	①	④	③

[1] ① [일반기업회계기준 문단 2.4] 재무제표는 재무상태표, 손익계산서, 현금흐름표, 자본변동표로 구성되며, 주석을 포함한다.

[2] ④ 일정 시점 현재 기업이 보유하고 있는 경제적 자원인 자산과 경제적 의무인 부채, 그리고 자본에 대한 정보를 제공하는 재무보고서는 재무상태표이다. 감가상각비와 급여는 손익계산서 계정과목으로 나머지 계정과목은 재무상태표 계정과목이다.

[3] ①

	거래요소의 결합관계	거래의 종류
①	자산의 증가-부채의 증가	교환거래
②	자산의 증가-자산의 감소	교환거래
③	부채의 감소-자산의 감소	교환거래
④	비용의 발생-자산의 감소	손익거래

[4] ②

[5] ③ 800,000원
　=외상매출금 회수액 700,000원+기말 외상매출금 400,000원-기초 외상매출금 300,000원

[6] ② 유동성이 높은 항목부터 배열하면 당좌자산-재고자산-유형자산-무형자산 순으로 나열한다.

[7] ① 3,100,000=상품매출액 11,000,000원-상품매출원가 7,900,000원
　• 상품매출원가 : 기초상품재고액 4,000,000원+당기순상품매입액 9,900,000원-기말상품재고액 6,000,000원=7,900,000원
　• 당기순상품매입액 : 당기상품매입액 10,000,000원-매입에누리 100,000원=9,900,000원

[8] ④ 1,500,000원=당기총비용 1,100,000원+당기순이익 400,000원
　• 당기순이익 : 기말자본 1,000,000원-기초자본 600,000원=400,000원

[9] ③ 무형자산인 영업권은 비유동자산이다.

[10] ④ 재고자산의 매입원가는 매입금액에 매입운임, 하역료 및 보험료 등 취득과정에서 정상적으로 발생한 부대원가를 가산한 금액이다. 매입환출은 매입원가에서 차감한다.

[11] ③ 수익적지출(수선비)로 처리해야 할 것을 자본적지출(건물)로 회계처리한 경우 비용의 과소계상과 자산의 과대계상으로 인해 당기순이익이 과대계상된다.

[12] ② 임대보증금과 임차보증금이 서로 바뀌었다.
[13] ① (차) 단기대여금   1,000,000원   (대) 현금   1,000,000원
     ② (차) 자본금(인출금) 1,000,000원   (대) 단기대여금   1,000,000원
     ③ (차) 자본금   1,000,000원   (대) 인출금   1,000,000원
     ④ (차) 자본금(인출금) 1,000,000원   (대) 현금   1,000,000원
[14] ④ 이자비용은 영업외비용에 속한다.

[15] ③ 기부금은 영업외비용으로 영업손익과 관련이 없다.

2. 실무시험

문제 1
[기초정보관리] 〉 [회사등록] 〉 · 대표자명 정정 : 김지술 → 이학주
· 사업자등록번호 정정 : 135-27-40377 → 130-47-50505
· 개업연월일 정정 : 2007.03.20. → 2011.05.23.

문제 2
[전기분재무제표] 〉 [전기분손익계산서] 〉 · 차량유지비 정정 : 50,500,000원 → 3,500,000원
· 이자수익 정정 : 2,500,000원 → 2,200,000원
· 기부금 추가 입력 : 3,000,000원

문제 3
[1] [거래처별초기이월] 〉 · 외상매출금 : 월평상사 35,000,000원 → 45,000,000원으로 수정입력
· 지급어음 : 도륜상사 100,000,000원 → 150,000,000원으로 수정입력
· 단기차입금 : 선익상사 80,000,000원 추가 입력

[2] [거래처등록] 〉 [신용카드] 탭 〉 · 코드 : 99871   · 거래처명 : 씨엔제이카드
· 유형 : 2.매입   · 카드번호 : 1234-5678-9012-3452
· 카드종류(매입) : 3.사업용카드

문제 4
[1] 일반전표 입력
   07.2.   (차) 상품   6,000,000원   (대) 지급어음(성심상사)   5,500,000원
                                                   현금   500,000원

[2] 일반전표 입력
   08.05. (차) 수수료비용(판) 3,500,000원   (대) 현금   3,500,000원
              또는 수수료비용(984)
           또는   출금전표   수수료비용(판)   3,500,000원
                             또는 수수료비용(984)

[3] 일반전표 입력
    08.19.   (차) 단기차입금(탄방상사) 20,000,000원 (대) 보통예금   20,600,000원
                     이자비용   600,000원

[4] 일반전표 입력
    08.20.   (차) 상품   15,000,000원 (대) 보통예금   16,000,000원
                     비품   1,000,000원

[5] 일반전표 입력
    08.23.   (차) 외상매입금(소리상사) 500,000원 (대) 가지급금   500,000원

[6] 일반전표 입력
    10.10.   (차) 상품   3,000,000원 (대) 선급금(고구려상사)   300,000원
                                                     외상매입금(고구려상사) 2,700,000원

[7] 일반전표 입력
    11.18.   (차) 차량유지비(판)   30,000원 (대) 현금   30,000원
            또는 출금전표   차량유지비(판)   30,000원

[8] 일반전표 입력
    12.20.   (차) 세금과공과(판)   259,740원 (대) 미지급금(현대카드)   259,740원
                                                                    또는 미지급비용

문제 5

[1] 일반전표 입력
    · 수정 전 : 11.05. (차) 세금과공과(판) 110,000원   (대) 보통예금 110,000원
    · 수정 후 : 11.05. (차) 예수금   110,000원   보통예금 110,000원

[2] 일반전표 입력
    · 수정 전 : 11.28. (차) 상품   7,535,000원   (대) 외상매입금(양촌상사) 7,500,000원
                                                                      미지급금   35,000원
    · 수정 후 : 11.28. (차) 상품   7,500,000원   외상매입금(양촌상사) 7,500,000원

문제 6

[1] 일반전표 입력
    12.31.   (차) 급여(판)   1,000,000원   (대) 미지급비용 1,000,000원
                                                                   또는 미지급금

[2] 일반전표 입력
    12.31.   (차) 소모품비(판) 200,000원   (대) 소모품 200,000원

[3] 일반전표 입력
    12.31.   (차) 이자비용   70,000원   (대) 현금과부족 70,000원

[4] 1. [결산자료입력] 〉 4. 판매비와일반관리비 〉 4). 감가상각비 〉 비품 〉 결산반영금액란 5,000,000원 입력 〉 F3 전표추가
    2. 또는 일반전표입력
        12.31.   (차) 감가상각비(판) 5,000,000원   (대) 감가상각누계액(비품) 5,000,000원
         · (65,500,000원 − 15,500,000원) ÷ 10년 = 5,000,000원

문제 7

[1] 갈마상사, 76,300,000원
 · [거래처원장] 〉 조회기간 : 1월 1일~5월 31일 〉 계정과목 : 251.외상매입금 〉 거래처별 외상매입금 잔액 조회

[2] 1,500,000원 증가=2,000,000원-500,000원
 · [재무상태표] 〉 조회일자 : 6월 〉 현재 외상매출금 대손충당금과 전기말 외상매출금 대손충당금 비교

[3] 116,633,300원=유동자산 합계액 463,769,900원-유동부채 합계액 347,136,600원
 · [재무상태표] 〉 조회일자 : 6월 〉 유동자산과 유동부채의 차액 확인

MEMO

저자

저 자 | 손현삼

약 력 | 서울시립대경영대학원경영학석사 졸업
동국대학교 경상대학 회계학과 졸업
숭실대학교전산원 세무회계강사
대진대학교산학능력개발원 세무회계강사
중앙전산직업전문학교 세무회계대표강사
주경야독 경영아카데미 동영상 강의
동양시멘트(주) 경리부근무
고려합섬(주) 자금부근무

저 서 | CLASS 전산회계2급(나눔클래스)
CLASS 전산회계1급(나눔클래스)
CLASS 전산세무2급(나눔클래스)

저 자 | 임순덕

약 력 | 숭실대학교전산원 세무회계강사
대진대학교산학능력개발원 세무회계강사
고려정보전문학교 세무회계강사
중앙전산직업전문학교 세무회계강사
강서여성인력개발센터 세무회계강사
주경야독 경영아카데미 동영상 강의

저 서 | CLASS 전산회계2급(나눔클래스)
CLASS 전산회계1급(나눔클래스)
CLASS 전산세무2급(나눔클래스)

CLASS 전산회계2급 (2025)　　　　　　　가격 20,000원

5 판 발 행	2025년 1월 23일
저　　　자	손현삼 · 임순덕
발 행 인	김상길
발 행 처	나눔클래스
편　　　집	㈜서울멀티넷
등　　　록	제2021-000008호

주　　　소 　서울시 성북구 오패산로 38 2층(하월곡동)
홈 페 이 지 　www.nanumclass.com
전　　　화 　02-911-2722
팩　　　스 　02-911-2723
ISBN 　979-11-91475-89-0
2025@나눔클래스

파본은 구입하신 서점이나 출판사에서 교환해 드립니다.

나눔클래스는 정확한 지식과 정보를 독자분들께 제공하고자 최선의 노력을 다하고 있습니다. 본서가 모든 경우에 완벽성을 갖는 것은 아니므로 주의를 기울이시고 필요한 경우 전문가와 사전 논의를 하시기 바랍니다. 본서의 수록내용은 특정사안에 대한 구체적인 의견 제시가 될 수 없으므로 본서의 적용결과에 대해서 책임 지지 않습니다.